사회를 바꾸려면
社会を変えるには

SHAKAI WO KAERUNIWA

Eiji Oguma 2012
All rights reserved.
Original Japanese edition published by KODANSHA LTD.
Korean publishing rights arranged with KODANSHA LTD. through EntersKorea Co., Ltd.

이 책의 한국어판 저작권은 (주)엔터스코리아를 통해 저작권자와 독점 계약한 동아시아에 있습니다.
신 저작권법에 의하여 한국 내에서 보호를 받는 저작물이므로 무단전재와 무단복제를 금합니다.

사회를 바꾸려면

초판 1쇄 펴낸날 2014년 5월 19일 | **초판 2쇄 펴낸날** 2014년 5월 28일

지은이 오구마 에이지 | **옮긴이** 전형배
펴낸이 한성봉 | **편집** 안상준·강태영 | **디자인** 김숙희 | **마케팅** 이요한 | **경영지원** 국지연
펴낸곳 도서출판 동아시아 | **등록** 1998년 3월 5일 제301-2008-043호
주소 서울시 중구 퇴계로 20길 31 [남산동 2가 18-9번지]
홈페이지 www.EastAsiaBooks.com | **블로그** blog.naver.com/dongasia1998
페이스북 www.facebook.com/dongasiabooks | **트위터** www.twitter.com/dongasiabooks
전자우편 dongasiabook@naver.com | **전화** 02) 757-9724, 5 | **팩스** 02) 757-9726

ISBN 978-89-6262-081-8   93300

잘못된 책은 구입하신 서점에서 바꿔드립니다.

사회를 바꾸려면
社会を変えるには

오구마 에이지 小熊英二 지음 | **전형배** 옮김

**세상은 저절로 좋아지지 않는다.
행동하라!**

동아시아

한국의 독자 여러분께

이 책을 읽는 분들은 과연 어떤 분들일까요? 원자력발전 문제에 관심을 가진 분이실까요? 일본에 대해 관심을 가진 분이실까요? 사회운동에 관심을 가진 분이실까요? 대체 다른 나라 저자가 쓴 책을 번역본으로 읽는다는 것은 어떤 관심에 근거한 것일까요?

이 책은 후쿠시마에서 원자력발전소 사고가 발생한 뒤에, 일본의 원자력발전 반대운동의 기운이 한창 높아가는 가운데 쓴 것입니다. 그러므로 원자력발전, 사회운동, 혹은 일본에 대한 특정한 관심 속에서 읽게 되는 것은 당연하다고 생각합니다.

그러나 동시에 이 책은 보다 폭넓은 문제들을 고찰한 것이기도 합니다. 이 책에서 '탈공업화'라는 용어로 표현한 일련의 조류(다른 학자는 '리스크 사회화'라든가 '글로벌화' 같은 용어로 표현하고 있습니다만)는 세계 각지의 사람들을 모두 비슷한 상황에 놓이게 만들고 있습니다. 고용과 가족의 불안정화, 격차의 확대, 정치의 기능부전, 의회제 민주주의의 한계봉착, 공동체의 붕괴, 노조의 약체화, 우울증이나 식이장애의 만연, 편협한 민족주의와 포퓰리즘의 증대, 이민자

배척운동이나 원리주의의 대두 같은 것은 어느 나라에서나 발견됩니다.

그런 한편 세계 각지에서 일어나는 사회운동 또한 비슷한 특징을 띠고 있습니다. 2011년에 이집트와 미국에서 일어난 운동, 또는 2012년에 일본의 수상 관저 앞에서 벌어진 운동은 모두 눈에 확 띄는 지도자가 존재하지 않으며, 정당이나 노조와는 아무런 관계가 없는 시민들이 참가한, 네트워크형의 비폭력 운동이었습니다. 이런 운동들이 나라가 다르고 내세우는 주제와 계기가 다름에도 불구하고, 공통된 특징을 지니고 있다는 것입니다. 제가 이해하는 한에서 2008년의 한국에서 벌어진 촛불시위 또한 비슷한 특징을 지니고 있었지 않나 생각됩니다.

이처럼 외국에까지 널리 보도된 대규모의 운동 외에도 지역별로 벌어지는 소규모의 운동이 있습니다. 저는 세계 곳곳의 나라를 방문할 때마다 그 공통성을 느끼게 됩니다.

우리는 같은 시대에 태어나 비슷한 과제를 떠안고, 비슷한 방식으로 맞서 싸우고 있습니다. 그러나 그럼에도 불구하고 많은 경우 우리는 서로에 대해 잘 알지 못합니다. 한 나라 안에서도 그렇지만, 나라가 다르면 더더욱 그렇게 되고 맙니다.

서로 간에 이해가 이루어지면 참고가 될 만한 것도 있고, 배워야 할 것도 찾아낼 수 있지 않을까요? 다른 나라 저자가 쓴 책을 읽는 의의 가운데 하나는 그 점에 있다고 봅니다.

예전에는 다른 나라 저자의 책을 읽는 대부분의 이유가, 뒤진 나라의 독자가 앞선 나라 저자의 책을 읽는다는 데 있었습니다. 또는 그와 반대로 앞선 나라의 독자가 뒤진 나라의 진기한 문물을 읽는다는 이유도 있었습니다.

그러나 오늘날 그런 관계는 성립되지 않습니다. 반복해서 하는 말이지만,

오늘날에는 세계 어느 사회나 조금씩 다르기는 해도 동시대를 살고 있습니다. 이 책이 한국의 독자에게 어떤 형태로든 시사해주는 점이 있다고 한다면, 그러한 이유 때문이라고 생각합니다.

이와 아울러 전 세계에서 일어나고 있는 조류 그 자체는 공통되지만, 나라와 지역에 따라 드러나는 양상이 조금씩 다릅니다. 같은 시대에 일어났고 비슷한 특징을 지닌 운동임에도 불구하고, 이집트에서는 '무바라크 타도'가, 일본에서는 '원자력발전 반대'가 핵심의제로 떠오르는 까닭은 사회의 구성이 다르기 때문이라고 저는 생각합니다. 물론 운동의 형태도, 참가자의 양상도, 잘 살펴보면 여러 가지로 차이가 납니다.

그러한 차이가 있음을 이해해가며, '그렇다면 내가 속한 사회에서는 어떤가?'를 생각해봄으로써, 자신과 상대방의 처지를 보다 깊이 살필 수가 있습니다. 그것을 통해 표면적인 차이를 뛰어넘어 공통적으로 끌어안고 있는 과제를 보다 깊이 이해함과 동시에, 자신의 생각하는 힘을 단련할 수 있습니다. 번역된 책을 읽고, 타국의 양상을 안다는 것의 또 하나의 의의는 거기에 있다고 말할 수 있겠습니다.

그런 까닭에 한국의 독자들께서 이 책을 읽으신다면, 너무 특정한 항목에 구애받지 않기를 바랍니다. 현대일본의 경우 원자력발전은 광범위하게 관심과 지식이 쌓아올려진 주제이며, 동시에 '사회를 바꾸기' 위한 계기가 될 수 있는 주제입니다. 또한 최근 수십 년 동안 일본에서는 거리에서 벌이는 데모가 거의 잊힌 것이나 다름없어 높이 평가받지 못하는 운동수단이 되어버렸기 때문에, 이 책에서는 오히려 데모의 의의를 강조했습니다.

그러나 이런 개별적 항목들이 지니는 의미와 기능은 각각의 사회가 놓인 처지에 따라 다릅니다. 이 책에서 내놓은 '원자력발전'이나 '데모'에 대한 평가가 한국의 상황에 견줄 때 적절한지 아닌지 저로서는 알 수 없습니다. 부분적으로는 공통된다 해도 견해차가 있을지도 모르겠습니다. 그것은 한국의 사람들(정확히는 '한국어로 책을 읽는 사람들'이겠죠?)이 결정하는 것입니다.

이 책을 읽으실 경우 부디 개별적인 차이를 넘어선 공통의 상황, 공통의 과제, 공통의 도전, 공통의 생각을 헤아려주십시오. 그리고 차이를 차이로서 인정하는 바탕 위에서 자신에게 필요한 바를 생각해주시기 바랍니다. 그렇게 해나갈 때에야 비로소 상호 간의 참된 우호와 이해의 주춧돌을 세울 수 있다고 생각합니다.

2014년 4월

오구마 에이지

    사회를 바꾸고자 하는 사람들이 많은 것 같다. 그러나 실제로 바꿀 수 있으리라고는 확신하지 못한다. 근본적으로 어떻게 해야 사회를 바꿀 수 있는지 알지 못한다. 선거에서 투표를 하고, 자신이 당선된다면, 그로써 세상을 바꿀 수 있는 것일까? 어쩌면 그렇게 느끼는 사람들이 많을지도 모르겠다.

    2011년의 일본에서는 동일본의 대지진으로 후쿠시마 제1원자력발전소 사고가 일어났고, 그 뒤 원전 반대 데모가 여러 차례 일어났다.

    아사히신문사가 행한 여론조사(2011년 12월 30일자 조간)에 따르면, "대지진 후 세상에 도움이 되고 싶다는 생각이 강해졌다"라고 생각하는 사람이 약 71%로 상당히 많다. "데모에 정치를 움직이는 힘이 있다고 보는가?"라는 질문에는 44%의 사람들이 "있다"라고 대답했고, 특히 20대는 50%가 그렇다고 대답했다.

    그러나 "데모에 참가하는 것에는 저항감이 든다"라고 답한 사람도 전체적으로 63%, 20대에서는 68%나 되었다. "정치에 관여하겠다"라고 답한 사람은 37%였다. "관여하고 싶지 않다"라고 답한 사람들이 든 이유로는 "(참여해도) 세상은 간단히 바뀌지 않는다"라고 본 경우가 가장 많아 67%였다. 한편 "현재의 정치가들에게 맡기면 된다"라고 답한 사람은 겨우 3%였다.

현재의 사회를 바꾸고 싶은 마음은 있다. 그리고 정치가에게 맡기면 된다고는 생각지 않는다. 그렇지만 정치에 관여해도 바뀌지 않는다고 생각하기 때문에 참여하지 않는다. 그러나 한편으로 데모가 일어나는 것을 보면, 어쩌면 바뀔지도 모른다는 생각이 들기도 한다. 대략 이런 분위기임을 짐작해볼 수 있다.

이런 상황을 어떻게 바라보아야 할까. 사회는 과연 바뀌는 것일까? 바꾸려면 어떻게 해야 좋을까? 이 책에서는 이런 것들을 이야기해보고자 한다.

데모를 하면 사회는 바뀌게 될까? 나는 가끔 신문기자들에게서 '데모를 한다고 무엇이 바뀌는가?'라는 질문을 받는다. '데모보다 투표를 하는 편이 더 낫지 않은가?', '정당을 조직하지 않으면 힘을 얻지 못하는 것이 아닌가?', '단지 자기만족이 아닌가?'라는 말을 들은 적도 있다.

그렇다면 근본적으로 사회를 바꾼다는 것은 무엇을 뜻하는 것일까?

많은 사람들이 투표를 해서 의원이나 정당을 선택하고, 법률을 통과시키는 것이 세상을 바꾸는 것이라고 생각하는 것 같다. 그러나 이것은 제3장에서 논하겠지만, 18세기부터 19세기에 걸쳐 만들어진 근대의 대의제 민주주의에 입각한 사고방식이다. 만일 그것밖에 생각하지 못한다면, 다소 협소한 사고방식이라고 생각한다. 그렇다면 NPO Non-Profit Organization인가, 창업인가, 혁명인가 하는 질문이 쏟아져 나올 것 같은데, 그것들 또한 너무 협소하다. 그 모두가 20년, 혹은 기껏해야 100년 안팎의 과거에 만들어진 발상이다.

현재 일본에서는 어떤 상황이 벌어지고 있는가? 사회를 바꾼다는 것은 무엇인가? 그에 대해 역사적, 사회구조적, 또는 사상적으로 성찰해보고자 하는 것이 이 책의 전체적인 취지이다.

우선 제1장에서 일본 사회의 현황을 파악한다. 제2장에서는 사회의 변화에 따라 사회운동이 어떻게 바뀌어왔는가를 서술한다.

제3장부터 제5장은 근본적으로 민주주의란 무엇인가, 대표의 선출이란 무엇을 말하는가, 그것이 어떻게 한계에 봉착했는가 등을 따져본다. 제3장에서는 고대 그리스 사상, 제4장에서는 근대 정치철학, 제5장에서는 현대사상을 다루었다. 돌아가는 길 같지만 '투표를 해서 의원을 뽑는 것'만이 사회를 바꾸는 것인가 하는 문제를 다룸에 있어, 여기에까지 거슬러 올라가 고찰해봄으로써 발상의 폭을 넓힐 필요가 있다. 읽어나가다 보면 뜻밖에 재미있을 것이라고 생각한다.

제6장에서는 2011년에 사회운동의 주된 의제로 떠오른 원전 문제가 일본 사회에서 어떤 위치를 차지하고 있는가를 따져본다. 제7장에서는 전후戰後의 일본 사회운동의 역사를 짚어가며, 현대의 위치를 점검한다.

제8장에서는 제1장부터 제7장까지의 내용을 토대로 다시 한 번 현대로 돌아온다. 사회운동을 전개하면서 참고할 만한 이론들까지 개략적으로 설명했다.

제3장에서 제5장까지는 독립적으로 읽어도 된다. 근본적으로 민주주의란 무엇인가에 대해 관심을 가진 사람이라면 여기서부터 읽어도 상관없다.

마음이 허락하면 이 책을 꼭 한 번 읽어보실 것을 권한다.

차례

제1장

우리 사회는
지금
어디에 있는가?

2000년대에 들어설 무렵부터 불황이다, 격차사회다, 미래가 암울하다 등등의 소리가 사회를 진동하고 있다. '사회를 바꾸어야 한다', '이대로는 안 된다'라는 공감대가 넓어지는 까닭을 알 만하다.

1960년대부터 1980년대까지 '저팬 애즈 넘버원Japan As No. 1'이라고 불려왔던 일본. 좋은 학교를 마치고 좋은 회사에 들어가면 안정된 생활과 노후가 기다린다고 철석같이 믿으며 지낸 '1억 총 중류'의 시대. 그 시대에 쌓아올린 사회구조가 고용, 교육, 사회보장, 정치 등 모든 면에서 한계에 봉착하고 있다. 그러나 그다음의 모델을 떠올리지 못한다. 일본이라는 나라에서 사회를 바꾸려면 먼저 이런 상황을 제대로 파악하는 데에서 출발해야만 한다.

| 일본이 '공업화 사회'였던 시대 |

일본의 다양한 경제지표는 대략 1990년대 중반에 정점을 찍었다. 소매 판매액과 출판물 매출, 국내신문 판매부수 등은 1996년이 정점이었다. 세계 최대의 발행부수를 자랑하던 만화잡지《주간 소년점프》도 1995년에 653만 부를 기록했지만, 2008년에는 27만 부로 확 줄어들었다.

고용자의 평균임금 또한 1997년부터 2007년까지 약 15% 떨어졌다. 생활보호수급자 수(1개월 평균)는 1995년에 최저인 88만 명이었지만, 2011년에는 200만 명을 넘어섰다.

이러한 상황이 왜 벌어진 것일까? 어떤 사람은 이를 재정과 금융 정책을 통해 설명하기도 하고, 어떤 사람은 인구동태를 통해 규명하려고도 한다. 그러나 나는 이를 '공업화 사회에서 탈공업화 사회로'라는 관점에서 정리해보고자 한다.

공업화 사회라는 것은 공업이 중심이었던 사회를 말한다. 일본은 언제부터 언제까지가 공업화 사회였을까?

일본에서 제조업 취업자 수가 농림수산업을 뛰어넘은 것은 1965년이다. 그리고 제조업 취업자 수가 정점을 찍은 해는 1992년이고, 서비스업 취업자 수가 제조업을 뛰어넘은 것이 1994년이다. 제조업이 전 취업자 수에서 차지하는 비율은 1992년의 25%에서 2011년에는 16%까지 떨어졌다.

물론 일본의 제조업은 지금도 중요한 위치를 차지하고 있다. 1965년부터 1993년까지라면 대략 '도쿄올림픽으로부터 버블 붕괴까지'를 지칭하는 것으로, 일본이 공업 중심의 '모노즈쿠리物づくり(혼신의 힘을 다해 최고의 물건을 만든다는 일본의 독특한 제조문화를 지칭함 • 옮긴이) 국가'였던 시대라 할 수 있다. 또한 이 시대는 일본 인구 구성에서 큰 봉우리를 차지하는 '단카이 세대団塊世代'(1946~1949년 사이에 태어난 일본의 베이비붐 세대 • 옮긴이)가 왕성하게 일하던 것으로 상징되는 것처럼 노동인구가 많았던 시대이기도 하다. 실제로 취업자 수는 1997년이 정점을 이루었다.

그렇다면 미국에서는 어떠했을까? 미국의 전 고용자 수에서 차지하는 제조업의 비율은 1966년에 정점을 찍었고, 2011년까지 대략 28%에서 9%로 줄어들었다. 특히 1970년대에 닥쳐온 두 차례의 오일쇼크와 2000년대의 글로벌화로 제조업의 비율 저하에 박차를 가하였다.

즉, 미국에서는 일본보다 훨씬 빨리 제조업이 줄어들었던 것이다. 이러한 미국의 상황에서 탄생한 탈공업화 사회론이 일본에도 수입되어 1980년대에 유행한 적이 있다. 그러나 지금 와서 생각해보면, 당시의 일본으로서는 시기상조가 아니었나 싶다.

| 공업화 사회란? |

그렇다면 공업화 사회란 어떤 사회를 말하는가? 다양한 사회이론에서 언급하는 것들을 종합하면 대략 다음과 같다.

공업화 사회의 상징은 20세기 초의 포드 자동차 공장이다. 벨트 컨베이어식의 대공장에서 이루어지는 대량생산을 하고, 이에 따라 대규모 노동자가 고용되어 고임금을 받는다. 노동자는 거대한 노동조합으로 조직되어 임금인상을 이루어낸다. 대량생산된 공업제품은 비싼 임금을 받아 형성된 민간의 구매력에 힘입어 쑥쑥 팔려나감으로써 안정된 고용을 약속한다. 바로 이런 사이클이 만들어진 사회가 공업화 사회였다.

또 남성 노동자의 고용과 임금이 안정되자, 과거에 여공이나 농사꾼 아내로서 일하던 여성들은 전업주부로 전환되었다. 그 이전에는 농사꾼이나 장사꾼의 아내는 함께 일을 하기 마련이었다. 물론 가사를 돌보지 않는 상류계급의 대저택에서 급사나 하녀로 일하기도 했다.

전업주부는 농사꾼도 장사꾼도 아니고, 지주도 귀족도 아닌, 도시 중산층 가운데에서 특징적으로 형성된 존재이다. 전업주부의 대규모 등장은, 많은 남성들이 고용노동자로 전환되고 여성이 일하지 않아도 될 만큼의 임금을 안정적으로 받게 된 공업화 사회의 두드러진 현상이다.

공업화 사회에서는 정치 또한 안정되었다. 농민이나 자영업자나 기업주는 보수정당, 노동조합은 노동정당을 지지함으로써 양대 정당제가 형성되었다. 노동정당이 중심을 이루어 복지제도가 정비되고, 그 재원은 안정적인 고용과 높은 임금을 통해 거둬들인 세수와 적립금으로 충당되었다.

이 모든 것이 좋은 사회의 모습처럼 비치지만 마이너스 측면도 있었다. 바로 사회가 획일적이라는 것이다.

우선 상품이 획일적이었다. 이 시대의 생산기술과 정보기술로는 대량생산 라인을 변경하기가 용이하지 않아 다양화를 도모할 수 없었다. 그리하여 대기업은 디자인이나 기능을 약간만 수정한 신제품을 대대적인 선전을 동원해 판매했다. 이런 사회에서는 모든 사람이 똑같은 자동차를 타고, 똑같은 전자제품을 사며, 똑같은 집에 산다.

근무 방식 또한 획일적이었다. 피라미드형 조직을 갖춘 거대 기업에서의 장기 고용. 정해진 시간에 회사나 공장으로 가서, 정해진 시간에 귀가한다. 노동자는 모두 작업복, 화이트칼라는 모두 양복을 입고, 피라미드형의 회사 조직 속에서 상위의 직급으로 올라가기만을 바라며 일했다.

여성 또한 주부가 되는 것 이외에 선택지가 별로 없었다. 아이들은 좋은 대학에 가서 대기업에 취직하는 것을 목표로 삼았다. 20대 중반에 결혼하여, 30세 무렵 아이 둘을 낳고, 장기 고용을 전제로 빚을 내서 집을 사고, 60세가 되면 은퇴한다. 좋게 말하면 안정된 인생, 나쁘게 말하면 레일 위를 달릴 뿐인 인생이다. 물론 농민이나 자영업자도 있지만, 그들 또한 머지않아 공장 노동자나 회사원이 되고 말 것이라고 여겨졌다.

| 탈공업화 사회 |

이에 비해 탈공업화 사회는 대략 다음과 같이 설명할 수 있다.

정보기술이 진보하여 글로벌화가 진행된다. 정밀한 설계도를 메일로 보낼 수 있게 되자, 전 세계 어디에서나 값싸게 만들 수 있는 공장에 발주하면 문제없게 되었다. 선진국 제조업은 국내 임금이 높기 때문에 해외로 이전하든가, 해외 공장과 계약을 체결한다. 국내에 자사 공장을 두는 경우에도 컴퓨터로 제어하는 자동 기계가 있으면 숙련공은 그다지 필요 없게 된다. 그런 까닭에 현장의 단순 업무는 단기 고용한 비정규직 노동자로 전환된다.

사무직에서도 단순 사무는 비정규직으로 전환하고, 디자인 등의 전문 업무만 외주로 돌리면 된다. 장기 고용 정사원은 기획 등의 분야에서 소수의 핵심 사원 외에는 필요 없게 된다. 피라미드형의 회사 조직도 필요 없어져, 수시로 모아들였다가 수시로 계약을 해제하는, 이른바 네트워크형으로 변화해가고 있다.

선진국에서는 제조업이 줄고, 정보산업이나 IT 기술을 기반으로 글로벌하게 투자하는 금융업 등이 융성하게 된다. 또 택배업자나 데이터 입력업자 등 새로운 형태의 하청 업무가 여러 가지 생겨난다. 비즈니스타운에서 일하는 핵심 엘리트 사원을 지원하기 위해서는 단순 사무직이나 빌딩 청소원, 편의점이나 외식 산업 등에서 일할 점원들이 필요하다.

이들은 맥도날드의 아르바이트로 상징되는 '맥잡'이라 불리는 단기 고용노동자 자리로 몰린다. 한 사람의 핵심 엘리트를 지원하기 위해 다섯 명의 주변 노동자가 필요하다고 하며, 이는 해외로 이전할 수 없다. 거꾸로 말하면 선진국의 도시에서조차도 주변 노동자들이 다수를 점하고 있으며, 격차가 더더욱 벌어지고 있다.

노동 방식이 바뀌면 노동조합이 약화된다. 사람들의 드나듦이 빈번해지고, 외주나 단기 계약이 늘어나고, 근본적으로 같은 장소에서 일한다고 한정짓기 어려워져 조직률이 떨어진다. 다 같은 노동자라고는 해도 원체 다양한 탓에, 어떤 층의 노동자의 이익을 지켜야 할지 판단하기 어려워진다. 과거부터 노동조합에 조직되어 있던 정규직의 이익을 지키려 하면, 비정규직과의 대립을 야기하기 일쑤이다. 노동조합은 이제 일부의 사람들밖에 대표하지 못하는 것으로 여겨지는 상황에 처하고 만다.

또 '노동자 하면 작업복'과 같은 공업화 시대의 노동자 계급문화가 더 이상 통용되지 않는다. 작업 방식이나 복장 모두 자유롭고 다양해져서, 노동자 의식이 희박해져간다. 이 또한 노동조합과 노동정당을 약화시킨다.

그러나 다른 한편 기업가는 기업가대로 농민은 농민대로 과거와 전혀 변화가 없는 상황 또한 해체된다. 모두가 자유롭고 다양해져간다. 그렇기 때문에 그들을 지지기반으로 삼는 보수정당 쪽도 약화된다. 그리하여 기존 정당이 꾸려가는 정치 기반이 안정을 잃고, 방향을 잡지 못하는 부동표가 늘어난다.

또 장기적으로 안정된 일자리를 얻는 사람들이 줄어들기 때문에 복지를 위한 세수나 적립금 등이 감소한다. 노조와 노동정당 또한 약화되기 때문에 복지 혜택이 축소되고 격차가 더욱 심하게 벌어진다. 정규직이 줄어들어 일자리를 놓고 경쟁이 격화된다. 낮은 학력으로는 '맥잡'밖에는 할 일이 없기 때문에 대학 진학률이 올라간다.

다만 과거처럼 모두가 입시경쟁을 벌이지는 않게 된다. 경제적으로 윤택하며 성적이 좋은 층에서는 학력 확보를 통한 경쟁력 강화를 위해 더 많이 투자한다. 그러나 그들 이외에는 중하급 학교에 가봤자 미래가 뻔하기 때문에 상급학교 진학의 의욕이 떨어진다. 그런 영향 때문에 더 이상 공부에 열을 올리지 않는 층이 늘어나고 있다. 이리하여 부모의 격차가 아이들 세대에까지 상속되어간다.

아이들에게 그럴듯한 학력을 갖춰주고자 하면 꽤 많은 수입이 필요하다. 그렇지 않아도 남성의 고용과 임금이 불안정해지는 상황이기 때문에 전업주부도 팔을 걷어붙이고 일터로 나선다. 자연히 여성의 노동 참여 비중이 높아진다. 남성의 임금이 떨어져 일하는 여성이 늘어나면, 여러 가지 의미에서 여유가 없어지는 가정이 늘어나게 마련이다. 물론 그것만이 원인은 아니겠으나, 가정이 불안정하게 변해가는 요인이라고 볼 수 있겠다.

실업과 비정규 고용은 전체적으로 늘어나는데, 기업에서는 아무래도 연장자의 정규 고용 유지를 우선시하게 되어 있다. 이런 따위의 영향으로 청년들의 비정규직화가 더더욱 늘어난다. 좀처럼 안정된 수입을 얻을 수 없기 때문에 부모와의 동거가 장기화되는 한편, 결혼이 늦어지고, 결혼한다 해도 자식을 적게 낳는 경향이 두드러진다.

이런 현상은 다른 선진국들에서도 거의 공통적으로 일어나고 있다. 다만 각 나라의 상황에 따라 양상이 다소 다르기는 하다.

사회보장이 정비되어 있는 나라, 가령 북유럽 나라들에서는 적은 수입일지라도 부모 슬하를 떠나도 괜찮기 때문에, 부모와의 동거가 장기화되지 않는 경향이 있다. 이에 비해 사회보장이 정비되어 있지 않고, 설혹 정비되어 있다 하더라도 가족 단위로 만들어져 있어서, 가령 정규 고용된 부모 슬하를 떠나면 비정규직 청년은 건강보험에 가입하지 못하도록 제도화된 나라에서는 쉽사리 부모 곁을 떠나지 못한다. 일본이나 남유럽 국가들에서는 부모와의 동거가 장기화되는 경향을 보인다.

| 자유롭고 다양한 사회 |

그러나 탈공업화 사회는 좋은 면도 있다. '자유'가 늘어난다는 점이다.

장기 정규직은 줄어들고 비정규직은 늘어나지만, 근무방법이 좋건 나쁘건 '자유'로워지고 '다양'해졌다. 격차도 늘지만 회사원이라고 모두 양복 입고 정시 출근하던 시절은 지났다.

근무 방식이 변화하자 다양한 삶의 방식이 등장했다. 예를 들어 비정규 노동을 계속하면서 뮤지션의 꿈을 키워나갈 수 있다. 이런 다양한 삶이 바로 얼마 전에 비해 훨씬 용이하게 되었다.

또한 좋은 상품이 값싸게 제공되고 있다. 공업화 시대의 대량생산품은 수공업 시대보다 생산비용은 줄어들었지만, 획일적이고 반드시 품질이 좋은 것만은 아니었다. 또 선진국 내에서 생산되면 아무래도 일정 정도 이하로는 값을 낮출 수 없다. 물론 개도국으로부터 수입해오는 방법도 있지만, 공업제품은 쉽게 부서지고 옷가지는 디자인이 나쁘다. 그러므로 그런 제품은 싸구려 취급을 받았다. 대량생산품이 아닌 좋은 상품을 사고자 하면 값비싼 브랜드 제품을 사는 것 외에 달리 방법이 없었다.

그러나 최근에는 개도국의 공장으로 정밀한 도면 데이터를 메일로 보내면, 주문한 그대로 제품을 생산해낸다. 생산과 유통의 경로가 바뀌면서, 탈공업화 사회에서는 좋은 제품이 값싸게 팔리게 된다. 고급 브랜드의 태그가 붙어 있는 옷이나 가방 따위가, 실은 이탈리아의 디자이너가 만든 도면을 일본의 회사가 캄보디아 공장에 보내 만든 것이다. 이런 사례는 우리 주위에 널려 있다.

정보기술이나 택배업이 널리 보급되었기 때문에 생산과 유통 라인의 변경이 간단해졌다. 다품종 소량생산이나 배송의 다양화 또한 일상적으로 가능하다. 게다가 값도 싸졌다. 덕분에 자신의 취향에 맞는 제품과 서비스를, 공업화 시대에는 감히 바랄 수조차 없었지만 이제는 스스로 인터넷을 뒤져가며 값싸게 입수할 수 있게 되었다. 공업화 사회처럼 '이것이 올해의 유행이다!'라는 대기업의 선전 아래, 대량생산된 '신상품'이 온 사회를 석권하는 일은 이제 더 이상 없게 되었다. 무엇이든 각자가 자유로이 향유할 수 있게 되었다.

소비자로 군림하는 한 대단히 좋은 사회라고도 할 수 있다. 그러나 생산자, 노동자에게는 괴로운 사회이다. 점점 가격을 낮춰가며 좋은 제품을 내놓기 위해 임금을 깎고, 비정규 고용으로 전환하고, 해외로 발주하고, 시장의 눈치를 보면서 일하게 된다. 일하지 않으면서 소비자로만 지낼 수 있는 사람이나 고수입을 벌어들이는 엘리트는 좋겠지만, 그 밖의 사람들은 얄팍한 임금으로 일해가며 값싸고 좋은 물건을 사서 시름을 달랠 수밖에 없다.

| 청년은 행복지수가 높다 |

탈공업화 사회에 들어선 선진국은 어디나 청년층의 실업률이 올라간다. 불안정한 비정규직으로 고용된 청년들도 늘어나고 있다. 극히 일부에 불과한 중견사원 자리를 차지하기란 여간 어려운 일이 아니다. 설령 그 자리를 차지했다고 해도 경쟁은 계속된다.

그러나 어느 선진국이나 청년의 행복지수는 높은 경향을 보인다. 일본의 내각부가 5년마다 행하는 〈세계 청년의식 조사〉에서도 그 경향을 잘 살펴볼 수 있다. 18~24세 청년이 '행복하다', '비교적 행복하다'라고 답한 비율의 합계는 거의 모든 나라에서 대략 90%를 기록했다(2003년까지의 수치. 2008년에는 이 설문이 없어졌다).

왜 그런 결과가 나왔는지에 대한 설명은 여러 가지가 있다. 우선 청년은 생활과 일의 엄혹함을 아직 잘 알지 못한다는 점이 꼽힌다. 체력도 좋고 질병도 없으며 미래 또한 막연하게나마 어떻게든 되리라는 생각이 든다. 모든 나라의 조사에서 청년층의 행복지수가 한창 일할 나이인 30~50대보다 높은 것은 거의 공통적으로 나타나는 경향이다.

아울러 좋은 물건을 값싸게 살 수 있고, 자유가 보장되며, 즐거움을 마음껏 누릴 수 있다는 점이 꼽히기도 한다. 인터넷, 텔레비전 게임, 휴대전화 등이 새롭게 등장했고, 복장이나 근무방식도 과거보다 훨씬 자유롭다. 패션이나 음악도 얼마든지 값싸게 수중에 넣을 수 있다.

예를 들어 음악 즐기기를 살펴보자. 1968년에는 LP레코드를 한 장 사려면 2,000엔 정도 줘야 했다. 당시 일본의 대졸 초임이 3만 600엔이었으니까, 지금의 대졸 초임과 비교하자면 LP 한 장이 1만 3,000엔 정도 된다. 하지만 오늘날에는 1개월에 단 800엔으로 얼마든지 다운로드 받을 수 있는 사이트가 있을 정도이니 비교조차 어렵다.

1980년대 초에는 7만 엔 정도 나갔던 다운코트가 이제는 2,000엔밖에 나가지 않는다. 옛날에는 레코드 회사에나 있었을 성싶은 녹음기기가 이제는 대단한 고성능 제품을 단 몇만 엔만 주면 구할 수 있다. 그러므로 비록 몸은 비정규직에 묻혀 지낼지라도 얼마든지 간단히 혼자서 CD를 만들어내는 뮤지션으로 활동할 수 있다.

또한 18세에서 24세라면 아직 학생 신분으로서 일하지 않는 경우도 많다. 소비자로 지내기에는 매우 좋은 사회이므로, 행복지수가 높다 해도 결코 이상하지 않다. 학교를 나와도 잠시 동안은 비정규직으로 취직하면 한 달에 십수만 엔 정도만 벌어도 대충 즐겁게 지내는 것이 가능하다.

그렇기는 하지만 이런 청년들의 앞날이 그렇게 밝아 보이지는 않는다. 베트남제 전자제품이나 캄보디아제 옷은 살 수 있을지 몰라도, 집은 마련하지 못한다. 공업제품은 수입 가능해도 토지는 수입할 수 없기 때문이다. 그러므로 당연히 집세가 올라가므로 쉽사리 부모의 슬하를 벗어날 수 없다.

또 누군가 다른 사람을 통해서 받아야 하는 서비스도 수입 불가능하다. 그 중에서도 대체 가능한 편의점 점원은 값싸게 쓸 수 있지만, 전문적인 서비스, 예컨대 교육 서비스는 값이 비싸다. 현대일본에서 아이 하나를 대학을 졸업시키기까지 적게 잡아도 3,000만 엔, 많이 잡으면 6,000만 엔이 든다고 한다.

그렇기 때문에 부모에게서 독립하지 못하고, 결혼할 수 없고, 아이를 낳지 못하는 형국에 몰린다. 과감하게 아이를 낳아 결혼을 한다 쳐도, 커플이 모두 비정규직이라면 생활이 불안정할 수밖에 없다. 자연히 아이를 정상적으로 교육시킬 수 없게 된다.

그러나 이런 상황을 제대로 알게 된 것은 나이 서른을 넘기고 나서였다고 말하는 경우도 적지 않을 것이다. 주위를 둘러보면 성인들도 이전 시대의 감각으로 깨끗한 옷을 입고 스마트폰을 들고 다닌다. 그러면 나름대로 풍요롭게 사는 것 아닌가 하고 생각하게 되는지도 모르겠다. 그러다 보니 무심결에 자신이 놓인 상황을 제대로 파악하지 못할 수 있다.

| 일본형 공업화 사회 |

그런 탈공업화 사회로 일본 사회가 돌입한 것은 1990년대 중반 이후였다고 여겨진다. 앞서도 언급한 것처럼 일본 제조업 취업자 수는 1992년에 정점을 찍었고, 1994년에 서비스업에 추월당했다.

그러나 서유럽 국가들과 미국은 더욱 빨리, 특히 1973년의 오일쇼크 이후에는 탈공업화 사회로 급속히 접어들었다. OECD(경제협력개발기구) 여러 국가들은 1975년부터 1993년까지 평균적으로 제조업 고용의 22%를 상실했다.

1970년대부터 1980년대에 구미 국가들이 제조업 쇠퇴 현상에 휩싸였지만, 일본은 어째서 1990년대까지 그렇지 않았던 것일까? 극히 간단하게 내 생각을 말하자면 이렇다.

우선 크게 보면 1970년대부터 1980년대까지의 일본은 오늘날의 중국이나 동남아시아가 그런 것처럼 선진국에서 쇠퇴한 제조업을 대신 떠맡은 신흥국이었다. 당시 강력한 일본 제품의 상징은 이제는 다른 아시아 국가들이 생산의 중심지 노릇을 하는 반도체였다. 사실 1984년도 일본의 대미 수출의 4분의 1은 일본에 소재한 미국계 기업의 수출, 미국 기업에 제공하는 부품 수출, 그리고 OEM(타사의 브랜드 제품을 생산하는 것) 계약에 의한 완성품 수출이 차지했다.

그것을 가능하게 해준 것이 냉전이라는 국제환경이었다. 중국은 동방진영에 속해 세계시장에 참여하지 않고 있었다. 한국이나 동남아시아의 서방국가들은 냉전체제 특유의 친미 독재정권이 들어서 있는 상황이었다. 그리하여 정정政情도 불안하고 교육 정도도 아직 낮아서, 공장의 이전기지로 삼기에는 아직 적절하지 않았다. 또한 1980년대의 '신냉전'으로 달러고·엔저가 계속되었기 때문에 일본 기업은 국내 생산으로 충분히 대응할 수 있었다.

이러한 조건 아래 오늘날 우리가 '쇼와昭和 시대(1926~1989년 • 옮긴이) 일본'이라고 생각하는 것의 원형이 만들어졌다.

1973년의 오일쇼크 뒤 일본 기업은 자동화가 급속히 진행되어 석유 비용과 인력 비용을 줄이는 데 성공을 거뒀다. 이리하여 '하이테크의 나라 일본'이 등장하고, 그에 따른 제조업의 높은 생산성은 다른 나라들을 압도했다.

그러나 인원을 줄였는데도 어째서 실업이 증가하지 않았는가? 그것은 여성·지방·중소기업 같은 일본 사회의 '약한 고리'가 부담을 뒤집어쓰고, 거기에 보조 및 보호 정책을 취하는 '일본형 공업화 사회'가 성립되었기 때문이라고 생각된다.

오일쇼크 뒤 일본 기업이 우선적으로 인원을 줄인 분야는 여성 사원이었다. 결혼 퇴직이나 출산 퇴직을 권유당한 여성들은 남성 노동자들의 아내가 되었다. 주부가 된 여성들은 구직활동을 하지 않는 한 실업자로 계산되지 않는다. 또 일본의 노동조합은 기업의 남성 정사원의 계속고용을 중시했다.

한편 미국에서는 오일쇼크 뒤에 남성 고용이 불안정해지고, 여성 노동 비율은 상승했다. 일본과 미국의 여성 노동 비율은 1960년대까지 일본 쪽이 높았지만, 1970년대에는 역전되었다.

일본에서는 1975년에 여성 노동 비율이 최저를 기록했다. 이를 거꾸로 말하자면 전업주부 비율이 정점을 찍었다. 정확히 '단카이 세대'의 여성들이 결혼하여 아이들을 낳은 시점이다.

아이들 교육이 끝나자 여성들은 저임금의 비정규 노동자로서 제조업이나 서비스업에서 일본 경제를 떠받쳤다. 도시 지역의 슈퍼나 지방 중소기업의 하청공장이다. 일본 제조업의 합리화는 이러한 하청기업과 비정규 노동자의 부담 아래 이루어졌다.

이 시기에는 일본에서도 슈퍼의 계산원이나 배송업, 빌딩 경비원, 외식 산업 등 탈공업화 사회에서 태어난 '맥잡'이 형성되어 있었다. 그런 일을 떠맡은 사람들이 주부, 학생, 고령자였다. 대기업의 단순 사무노동은 미혼 여성들이 담당했다.

1980년대 중반의 시점에서 미혼여성, 주부, 학생, 고령자 등 '제2의 노동시장'이라 불리는 층은 전 고용자 가운데 60~65%를 차지했다. 이 비율은 주요 선진국 가운데에서는 최고였다. 말하자면 오일쇼크 뒤 고용격차가 일본에서 일어나지 않았던 것이 아니라, 주변화됨으로써 뚜렷하게 드러나지 않았던 것뿐이라 할 수 있다.

이러한 상황이었음에도 불구하고 문제가 노정露呈되지 않았던 까닭은 일본 사회의 '중핵中核'이 이러한 '주변'을 떠받치는 사회구조를 만들 수 있었기 때문이다.

여기서 말한 '중핵'이란 제조업을 중심으로 한 대기업과 거기에서 일하는 남성 정사원이었다. 대기업이 안정되어 있으면 하청 중소기업에도 혜택이 돌아간다. 또한 남성 정사원의 고용과 임금이 안정되어 있으면, 그의 아내나 자녀일 여성 혹은 청년이 저임금 노동자여도 문제가 없다고 간주되었다. 또한 지방 혹은 중소기업, 자영업 혹은 농업에 대해서는 보조금을 지급했다. 당연히 경쟁에서도 일정하게 보호해주었다.

이리하여 1970년대부터 1980년대에 걸쳐 '일본형 공업화 사회'가 형성되었다. 대기업에 중소기업이, 도시에 지방이, 남성 정사원에게 여성과 청년과 고령자가 각각 의존하는 형태였다. 일본형이라고는 해도 문화적인 것이라기보다 당시의 국제적 위치와 기술 수준 속에서 변형되어 만들어진 사회구조이다.

뒤집어 살펴보면 이는 중소기업이나 여성이나 청년 등이 저임금으로 일하거나 무임금의 가사노동에 종사함을 의미한다. 그러므로 대기업과 남성 정사원의 생산성이 올라가는 사회이기도 했다. 그야말로 상호 간에 의존하고 있는 형국이었다.

그러나 이런 방식은 자칫 '중핵'의 기세가 꺾이게 되면 총체적으로 무너져버리는 위험한 것이라고도 할 수 있다. 그러나 당시는 일본 제조업이 '저팬 애즈 넘버원'으로 불리는 시대였다. 1973년의 총리부総理府 조사에서는 자신의 생활을 '중류'라고 간주한 대답이 90%를 넘어, '1억 총 중류'라는 의식이 정착되었다.

아울러 당시는 일본 사회가 전체적으로 젊었다는 점 또한 좋은 작용을 했다. 고령자 수가 적어 노동자의 평균임금을 싸게 매길 수 있었다. 중장년이 되면 대기업과 중소기업의 임금격차, 또 대기업 속에서도 격차가 두드러지게 나타났지만, 전체적으로 젊은 경우 격차가 두드러지지는 않는다.

사회 전체가 고령화되어가면 사회보장 부담이 무거워진다. 또 줄곧 경제성장이 이루어지지 않는 한, 대기업일지라도 중장년 정사원 전원에게 높은 급여를 지불할 수 없게 된다. 그럴 경우 인원을 줄이든지 연공年功에 따른 임금체계를 바꾸는 수밖에 없다. 그러나 아직 그러한 상황에 들어서지는 않았다.

| 기능부전에 빠진 일본형 공업화 사회 |

그러나 일본형 공업화 사회는 1990년대에 들어서자 기능부전에 빠져들었다.

1990년대 후반 이후 엔고와 냉전시대의 종결 등에 따라 대규모 제조업이 중국이나 아시아 여러 나라로 생산거점을 옮겨가게 되었다. 이윽고 버블 붕괴와 함께 제조업 취업자 수는 감소로 돌아서고, 비정규직이 늘어났다.

이런 상황에서 역시 1980년대 후반에 시작된 미일구조협의를 계기로 많은 규제 완화와 자유화가 시행되었다.

예를 들어 1973년에 제정된 대점법(대규모소매점포법) 아래에서는 지역 상공회의 합의가 없는 경우 대형점포가 출점을 할 수가 없게 되어 있었다. 그런데 미일구조협의에서 이에 대한 비판이 제기되었다. 이윽고 이 법은 1991년에 개정(2000년에 폐지)되고 만다. 이에 따라 교외의 대형점포가 급증하고, 시내의 일반 상점가는 급속히 위축일로에 접어들었다. 1991년부터 2009년까지 소매점 수는 약 3분의 2로 줄어들었다.

경제 상황이 여의치 않게 되자 일본 정부는 공공사업을 늘이는 쪽으로 방향을 잡았다. 지방에는 공민관公民館(주민을 위한 회관・옮긴이)이나 대형도로가 착착 들어섰다. 그러나 대형도로를 만들면 만들수록 간선에 면한 주요 지점에 교외의 대규모점포가 들어섰고, 이에 따라 도시 쪽으로 사람들이 빠져나가 도리어 지방의 쇠퇴가 더 심해져갔다.

도로가 사람들을 흡수하여 지방의 과소화過疎化가 진행되는 현상을 '스트로straw 효과'라고 한다. 쇠퇴가 진행될수록 공공사업에 의존하는 사람들이 늘어난다. 이리하여 1999년에는 건설업이 취업자 수의 11%를 차지하여 1958년에 비해 2배에 이르렀다.

1992년 이후 경제성장률은 평균을 내면 대략 제로에 가까워졌다. 그러나 1990년대 중반까지는 그때까지의 여력이 남아 있었던 영향과 공공사업으로 떠받쳐주었기 때문에 변화가 두드러지지 않았다. 그러나 1997년부터 1998년의 금융위기 무렵부터 임금을 비롯한 다양한 경제지표가 마이너스로 전환되었다.

금융위기의 대응책까지 동원하면서 공공사업은 정점을 맞이했다. 그러나 재정 부담이 심각해져, 2000년대부터는 감소로 돌아섰고, 공공사업 보정 예산은 2008년에는 1998년의 절반 정도로까지 줄었다.

건설업에 기대어 살던 지방은 주름살이 더욱 깊어졌다. 그리하여 일자리를 잃어버린 사람들이 도쿄를 비롯한 도시 쪽으로 흘러들어갔다. 2008년에는 리먼 브라더스 사태(월가의 대표적 투자은행인 리먼 브라더스가 지나친 차입금과 주택가격의 하락으로 2008년 9월 15일 파산하게 된 일 • 옮긴이)가 벌어져, '월년 파견촌越年派遣村(복수의 NPO 및 노동조합에 의해 조직된 실행위원회가 2008년 12월 31일부터 이듬해 1월 5일까지 도쿄도 치요다 구의 히비야 공원에 개설한 일종의 피난소 • 옮긴이)'이 개설되기도 했다.

이와 거의 병행해서 구미 국가들이 1970~80년대에 경험한 것과 같은 탈공업화 사회로의 이행에 동반하는 현상이 일본에서도 나타났다. 2006년에는 '격차사회'가 〈유캔 신어·유행어 대상〉(1984년에 〈현대용어의 기초지식〉의 부대사업으로 시행되다. 2003년부터 주식회사 유캔과 제휴하여 1년 동안 사회를 절묘하게 묘사한 용어 등을 선정하여 수상 • 옮긴이)의 톱 10에 선정되었다.

사실 비정규직은 이미 1980년대부터 시작되어 있었다. 그러나 1990년대 중반까지는 대기업 남성 정사원의 고용이 안정되어 있었기 때문에, 각종 규제나 보조 및 공공사업 등으로 그 문제를 덮고 지내왔다. 1990년대에 이루어진 일련의 규제 완화에 이어 2000년대에 보조금과 공공사업 삭감이 이루어지면서 버팀목을 잃고 문제가 단숨에 불거졌다. 그런 만큼 그 변화 양상이 더욱 극적으로 느껴진 것이라고 할 수 있다.

과거의 일본 사회에서는 많은 사람들이 '어딘가'에 소속되어 있었다. 회사, 관청, 상점가, 농협, 주민자치회, 학교, 노조, 가족 등을 꼽을 수 있겠다. 일본형 공업화 사회에서는 그 모두에 대해 규제와 보호와 보조금 시스템을 연동시켰다. 그럼으로써 반대급부로 정당에 대한 지지를 얻는 방식을 취했다고 할 수 있다.

그러나 경제 상황이 나빠지고, 규제와 보호 조치가 해제되었다, 아울러 공공사업과 보조금을 줄이지 않을 수 없는 상황이 되었다. 그러자 시스템 전체가 덜거덕거리게 되고, 그럼으로써 과거에 소속된 어딘가로부터 떨어져 나와 자유로워진 사람들이 많아졌다. 어딘가에 소속되어 있다 할지라도 일생 동안 뒤를 봐주는 일도 없거니와, 일생 동안 소속되겠다는 의식조차 없다. 그야말로 떠돌아다니는 '자유'가 늘어난 것이다.

그리하여 정치에서도 1990년대 중반부터 사회당과 자민당이 약체화되었고, 유동하는 부동표를 끌어들여 당선하는 무당파無黨派 정치가가 늘어났다. 그리고 2009년, 일본형 공업화 사회의 시스템을 일궈온 자민당이 중의원 선거에서 대패하는 사건이 벌어졌다. 자민당의 정권 상실과 '지지 정당 없음'의 부동표 증대는 단순한 정국의 변동이 아니었다. 바로 일본 사회의 구조가 거대하게 변동했음을 드러내는 사건이었다.

제2장

사회운동의 변천

이번 장에서는 선진국의 사회운동이 어떤 형태로 이루어져왔는지를 대충이나마 살펴보자. 물론 그 형태가 매우 다양하기 때문에 개개 사건별로 살피고자 하면 세세하게 묘사할 수가 없다. 그러므로 사회구조의 변화라는 틀 속에서 개괄해보고자 한다.

| 공업화 초기의 사회운동 |

사회운동은 공업화 사회에서 탈공업화 사회로의 변화 와중에 어떻게 변했을까? 우선 공업화 사회를 초기와 후기로 나누어 살펴보자.

공업화 시대의 초기에는 노동자가 사회운동의 중심을 이뤘다. 특히 제철과 탄광처럼 당시 기간산업에 종사하던 '다부진 프롤레타리아트'가 노동운동의 핵심을 맡았다. 소작농이나 농업 노동자, 소규모 자영농 같은 농민층도 비중이 큰 존재였다.

이들을 지도한 것은 도시의 지식층이었다. 대학교수, 변호사, 교사, 작가, 학생, 저널리스트층이 노동자와 농민을 지원했다. 그들이 지식을 제공하고 노동자가 행동하고, 학생이 제휴하는 형태가 이루어졌다.

주의해야 할 점은 여기서 말하는 '학생'이란 단순히 청년을 가리키는 것이 아니라 사회의 엘리트라는 것이다. 어느 나라나 그랬듯이 대학 진학률이 낮을 때에는 대학생이 엘리트 의식과 사명감을 지니고 있다.

과거 개발도상국에서는 수도의 최고학부 대학을 나오면 20대에 지방의 부지사나 경찰서장이 되는 경우가 적지 않았다. NGO의 리더가 되어 빈민구제와 씨름하는 인물도 배출했다. 대부분 정규교육을 받지 못하는 사회인 까닭에 아직 인재가 많이 나오지 않았다. 그렇기 때문에 빨리 출세할 수 있었다. 자신이 태어난 마을에서 유일하게 대학에 들어가, 온 마을의 기대를 한 몸에 받는 사례가 결코 드물지 않았다. 종종 이런 자식의 학비를 위해 부모는 논밭을 팔기도 했다. 그렇기 때문에 관료의 길을 걷든, NGO의 리더가 되든 자신이 이 나라를 떠받친다는 의식이 매우 강했다.

그렇기 때문에 학생이라면 모름지기 정치에도 지대한 관심을 가져야 했다. 노동자는 나날의 생활이 있기 때문에, 학생인 자신들이 사회의 부정을 바로 잡기 위해 일어서지 않으면 안 되었다. 대표적으로 1980년대까지의 한국이나, 안보투쟁이 벌어지던 1960년대의 일본에서는 그러한 의식이 존재했다.

| 윤리주의와 전위당 |

사회운동 담당자의 이런 양상은 교육보급이 뒤진 개발도상국에서는 일반적인 것이었다. 이들의 조합 양상에 따라 운동 스타일에 두 가지의 현상을 드러냈다.

하나는 운동에서의 윤리주의이다. 지식인이나 학생은 가난한 노동자나 농민에게 봉사해야 한다. 자신은 혜택을 입은 엘리트이며, 노동자나 농민을 착

취하는 쪽에 서 있었음을 자각해야 한다. 그러므로 자신의 특권을 버리고, 혜택받은 엘리트 코스로 돌아가거나 향락적인 생활을 하고 싶어 하는 따위의 욕망은 물리쳐야 한다는 것이다.

그와 밀접하게 연결된 형태로 매우 굳센 기질을 갖추게 된다. 탄압이 극심한 사회이기 때문에 운동이나 데모에 나서면서 언제라도 체포당할 각오를 한다. 얌전히 지내면 특권적인 지위를 보장받음에도 불구하고, 감연히 그렇게 한다. 그 대신, 나는 엘리트이므로 내가 움직이면 사회가 바뀐다, 내가 데모에 나가면 반드시 사회가 움직인다, 하는 의식 또한 강렬하다. 그런 가운데 참여할 것인가 말 것인가를 두고 고뇌하며, 문학과 철학책을 읽으면서 사색에 빠져든다.

최근에는 선진국에서나 개도국에서나 마치 축제를 즐기는 기분으로 즐겁게 참여하는 데모 방식이 주류를 이룬다. 그러나 옛날에는 전체적으로 이러한 윤리주의 경향이 존재했다. 이러는 편이 근사하다는 분위기 또한 전공투全共鬪 운동 시기에는 있었던 것 같다.

또 하나는 전위당前衛黨이라는 조직형태이다. 이것은 혁명 전의 러시아에서 혁명정당을 만들기 위해서는 대중정당과 전위당 가운데 어느 쪽이 좋은가를 두고 분열했던 역사에서 비롯되었다.

한마디로 말하자면 대중정당이란 누가 들어와도 좋고, 구성원이 많으면 많을수록 좋다는 사고방식이다. 이에 비해 전위당은 소수정예여야만 하고, 구성원의 마음가짐을 확실하게 해야 한다는 사고방식이었다.

전위당 주장은 왜 나온 것일까? 그것은 당시의 러시아가 강권적인 개발도상국이었기 때문이다. 정치활동이나 언론자유가 없고, 대부분의 농민이나 노동자는 문자조차 읽지 못한다. 온건한 운동조차 탄압받고, 운동조직 안으로 경찰 스파이가 잠입해 들어왔다.

이런 상황 속에서 형성된 전위당 사상은 아래와 같은 것이었다. 정치활동이나 언론자유가 없는 이상, 사회변혁은 비합법 수단과 무력에 의한 혁명이어야 가능하다. 그것은 얼치기들이 할 수 있는 것이 아니기 때문에 당은 유사시에 대중을 지도하는 소수정예 집단으로 구성되어야 한다. 사상이 투철하지 않은 사람은 조직에 들이지 않으며, 스파이가 잠입해 들어오기 때문에도 심사를 엄격히 한다. 탄압이 극심한 가운데 지하활동을 벌이기 위해 당 중앙의 명령에 따라 움직이며, 규율이 엄정해야 한다. 중앙의 방침에 따르지 않는 자는 문책하고 제명한다.

이런 전위당과 윤리주의가 결합하면 다음과 같은 모습을 갖춘다. 지식인이나 학생은 사회의 엘리트로서 사회혁명의 사명을 띠고 있다. 그러므로 전위당에 들어가 노동자와 농민을 위해 봉사해야 한다. 그러기 위해서는 자신의 사생활을 포기하고, 당 중앙의 명령에 따라 훌륭한 당원이 되어야 한다. 그 점에 의심을 품는 자는 노동자의 적이며, 부르주아 정신이 뿌리 뽑히지 않은 것이다. 이런 논리가 갖추어진다.

결과적으로 말하자면 당시 러시아에서는 이런 방침이 굳어져 있었다. 전위당 사상을 주장한 레닌 쪽이 혁명에 성공했던 것이다. 마르크스 사상과 레닌의 사상을 조합한 것이, 마르크스·레닌주의로서 세계적으로 퍼져나갔다.

그러나 서유럽에서는 대중형 노동정당 쪽이 정권을 잡았다. 사회주의를 토대로 삼고는 있지만, 커다란 노동조합을 배경으로 수많은 당원을 모으고 선거로 의회에서 다수를 차지하자는 사회민주주의의 노선이다. 언론과 정치활동의 자유가 있고, 대중이 적절하게 교육받았기 때문에 그것이 가능하다는 생각이 근저에 깔려 있었다.

결과적으로 말하자면 전위당이 혁명에 성공한 것은 개발도상국뿐이었다. 특히 이전의 식민지였던 지역이 독립전쟁을 벌일 경우, 군대형의 규율 바른 조직을 지닌 전위당 사상이 큰 세력을 형성하여 지지를 얻었다. 이런 나라에서는 새로 형성된 정권의 수뇌부가 독립 후에도 군복 차림을 한 경우가 적지 않았다.

한편 서유럽에서는 사회민주주의의 노선 아래 정권을 잡은 노동정당이 노동자 보호규정과 복지정책을 실현시켜나갔다. 1960년대 무렵에는 노동자가 안정된 생활을 영위할 수 있게 되었다. 그들은 노동정당에 표를 몰아주는 대신, 격렬한 운동은 하지 않게 되었다.

| 새로운 사회운동 |

이를 대체하듯 1960년대부터 1970년대에는 뒤에 '새로운 사회운동'이라 불린 움직임이 대두한다. 그것이 공업화 사회 후기의 운동으로 자리 잡았다.

그 중심을 이룬 집단이 획일적인 사회를 참지 못하는 청년과 여성, 예술가 등이었다. 서유럽 국가들의 경우 '68년'의 학생운동, 여성해방운동, 에콜로지 운동ecological movement 등이 그런 사례이다. 인종적·성적인 마이너리티 등의 운동도 일어났다. 베트남 반전운동의 확산이 전체적인 배경 노릇을 했다.

이들이 보이는 모습의 어디가 '새로운 사회운동'인가? 그것은 노동자와 농민 같은 '계급'에 기반을 둔 운동이 아니었다는 점이다. 공산당의 지도를 받고 벌이는 운동이 아니어서, 꼭 마르크스주의를 내걸지도 않았다. 윤리주의도 약화되어 일종의 축제 같은 요소가 있었다. 운동 스타일도 전위당이나 노동조합 하면 떠오르는 피라미드형이 아니었고, 매우 자유로운 네트워크형을 선호했다.

운동의 슬로건으로서는 경제적인 요구가 아니라, 종종 '자유'를 내걸었다. 이는 그 이전의 노동자들이 벌인 운동이 생산 수단의 사회화와 '임금인상', '고용'을 내걸었던 것과 대조된다.

왜 그렇게 된 것일까? 이는 청년과 여성 등은 공업화 사회 속에서 주변화된 층이었기 때문이다.

공업화 사회 후기가 되면 노동자들은 그런대로 풍요로워졌다. 그리하여 자신들의 목소리는 노동정당이 대표하도록 맡겨두고, 이제 그들은 자발적으로는 사회운동에 나서지 않게 되었다. 또한 풍요로워짐과 동시에 고등학교와 대학교 진학률이 높아져, 대학생들에게서 이전과 같은 엘리트 의식이 사라졌다. 자연히 사명감에 기반을 둔 운동은 지반을 잃어갔다.

그러나 청년과 여성은 이미 공업화 사회에 편입된 노동자와 달리, 그 주변에 자리 잡고 있었다. 그리고 라이프스타일과 라이프사이클이 균질화한 것이 공업화 사회의 특징이다. 18세나 22세까지 학교에 가고, 그 뒤 취업하고, 20대 중에 결혼하여 애를 둘 낳고, 빚을 얻어 집을 사고….

청년은 그런 공업화 사회 속에서 양복 차림을 한 채 9시에서 5시까지 회사에 가야 하는 것을 지겹게 생각했다. 또 여성들은 주부가 될 수밖에 없는 미래를 암울하게 여겼다. 그리하여 '자유'가 슬로건으로 떠올랐다. 양복을 내던지고 재즈나 록을 들으면서 공업화 사회에 대한 비판으로서 환경문제 등에 관심을 보이기 시작한 것이다.

그런 연유로 터져 나온 '체제를 무너뜨려라'라는 구호가 반드시 정권을 차지하자는 뜻은 아니었다. 넓은 의미에서 '자유'를 추구한 것이라 하겠다. 거기에 공업화의 폐해라 할 환경피해를 입은 사람들이나 사회 속에서 평등을 얻지 못한 소수인종의 운동 등이 경우에 따라서 어우러지기도 했다.

이런 사회층이 중심세력을 이루어가며 1960년대의 사회운동이 벌어졌다. 그들은 때때로 의회민주주의를 비판하며 '직접행동'을 제창하기도 했다. 왜인 가 하면 다수파가 될 가망이 없는 마이너리티들의 운동이었기 때문이다.

당시에는 사회 구성원 대다수가 풍요로움을 구가하며 정치에 무관심했다. 의회 또한 그런 다수파의 몰표를 기반으로 구성되어 있었다. 그런 사회에서 질식할 것만 같았던 청년이나, 차별을 당하는 인종적·민족적 마이너리티 등 은 사회 다수파가 될 수 없었고, 자연히 의회에서 다수를 차지할 전망도 없었 다. 베트남 전쟁 반대도 최초에는 미국 안에서 소수파의 주장에 불과했다.

그래서 문제를 제기함으로써 사람들의 각성을 촉구하기 위하여, 의회민주 주의 체제 바깥에서 직접행동에 의한 호소가 중요하다는 주장이 등장했다. 그 방식으로서는 데모와 연좌농성 등이 많았지만, 일부에서는 분위기가 고 조되어 테러행위를 벌이기도 했다. 종래의 노동정당 운동 등과 달리, 의회에 서의 법을 통한 전략보다 이러한 직접적인 호소방식을 중시했기 때문에, 자 기를 표출하는 쪽에 중점을 두었다는 점이 '새로운 사회운동'의 특징이라고도 평가받는다.

| '청년'과 '여성' |

이런 운동에서 전제가 된 것은 '청년'과 '여성'이 거의 한 덩어리로 여겨 졌다는 점이다.

영어권의 연구에 따르면 청년기를 나타내는 adolescence라는 단어는 1904년 에 심리학 전문서의 제목으로 등장한 이후, 전문용어로 쓰이기는 했지만 일반적인 용어는 아니었다고 한다. '틴에이저'라는 단어도 1940년대 들어 미국에서 등장한 신조어였다. 일본에서도 1954년에는 당시 학자들이 "일본에는 청년기가 없었다", "아이들과 어른 사이의 단계가 없었다"라고 적었다(《지성知性》 1954년 11월호).

물론 이와 다른 견해도 있지만 '아이'나 '청년' 같은 틀이 그다지 명확하지 않았다는 연구결과가 적지 않다. 왜 그랬는가 하면, 주로 두 가지 이유가 있다.

첫째는 근대화 이전의 사회에서는 일할 수 있는 나이가 되거나 '관례冠禮' 따위를 거치면 곧바로 '어른'으로서 대우받으므로 아이와 어른의 중간단계가 필요 없었기 때문이다. 『추신구라忠臣藏』(우리나라의 『춘향전』 같은 일본의 대표적 고전문학·옮긴이)의 오이시 치카라는 관례를 겨우 마친 14세 때 원수인 기라의 저택을 급습하는 총대장 역할을 한다. 덩치는 큰데 자립심을 못 갖추고 미래를 결정하지 못하는 풍조가 생겨난 것은 중고등 교육 시스템이 보급되고 나서의 일이다. 그런 연유가 있어서 종종 학생은 곧 청년이라는 등식이 만들어진 것이다.

또 하나는 신분이나 계급이 연령보다 훨씬 중요했기 때문이다. 농업을 영위하는 청년과 대저택의 도련님을 같은 '청년'이라고 생각하는 습관은 그다지 오래된 것이 아니다. 각자가 향유하는 문화나 걱정거리가 전혀 다르다. 경험이나 생각 또한 다르다. 이 말은 '여성'에 대해서도 똑 들어맞는다. 농사꾼 집 처녀와 하녀를 부리는 '아가씨'를 같은 '여성'이라고 생각하는 습관 또한 없었다고 할 수 있다.

그러나 공업화 사회의 후기를 맞이하자 사정이 바뀌기 시작했다. 표면적으로는 계급차별보다 오히려 세대차가 더 두드려졌다. 한편으로는 자동차·음악·의복 같은 대량생산된 공업제품을 중심으로 한 대중소비문화가 침투되었다. 그런 까닭에 젊은 세대의 생활이나 문화가 균질화되기에 이르렀다. 거기에다 학교 진학률도 쑥쑥 올라가 청년 하면 학생이며, 청바지를 입고 자동차에 올라 타 유행하는 음악을 듣는 이미지가 형성되었다.

산업화 시대에 자동차나 의복 등은 원래 실용품으로서 대량생산된 것이었다. 이를 일종의 독자적인 문화로 채택하여 자유자재로 구사한 것은 젊은 세대들만이 보이는 행태였다. 노동자들이나 입었던 청바지를 자신들을 표현하는 문화로 받아들이고, 운반 수단에 불과했던 자동차를 데이트 도구로 삼은 것은 메이커가 아니라 청년들이었다.

그렇기 때문에 청년은 성인과는 문화가 다른 독자적인 존재라고 받아들여졌다. 그들은 새로운 공업화 사회의 여러 가지 생산물을 받아들이고는 이를 새로운 발상을 동원하여 사용했다. 그렇게 자유를 구가함으로써 어른들에게 반항하는 태도를 드러냈다. 사실 어느 시대에나 발 빠르게 새로운 것을 받아들이는 것이 청년들의 특징이다. 다만 그 '새로운 것'이 옷이나 자동차나 레코드 같은 공업제품이었다는 것이 바로 산업화 시대의 특징이다.

또 진학률이 올라간 것은 가업을 이어받아 농민이나 상인이 되는 청년이 줄어들고, 장래를 모색하거나 정체성을 고민하는 사람이 늘어남을 의미한다. 그런 고민은 근대화 초기만 해도 돈 많은 도련님이나 하던 것이었다. 그렇지만 공업화가 급속히 추진되면서 그런 경향이 일반화되었다. 이제 청년 하면 으레 장래를 모색하며 자신의 정체성을 고민하는 사람이라는 인식이 널리 퍼졌다.

이와 똑같은 상황이 '여성'에게도 일어났다. 여성 하면 도시의 젊은 여성이나 육아와 가사에 전념하는 도시 주부들을 먼저 떠올리게 된다. 그들이 직면하고 있는 문제는 무엇일까? 그들은 생활면에서 부자유를 느끼지 않지만, 도시의 젊은 여성은 형식화된 성역할이 지긋지긋하다. 주부들은 일상생활을 통해 전혀 자기실현을 할 수 없기 때문에 공허하다.

반복하는 것이 되지만, 라이프스타일과 라이프사이클이 균질화된 것이 공업화 사회의 특징이다. 거기에 반항한 것이 이 시대의 청년과 여성의 운명이었다. 그러나 그 기반인 '청년'이나 '여성' 같은 유형 그 자체가 당시 사회구조의 산물이었다고 할 수 있다.

그러나 현실적으로는 젊은 사람이 모두 학생은 아니었다. 또 모두 유행하는 음악을 즐겼던 것도 아니다. 대학에 진학한 사람은 일본의 경우 1960년대 말에도 20% 내외였다. 1980년대에도 30%대에 지나지 않았다. 일본은 종신고용사회라고 일컬어졌지만, 실제로 종신고용이 이루어질 정도의 대기업에 고용되어 지낸 사람은 1970년대에도 전 노동인구의 20% 남짓했다. 나머지는 중소기업이나 농림수산업, 자영업 등을 영위했다. 물론 줄곧 일자리를 갖지 않고 여성이 전업주부로 지낼 만큼 넉넉한 수입을 올리는 사람도 소수에 불과했다.

그럼에도 당시에는 점점 진학률이 올라갔고, 경제도 쑥쑥 성장했다. 그리고 모든 사람이 최신형 자동차와 음악을 경쟁하듯 구입하며 살던 시대였다. 그러므로 이제는 농사꾼의 자제들도 이윽고 샐러리맨이 될 것이고, 젊은이들은 이윽고 학생이 되어 음악을 들으며 청바지를 입고 지내는 이미지로 모아졌다. 사람들은 이제 자연스럽게 그렇게 생각하게 되었다.

여성도 거의 마찬가지였다. 주부가 '여성'의 대표적인 존재이고 그렇지 않은 사람은 예외 취급을 했다. 단지 소수의 '커리어 우먼'이 존재할 뿐이라는 통념이 퍼져 있었다.

그런 통념이 지배적이었던 이유 가운데 한 가지는 중앙의 매스컴이 지니는 힘 때문이다. 거기에서 일을 하거나 발언하는 사람들은 대개 대학을 나와 고수입을 올리는 사람들이다. 즉, 소규모 농업이나 자영업에 종사하는 사람들은 별반 없다. 그러므로 자신들의 주변에는 학생이나 전업주부가 많고, 자신의 동급생들 또한 모두 종신고용된 샐러리맨들이다. 주변에 아주 약간의 '커리어 우먼'이 있는 정도이다. 그들이 사회가 그렇게 구성되어 있다고 믿었던 까닭에, 현실과는 다소 다른 통념이 퍼지게 된 것이다.

| 탈공업화 사회의 운동 |

그러나 탈공업화 사회에 들어서면 위에서 말한 방식의 운동이 약화된다. 그렇게 된 주요 이유는 '노동자'나 '청년'이나 '여성' 같은 범주가 더 이상 낯설어 보이지 않게 된 데 있다. 노동자 하면 공업화 사회의 초기부터 강인한 탄광 노동자나 공장 노동자, 후기라면 양복을 입은 샐러리맨이라는 이미지를 떠올렸다. 생활은 어떻게 하는지, 어떤 것에 관심을 지니는지 등등을 쉽사리 떠올릴 수 있었다.

이것은 공업화 사회 후기의 '청년'이나 '여성' 또한 마찬가지였다. 청년이라 하면 학생이었다. 음악을 들으며 청바지를 입고 자유를 추구한다. '여성'이라 하면 미혼의 젊은 여성 혹은 주부이다. 그들은 강요당하는 성역할 때문에 괴로워한다. 이런 이미지를 떠올릴 수 있으면 어떤 주제로 운동을 벌일지, 어떻게 호소하면 공감을 얻을지 등을 보다 쉽게 알아차릴 수 있다.

그러나 탈공업화 사회에는 이런 가정이 성립되지 않는다. 과거에는 30대 여성의 경우 '주부'라고 보아도 별반 틀리지 않았고, 그렇지 않은 사람은 '커리어 우먼'이라 하면 무난했다. 자신의 미래나 정체성에 관해 고민하는 것은 청년들, 그중에서도 학생들 사이에서뿐이었다. 학교 졸업 뒤 일자리를 얻고 나면 그런 고민에서 멀어져갔다.

탈공업화 사회에서는 삶의 자유와 다양성이 대폭 확대되면서, 그런 생각은 이제 들어맞지 않게 되었다. 아무리 나이를 먹어도 전직이나 이혼, 자신의 미래와 정체성, 사랑과 이별 등으로 고민하는 사람이 늘어났다. 이는 그야말로 '청년기의 연장'이라고나 해야 할 상황이다. 과거에는 청년만의 상징으로 떠올랐던 청바지나 음악도 이제는 모든 세대에서 즐긴다. 그야말로 '다양한 선택지 가운데 하나'가 되어버렸다.

그러니 1960년대와 같은 '청년의 반항'이라는 용어는 더 이상 통용되지 않게 되었다. 1960년대의 청년은, 양복 차림의 샐러리맨으로 9시에서 5시까지 기계적으로 사는 인생은 지겨울 따름이다, 계속 청바지를 입고 살고 싶다며 '자유'를 부르짖었다. 자유로운 인생을 살 수 있는 시기는 지금뿐이다, 취직하고 나면 더 이상의 자유는 없을 것이라는 의식이 그들을 내몰았다.

그러나 이제는 복장이나 시간이 자유로워졌다. 자연히 그런 반항은 의미를 잃고 말았다. 다양한 영역에서 이런 자유가 확대되었다. 오히려 과거의 샐러리맨 같은 안정된 인생을 선망하는 젊은이들이 많아지기조차 했다.

'여성'이나 '소수자'를 기반으로 한 운동 또한 어려워졌다. 서유럽과 미국에서는 1970년대의 오일쇼크 무렵부터 제조업 비중이 떨어지고 탈공업화 사회로 본격적으로 이행했다. 그런데 1980년대 후반이 되자 페미니즘 운동 중에 '여성'의 이미지가 성립되지 않는다는 현상이 벌어졌다.

1960년대의 미국 여성운동은, 교외 주택에 살면서 생활상의 부자유함은 없었지만 마음의 공허감을 채우지 못하는 전업주부들의 고민을 다룬 책을 통해 널리 퍼져나갔다. 그런데 1980년대 후반 들어 흑인과 이민 여성들에게서 비판이 쏟아져 나왔다. 그때까지 미국에서 벌어진 페미니즘 운동 속의 여성상은 자신들의 실생활과는 전혀 들어맞지 않는 '백인 중산계급의 페미니즘'이라는 것이었다.

1985년에 미국의 20~22세 여성들 가운데 '미혼모' 비율이 단적으로 이런 괴리를 드러냈다. 백인 여성의 경우에는 4% 이하였지만, 히스패닉계 여성은 10%였고, 흑인 여성은 33%에 달했다. 똑같은 여성으로서의 고민이라도 슬럼가에 살며 '맥잡'으로 일하며, 남성의 폭력과 뜻밖의 임신 따위에 직면한 사람들 입장에서 보면, 종래의 여성운동이 백인 중산계급의 페미니즘으로 보인다 해도 무리는 아니었다.

그러나 다른 한편, 흑인 중에도 엘리트층에 진입한 사람이 나왔다. 1960년대의 공민권운동公民權運動의 시대처럼 '흑인'이라면 다 같은 문제를 품고 있다고 말할 수 없게 되었다. '노동자'뿐만 아니라, 이제 '여성'이나 '흑인' 또한 성립하기 어려운 용어가 되고 만 것이다.

나아가 '계급'이라든가 '여성'이 성립하지 않게 되었으므로 '자신이 불행한 것은 노동자 계급이기 때문'이라는 의식 자체가 없어졌다. 그로 인해 예컨대 '여성임에도 성공한 사람이 있다. 일이 잘 안 풀리는 것은 내 탓이다.'라고 생각하며, 자기 책임으로 돌리고 만다. 사회구조의 문제보다 처세술이 나쁘다든가 자신의 심리적 문제라고 받아들인다. 그러므로 노하우를 가르쳐주는 책이나 심리학책은 읽지만, '노동자'나 '여성'운동이 자신과 관계가 있다고 생각하지 않는다. 이러한 '개인화' 경향이 널리 퍼진다.

통계를 살펴보면 출신가정의 빈부가 당사자의 학력이나 취직 업체에 분명하게 영향을 미친다. 아울러 여성이 남자보다 수입이나 지위 면에서 낮은 것도 두드러진다. 그러나 '노동자'나 '여성'을 드러내주는 대표적인 이미지가 보이지 않는다. 아울러 실제적인 모습도 별반 눈에 띄지 않는다. 공업화 시대 후기에 '여성'의 이미지가 한 덩어리로 여겨짐과 동시에 농촌 여성의 이미지가 사라진 바 있는데, 이제는 '개인'으로밖에 보이지 않게 된 것이다.

이렇게 되면서 사회운동 또한 어려워졌다. '우리는 노동자이다' 혹은 '우리는 여성이다'라는 연대의식이 성립하지 않는다. 사람들이 저마다의 '자유'를 누리면서 연대 의식이 옅어져 '우리'라는 생각을 갖지 못하며, 자연히 통합이 이루어지지 않는다. 탈공업화 사회에서는 가족이나 정치 또한 통합을 이루지 못하고 불안정해지는데, 운동 또한 같은 문제에 직면하게 된 것이다.

| 리스크 사회 |

이러한 사회현상에 대해 여러 각도로 연구가 이루어졌다. 그중 독일의 사회학자인 울리히 벡Ulrich Beck이 제기한 '리스크 사회'라는 주제는 많은 사람들에게서 주목받았다.

현대사회의 사람들은 고용, 가정, 교육 등의 여러 분야에서 안정성을 잃고 불안감에 휩싸여 지낸다. 정부나 전문가들 또한 신뢰를 잃어버린 지 오래이고, 미래를 전망할 수가 없다. '위기'와 '안전'의 명확한 선긋기를 할 수 없는 '리스크' 의식이 널리 퍼진다. 그리하여 정신적으로 문제가 있는 사람들이 늘어나고, 이에 따라 심리학이 유행한다. 이런 상태를 울리히 벡은 '리스크 사회'라고 이름 지었다.

리스크 사회의 특징 가운데 하나로 벡이 강조한 것은 계급이라는 개념이 성립하기 어려워졌다는 사실이다. 현대사회에서는 어떤 특권층일지라도 '절대적으로 안전하다'는 없다. 이혼, 계약해제, 낙선, 쇠퇴의 리스크를 껴안고 살아간다. 그러나 동시에 리스크를 극복할 경우, 보다 상위로 올라갈 수 있으리라는 기대감도 널리 퍼져 있다.

벡이 『리스크 사회』(우리나라에는 『위험사회』로 출간되었다 • 옮긴이)라는 책을 출판한 것은 1986년 체르노빌 원전 사고 직후였다. 당시 서독은 바람에 실려 날아오는 방사능 물질 때문에 식품오염에 대한 공포감이 널리 퍼졌다. 방사능 리스크는 계급의 상하를 따지지 않는다. 방사능을 국경에서 막을 수도 없고, 부자라고 이 문제를 비껴갈 수도 없었다. 벡은 "빈곤은 계급적이지만 스모그는 민주적이다."라고 말했다. 방사능이나 스모그는 계급을 따지지 않는다는 말이다.

물론 벡 또한, 부자들은 정보와 자금력을 보유하고 있으므로 안전한 먹을거리를 입수할 수 있다는 점에 대해서는 인정한다. 그러나 미래를 전망하지 못하는 리스크 의식은 가난한 사람들에게만 생기지 않는다. 부자들 또한 똑같이 고민하게 된다는 점에 많은 사람들이 인식을 같이했다.

| '68년'과 탈공업화 사회 |

일본 사회가 탈공업화 사회의 문제에 직면한 것은 1990년대 중반이었다고 여겨진다.

이 시대의 사회운동은 어떻게 진행되었을까? 서독의 '녹색당'이 잘 알려져 있다. 중거리 핵미사일의 서유럽 배치 반대에서부터 반핵평화운동이 거세진 것과 체르노빌 원전 사고가 녹색당 지지를 높인 이유로 꼽힌다.

그러나 독일의 학자들과 대화하다 보면, 아래와 같은 암묵적 배경이 있었던 것처럼 느껴지는 경우가 많다.

독일은 1970년대의 두 차례 오일쇼크로 심각한 불황에 직면했다. 고용, 가정, 교육이 모두 불안정해졌다. 그리하여 리스크 의식이 강해진 것은 벡의 『리스크 사회』에 쓰여 있는 대로이다.

거기에 중거리 핵미사일 배치와 원전 사고가 밀려오면서, 이런 리스크 의식이 확산된 것 같다. 가정이나 고용 모두 흔들거리고, 청년들은 취업을 하지 못하고, 핵전쟁의 위협이 박두하고, 첨단기술이 사고를 냈다. 이것은 근대 산업 문명의 한계를 드러낸 것이다. 그것을 대신할 새로운 사회양식을 강구하지 않으면 안 된다. 이러한 의식을 배경에 두고 산업문명 비판, 환경보호, 반핵 평화, 반원전 등을 제창하는 녹색당의 지지가 확산된 것으로 여겨진다.

녹색당은 이른바 '68년 세대'의 이전 활동가가 핵심을 이룬 세력이었다. '68년'의 학생반란이 녹색당을 비롯한 신시대 사회운동을 태동시켰다는 인상이 짙다.

그러나 그뿐만이 아니다. '68년'은 탈공업화 사회의 전조이기도 했음을 기억해야 한다. 서유럽은 1973년의 오일쇼크 이후 불황과 탈공업화 사회로 이행하게 되었다고 여겨지는데, '68년'에 그 징조를 보였다. 그런 인식에는 무리가 없다고 본다.

다만 이것이 모두 좋은 의미였을 리는 없다. 당시 보수파 사람들은 탈공업화 사회에 동반되는 여러 가지 변화에 당혹스러워했다. 그렇게 만든 범인으로 지목된 대상이 이민자들과 '68년'이었던 것 같다. 남성 고용이 불안정해지고, 여성 노동 비율이 올라가고, 가족은 흔들리고, 청년층의 실업이 증가했다. 복장, 근무방식, 성문화 등이 모두 자유로워졌다. 이것은 이민자들이 몰려들고 나서의 일이다. '68년'의 청년들이 자유다, 성해방이다, 하며 떠들어댔기 때문이다. 보수층은 이렇게 이민자와 '68년' 쪽으로 화살을 돌렸던 것이다.

미국에서도 유사한 주장이 성행했다. IT산업의 벤처 기업가 가운데 자유로운 복장과 히피 문화에 호감을 표하는 사람들이 많았던 까닭에 그런 인상을 강화시켰는지도 모른다. 그런 IT기술이 고용과 가족의 불안정을 불러왔다, 그 모두가 '68년'에서 비롯된 것이다, 바로 이렇게 인식했던 것이다.

물론 '68년'의 운동이 직접적으로 그런 사회변화를 초래한 것이 아니라, 일종의 이미지에 불과하다. 그러나 이런 것이 좋든 나쁘든 오늘날에도 '68년'이 주목받는 배경으로 작용하고 있다.

그러나 일본에서는 그런 견해가 특별히 세력을 얻지 못했다. 1975년의 유행가인 〈『딸기 백서白書』(1968년의 콜롬비아대학 학생운동을 영화화한 1970년 작품으로, 원제는 『The Strawberry Statement』 • 옮긴이)를 다시 한 번〉이라는 노래의 가사는 일자리가 결정되어 머리를 자른 이전의 운동권 학생이 '난 이제 젊지 않아'라며 변명을 늘어놓는 내용이다. 이것은 일본의 '68년'을 상징하는 노래로 자주 인용되는데, 동시대의 미국이나 서유럽 청년들은 머리를 깎아도 일자리를 얻지 못하는 불황에 허덕이고 있었다.

일본은 1970년대 후반에 서유럽과 미국이 불황에 빠져 있는 상황을 곁눈질하며, 제조업을 중심으로 수출 공세를 펼쳤다. 그리하여 '저팬 애즈 넘버원' 시대를 맞이하게 된다. 그 때문에 일본의 전공투 운동은, 청년기의 반항이었다, 훗날 그들은 모두 전향하여 기업의 전사가 되었다, 사회에는 아무런 영향을 끼치지 못한 일과성 사건이었을 뿐이다, 하고 평가당하고 만다.

역사란 언제나 현재의 반영으로 창조된다. 당시 일본 학생운동의 규모와 성격 그 자체에 주목하지 않는다. 오히려 그 뒤의 사회 분위기가 달라졌기 때문에, 이처럼 다른 이미지를 떠올리게끔 된 것이 아닌가 한다.

일본의 제조업 취업인구가 농림수산업 취업인구를 넘어선 것은 1965년이다. 그 뒤로 1992년까지 꾸준히 늘어났다. 즉, 일본의 '68년'은 농림수산업이 아직 맹위를 떨치던 초기 공업화 시대부터 제조업 중심의 후기 공업화 사회로의 이행기 사이에 벌어진 사태라고 규정할 수 있다.

　이것은 서유럽이나 미국의 '68년'이 공업화 사회에서 탈공업화 사회로 이행해가는 징조였다고 규정되는 분위기와는 사뭇 대조적이다. 만약 일본에서 1990년경에 학생반란이 일어나 그 운동권 가운데 일부가 2000년대 이후의 비정규직 노동자운동이나 탈원전 운동의 핵심이 되어 있거나 하다면, 전혀 다른 이미지를 형성할지도 모르겠다.

제3장

민주주의란?

이제부터는 일본에서 한 걸음 떨어져 나와 근본적으로 사회를 바꾼다는 것은 무슨 말인가, 민주주의란 무엇인가에 대해서 점검해보고자 한다. 이제까지의 논의와 주제가 달라 보일지 모르겠으나, 끝에 가면 오늘날의 일본 문제와 내재적으로 연결되어 있음을 알 수 있게 될 것이다. 현대일본의 문제에 대해서는 제8장에서 다시 한 번 다룰 것이다.

| '쥐 시집보내기' 이야기 |

흔히 사용되는 '사회를 바꾼다'라는 말은 무엇을 가리키는 것일까? 표를 끌어모아 정당을 결성하고 의회에서 다수파를 차지한다는 의미인가? 그렇다면 데모 따위는 필요 없지 않은가? 그보다는 선거에서 투표로 승부를 가르는 것이 낫지 않은가? 아니, 국회의원을 통해 로비를 펴는 것이 더 좋은 수 아닌가? 어쩌면 이렇게 생각하는 사람들이 더 많을지도 모르겠다.

그러나 투표를 통한다고 과연 잘될까? 그래서는 사회가 꿈쩍도 하지 않는다. 로비로 정치가를 움직이게 하면 생각이 통할까? 도저히 그렇다고 할 수 없다. 수상이 국제회의에서 탈원전 선언을 했는데도 상황이 그렇게 녹록하게 돌아가지 않았다.

그러면 관료들을 움직이면 일이 이루어질까? 재계 인사를 움직이면 될까? 그것도 될 일이 아니다. 지금은 이런 사람들조차 크게 무력감을 겪고 있다.

실제로 로비 등을 해보면, 어김없이 떠넘김 현상이 발생한다. 예를 들어 정치가에게 로비를 하면 '관료가 움직이지 않으면 어렵다'라는 답이 돌아온다. 관료들에게 로비를 벌이면 '재계가 움직이지 않는 한 어렵다'라고 핑계 댄다. 재계에 로비를 하면 '정계가 움직이지 않으면 어렵다'라고 둘러댄다. 할 수 없이 다시 정치가에게로 가면 '최종적으로 보자면 주권자인 모든 국민이 움직이지 않으면 안 된다'라고 변명한다.

왠지 일본 동화 '쥐 시집보내기鼠の嫁入り'(쥐 부모가 사랑하는 딸을 시집보내기 위해 세상에서 가장 강한 자를 찾으려 한다는 이야기 • 옮긴이)와 닮은꼴이다. 지난날 '관료는 정치가에게 약하고, 정치가는 유권자(민간·재계)에게 약하고, 유권자(민간·재계)는 관료에게 약한 법이다'라는 말이 널리 회자되었고 '산스쿠미三すくみ(삼자가 서로 견제하여 셋이 다 꼼짝 못하게 되는 상황을 가리킴 • 옮긴이)라는 말도 일본인들에게는 친숙하다. 그런데 현재는 다들 무력감을 안고, 누구나 '타인이 말하는 것을 들어주지 않게 되어버렸다'라고 생각하는 것 같다.

그렇다면 오늘날의 상황은 과연 어떤 상황인 것일까?

아무도 상대방의 뜻을 따르지 않고, 납득해주지 않는다. 이런 상태를 정치학자는 '거버넌스의 상실The Loss of Governance' 혹은 '정통성의 상실The Loss of Legitimacy'이라고 정의한다. 정통성이란 말하자면 모든 사람들이 납득함을 가리킨다. 오늘날의 일본 정치가 심각하다는 것은 누구나가 인정하지만, 그것이 폭동으로 이어지거나 하지 않는 까닭은 이런 정통성이 확보되어 있기 때문이다. 일단 선거에서 부정이 저질러지지 않으며, 부정한 방법으로 수상이 선출되지 않으면 되는 것 아닌가 하고 납득하는 상태가 괴롭게나마 지속되고 있다.

그러나 그런 납득 상태도 점점 허약해져가고 있다. 그것이 무슨 말인가? 앞에서부터 언급한 바 있는 탈공업화로 '자유'로운 인간이 늘어나 정치가 불안정해져왔다는 문제와도 연결되는데, 이번 장에서는 이 문제를 역사적·사상적으로 보다 심층적으로 파고들어보고자 한다.

| '대표를 뽑는다'라는 것 |

현대의 민주제는 대의민주주의이다. 모든 사람이 직접 모여 토론을 하는 것이 직접민주주의인데, 이것은 나라의 구성원이 많아지면 불가능하게 된다. 그리하여 유권자가 대표(의원)를 뽑고, 그 대표들이 토론하는 것이 대의민주주의이다.

'데모는 무익한 것 아냐?' 혹은 '투표나 로비를 통하는 것이 좋지 않아?'라는 의견은 여기서 말하는 대의민주주의를 전제로 삼고 있다. 즉, 현대의 정치는 투표를 통해 대표를 뽑는 것이므로, 그 밖의 행위는 쓸모가 없다고 보는 것이다.

그러나 한편으로는 오늘날 이런 제도가 점점 사람들을 납득시키는 힘을 상실해가고 있다. 그 이유는 선출된 대표가, 혹은 대표를 뽑는다는 행위가 사람들을 납득시킬 수 없게 되었기 때문이다. 그것을 '민주주의의 위기'라고 부르기도 한다.

그러나 정말 '민주주의의 위기'인 것일까? 이 또한 나중에 언급하게 되겠지만, 민주주의의 발상지라고 여겨지는 고대 그리스에서는 '민주주의'를 직접민주주의로밖에 생각하지 않았다. '근대 민주주의의 아버지'라고 일컬어지는 루소는 대의민주주의 아래에서 인민이 자유로운 것은 선거 기간 동안뿐이고,

그 뒤로는 오로지 노예일 뿐이라고 일갈한 바 있다.

그러므로 '대표를 뽑는다는 것은 어떤 의미인가?'라는 주제를 다시 한 번 생각해볼 필요가 있다. 현대일본에서 의원은 '우리의 대표'라고 여겨지고 있을까? 이때 '우리'란 과연 무엇인가? 도대체 의원은 누구의 대표인가? "당연하지 않아? 국민의 대표지."라는 사람이 많겠지만, 과연 그럴까?

예컨대 미합중국에는 상원과 하원이 있다. 하원은 인구비례로 의석을 배분하여 선출하게 되어 있으므로, 일본의 제도와 견주어볼 때 '국민의 대표'라 해도 된다. 그러나 상원은 각 주州에서 두 명씩 선출된다. 덩치가 큰 주도 있고 조그마한 주도 있지만, 일률적으로 둘씩만 배정된다.

미국의 주는 스테이트State, 즉 '나라'이다. 그 스테이트가 모여 유나이티드 스테이츠United States를 구성한다. 그러므로 국제연합 총회에 작은 나라나 큰 나라나 다 같이 대표를 내는 것처럼, 각 주에서도 대표를 낸다.

즉, 하원의원은 '국민의 대표'이지만, 상원의원은 '주의 대표'이다. 하원의원은 '국민이라는 우리'의 대표, 상원의원은 '주라는 우리'의 대표이다.

영국의 경우도 양원제를 취하는데, 미국과는 시스템이 다르다. 하원은 중의원(서민원)으로 평민의 대표, 상원은 귀족원으로 귀족의 대표이다. 사람 수는 평민이 훨씬 많지만 '평민이라는 우리', '귀족이라는 우리'의 대표가 모인 것이다. 이런 불공평한 상황 속에서 대의제가 잘 굴러갈까 하는 사람이 있을지 모르지만, 영국은 의회정치의 표본이라고 일컬어지는 나라이다.

또 영국은 보수당과 노동당이라는 양대 정당이 있는 것으로도 유명하다. 그런데 이것은 계급제의 산물이라 할 수 있다. 즉, '노동자 계급이라는 우리'의 대표와 '귀족과 지주라는 우리'의 대표가 각각 당을 만든 것이다. 노동당의 의원은 과연 노동자답게, 보수당의 대표는 과연 귀족답게 행동하며, 그런 만큼 그들은 '우리의 대표'라고 노동자들이나 귀족들이 납득해준다. 그리하여 '그들이 결정했다면…' 하고 복종했다.

이런 사람들이 '우리의 대표'라고 납득하는가의 여부가 정통성 문제와 밀접하게 연결되어 있다. 그러기 위해서는 '계급이라는 우리'나 '주라는 우리' 같은 식으로 어떤 형태로든 확실하게 통합되어 있을 필요가 있다. 의식과 문화와 생활양식의 통합이 이루어져 있어야만 '과연 우리 노동자의 대표답다'라는 납득 또한 성립하는 것이다.

즉, 대표란 단순히 '표를 많이 모은 사람'이 아니라, 어떤 형태로인가 '우리'의 대표인 것이다. 그래서 사람들이 자유로워져 계급의식과 지역에 대한 귀속의식 같은 것이 사라지면, 이런 '우리'가 성립하지 않게 된다.

| 제한선거의 논리 |

이런 '우리' 의식과 관계된 것이 전전戰前의 일본에서도 존재했던 제한선거라는 제도이다. 제한선거에서는 일정 금액 이상의 납세자에게밖에 참정권이 주어지지 않는다. 지금 같으면 "그런 차별적인 정책을 어떻게?"라며 혀를 차겠지만, 거기에는 몇 가지의 이유가 있었다.

첫째로 근대일본에서 비교적 힘을 발휘했던 사고방식으로서, 고액납세로 나라에 공헌하고 있기 때문에 나라에 대한 발언권이 있다는 논리이다. 납세액이 낮은 일반 남성에게 보통선거권을 부여하는 것은 가령 병역을 통해 국가에 공헌하고 있기 때문이라는 이유가 붙는다.

두 번째로 유산시민有産市民이 아니면 자기결정력이 없다는 사고방식이다. 노동자는 나날을 노동으로 지새워 공부할 시간도 없고 정치 따위를 생각할 여유도 지식도 없다. 돈도 없으므로 곧바로 누군가에게 매수당할 위험이 크다. 그런 인간은 자기결정 능력이 없다. 그러므로 경제적인 여유가 있고 스스로 생각할 시간과 능력과 여유가 있는 사람에 한해 참정권을 부여한다는 사고방식이다. 오늘날의 일본에서도 20세 미만의 미성년은 정치적인 자기결정을 내릴 능력이나 지식이 없기 때문에 참정권이 없다.

이상의 두 가지 사고방식은 현대에도 비교적 이해하기 쉽다. 그러나 과거에는 이외에도 세 번째의 사고방식이 자리 잡고 있었다.

이것은 유산시민에게 참정권이 주어지면 자동적으로 '모두'의 의견을 대표하는 셈이라는 사고방식이다. 여성과 아이들에게 참정권이 없었던 까닭은 한 집안의 의견은 가장家長으로 대변된다는 사고방식이 있었기 때문이다. 그러므로 어느 정도 재산이 있는 가장 남성에게 참정권을 부여하면, 자동적으로 여성과 아이들, 그리고 지역주민의 의견은 그로 대표된다고 여겼던 것이다.

그 전제는 가족과 지역사회의 집합체, 곧 '우리' 의식이다. 예컨대 영국에서는 유산시민은 귀족과 지주로서 자신의 영지에 속한 주민들의 의견을 잘 알고 있음에 틀림없다고 간주되었다. 지주라면 생활은 소박함을 으뜸으로 삼고, 영지의 사정을 잘 알고, 영지 주민들의 생활상과 희망을 잘 분별하며, 여성과 노인에게는 항상 예의바르며, 소속된 땅의 삼림이 황폐해지지 않도록 책임을 다하며, 가족과 주민들의 생활을 지키기 위해 의견을 제대로 진술할 수 있어야 한다는 사고방식이다. 이를 '노블리스 오블리주noblesse oblige'(고위 인사에게 요구되는 높은 수준의 도덕적 의무 • 옮긴이)라고 규정했고, 이를 실천할 수 있는 사람이 젠틀맨Gentleman이었던 것이다.

이런 생각은 현대로까지 이어져 가령 영국의 환경보호 운동은 보수층인 지주와 귀족들이 시작했다. '관할하는 토지에 책임을 지는 것은 우리'라는 감각이었던 것이다. 당연히 그 땅에 사는 사람들의 의견을 그가 대표하며, 따라서 그에게 참정권이 주어지면 된다는 사고방식이 형성된다. 물론 영지 주민과 가족들도 그를 신뢰하며, 그가 말하는 것에 복종한다.

그것이 말이 되느냐고 생각할지도 모르겠다. 그러나 1970년대부터 인도에서 살던 사람의 이야기에 따르면, 과거 인도에서 시골 마을에 갔을 때 "나는 이렇게 생각한다"라는 말을 한 번도 들어본 적이 없다고 한다. 사람들이 말하는 것은 "우리는 이렇게 생각한다"라는 말뿐이었다. 그때의 '우리'는 가족이나 마을을 의미하는데, 그 의견은 촌장과 가장으로 '대표'된다. 그러므로 촌장이 의회에 가게 되면, 그가 모두의 의견을 대표 혹은 대변하는 '의원'이 되는 것이다.

| **'우리의 대표'** |

대의민주주의는 원래 그런 사고방식에 기반을 둔 것이다. 현대인은 대체로, 정치가는 단지 표를 모은 사람이다, '자신의 의견'은 반영되지 않는다고 생각한다. 그러나 과거에는 사회의 존재양식 자체가 달랐다. 루소 등은 '대표자'라는 사고방식은 봉건제의 유산이라고 잘라 말했다.

그러나 사실 이것은 과거의 직접민주주의하에서도 다를 바가 없었다. 고대 그리스의 민회 또한 성년 남성인 '시민'에게밖에 참정권이 없었고, 일본 촌락의 집회인 이른바 '요리아이寄り合い'에도 가장만이 참석했다. 한 집안의 의견은 가장으로 대표되고, 그것이 요리아이에서 집약됨으로써 '마을의 의견'이 결정된 것이다.

시대는 흘러 제한선거는 차별적이라고 간주하게 되었지만, 사회가 그렇게 간단히 바뀌지는 않았다. 패전 후 일본에서도 여성에게 참정권이 부여되지만, 그런 것은 형식일 뿐이고 대부분의 여성들은 남편이 말하는 대로 투표하는 것으로 여겨져왔다.

또 과거 자민당의 정치가는 실로 '우리 마을의 선생님'이었다. 지역의 사정을 속속들이 알고 있고, 주민들 한 사람 한 사람에 관해 알고 있었다. 예컨대 다나카 가쿠에이田中角栄, 1918~1993년(일본 총리를 지낸 정치가 • 옮긴이)는 여러 해만에 만난 선거구민 할머니에게 "이야, ○○님, 오랜만입니다. 손자분이 올해 초등학교에 들어갔죠?"라며 말을 걸었다는 일화가 남아 있다.

그런 말을 듣고 나면, 그 할머니는 기쁜 마음으로 '다나카 선생님'에게 투표한다. 그 선생님이라면 나의 의견을 대표해줄 것이라는 생각이 들기 때문이다. 물론 정치가도 '우리 마을을 위해서' 일하겠다는 생각을 했다. 이런 사정은 야당 쪽도 마찬가지이다. 예컨대 노동조합 출신의 의원은 조합원의 일을 잘 알고 있으며, 그들의 의견을 대표하고 있다는 의식이 있었다. 오늘날의 견지에서 보면 선거를 겨냥한 인기몰이라든가 이익을 추구하는 행위로밖에 보이지 않을지도 모르나, 과거의 사회에서는 전혀 다른 의미가 있었던 것이다.

그런데 지금은 '우리의 대표'에서 말하는 '우리'가 사라져가고 있다. 노동조합도, 지역도, 국가도, 회사도, 가족도 통합의식이 현저히 낮아졌다. 그리하여 조합위원장과 사장이 자신들의 의견을 대표해준다고 생각하는 사람들이 줄어들었다. 오히려 그런 정치가와의 연줄은 기득권이나 커넥션으로 간주될지도 모른다. 정당 안에서도 통합의식이 줄어들어, 당수黨首가 소리 높여 외쳐도 이견이 속출한다.

정치가의 스캔들이 때때로 뉴스를 장식하지만, 오늘날 매수 혹은 부정행위는 과거에 비해 현저히 줄어들었다. 그럼에도 빈발한다고 느끼는 것은 과거의 관습을 대하는 태도가 비판적으로 바뀌었기 때문이다. 원래 돈을 써서 매수하는 행위 자체가, 사람들이 '자유'로워져 말하는 것을 듣지 않게 되어 생겨났는데, 사람들이 만약 더더욱 '자유'로워지면 그런 행태를 용납하기 어렵게 될 것이다.

| 고대 그리스의 민주주의 |

자, 그렇다면 민주주의란 도대체 어떤 것이었을까? 한번 역사적으로 되돌아볼 필요가 있다. 물론 일본 촌락의 요리아이를 통해서 살펴봐도 좋겠지만, 가장 사상적인 축적이 많이 이루어져 있으므로, 고대 그리스에서부터 이야기를 풀어가보자.

고대 그리스는 민주주의의 기원이라고 한다. 그러나 그 민주주의란 현대의 우리들이 생각하는 것과는 상당히 달랐다.

우선 당시의 민주주의는 시민이 전원 참석하는 직접민주주의였다.

또 근본적으로 인원수가 적다. 직접민주주의를 위해서는 모두가 모여야 하기 때문에, 규모가 어느 정도 커진 곳에서는 이루어질 수 없다. 고대 그리스의 폴리스인 아테네가 민주주의의 발상지로 여겨지는데, 아테네의 인구는 시기에 따라 또 학자에 따라 다르기는 하지만 십수만 정도였다고 추정된다.

그것도 그 가운데 민회에 참가 자격이 있는 '시민'은 성년 남성뿐으로, 대략 2만에서 3만 정도였다고 한다. 나머지는 시민의 가족, 노예, 그리고 외국인이었다.

당시는 지금처럼 자유노동자와 자본가가 나뉘어 있는 근대 산업사회가 아니다. 시민은 기본적으로 농원農園의 주인이고, 가족과 노예가 일했다. 외국인은 농업 이외의 상업, 학문과 예술에 종사했으며 시민으로서의 자격은 없었다. 이른바 소피스트라고 불린 사람들도 여기에 포함되어 있었다. 고대 그리스사 연구자들에 따르면 인구의 10~20%가 시민, 30~40%가 가족, 40% 전후가 노예, 10%가 외국인이었다고 추정하고 있다.

시민이 겨우 3만이었다면 오늘날의 관점으로 볼 때 '국가'로서는 매우 작았다. 그러나 고대 그리스의 철학자들은 이 또한 지나치게 많다고 생각한 것 같다. 아리스토텔레스는 폴리스의 영토는 한눈에 내려다볼 수 있을 정도, 사람 수는 서로 얼굴을 알고 지낼 수 있을 정도여야 좋다고 했다. 플라톤은 폴리스는 5,000명 정도가 적당하다고 생각했다.

분명 2만 내지 3만으로도 전원 출석하여 민회를 열기가 어렵다. 그렇기 때문에 우선 선거로 뽑는 500명의 평의회에서 민회에 올릴 안건을 심의하고, 거기를 통과한 중요문제에 대해 아테네의 신전 앞 광장에서 민회를 열었다. 재판은 6,000명의 민중법정 형태로 이루어졌다.

이때의 민주주의는 오늘날 우리가 생각하는 국가 규모의 대의민주주의보다는 오히려 일본 촌락의 요리아이 중 규모가 큰 것으로 생각하는 편이 더 들어맞는다. 촌락 가운데에서 요리아이를 열기 전에 '촌로村年寄(에도 시대 지방 촌락에서 주민의 장 구실을 한 사람 • 옮긴이)가 모이는 것이 일종의 평의회라고 생각하면 이해하기 쉬울 것이다. 아테네의 평의회 의원은 매년 선거로 선출되기 때문에 고정된 촌로 모임과 같지는 않으나, 일본의 촌락에서도 '올해는 누구누구가 조정역' 등의 결정이 내려지기도 했다.

신전 앞 민회에 참석할 수 있는 시민의 자격은 첫째로 성년 남성이어야 했지만, 또 하나는 폴리스를 위한 군복무 경험이 있어야 한다는 것이다. 이는 근대적인 '권리=의무'로 보자면 병역의 의무 대신에 참정권을 얻을 수 있다는 교환 barter 관계라고 생각하기 십상이다. 그러나 그것과는 약간 다르다.

우선 폴리스의 군대는 민병으로서, 무기는 기본적으로 스스로 마련해야 한다. 국가가 무기를 관리하며 국가의 군대에게만 지급하는 시스템이 아니라, 시민 각자가 집에 무기를 갖추고 있는 것이다. 중무장 보병대에 들어가기 위해서는 방패와 갑옷이 필요하므로, 어느 정도 경제적인 여유가 없으면 마련할 수 없다. 소크라테스는 세 차례 종군한 적이 있는데, 무기를 지닌다는 것은 정치 참여를 할 수 있는 시민으로서 중요사항이었다.

그리고 오늘날의 민주주의와 다른 것은 민회를 신전 앞에서 열었다는 점이다. 이것이 도대체 무슨 의미인가를 생각해볼 필요가 있다.

여기서 고대 그리스의 역사를 살펴봐도 좋겠지만, 아무래도 복잡해질 것이므로 하나의 예화를 들어 설명했으면 한다. 이것은 1970년대 스위스에서 열린 민회를 목격하고 적은 기록이다.

스위스는 지금도 직접민주주의가 일부 남아 있다고 인정되는 국가로서, 국민투표가 종종 치러진다. 그런데 그것을 가지고 '앞선 나라'라고 판단하는 것은 좀 성급한지도 모른다. 1971년까지 여성에게 참정권이 없고, 일부 주에서는 1990년까지 계속된 제한이 이루어졌다. 또한 민병제를 취하고 있어서, 각 가정에 자동소총이 갖춰져 있고, 유사시에는 그것을 들고 모인다.

1975년 4월 25일, 치즈마을로 유명한 스위스의 아펜첼 주에서 여성에게 참정권을 부여할 것인가 말 것인가에 관한 중요안건이 직접민주주의로 토론되고 있었다. 그 모습을 어느 일본인 평론가가 견문기로 남겼다. 조금 길지만 인용해보도록 하겠다(후루키 도시오, 『일본인이 모르는 스위스』, 야마가타쇼보, 1975년).

스위스 연방의 동북부, 라인 강 쪽으로 흘러드는 물을 가득 채우고 있는 보덴 호 가까이에 인구 1만의 작은 주가 있다. 옛날부터 완고한 사람들이 많아 남성은 한쪽 귀에 귀고리를 하고, 서양식 담배파이프 자루를 조금 휘어지게 만든 것으로 담배연기를 뿜어댄다. 매일처럼 아침 일찍부터 우유를 짜고, 소를 키우는 낙농 일꾼들이다. …

이 주가 다른 주와 다른 점은 남자가 스무 살의 어엿한 나이가 되면, 반드시 사벨sabel 을 받게 되어 있다는 점이다.

사벨이란 서양식 칼로, 전사로서 인정받는 오랜 전통을 계승하여 지금도 무언가 중대한 일이 생기면 사벨을 가지고 모여든다. …

주민州民들은 이날(인용자 주: 민회가 있는 날)이 발표되면, 모두 마치 축제에 참석하는 사람들처럼 들뜨게 된다.

그리하여 "4월 25일에 트로겐에서 만납시다!"라며 친척, 지인, 벗들과 오랜만에 만나서 즐기게 된다. 모든 면에서 아와오도리阿波踊り(음력 7월 15일 밤에 남녀들이 모여서 추는 윤무 가운데 하나 • 옮긴이)처럼 즐거운 연중행사 가운데 하나이다.

남성은 활기가 넘친다. 평소 마을 술집에서는 남성천국이라도 되듯이 호방하게 굴어도, 역시 어떤 남자나 똑같이 일단 집으로 돌아가면 노모와 아내에게 그다지 기를 펴지 못하는 것 같다. 가정주부는 상냥하지만, 묵묵히 소 돌보기에서부터 겨울나기 장작 마련, 식량 저장에 이르기까지 엄청 바쁘게 일하기 마련이므로 남자들은 공공연하게 떵떵거릴 수가 없다. 집에서는 어머니가 말하는 대로 따라야 한다.

그러나 노천회의가 벌어지는 이날만큼은 다르다. 벽에 장식품으로나 걸려 있던 사벨을 꺼내 아내와 아이들을 앞세우고, 또 젊은이는 마을색시들 앞에서 의기양양한 기색으로 과거의 용감한 전사라도 되는 것처럼 마치 "그대들 여성들은 사벨을 갖고 있지 않아. 그러니까 참정권도 인정되지 않는 거라고!"라며 어쩐지 이해가 가지 않는 논리를 내세우며 트로겐 마을광장으로 나아가는 듯하다.

이날은 주민들은 물론 보도기관, 관광객, 그리고 민병들로 구성된 참석자가 보통 1만 명을 훌쩍 넘는다. …

멀리 사는 사람들도 아침 4시경부터 술이며 안주 따위를 잔뜩 짊어지고 걸어오는 경우가 많다. …

어느덧 당일이 되면 마을광장의 한가운데에는 커다란 무대가 설치된다.

이 마을광장은 주민들이 의견을 개진하며 결론을 내리는 장으로서 충분히 기능할 만한 너비이다.

이 광장을 둘러싸듯이 주정청州政廳, 트로겐 주 관청, 레스토랑, 주 의사당, 여자고등학교, 그리고 교회가 자리 잡고 있다.

아침 8시면 이미 광장에는 인파들이 가득 들어찬다. 9시가 되면 이 무대에 노천회의 의장, 부의장, 신부가 올라온다. 그 뒤로는 수백 년 전부터 똑같은 전통을 굳게 지키며, 중세 시대의 병사와 마찬가지의 줄무늬 모양 옷을 입은 위병들이 여러 명 늘어서 있다.

이윽고 광장은 왁자지껄해진다. …

사벨을 들고 모인 남성 유권자가 떠들썩하게 찬성 혹은 반대의 연설을 시작한다. 주장만발이라고나 할까? 그러나 이것이 싸움은 아니다. 정적과의 투쟁도 아니다.

대략 즐거운 논전이다. 그것도 결론은 "이렇게 오래도록 평화롭고 조용한 이 땅에서 무엇하러 이제 와 아낙네들이 정치에 대해 이러쿵저러쿵 나설 필요가 있겠는가. 우리 어머니께서도 그렇게 말씀하셨다."라는 분위기에 파묻히며, 반대하던 사람이나 찬성하던 사람이나 "사벨이 없는 여자들에게는 정치가 필요 없다."라고 쏠려가고, 이윽고 의장이 요구하는 거수擧手로 "다수결로 여성들의 참정권 부여는 부결되었습니다."라고 선언하고, 그러면 남자들은 사벨을 흔들어대며 기분 좋아라 한다.

그런데 여성들은 사벨이 없으므로 멀리 떨어져서 얌전하게 '우리 아버지가 기분 좋게 기세를 올리고 계신다.'라며 매년 똑같은 양상을 보인다. …

"스위스의 민주주의 양식으로 보자면 부인의 참정권은 당연히 인정받아야 되는 것 아닌가. 그런데도 부결되고 만 것에 대해 야만적이라고 생각하지 않는가?"라는 기자의 질문에 대해 부인들은 하나같이 태평스럽게 그저 "고트 에스 빌Gott es will(모두가 신의 뜻이다)."이라고 답하고 만다.

| '모두 함께 어울림'의 중요성 |

안이한 유추는 금물이지만, 고대 아테네의 민회도 기본적으로 이런 느낌이 아니었을까. 여기 나오는 사벨은 민병으로 집합할 때의 무기이기도 하지만, 성인 남자나 가장의 상징이기도 하다. 일본의 천황가는 지금도 '3종 신기神器'라 하며 검과 거울과 옥을 대대로 전승하고 있고, 성인이 된 왕자가 마법의 검을 얻게 된다는 이야기는 흔하게 등장한다. 그것을 지닌 인간이 민회에 참석할 자격을 얻게 되는 것이다.

그리고 민회는 종교행사이기도 하며, 축제이기도 했다. 그러므로 반드시 성직자가 등장하고, 신전 앞에서 이루어지는 것이다. 유럽 도시의 경우 반드시 도시 중심에 광장이 존재하며, 거기에 교회와 청사가 들어선다. 정치와 종교가 한 몸이 된 '제의祭儀'의 장으로서 모든 이가 한데 어울리는 것이다. 시골에는 오락이 없으므로, 해마다 한 차례 돌아오는 축제로 오랜만에 친척이나 벗들 만날 수 있는 장소이기도 했다.

나아가 토론이 행해졌는데, 중요한 것은 상대를 제압하는 것이 아니라 한데 어울리는 것이다. 모두가 어울려 흥이 한껏 달아오른 뒤 결정을 내리게 되는데, 개별적인 의견을 그러모을 뿐이라면 그렇게 일부러 집회를 열어 토론을 벌일 필요는 없다. 여론조사처럼 종이나 메일로 ○나 ×를 표시하게 하면 된다. 오늘날의 일본 의회처럼, 형식적으로만 토론을 벌일 정도라면, 그러는 편이 보다 효율적이다. 그럼에도 불구하고 왜 토론을 벌여야 하는가? 그 점에 관해 의견교환이 중요하다는 말들을 많이 내놓지만, 요컨대 만일 그렇게 하지 않을 경우 '모든 사람들이 납득하지 못하기 때문'이다.

그러면 왜 그렇게 하면 '모두가 납득한다'는 말인가? "이 점에 대해서는 반대한다!", "나는 이렇게 생각한다!"라고 토론을 벌이며, 그 자리가 후끈 달아오를 때에 손을 들라고 한다. 이것은 투표상자에 종이를 넣는 방식이 아니라, 그 자리에서 "우와아!"라고 외치며 손을 드는 것이 좋다. 그리하여 비로소 개별적인 의견의 집합이 아니라, '민의'가 이 세상에 드러난다.

그런 '민의'가 나타나면 그것은 곧 개별의 의견을 뛰어넘는 '신의 의지'가 내려온 것이라고 여겨지게 된다. 그러므로 교회와 신전 앞에서 민회를 여는 것이 중요하며, 그럴 때 모든 이가 납득하며 복종한다. 그럼으로써 마침내 대동단결이 되어 구경꾼으로 참관하던 여성이나 아이들도 모두 한데 어울려 술 마시고 노래하고 춤추며 이 '민주주의'에 참가한다.

그렇게 생각하면 고대 그리스의 민회가 왜 신전 앞에서 개최되었는지, 왜 웅변술이 중시되었는지 조금이나마 이해할 수 있지 않을까?

여기서 약간 시대를 앞질러 가, 데모를 벌이는 것이 어떤 의미인지를 생각해보자. 데모라는 말은 데몬스트레이션demonstration의 데모이기도 하고, 데모크라시democracy의 데모이기도 하다. 데모크라시는 데모스 크라토스demos cratos라는 고대 그리스어에 뿌리가 닿아 있다. 데모스 크라토스란 현대적인 용어로 풀자면 민중의 힘, 즉 피플즈 파워people' power라는 의미이다. 다시 말해 민중에게 힘이 깃들어 있는 상태를 의미한다.

그 피플즈 파워에는 참가하는 사람들 모두가 고조되는 것이 중요하다. 똑같은 숫자의 사람들이 참여한 데모일지라도, 참가자들에게 힘이 깃들어 있는 데모와 그저 일당을 받고 참가한 데모는 질적으로 현격한 차이가 난다. 어느 쪽에 사람들을 납득시키는 힘이 깃들지는 자명하다. 그러므로 데모가 즐겁고 흥이 난다는 것은 원래부터 바람직한 양상이라고 할 수 있다.

또한 데모에는 왜 사회를 바꾸는 힘이 있는 것일까? 설령 10만 명의 데모대가 모였을지라도 "저들은 별스러운 일부 사람들일 뿐이야.", "비례대표로 그저 한 사람 당선시킬 정도의 숫자에 불과해."라고 형용하는 것이 가능하다. 그러나 설령 소수일지라도 "저 사람들로 우리 사회의 의견이 대변된다고 봐.", "저기에 내가 느끼는 분노심도 대표되고 있어."라고 인식될 때에는 사회에 대한 영향력이 현저히 다르다. 책임 있는 정책대안을 내놓고 있는가 아닌가는 그다지 관계가 없다.

그 경우 숫자가 많을 필요는 없다. 경우에 따라서는 단 한 사람의 행동으로, 단 한 장의 사진으로, 단 한 편의 시로 충분하다. 고대 그리스에서도 시인이라는 존재는 신의 의지와 민중의 의지를 대표하는 존재라고 여겨졌다. 그러므로 정치가는 시인을 두려워한다. 현대일본의 정치가 또한 마지막 단계에서 가장 신경 쓰는 것은, '후세의 역사가가 자신을 어떻게 평가할 것인가?'라는 것이라고 답하는 경우가 많다.

물론 여기에서 말하는 시인은 '자기표현'을 통해 노래하는 사람이 아니다. 자기표현이 자기를 표현하는 것 이상이 아닐 때에는 딱히 사람들을 움직이지 못한다. 그것은 그저 시인인 '당신의 마음'일 뿐이라고 치부되고 만다.

나중에 소개하게 될 사회학자 뒤르켐은, 현대사회에서는 '개인이라는 종교', 즉 '개인을 존중하지 않으면 안 된다'라는 집단의식이 형성되어 있다고 지적했다. 그렇기 때문에 무엇보다 개인이 소중한 것으로 간주된다. 뒤르켐의 논법을 따르자면, 자기표현이 사람들을 움직이는 까닭은 그 사람이 자기를 존중하는 자세가 타인이 '자기를 존중하는' 자세와 공명했기 때문이다. 아니면 '자기표현'을 가로질러가며 '세상의 행복'이나 '세상의 규칙'을 내던졌고, 그것이 결과적으로 이 세상의 '나'라는 존재를 초월했기 때문이다.

| 토론의 의미 |

이렇게 생각하면 민주주의 또는 정통성이란 '모든 이가 투표만 하면 된다'라고 할 정도로 단순한 것이 아님을 알 수 있다. 숫자만 모은다고 '민의'가 '대표'되는 것이 아니며, 그것만으로는 사람들이 납득하지 않음이 명백하다.

이런 지적이 고대 그리스나 스위스의 시골 마을에나 들어맞는 이야기라고 치부할 성질이 못 된다. 가령 현대일본에서도 신문 등에 "의회의 심의가 활성화되지 않았다", "선거 분위기가 고조되지 않았다"라고 탄식하는 경우가 많다. 그러나 심의와 선거가 달아오르는 것이 왜 중요한가? 그저 정해진 수순에 따라 묵묵히 심의가 이루어졌다거나 선거가 부정행위 없이 끝나 A 후보가 ○○표를 얻어 당선되었다는 것만으로는 왜 안 되는 것인가? 왜 분위기가 고조되지 않으면 모두가 납득하지 못하는 것인가?

근대적인 관점으로는 그것을 이렇게 설명한다. 선거 분위기가 고조되지 않으면, 투표율이 떨어져 일부 사람들이 대표를 결정하고 만다. 심의가 활발히 이루어지지 않으면, 정책과 법안의 문제점이 충분하게 지적되지 않는다. 그러므로 문제가 된다는 식이다.

그러나 정책의 문제점을 지적하는 것뿐이라면, 전문가들이 모여 문제점을 지적하면 된다. 소수의 사람들만으로 토론을 충분히 진행할 수 있으며, 비전문가 의원이 수백 명씩 모여 도대체 무슨 이야기를 나눈다는 말이냐 하며 비판할 수 있다. 그렇다면 전문가들끼리 모여 국가를 운영하는 편이 효율적이므로 투표를 거칠 필요도 없고 의원들도 소용이 없다. 기껏해야 민주주의의 절차에 불과할 뿐이다. 그저 요식행위로 잘 넘어가면 그만이다.

현대에 들어와 과연 그렇게까지 드러내놓고 단정하는 사람은 없다. 그러나 가령 외교관의 회고기 등을 읽어보면, 뜻밖에도 그렇게 생각하는 사람이 존재함을 알 수 있다. 외교관과 외무관리가 열심히 협상을 벌여 조약이나 합의서를 짜낸다. 그러나 아무것도 모르는 비전문가 의원이나 수상이 새치기를 해 들어오거나 비준 1개월을 앞둔 시점에 무지한 민중들의 반대운동이 일어나 파탄에 빠지거나 한다. 그런 경위를 분하다는 듯이 적어놓은 글을 종종 접하게 된다. 외교사를 전문으로 하는 학자 또한 그런 책만 읽어대기 때문인지, 그런 입장과 동일한 자세를 취하는 경우도 있다.

전문가만으로 이루어질 경우 그 전문가가 특정한 이해관계에 따라 움직일지도 모르는 문제점은 흔히 지적되는 바이다. 그렇다면 투표가 이루어지기만 하면, 또는 투표율이 올라가기만 하면 사람들이 납득하게 되는 것일까? 학교의 학급에서 반장을 뽑을 때에는 투표율이 100%가 되기 마련인데, 그럼에도 불구하고 모두가 납득하는 것은 아니다.

그렇다면 역시 중요한 것은 토론이 활성화되는 것이다. 그렇게 하면 참가하고 있다는 기분이 고조되며, '모두가 어우러져 결정했다'라는 마음이 들게 된다. '모두'가 어우러져 만들어냈다고 말해도 좋을 것이다. '모두'가 어우러져 행하지 않으면, 그 '모두'에 자신도 들어가지 않으면, 인간은 납득하지 못한다. 즉, 활성화된다는 것은 '모두' 혹은 '우리'를 만들어내는 작업인 것이다.

그렇게 생각해보면 "데모 같은 걸 하기보다 투표를 하는 게 낫다."라거나 "로비를 통해 정치가를 움직이는 게 낫다."라는 사고방식이 대단히 협소한 것임을 알 수 있다. 그렇게 작동되는 부분도 있고, 그것이 필요한 경우도 물론 있다. 그러나 그렇게만 해서는 정치가 점점 시들해져 보이고, 일부 사람들이 휘둘러대는 것에 불과하므로 나는 납득하지 못한다는 사람이 늘어나게 되어 있다.

게다가 현대의 문제는 투표와 로비를 해도 사회가 움직이지 않는다는 점이다. 그래서 사회가 움직이는 까닭은 선출되었거나 로비 대상이 된 정치가가 '우리의 대표'로서 간주되고, 그 정치가가 결정한 것을 모두가 납득하는 경우에 한정된다. 사람들이 점점 '자유화'되는 현대에는 그렇게 움직이는 영역이 점점 줄어들고 있다.

납득하며 움직여주지 않을 때에는 돈이나 이권으로 움직이는 수밖에 없다. 그러나 그 또한 옛날보다 어려워졌다. 무리하게 그런 방식을 취하게 되면, 더 더욱 납득하지 못하는 사람들이 늘어난다. 요컨대 악순환에 빠지는 것이다.

| '대표'와 '리프리젠테이션' |

여기서 '대표한다'라는 것은 무슨 뜻을 담고 있을까. 영어를 비롯한 유럽어에서는 '대표하는 것'이 리프리젠테이션representation이다. 의원은 리프리젠터티브representative(일본어로는 代議士 · 옮긴이)이다.

그런데 이 용어는 일본어로는 종종 '표상表象' 혹은 '현전現前'이라고 번역된다. '눈에 보이지 않는 것을 드러나게 한다' 혹은 '세상에 드러나게 한다' 등의 뜻을 지닌다. 왠지 알 듯 모를 듯한 말인데, 예컨대 '머릿속으로 생각하는 것을 문장으로 써본다'라는 것도 표상이다. 즉, 머릿속에 있는 생각은 눈에는 보이지 않지만, 문장으로 만들어 세상에 드러낸다는 뜻이다.

그런 용어가 어떻게 '대표' 또는 '의원'이라는 의미로 쓰이게 된 것일까? 그것은 '의원'은 눈으로는 보이지 않는 '민의'라는 것을 구현하고 있고, 세상에 드러나 있는 존재이기 때문이다.

일본어로도 '대표'란 '대신하여 드러낸다'라는 뜻이다. 즉, 그것 자체는 아니지만 대신하여 드러낸다는 것이다. 종이에 쓰인 문장은 머릿속에서 생각하던 것 자체는 아니고, 더욱 다양한 뉘앙스가 담겼을지도 모르지만, 우선 눈에 보이는 형태로 드러낸 것이다.

음악가가 "염원을 곡에 담았다."라고 말하는 경우에도, 염원은 눈에 보이는 것이 아니지만, 그것을 음으로 만든 것일 따름이다. 그것이 '우리의 염원을 대신해 드러내고 있다', 즉 '대표하고 있다'라고 여겨질 때 사람들이 그 곡에 공감하게 된다.

이와 관련해 기독교에서는 신의 의지를 어떻게 세상에 드러낼 것인가 하는 문제로도 다룬다. 신은 눈에 보이지 않으며, 신의 말을 직접 들을 수도 없다. 그러나 성서는 문자로 쓰여 있다. 또 예수 그리스도는 신의 아들로서 이 세상에 나타났다.

그리고 대의민주주의에서는 국가단위의 민의는 국회에서 의원들의 토론을 통해 세상에 드러난다. 사실은 대의제에서도 있는 대로 끝장토론을 벌여 만장일치로 가는 것이 바람직하다. 그렇지 않은 경우 정당 단위의 의석분포 형태로 민의는 이미 세상에 드러나 있게 되고, 그렇기 때문에 다수결이 좋다는 해석이 가해지게 된다.

그러나 선거에 부정이 있을 때, 또는 절차상 부정은 없었다 해도 '우리를 대표하지 않는다'라고 여겨질 때에는, 이 제도가 사람들을 납득시키지 못한다. 그렇게 되면 사람들은 다른 수단, 예컨대 여론조사 등으로 진짜 민의가 어떠

한가를 찾으려 든다. 아니면 국민투표나 데모 같은 형태로 '우리'의 의지를 세상에 드러내려고 한다.

| '공'과 '사' |

다음으로 공公과 사私에 관해 생각해볼 필요가 있다.

넓은 의미에서 여기서 말하는 공과 사에 해당하는 용어는 일본어뿐 아니라 세계 어느 나라의 언어에나 존재한다. 그렇다면 그 의미는 과연 무엇일까?

고대 그리스에서는 폴리스polis와 오이코스oikos라는 용어가 있었다. 폴리스가 '공', 오이코스가 '사'에 해당한다.

폴리스=도시국가라고 생각하기 쉽지만, 폴리스는 정치를 행하는 영역이다. 여기서 말하는 '정치'란 곧 제의祭儀이기도 하며, 신의 의지를 세상에 드러내는 의식이기도 하다. 거기에는 검을 지닌 남자들이 모인다. 폴리스는 폴리틱politic, 즉 정치라는 단어의 어원이기도 하다.

한편 오이코스란 집家의 영역이다. 고대 그리스에서 이것은 집에서 농업을 영위함을 뜻한다. 그곳에서는 노예와 여성이 일하며, 아이를 낳고 기른다. 오이코스는 오이코노미코스oikonomikos(오이코스는 집, 미코스는 관리라는 뜻 • 옮긴이) 형태를 취해 오늘날 경제를 뜻하는 '이코노미economy'의 어원이 된다.

그러나 이를 '정치의 영역과 경제의 영역'이라고 파악하는 것은 근대적인 관점이다. 고대 그리스에서 폴리스는 '자유와 항상恒常의 영역', 오이코스는 '필연과 무상無常의 영역'이라고 여겼다.

그것이 무슨 뜻인가? 이에 대해서는 그리스 역사 및 철학의 전문가들 사이에서도 의견이 엇갈린다. 우선은 내가 공부한 범위에서 내 나름의 생각을 제시해보겠다.

인류학과 종교학의 다양한 연구로, '성스러운 것'과 '세속적인 것'이라는 생각은 세계 어디에나 존재하는 것임이 밝혀지고 있다. '성스러운 것'은 물론 신성한 제의의 영역이다.

이와 달리 '세속적인 것'은 일상의 영역, 이른바 '먹고 자는' 생활의 영역이다. 배가 고프다. 먹고 싶다. 하지만 그러기 위해서는 일을 해야 한다. 일을 하면 피곤해 자고 싶어진다. 아이가 귀찮다. 집안에 할 일이 쌓여 있다. 쓰라리다. 괴롭다. 말하자면 이런 영역을 가리킨다. 그것은 필연적으로 얽매여 있는, 무상하다고 느끼지 않을 수 없는 영역이다.

그러나 제의의 장은 일상으로부터 해방된, 자유의 영역이다. 제의는 한순간 혹은 하룻밤 만에 끝나는 것임에도, 생활이라는 무상의 영역과 달리 영원으로 이어질 것만 같은 감각을 품을 수 있는 세계이다.

그것이 신이라는 형태로 표현되는 경우도 있다. 신은 영원하지만, 인간은 유한하다. 능력을 갈고 닦아도 세월이 지나면 나이 들어 시들고, 아무리 부를 쌓아도 무덤에 지고 갈 수 있는 것이 아니다. 그런 필연으로부터 달아날 수 없다. 아무리 해도 필연적으로 무상의 영역이다. 그것과 대조적인 자유와 항상의 영역, 신성한 영역이 있다. 바로 그렇게 바라보는 것이 '성聖'과 '속俗'이라는 사고방식이다.

이 두 영역 가운데, 어디가 현실이고 어디가 환상인가? 생활의 영역 쪽이 현실이며, 신성한 제의의 영역은 눈에 보이지 않는 환상이라고 바라보는 사람들이 물론 존재한다. 그러나 '진정한 세계'는 눈에 보이지 않는 세계로서, 우리가 먹고 자고 일하는 세계는 가짜의 모습이라고 바라보는 입장도 뿌리 깊게 존재한다. "이런 내 모습이 진짜가 아니다.", "미래의 나는 눈에 보이지 않지만 그것이야말로 진정한 나이다."라는 말은 우리가 일상적으로 흔히 듣고는 하는 말이다.

물론 이 경우의 '미래'는 '내면'이라든가 '옛날' 같은 말로 언제든지 바꿔 쓸 수 있다. 노인은 '옛날에는 멋있었지'라는 이야기를 좋아한다(그런 말을 하지 않는 사람은 나이를 먹었어도 여기서 말하는 '노인'이 아니다).

이런 감각은 일본어의 '우츠시요映し世'(일본 고유의 종교인 신도神道에서는 현세를 우츠시요라 읽으며, 이것은 끊임없이 변화하는 현실세계를 의미한다 • 옮긴이)라는 말로 표현된다. 세상이란 환상이며, 영화나 실루엣처럼 그저 비쳐 있는 것에 불과하다. 진정한 세계는 따로 있다고 생각한다.

이것은 기독교 세계의 경우에는 신이야말로 실재이며, 이 세상은 신의 숨결로 만들어진 것에 지나지 않는다는 사고방식이다. 성서는 "처음에 말씀이 있었다"로 시작하여 "빛이 있으라" 한 신의 말씀으로 이 세상에 빛이 출현한다. 여기 나오는 '말씀logos'은 문자를 늘어놓은 문장이 아니다. 신의 말씀은 문자 따위의 불완전한 도구로 드러나지 않으며, 숨결이 담겨 있는 것이다.

이런 생각에는 인간 또한 신에 의해 만들어졌다고 간주한다. 인간은 물질로서는 탄소와 수소와 산소의 혼합물에 지나지 않는다. 그렇다면 흙덩어리와 똑같지 않은가? 그렇다면 무엇 때문에 인간이 소중하다는 것인가? 그것은 살아 있기 때문이다. 그렇다면 생명이란 무엇인가? 그것은 이 세상의 물질로는 환원되지 않는, 신이 불어넣어준 숨결이다(최근에는 지구생명의 근원이 우주로부터 왔다는 학설이 자주 등장하고 있다. 물질의 상호작용만으로는 생명의 출현을 설명할 수 없기 때문이다). 흙덩어리 인형에 지나지 않는 것이, 신이 숨결을 불어넣어 줌으로써, 즉 '진정한 세계'로부터 찾아온 것이 이 땅에 드러남으로써 인간이 된 것이라고 생각한다.

유럽 언어권에서는 이 세상이 '우츠시요'로서 마치 실루엣과 같은 것이고, 신이야말로 '실재'하는 존재인 '프레젠스presence'라고 규정하던 시대가 있었다. 이 세상은 신의 말씀이 반복적으로 나타난 것에 지나지 않는다는 것이다. 즉, '재현세representation'이다.

| 축제와 음악의 세계 |

그러면 신의 의지를 이 세상에 드러내려면, 그리고 성스러운 세계와 교신하려면 어떻게 해야 할까?

한 가지 방법은 제의이다. 그것은 곧 '정치'이기도 하다. 그 경우 '대표representation'가 모여 행하는 것이 대의제이다. 즉, 민의라는 눈에 보이지 않는 것을 인간 속에서 이 세상에 드러내는 것이 '대표'이다.

또한 제의의 장소에는 음악과 연극도 빼놓을 수 없다. 음악은 이 세상에 보이지 않는 것을 이 세상에 드러내는 중요한 방법이었다. 인도네시아에서는 그림자 연극이 대단히 중시되어왔는데, 이것은 그림자 연극이 현실세계보다 훨씬 '진정한 세계'를 '잘 드러내며', '대표하고' 있기 때문이다. 고대 그리스에서도 연극이 성행했던 것은 잘 알려진 사실이다.

이 세상의 삼라만상이 신의 말씀이 반복적으로 나타난 것에 불과하므로 신들의 세계를 보다 잘 비춰주는 연극이 '진정한 세계'가 된다. 이 세상이라는 것은 연극으로 상영된 것이 반복적으로 나타난 것에 불과하다. 그러므로 그런 통념이 있는 나라에서는 정권이 무너지는 연극을 상연하면, 데모를 벌이는 것보다 더 심각한 반정부 행위로 간주되었다. 물론 연극을 상연하는 쪽에서도 중요한 사회운동이라고 인식하고 있었다.

그 밖의 방법으로는 시인과 영능력자(영매=매체=미디어)에게 강림하게 할 수 있다. 영능력자와 시인은 어떤 사람이 될 수 있는 것일까? 이 또한 인류학과 종교학의 조사에 흔히 나오는 사항이지만, 속세에서 가장 도움이 안 되는 사람이야말로 저세상과 교류할 수 있다고 본다.

속세는 노동과 집의 영역이기 때문에, 속세에서 도움이 안 되는 자라 함은 노동도 할 수 없으려니와 생식능력도 없는 사람이다. 예컨대 눈이 보이지 않는 노파나, 첫 생리를 치르기 전의 소녀는 흔히 의식의 영능력자가 된다. 민화民話에는, 평소 아무 일에도 도움이 안 되는 바보가 생각지도 못한 힘과 지혜를 발휘하여 마을의 위기를 구한다는 줄거리를 지닌 이야기가 흔하게 나온다. 이런 사람은 자력으로는 살아가지 못하므로, 주위의 '보시'를 받아 생활한다.

이는 요컨대 속세로부터 떠나지 않으면 저세상의 소리를 듣지 못한다고 보기 때문일 것이다. 그러므로 승려가 되기 위해서는 경제와 생식의 영역인 오이코스, 즉 집을 떠나 '출가'해야만 한다. 여자는 생식의 필연으로부터 벗어나기가 어려우므로, 남자가 성직자가 되는 경우가 많아진다. 영산靈山에 여성을 금제禁制하고, 특히 월경 중인 여성을 기피하는 것은 이러한 발상 때문이라고 생각된다.

이렇게 보면 고대 그리스에서 왜 폴리스가 '자유와 항상의 영역'으로 여겨지고, 오이코스가 '필연과 무상의 영역'으로 여겨졌는지 알 수 있지 않을까?

폴리스의 세계는 생활의 필연과 얽혀 있는 경제와 생식의 세계이다. 즉, '나'가 속한 세계의 이해관계를 떠난 신성한 '공'의 영역이다. 거기에서는 토론이 이루어지고, 시가 낭송되고, 음악이나 연주가 이루어졌다. 지금까지 인류학에서 규명된 범위에서 말한다면, 인간은 이러한 영역과 어딘가에서 연결되어 있지 않을 경우 살아나갈 수가 없는 것과 같다. 필연의 영역만으로는 지나치게 괴롭기 때문인지도 모른다.

그리하여 신성한 영역에 가까이 다가선 시간일수록 소중히 여기지 않으면 안 되며, 그 영역에 가까이 다가선 사람일수록 지위가 높다고 여겨졌다. 고대 그리스에서는 일하는 사람이 훌륭하다는 가치관이 없었다. 일하는 사람은 사회적 지위가 낮았고, 노동을 담당하는 노예는 폴리스의 영역 안에 들어갈 수 없었다. 이에 대해 학자들은 근대적인 사고방식을 동원해, 일을 하게 되면 공부할 시간이 없고 그러면 정치에 대해 알지 못하기 때문에 참정권이 없었다는 식으로 설명하거나 한다. 그러나 그렇다기보다 노동은 무상의 영역에 속하므로 하찮은 것이라는 사고방식이었던 것이 아닐까.

고대 그리스에서는 노동은 가장 낮은 자리를 차지하는 행위였다. 폴리스와 관련된 통치는 매우 높은 자리를 차지한다. 더욱 높은 자리를 차지하는 것은 '관조觀照' 행위로, 이것은 현세의 경제나 정치와 관련됨 없이 사색을 추구하는 것이다. 이런 행위를 하는 사람을 철학자라고 하겠지만, 오히려 승려를 생각하는 편이 이해하기 쉬울 것이다.

20세기의 사상가인 한나 아렌트는『인간의 조건』이라는 책 속에서 고대 그리스 사상을 토대로 인간의 행위를 '노동', '작업', '활동'으로 나누었다. 활동은 앞서 언급한 통치인데, 아렌트가 중시한 것은 형태적인 정당정치나 행정업무보다 정치 참가와 정치활동이었다. 고대 그리스가 직접민주주의였던 점을 생각하면 당연하다. 아렌트는 1960년대 미국의 공민권운동을 높이 평가했다. 그녀 자신도 나치스의 박해를 피해 프랑스에서 레지스탕스 활동을 벌인 끝에 미국으로 망명한 사람이기도 했다.

'작업'은 세상에서 오래도록 남는 것, 예를 들어 신전이나 기념비적인 건축물monument을 만드는 것이다. 철학자와 민회가 신의 뜻을 듣고 그것을 세상에 드러내는 통치를 수행하는데, 신의 뜻을 세상에 드러내는 행위로서 신전이나 예술작품 등을 만든다는 것은 보통의 노력보다 더 가치가 높다. 노동과 가사는 결과적으로 먹고 나면 사라지는 무상한 것이지만, 신을 위해 지은 신전은 수백 년 혹은 수천 년 동안 남게 된다. 그러나 역시 가장 높은 자리는 훌륭한 '활동'을 하고 그것이 시로써 찬양받는 행위가 차지한다. 그것은 시가 새겨진 석판이 사라져도 영원히 남아 있게 된다.

| 왕·축제·시장 |

성스러운 것이 이 세상에 나타나는 영역으로는 우선 종교와 예술과 정치가 있다. 이 세 가지는 한 몸이었다.

다만 정치는 고대 그리스처럼 민회로 대치될 수 있고, 왕으로도 대치될 수 있다. 고대의 왕은 저승과 교신할 수 있는 사람 가운데 하나이다. 주술사나 샤먼이었다가 왕이 되는 경우도 많아 왕은 흔히 사제를 겸하기도 한다. 일본의 천황도 말하자면 원래 신도神道의 사제이다.

축제 또한 성스러운 영역과 연결되는 또 하나의 장이다. 그것은 이승의 질서가 무효가 되는 시공간이다. 유럽과 남미의 카니발, 또는 일본의 부레이코 無礼講(격식을 따지지 않으면서 마음을 툭 터놓고 즐기는 술자리 • 옮긴이)에서 속세의 상하관계와 신분은 뒷전으로 물렸다. 1년에 한 차례 이승의 질서를 잊고 저승의 질서에 다가서려고 하는 것이다. 매일 이어지는 가난한 식사와 힘들기만 한 나날의 노동을 견디어내다, 1년에 한 차례 절약의 필요를 잊고 술과 먹을거리를 즐기면서 야단법석을 떤다.

시장 또한 그런 영역 가운데 하나였다. 서양의 경제인류학이나 일본 중세사 연구서를 읽어보면, 시장이 세상의 질서와 '무연無緣'한('무엔'으로 읽을 경우 승려들의 거주 지역을 가리킬 수 있음 • 옮긴이) '구가이公界'(천인으로 대우받던 구고닌供御人이 살던 지역 • 옮긴이)나 '라쿠樂'(천민으로 대우받던 예술가 혹은 광대들의 지역 • 옮긴이)의 영역 가운데 하나였음을 알 수 있다.

어느 세계에서나 시장은 대체로 공동체와 공동체의 경계나, 마을들의 주변에 위치하는 도시의 광장에 형성된다. 경제학적으로는 이쪽 마을의 산물과 저쪽 마을의 산물을 교역하기 때문이라고 설명한다. 그러나 지금까지 설명해온 맥락에서 보자면, 시장은 공동체의 막다른 곳에 생성된다. 곧 필연의 영역이 막다른 곳에서 생성되는 자유의 영역이다. 광장은 또한 시장이 형성되는 곳임과 동시에 민회가 열리는 곳이기도 하다.

마을은 생활의 울타리가 쳐진 곳으로서, 관습과 신분 관계가 엄존한다. 중세 시대에는 봉건영주가 마을을 지배할 뿐 아니라, 교역까지도 관리하려 들었다. 그러나 그런 관습 및 영주와 '무연'한 곳, 이승과의 연이 끊긴 곳에 예컨대 라쿠이치라쿠자樂市樂座(일본 16세기에서 18세기 무렵까지 독점의 폐해를 없애고 경제 활성화를 도모하기 위해 영주들이 새로 도입한 경제정책. '라쿠'는 규제를 완화하여 자유로운 교역을 허용한다는 의미이고, '이치'와 '자'는 기존의 독점판매권, 비과세권 등의 특권을 지닌 상공업자를 가리킨다 • 옮긴이)가 열려 영주의 권력이 미치지 않는 자유교역 영역이 들어선다. 그곳에서는 신분을 묻지 않으며, 돈만 있으면 누구든 평등하게 대접받는다.

돈이라는 것도 일본 고대 화폐에서 그랬던 것처럼, 본래는 교역보다 주술과 제사에 쓰였던 것이다. 이것을 지닌 사람은 설령 신분이 낮아도 사람을 움직이는 힘을 가질 수 있다. 마르크스는 "화폐는 급진적인 평등주의자이다"라고 한 바 있다.

시장이 확산되어 도시 형태의 틀이 잡히면서, 사람들은 농촌에서 도시로 옮겨가면 그때까지의 '연'을 끊고 자유로워질 수 있다. "도시의 공기는 사람을 자유롭게 한다"라는 말은 중세 유럽에서 전해진 것이다.

이런 무연의 영역, 자유의 영역, 공公의 영역은 아무나 들어와도 되는 '퍼블릭public'의 영역이다. '이것은 퍼블릭公하다'라고 쓰여 있을 경우, 유럽에서는 누구나 사용해도 된다는 말이 되지만, 일본에서는 일반인이 마음대로 쓰면 안 된다는 말이 된다고 지적하는 사람도 있다. 그러나 일본에서도 '공중화장실'이나 '공중목욕탕'은 아무나 들어가도 되는 장소이다. 목욕탕에서는 누구나 나체가 되어 신분이 높고 낮음을 따지지 않는다. 실제로 공중목욕탕 또한 유럽에서는 아질Asyl(프랑스어로 asile, 영어로 asylum. 통치권력이 미치지 않는 일종의 치외법권 지대•옮긴이)이라 하여, 무연의 영역이었다고 알려져 있다.

그렇게 보면 시장과 도시가 왜 매력적인지를 알 수 있다. 나날의 노동이 끝난 뒤의 쇼핑이 왜 즐거운가? 직장이라는 필연의 영역, 나날의 노동의 영역에서 벗어나, 집이라는 필연의 영역으로 돌아오는 도중에 시장이라는 자유의 영역이 마련되어 있는 것이다. 거기에는 당신이 누구인지를 잊어버려도 된다. 오히려 거기에 들어서 있을 때의 당신이 '진정한 자기'라고 여겨질 수도 있다. 마르크스는, 그런 곳에 '진정한 자기' 따위는 없다, 거기에서 드러나는 것은 자본가와 노동자에 지나지 않는다고 일갈했지만 말이다. 그 점에 대해서는 제5장에서 다시 언급하도록 하겠다.

| 뒤르켐의 『자살론』 |

쇼핑에 중독된 사람은 시장에 가지 않으면 살지 못하겠다고 말한다.

그럼 인간이 성스러운 것과 절연된다면 어떤 일이 벌어질까? 그렇게 되면 인간은 에너지가 끊겨 죽어버린다고 주장한 사람이 19세기의 사회학자 뒤르켐 Emile Durkheim, 1858~1917년이다.

뒤르켐의 아버지는 유태교의 랍비였는데, 그는 유태교를 버리고 사회학자가 된다. 대표작인『자살론』에서 뒤르켐은 자살을 이타적 자살, 이기적 자살, 아노미적 자살 등으로 분류했다.

이타적 자살은 집단본위적 자살이라고도 할 수 있겠는데, 집단의 속박이 강해 결국 그 울타리 안에서 자살하고 마는 것을 가리킨다. 일본의 할복 같은 것이 그 사례라고 한다.

이에 비해 이기적 자살은 자기본위적 자살이라고도 할 수 있겠는데, 제멋대로 죽는다는 의미가 아니다. 뒤르켐에 따르면, 인간은 사회와 접속되어 있지 않으면 에너지가 끊겨 죽어버리고 싶게 된다. 자아ego가 하늘로 붕 떠버려, 자살하고 마는 것이다. 가령 별다르게 메일 따위가 오지 않아도, 경제적으로 괴로운 것도 아닌데 죽고 싶어 하는 까닭은 '접속'이 끊긴 것으로 여기기 때문이다.

그런데 '경제적으로 괴롭다'라는 것은 어떤 의미일까? 인간은 돈이 없다고 필연적으로 불행해지지는 않는다. 자신이 경작한 땅에서 나오는 것을 먹고, 주위 사람들과 나눠먹는 생활을 하는 사회에서는 현금이 없어도 그다지 불행하지 않다. 그러나 현대는 돈이 없으면 접속이 불가능해지는 아찔한 사회이다.

돈이란, 마르크스의 말을 빌리자면, 관계가 세상에 드러난 것이요, 물화物化된 것이다. 과거의 노동, 곧 인간의 행위와 관계라는 눈에 보이지 않는 것이 화폐가 되어 세상에 드러나 있을 뿐이다. 그 관계의 덩어리, 노동의 덩어리를 세상의 인간관계로 돌릴 수 있다. 과거에 자신이 한 노동의 덩어리를 '감정'으로 건네 인간관계로 다시 바꿀 수도 있고, 남을 움직이게 해 서비스를 구매하는 형태로 변환할 수도 있다. 근대사회란 이렇게 인간과 인간의 관계를 만들고 있다.

거꾸로 말하면 화폐는 인간관계를 덩어리화한 것이므로, 돈을 쓰면 관계를 만드는 수고로움을 줄일 수 있다. 그것이 즐겁기 때문에 관계를 돈으로 바꾸는 행동이 벌어진다. 즉, '무연'이 되고 싶어지는 것이다. 그러나 그러는 만큼 관계는 돈에 침식당해간다. 그리하여 관계가 변질되고 나면, 관계는 더더욱 돈에 심하게 침식당한다. 그 악순환이 시작되면 달리 멈추게 할 방법을 찾기가 어렵다.

말하자면 현대사회는 관계를 점점 돈으로 바꾼 채 달려가는 사회이다. 스스로 야채를 재배해 먹거나 주위와 나눠가며 사는 사회에서는 생산물과 서비스가 시장에서 거래되지 않으므로 당연히 GDP는 낮아진다. 자신이 재배한 야채를 먹지 않고 내다 팔며 나눔도 중지하고 다들 외식을 하게 되면, GDP는 올라가게 되어 있다. 집에서 아기자기하게 살기보다, 테마파크에라도 놀러가고 선물도 사기 위한 돈을 임금노동으로 벌어들이려고 해야 GDP가 오른다.

그런 상황이 진전되면 돈과 상품의 교환(상품에는 서비스와 노동이 포함된다)을 매개한 관계 이외의 인간관계가 점점 고갈되어간다. 마침내는 가족도, 연인도, 친구도 다 돈을 매개하지 않으면 관계를 맺을 수 없는 상태에 빠진다. 직장은 원래가 돈과 노동의 관계이며, 정치 또한 점차로 그렇게 되어간다.

돈이라는 것은 결국 수단이다. 돈 자체는 종잇조각에 지나지 않는다. 그 자체를 목적으로 삼을 수 없는 것으로서 오로지 도구일 뿐이다. 한나 아렌트에 따르면 '노동'은 살기 위한 수단이다. 즉, 먹거나 쓰거나 하면 사라져버리는 것들을 만드는 행위이므로, 아무리 반복해도 무상과 허무에서 벗어날 수 없다. 이에 비해 '활동'은 그 자체가 목적인 행위, '작업'은 목적으로 이어지는 행위인데, 현대는 그 두 가지를 잃어버리고 오로지 '노동'만이 지배하고 있다고 보았다.

그 자체가 목적인 즐거운 일을 하고 있을 때, 인간은 돈이라든가 결과를 그다지 생각지 않는다. 그 자체가 허무인 행위를 하고 있을 때, 인간은 돈과 결과를 원하게 된다. 또는 '인내'를 해야 할 '대의大義'를 원하게 된다.

근대사회에서는 애정까지도 돈으로 바꾸어가고 있다. 1990년대에 '왜 여고생이 원조교제를 해서는 안 되는가?'라는 주제가 토론거리로 등장한 적이 있었다. 지금까지 언급해온 문맥에 따라 그 이유를 설명하자면 이렇다. 돈을 받고 관계하는 데 익숙해지면 모든 관계를 그 자체로는 즐길 수 없는 것, 즉 돈이라도 받지 않으면 견디지 못할 '노동'으로 간주하게끔 감각이 뒤바뀌어버리기 때문이다.

그러나 인간은 모든 것이 '노동'이 되는 허무의 상태에 빠지는 것을 견디지 못한다. 그러므로 원조교제처럼 관계를 돈이라는 형태로 바꿔 받아서라도, 그 돈을 쇼핑하는 데 낭비하거나 한다. 근대사회에서는 그런 식으로 관계를 점점 도구화하고, 그것이 더더욱 쇼핑이나 낭비를 촉진하고, 그럼으로써 모든 것을 돈으로 바꿔나간다.

사회가 그렇게 되면 돈이 없는 사람은 전혀 관계를 만들 수 없게 된다. 그것은 단순히 현금이 없다는 '궁핍'과는 차원이 다른, 대단히 근대적인 '빈곤'의 상태, 즉 일체의 '접속'이 끊기는 상태이다. 이런 상태를 인간은 견뎌내지 못한다. 그렇게 되면 죽고 싶어지는데, 이 또한 넓은 의미에서는 뒤르켐이 말하는 '이기적 자살'이라 할 수 있을 것 같다.

그러므로 이기적 자살은 사회 그 자체는 질서정연하지만, 거기에서 단절된 상태에서 발생한다. 이에 비해 세 번째로 거론할 '아노미적 자살'은 사회 그 자체가 실체를 잃고, 인간에게 지침을 주거나 에너지를 공급하는 능력이 쇠퇴해 자살이 벌어지는 것을 말한다. 모두가 자유로워져 무엇을 믿으면 좋을지 모르고, 누구나 타인에게 힘을 줄 수도 없어졌고, 모두가 고갈되어 자살이 급증하는 세태를 바라볼 때, 뒤르켐의 분석이 똑 떨어지지는 않는다 해도 크게 틀리지 않다고 여겨진다. 물론 이기적 자살과 아노미적 자살이 뒤섞인 채 자살에 이르는 경우도 흔히 발생한다.

| 자기를 넘어서는 것 |

이렇게 보면 인간은 무언가 '자기를 넘어서는 것'과 접속하고 있지 않으면 살기가 괴롭다고 여김을 알 수 있다.

동일본 대지진 뒤 일본에서는 '기즈나絆'(끊기 어려운 유대 • 옮긴이)라는 용어가 빈번히 등장했다. '무연사회無緣社會'(2010년 NHK 방송에서 쓰기 시작한 용어로, 단신單身세대가 늘어 사람들의 관계가 희박해져가는 사회현상을 지칭 • 옮긴이)라는 말도 지진 전부터 유행을 타고 있었다.

기즈나의 경우, 우선 강조되는 것이 가족이다. 그러나 가족이라는 것 또한 반드시 믿을 만한 것도 아니며, 때로는 지옥과 같아지기도 한다. 일본에서는 아이들과 동거하는 노인이 노인만의 2인세대보다 자살률이 높다고 한다. 거기까지 논의를 진전시키지 않아도, 아이들과의 동거보다 노인돌봄시설에 들어가 돈을 내고 서비스를 제대로 받고 사는 편이 훨씬 마음이 편하다고 생각하는 노인들이 적지 않다.

뒤르켐은 분명하게 근대사회에서 가족에게는 이제 더 이상 자살을 막을 힘이 없다고 썼다. 그리고 종교도 지식사회도 그럴 힘이 없고, "더 이상 고향 따위는 존재하지 않는다"라고도 했다. 그렇다면 국가는 어떤가? 이미 덩치가 지나치게 커져서 친근하게 느낄 수 있는 존재가 아니게 돼, 이 또한 무망無望하다.

교육을 통해 공공심과 동정심을 키우면 어떨까? 그런 생각에 대해 뒤르켐은 답했다. 교육은 사회의 반영에 지나지 않으므로, 사회가 흔들릴 때 교육으로 사회를 재건할 수 있을 리가 없다고. 말하자면 교육으로 사회를 다시 세우기란 자신의 수염을 붙잡고 늪에서 탈출하려는 것이나 마찬가지라고 통박痛駁했다.

그렇다면 어찌해야 좋은가? 그 점에 대해 뒤르켐의 『자살론』을 한번 읽어보는 편이 낫겠다. 현대의 많은 평론가들이 생각하는 것을 뒤르켐은 100년이나 앞서 생각했던 것이다.

그것은 어찌 됐든 여기서 중요한 사실은, 뒤르켐이 자살이라는 현상을 경제와 개인의 심리로 환원되지 않는 '사회' 현상이라고 인식했다는 점이다.

우리는 개인이 모여 사회를 만든다고 생각하기 일쑤이다. 그러나 뒤르켐은 개인의 행동과 심리는 사회의 반영에 지나지 않는다고 보았다. 그것을 뒷받침하기 위해, 경제상태가 나쁘다고 해서 자살이 늘어나지 않으며, 통합력이 강력한 사회에 소속되어 있으면 자살이 줄어든다는 등의 내용을 실증하려고 했다. 뒤르켐은, 자살은 '사회적 질병'이 개인의 행동이라는 형태로 드러난 것에 지나지 않는다고 보았던 것이다.

지금까지 설명해온 문맥으로 보자면, 뒤르켐은 사회라는 눈에 보이지 않는 것이 가령 자살이라는 개인의 행동으로 이 세상에 드러난다고 생각했음을 알 수 있다. 물론 뒤르켐 자신이 그렇게 쓴 것은 아니다. 그러나 그는 원래 성직 후계자 교육을 받으면서 종교에는 근대사회의 인간을 구할 힘이 없다고 단정하고, 유태교를 버리고 학문을 지향한 인물이다. 신을 버리면서 '사회'를 탐구한 모습은 신을 믿지 않는 근대인의 '업業'이 얼마나 깊은 것인가를 절감케 한다. 그리고 그런 '사회'와 접속되지 못하면 인간은 살 수가 없다고 주장한다.

나는 그렇게 허약하지 않고, 가족에게 기대지 않으며, 신도 믿지 않는다고 말하는 사람도 있다. 그러나 그런 사람은 대체로 돈에 기댄다. 마르크스적으로 말하자면, 과거 노동의 축적, 과거 사회관계의 시체에 기대고 있을 뿐이다. '사회의 평가'에 기대는 사람도 있지만, 그런 것은 돈 이상으로 허망한 것이다.

돈에도 '사회의 평가'에도 기대지 않는 사람은 미래나 과거에 기대거나 한다. "나는 지금 이 모양 이 꼴이지만, 미래에는 이렇지 않을 거야!" 혹은 "과거에는 대단했지!" 이것이 과거에 기대고 사는 사람의 흔한 말투이다. 한편 자신의 미래가 어떨지 뻔히 보이는 사람은 아이들의 미래에 기대를 건다(그런 사람 아래에서 자라는 아이는 물론 괴롭기 짝이 없을 수 있겠다).

가족도 지역사회도 필요 없고, 돈도 필요 없고, 평가도 필요 없고, 아이도 필요 없고, 병에 걸리고 나이가 들어도 우는 소리를 하지 않겠다는 사람도 있다. 남들이 알아주지 않아 아무에게도 평가받지 못하는 예술품을 만드는 예술가 같은 사람, 또는 남들이 알아주지 않아도 자신에게 소중한 일을 하는 사람. 그러는 것 자체가 염원인 것처럼 여겨지기도 하나, 그런 사람들은 대체로 자신의 작업이 후세에 남기를 원한다고 여겨진다. 자신의 육체는 이윽고 사라져버릴지라도, 영원한 것을 만들고 싶다는 생각인 것이다. 그것이 자신의 사후인 미래의 사람들에게 평가받기를 염원하는 것이라면, 역시 미래에 기대는 것이라고 할 수 있겠다.

| '국가의 미래'와 '시장의 판정' |

미래와 과거는 눈에 보이지 않으며, 이 세상에 없는 것이다. 그런 것에 기대지 않으면, 사실 정치도 성립하지 않게 된다.

오늘날의 정치가들 중에도 사카모토 료마坂本竜馬, 1836~1867년(메이지유신 및 일본 근대화에 기여한 정치가 • 옮긴이)나 메이지유신明治維新(1868년 에도 막부체제를 무너뜨리고 왕정복고를 이룩한 일련의 변혁과정 • 옮긴이)을 매우 좋아하는 사람들이 많다.

전통주의를 취하는 사람은 과거를 기준으로 현재의 행위를 판정한다. 과거에 이런 것이 있었고, 그때 선조들은 이렇게 대응했다. 그러니까 이렇게 대처해야 한다는 식으로 사고한다.

그런 사고방식은, 과거는 성스러운 것이고, 이 세상에 나타나는 모든 것이 과거라는 눈에 보이지 않는 것의 재현전再現前, representation이라는 감각에 근거하고 있다.

이렇게 말하면 지나치다고 생각하는 분도 있을 것이다. 그러나 인류학의 연구에 따르면, 이른바 미개사회에서는 세상의 사건은 모두 신화에 쓰여 있는 것이 드러난 것이라고 해석된다. 한발旱魃이 있었다. 신화에 쓰여 있다. 그러니까 이렇게 하면 좋다. 멀리서 이방인이 찾아왔다. 그런데 그것은 신화에 쓰여 있다. 그러니까 이렇게 하면 좋다. 그런 식으로 행동이 취해진다. 그렇게 이방인을 대하다 보니, 그만 유럽에서 찾아온 군인과 상인에게 당해 식민지로 전락하고 말았다는 측면도 있다. 에도江戸 시대의 일본에서도 모든 것은 쇼군조차도 침범할 수 없는 '전례前例'에 근거해 대처했다.

이에 비해 근대사회는 전통을 단절하고 '진보'해가는 사회이다. 과거를 버리고 전진해야만 할 때, 이번에는 '미래'라는 눈에 보이지 않는 세계에 기대게 된다. 국가목표, 5개년 계획, 주택론, 학자금 융자, 입시공부, 취업활동 등등이 해당된다. 그것을 위해 현재의 괴로움을 견딘다. 어쨌든 과거나 미래를 디딤돌로 삼지 못하면, 현재를 운영할 수 없다.

이 외에도 눈에 보이지 않는 것으로서는 '시장market의 판정'이라는 것이 있다. '쓰키지 어시장'(에도 시대 개장된 일본 최대의 어시장·옮긴이)은 눈에 보이지만, 경제학자가 말하는 마켓은 어디에 있는 것일까? 주식시장에서는 늘 주식을 사고파는데, 정작 눈에는 보이지 않는다.

'마켓의 판정'을 중시하는 현대의 학자와 평론가들이 말하기를, 정치는 비합리적이지만 마켓은 합리적이라고 한다. 한 사람 한 사람의 인간은 불완전하지만, 그들의 집합인 마켓은 개인을 초월한 것이고, 세상에 대해 판정을 내리는 올바른 목소리가 거기에서 들려온다는 사고방식이다.

이런 사고방식은 근대적 의미에서 결코 합리적이지 않다. 이런 사고방식은 원래 애덤 스미스의 사상에 바탕을 두고 있다. 그의 생각에 따르면, 본래 한 사람 한 사람의 인간은 어리석지만, 신이 '보이지 않는 손'으로 조정해준다. 그러므로 인간은 계획경제처럼 분수를 모르는 짓을 저지르지 말고, 시장이 보여주는 지혜를 따르라고 강조한다. 그리고 스미스는 그렇게 써놓지 않았지만, 원래 시장이란 '자유와 항상의 영역'인 '구가이公界'였던 것이다. 그렇다면 우리는 왜 닛케이日經 평균주가나 GDP나 여론조사나 정당 지지율을 중요하다고 생각하게 된 것일까? 닛케이 평균주가가 일반 신문의 경제면 이외의 신문에도 실리기 시작한 것은 1990년대 말부터이기 때문이다. GDP나 GNP는 1950년대까지만 해도 경제학자나 이코노미스트의 전문용어였다. 그 이전에는 그것들이 그다지 중요한 것이라고 여겨지지 않았다.

여론조사에 대해서도 마찬가지이다. 요시다 시게루吉田茂, 1878~1967년(1940~

1950년대 여러 차례 총리를 역임한 일본의 정치가 • 옮긴이)는 수상 시절 아무리 내각 지지율이 떨어져도 전혀 신경 쓰지 않았다. 엘리트 외교관 출신으로서 근본적으로 대중은 어리석다고 생각했으므로, 지지율 따위 아무렴 어떠냐고 생각했기 때문인 것 같다. 여론조사의 숫자도 조사 주체에 따라 가지각색이었지만, 아무도 신경 쓰지 않았던 것이다.

여론조사가 매스컴에서 각광받게 된 것은 2000년대 들어 RDD(무작위로 선정된 전화번호를 활용하는 전화 여론조사 방법 • 옮긴이)라는 조사방법이 만들어져 어느 정도 신뢰성 높은 조사가 간단히 이루어질 수 있었기 때문이다. 그러나 그것만으로는 여론조사가 중시되는 이유가 설명되지 않는다.

내가 생각하기로는 그 무렵부터 사람들이 누리는 자유도가 높아져, 각 정당 간의 의석배분이나 수상 선출방식 등에서 민의가 제대로 반영되지 않았다고 생각하는 사람들이 늘어났기 때문 아닌가 싶다. 그러니까 의석배분 대신에 '민의'를 가시화하는 수단으로서 여론조사가 중시된 것은 아닐까 하는 것이다. 여론조사뿐만 아니라, '마켓의 판정'도 마찬가지일지 모른다.

원래 의석배분이란 눈에 보이지 않는 '민의'를 드러내는 방법이다. 그러면 여론조사와 '마켓'은 어떤가? 이들이 눈에 보이지 않는 것을 드러내는 방법으로 활용하는 것이 바로 통계이다. 여론조사 시 마구잡이로 들어오는 대답, 상거래 시 이루어지는 개별적인 행동을 한데 묶어 일정한 처리를 하여, 전체적인 트렌드를 도표로 만든다. 이렇게 하면 '여론'과 '마켓'이라는, 눈에 보이지 않던 것이 드러나게끔 된다.

이것은 사실 19세기부터 시작된 것으로, 뒤르켐도 언급한 바 있다. 뒤르켐은 당시, '사회라는 것이 어디에 있는가', '사회는 개인의 집합이라는데 개인은 보이지만 사회는 보이지 않는다'라는 문제제기에 대해 이런 논법을 동원해 대답했다. 통계를 살펴보면 개별적인 사례들을 초월하는 '사회전체'의 상황을 알 수 있다. "당신이 그런 전체적인 흐름과 다르다고 여긴다면, 그것은 예외이다. 그것은 통계적 다수가 아니다. 그러나 당신이라는 개인을 넘어선 '사회'는 거기에 있다."라고 했다. 뒤르켐은 통계를 학문에 도입한 가장 초기의 학자로 알려져 있다.

재미있게도 메이지 시대1868~1912년 초기의 후쿠자와 유키치福沢諭吉, 1835~1901년(일본 근대의 계몽가이자 교육가 • 옮긴이)도『문명론지개략文明論之概略』이라는 책에서 비슷한 언급을 했다. "한 사람 한 사람의 인간은 눈에 보여도 일본 국가나 일본국민 같은 실체는 눈에 보이지도 귀에 들리지도 않는다. 그러나 유럽에서는 '스타티스틱statistic'(아직 '통계'라는 번역어가 존재하지 않았다)이라는 것이 있어서 이것으로써 '전국 인민의 기풍'이 눈에 보이게 된다."라고 써놓았던 것이다.

거칠게 말하자면 통계란 근대가 발명한 강령술降靈術이다. 뒤르켐은 만년에 현대사회에 대한 연구를 중단하고 미개사회를 조사하여, '종교'가 세상을 지배하기 이전의 '성스러운 것'이 무엇인가를 파악하는 데 매진했다.

| 플라톤의 '이데아' |

의석비율에 '민의'가 드러나지 않고 정치가 기능부전에 빠졌을 때, 과연 우리는 어떻게 해야 좋을까? 이런 문제를 고대 그리스 사람들도 여러 가지로 고민했다. 펠로폰네소스 전쟁(B.C. 431~404년, 아테네 진영과 스파르타 진영 간의 전쟁 • 옮긴이)에서 아테네가 패배한 뒤, 민회가 기능하지 않게 되었기 때문이다.

이 문제를 파고든 사람들 가운데에 플라톤이 있었다. 플라톤의 스승인 소크라테스는 아테네의 민주주의적인 제도에 의해 사형을 당하고 말았다. 진리를 부르짖은 스승을 사형에 처한 민주주의에 대해, 적어도 폐해를 그대로 담아둔 채로는 기대를 걸 수 없다. 그리하여 그가 생각해낸 것이 '철인왕' 통치이다.

여기서 우선 알아두어야 할 점이 있다. 곧 고대 그리스는 민주정이 최고라고는 생각하지 않았다는 사실이다. 플라톤과 아리스토텔레스의 저작물에서는 기본적으로 혼자서 통치하는 것이 왕정, 복수로 통치하는 것이 귀족정, 다수가 통치하는 것이 민주정이었다. 물론 여기서 말하는 민주정은 시민의 직접참가로서, 대의제가 아니었다. 나아가 나쁜 왕정은 참주정僭主政, 나쁜 귀족정은 과두정寡頭政이라고 규정했다.

플라톤의 생각으로는 이들 중에 어느 것이 좋은가는 제도만으로 결정되지 않는다. 중요한 것은 선한 사람이 세상에 등장하는가 아닌가이다. 플라톤은 '선'을 인식할 수 있는 철인왕의 통치가 가장 좋다고 생각했다.

다만 이때의 '선'은 무엇을 말하는가? 사람에 따라 '선'에 대한 생각은 다르게 마련이고, 그러니까 모두 잘 타협해나가자는 식은 아니다.

플라톤에 따르면 세상 사람들은 동굴의 벽에 비치는 그림자를 보고 그것이 실재라고 생각하며 살아가는 존재라고 비유한다. 그림자가 드러내는 현상에 휘둘리며 거기에 의미를 부여한다. 그리하여 눈에 보이지 않는 것들을 알지 못하고 지낸다. 동굴에 비치는 그림자는 흔들리게 마련이고 사람들마다 다른 눈으로 바라보게 되므로 혼란이 끊이지 않는다. 그림자가 아니라 빛을 감지하지 않으면, 사람들의 혼란을 종식시킬 수가 없다.

그 빛이 '이데아'이다. '이상理想'이라고 옮겨지기도 하는데, 눈에 보이지 않고 당연히 세상에 존재하지 않는다. 그러나 흔들리기 십상인 이 세상을 넘어선 것이자 영원한 존재로서 세상을 지배하고 있다.

이데아란 비유하자면 '이상적인 삼각형' 혹은 '삼각형 그 자체'이다. 삼각형을 본 적이 있는가 하고 물어보면, 대부분의 사람들은 삼각자나 삼각김밥을 떠올린다고 답한다. 그러나 삼각김밥은 물론 삼각자도 잘 살펴보면 흠집이 나 있어 완전한 모습이 아니다. 즉, 이 세상의 물질로는 완전한 삼각형은 만들 수 없다. 그것은 지상세계에는 존재하지 않는다.

그러나 그렇다면 이데아는 단순한 환상이며, 시각과 청각 등 오감으로 파악하는 것만이 실재인가? 반드시 그렇다고만은 할 수 없다.

예를 들어 사람들은 왜 삼각김밥을 삼각형이라고 간주하는 것일까? 잘 살펴보면 삼각형도 아니다. 그것을 삼각형이라고 알아차리는 것은 삼각김밥을 보기 전부터, 삼각형이란 어떤 것인가를 알고 있는, 즉 태어나기 전에 이데아를 기억하고 있기 때문이라고 플라톤은 생각했다. 그렇게 되면 이데아 쪽이 실재이고, 사람은 그것을 투영하여 이 세상을 파악하는 데 지나지 않게 된다.

'선' 또한 마찬가지이다. 춤추듯 흔들리는 그림자를 보는 사람들은 이것 혹은 저것이 '선'이라고 저마다 다른 주장을 펼칠 것이다. 그러나 그들은 원래 '선의 이데아'를 알고 있으므로, 그것을 드러내 보여주는 사람이 있으면 혼란을 진정시킬 수 있다. 그럴 수 있는 사람이 바로 철인왕이다.

| 수학과 기하학 |

플라톤은 피타고라스학파의 기하학에서 많은 영향을 받았다고 한다. 그의 저작인 『국가』를 읽다 보면, 기하학에 비유하는 경우가 많다. 올바른 군주는 지성으로 축복받은 '진실한 쾌락'에 둘러싸여 지내지만, '거짓된 쾌락'밖에 알지 못하는 참주는 군주에 비해 3의 제곱의 3제곱=729배나 불행하다고 써놓았을 정도이다.

플라톤이 언급한 이런 쾌락의 계산법에 대해서는 아무래도 고개를 갸웃거리게 된다. 그러나 산술과 기하학은 고대와 중세 시대에는 마법의 영역으로 간주되었음을 간과해서는 안 된다. '완전한 삼각형'이나 '완전한 원'은 고대와 중세에는 볼 수 없는 것으로(사실 현대에도 볼 수 없지만), 경외와 숭배의 마음을 불러일으켰다. 그런 까닭에 교단의 심벌마크로 많이 사용되었다.

일본의 예도 살펴보자. 민속학자 야나기다 구니오柳田国男는 시골 마을에서 처음으로 도자기가 들어왔을 때, 그것이 얼마나 귀한 것이었는지에 관해 썼다. 그때까지는 나무로 만든 밥그릇밖에 없었다. 나무 그릇은 아무리 잘 만들어보려 해도 휘어지기 십상이었고, 사용하다 보면 쉽사리 때가 타 금세 누릿누릿해졌다. 그것은 일상의 필연의 세계 속에서 곧바로 때가 타고 마는 무상한 것이었다. 그러므로 가마에서 구워낸 도자기 그릇이 들어왔을 때, 그것을 소중히 받들었다. 희디흰 데다 아무리 써도 때가 타지 않아서, 필시 자기가 죽어도 그대로 남아 있을 것만 같았기 때문이다.

야나기다는 『목면 이전의 것木綿以前の事』이라는 책에서 "전에는 종교의 영역에 속해 있던 진실의 원상圓相"을 마을사람들이 도자기를 통해 일상에서 보게 된 것이라고 했다. 그리하여 마을사람들은 도자기 밥그릇을 가미다나神棚(집 안에 신을 모셔놓은 감실 • 옮긴이)에 받들어 올렸다.

수학도 마찬가지이다. 하나에서 열 정도까지밖에 헤아리지 못하고, 그 이상 가는 수의 조작은 대량복제기술이 없던 시대에는 세상에 존재하지 않는 추상抽象에 불과했다. 고대일본에서도 800만을 뜻하는 '야오요로즈八百万'라는 단어를 '엄청나게 많이'라든가 '무수하다'라는 뜻으로 사용했는데, 그런 수는 현실세계에서는 가늠조차 할 수 없었기 때문이다. 참주는 729배나 불행하다고 한 플라톤의 쾌락 계산 또한 아마도 '엄청나게 불행하다'라는 뜻이 담긴 것이리라.

현대인은 729나 800만 정도의 수에는 그다지 놀라지 않는다. 그러나 불교경전 가운데 하나인 『왕생요집往生要集』에 따르면 8대 지옥의 하나인 '초열지옥'에 떨어지면 인간계의 시간으로 표현하자면 5경 4,568조 9,600억 년은 환생할 수 없다고 한다. 물론 구체적인 시간이라기보다 '엄청 오랜'이란 의미의 주문이다. 이 정도의 숫자쯤 되면 현대일지라도 주식시장 정도에서밖에 쓰이지 않을 것이다. 하지만 주식시장 또한 가상의virtual 세계이다. 미래인이나 고대인의 눈으로 보자면, 주식시장은 종교의식으로밖에 보이지 않는 것이 아닐까?

| '철인왕' 교육 프로그램 |

이 '선의 이데아'를 감지하는 철인왕을 양육하는 방법을 플라톤은 이렇게 제시했다.

우선 소질이 있는 사람을 선택해 20세부터 30세까지 천문학과 음악, 기하학과 산술을 공부하게 한다. 30세에서 35세까지는 문답법을 배운다. 그 뒤 50세까지 군사와 정치에 관한 실무경험을 쌓은 후 왕위에 오른다.

왜 이렇게 우선순위가 매겨진 것일까? 그것은 천문학, 음악, 산술, 기하학은 이데아를 감지하는 능력을 연마하는 것이기 때문이다. 현대의 정치학 육성코스는 정치의 실무경험, 경제학, 행정학 같은 실무적 공부를 하는 데 중점을 둔다. 그러나 플라톤에게 가장 중요한 것은 '무엇이 선인가?'를 파악하는 능력의 배양이며, 실무나 실학 등은 나중에 익혀도 좋은 것들이다.

여담인데, 언젠가 골동품상의 '후계자 선택'이라는 내용을 담은 에세이를 읽은 기억이 난다. 골동품상에게는 가짜 골동품이 많이 들어온다. 그것에 대해 형식화된 합리성으로 생각하는 사람은 시대고증을 공부하면 좋지 않을까 하고 생각할지도 모른다.

그러나 시대고증상으로는 완벽한 가짜도 있고, 시대고증으로는 들어맞지 않는 진짜도 있게 마련이다. 원래 나이 어린 점원은 공부 따위를 좋아하지 않고, 또 배워봤자 잘 알지도 못한다. 골동품상은 후계자에게 공부를 시킨 것이 아니라, 정말 훌륭한 진짜 골동품만을 보여줬다는 것이다. 가짜는 보여주면 안 된다. 진짜와 가짜를 비교하고 대조시키는 것도 금했다.

그렇게 하며 어느 순간을 벗어나자, 진짜 골동품만 계속 봐온 점원은 시대고증의 지식 따위는 없어도, 가짜가 들어오면 '어, 뭔가 이상한데?'라며 곧바로 감지하게 되었다. 그런 감각이야말로 진정으로 중요하며, 시대고증 같은 기교는 그 뒤에 공부하면 된다. 시대고증은 왜 이 물건은 안 되는가를 손님에게 설득하기 위해 필요할 뿐이다. 이를 고대 그리스 시대로 말하자면 '웅변술'에 해당될 것이다.

여기서 '감지한다'라는 말을 썼는데, 플라톤은 반복적으로 감각, 즉 시각이나 청각 등으로 현혹되어서는 안 된다고 했다. 그런 것은 불완전하며 착각하게 되어 있다. 본래 눈에 보이지 않는 것은 감각으로 포착할 수 없다. 오감을 넘어서서 그것을 포착하게 해주는 것을 플라톤은 로고스logos라고 했는데, 로고스는 '이성' 혹은 '지성'으로 옮겨진다. 성서에는 "처음에 말씀이 있었다"라고 나오는데, 그 '말씀'이란 것도 '로고스'이다.

그러나 한편으로는 "이성으로 알 수 없는 것이 중요하다"라는 말도 자주 언급된다. 그런 경우에 나오는 '이성'은 철학에서는 '도구적 이성'이라든가 '형식 합리성'이라 하여 구별한다. 그러면 플라톤이 말하는 이성의 의미는 무엇일까? 나는 그것을 '이理에 잘 들어맞는다'라고 해석한다.

'이理'는 원래 불교용어이기도 하여, '세계의 이'라는 용례가 있다. 그것은 곧 신이 만든 이 세상의 질서를 의미한다. 그런데 그것이 눈에 보이지 않는다. 그러나 그와 잘 어우러져 지내는 사람을 '이에 들어맞는다'라고 지칭할 수 있다. '합리合理'라든가 '도리道理'라는 표현에서 드러나는 것처럼, 거기에 따르는 것이 인간의 올바른 존재방식이라고 여겨진다.

영어에서는 '이'는 곧 'reason'이다. 이에 들어맞는 것을 'reasonable'이라 하고, 부당한 가격이 아닌 이에 들어맞는 가격의 상품에 대해서도 'reasonable'이라고 형용한다. 그런 경우 반드시 형식논리가 통용되는 것은 아니다. 중요한 것은 '이에 들어맞는다'라는 것이다.

또 '추리'라고 번역되는 영어 단어는 'reasoning'이다. 눈에 보이지 않는 '본질'을 감지하는 것을 말한다. 철인왕도 그렇지만, 이것은 어느 정도 소질이 있는 사람이 수업을 받지 않고서는 익힐 수 없다.

'추리'라고 하면 셜록 홈즈가 유명하다. 홈즈가 "왓슨 군, 자네는 이런 것을 생각하고 있군!"이라고 말을 건다. 왓슨이 이 말을 듣고 놀라면 "추리한 걸세."라고 답한다. 왓슨이 멍하게 있으면, "자, 자네가 알아듣게 설명해주겠네."라고 운을 뗀 뒤, "구두에 진흙이 묻어 있고, 지난주에는 비가 내리고 날이 추웠네. 그래서 나는 이렇게 추리했네."라는 등의 설명을 보탠다. 왓슨은 납득하지만, 자신도 홈즈와 똑같이 추리를 해보고 싶어도 뜻대로 되지 않는다.

이것은 나의 해석인데, 홈즈는 눈에 보이는 것으로부터 '본질'을 알아차리고 설명할 때 형식적인 논리를 조립하여 말함으로써 상대를 납득시키고 있을 뿐이다. 이것은 웅변술의 영역이다. 감지능력을 갈고 닦지 않은 사람이 눈에 보이는 것을 그런 형식논리에 맞춰 조립해봤자 같은 결론에 도달할 수 없다. 원래 셜록 홈즈를 창조해낸 코넌 도일은 홈즈 시리즈로도 유명했지만 심령술과 종교를 주제로 한 소설을 쓰는 데도 열심이었다.

홈즈를 통해 플라톤을 설명하는 것은 다소 억지일지도 모르겠다. 다만 개요가 이와 비슷하다고 여기면 좋을 것 같다. 아마도 그 편이 플라톤의 '로고스'를 이해하기가 쉽지 않을까 한다.

여기서 다시 철인왕의 육성과목으로 돌아가보자. 철인왕 후보는 우선 천문학, 음악, 산술, 기하학을 배운다. 기하학은 앞서 설명한 바와 같이 이 세상의 불완전한 그림자에 휘둘리지 않고 '그 자체', 즉 본질을 통찰하는 학문이다.

천문학은 천상계, 즉 저세상의 신의 영역을 보는 학문으로 간주되어, 중세 유럽에서도 높은 자리를 차지하던 학문이었다. 갈릴레이나 케플러 같은 인물은 천문학에서 시작하여 이 세상의 질서에 대해 의문을 품었던 것이다.

천문학은 천상계를 들여다봄과 동시에 이 세상에 언젠가 반영되어 나타날 세계를 엿보는 것이기도 하다. 이 세상에 나타나는 현상은 신화와 역사에 쓰여 있던 것이 반복적으로 나타나는 것에 불과하다. 그와 마찬가지로 천상계를 살펴보면 이 세상도 예측할 수 있다는 것이 점성술이다.

그리고 음악은 이 사회의 리듬과 하모니, 즉 사회의 밑바닥에서 흐르는 것을 감지할 수 있는 감각을 길러준다. 청각이라는 감각으로 포착할 수 있는 것은 불완전하지만, 감각으로 포착할 수 없는 것을 포착하기 위한 훈련이 된다.

| '수'와 '본질' |

산술에 관해서는 약간 설명을 요한다. 근본적으로 수란 무엇인가? 그것이 문제이다.

아동문학 작가가 쓴 글이 있다. 초등학교에서 아무리 해도 1+1=2를 알지 못하는 아이가 간혹 생긴다. 선생님이 말 그림을 칠판에 그려놓고는 아이들에게 "어, 말이 한 마리. 또 한 마리. 합쳐서 몇 마리?"라고 물으면 "흰 말 한 마리하고 검은 말 한 마리요!"라는 답이 돌아오거나 한다.

이런 때 보통의 선생님 같으면 "어쨌든 1+1=2가 돼요. 잘 기억하세요!"라고 이야기를 끌어간다. 그러나 플라톤은 다음과 같은 취지로 논지를 전개했다.

희든지 검든지, 크든지 작든지, 그런 감각으로 포착되는 것에 휘둘려서는 안 된다. 희거나 검거나 말은 말이라는 본질만을 꿰뚫어라. 그런 본질만을 붙잡고 있으면, 이 세상을 지배하는 질서를 알 수 있고, 이 세상을 조작할 수도 있다.

과장된 이야기라고 할 분이 계실지도 모르겠다. 그러나 앞서도 설명한 것처럼, 중세 이전에는 산술이 가능한 것은 특수 기능자들뿐으로, 산술은 일종의 마법으로 여겨지고 있었다. 수는 커질수록 더욱 추상적이게 된다. 뿐만 아니라 흰 말과 검은 말이 모두 '1'이라는 것은 군주나 농노를 똑같이 '1'로 간주하는 것이나 마찬가지일 정도로 극히 추상적인 사고이기 때문이다.

현대의 경제학도 이런 식으로 생각한다.

"평소 잘 알고 지내는 야채가게에서 사나 대형 마트에 가서 사나, 화폐의 유통이라는 '본질'에서 보자면 마찬가지이다. 오래도록 함께 일해온 사람에게 발주하나 해외의 공장에 발주하나, 노동생산성과 임금이라는 '본질'만을 생각하면 마찬가지이다. 그 점을 간파하여 인정이나 눈물 등 '본질' 이외의 것을 무시하면 수식으로 이 세상을 파악할 수 있고, 조작할 수 있다."

그러나 경제학에 익숙하지 않은 사람들에게는 그렇게 하는 것이 정말 특수한 기능을 지닌 신기(神技)이거나 세계를 잘게 썰어내는 악마의 기술이다.

철인왕 후보에게 가르치는 음악이론도 산술과 연관을 가지고 있었다. 일곱

음계로 모든 음악을 파악할 수 있다는 사고방식은, 음의 색깔이나 성질, 음악이 울리는 활기차거나 침잠한 분위기, 도와 레의 중간음(확실하게 반음의 샤프나 플랫 등은 허용하지만) 따위는 무시하고, 본질만을 간파한다는 발상이다. 음악이론을 배우고 악보를 쓰는 것은 이른바 '음악의 기하학'이다. 플라톤은 그렇게까지 쓰지는 않았지만, 그런 기술만 제대로 익히면 공동체를 통해 만들어지기 마련인 음악을 한 사람의 인간이 모두 파악할 수 있어서 '작곡'과 '지휘'까지도 할 수 있다는 것이다.

이런 능력을 갖추려면 소질이 없어서는 안 된다. 플라톤에 따르면 소질이 있으면 여자라도 관계가 없다. 근본적으로 남자든 여자든 어느 쪽이라도 좋다. 본질을 사랑하면 육체나 용모 따위는 관계가 없다는 것이 '플라토닉 러브'이다.

| 문답법 |

철인왕 후보는 이 세상의 감각과 이해(利害) 관계에 현혹되어서도 안 된다. 플라톤의 생각으로는 소질이 있는 아이들을 집에서 떠나게 하여 누구의 자제인지 알지 못하게 육성하고 사유재산은 금지해야 한다. 이 점 때문에 플라톤은 공산주의나 마르크스주의의 원조라고 말하는 사람도 있다. 그러나 이것은 이른바 출가의 일종이라고 생각하는 편이 이해하기 쉽다(다만 마르크스도 고대 그리스 철학을 공부한 사람으로, 초기의 저작에서는 공산주의 사회에서 노동은 폐지되어야 한다고 쓴 적이 있기 때문에 그런 점에서 공통점이 있다).

또한 본질을 간파하려면 감각을 배제할 필요가 있다. 그러므로 감각을 자극하여 현혹시킬 만한 것을 가급적 떼어놓을 필요가 있다. 플라톤은 이러한 '거짓의 쾌락'으로부터 멀리 떨어져야만 흔들림 없는 진실의 쾌락으로 나아갈 수 있다고 했다.

나아가 철인왕 후보는 30세부터 '문답법'을 배운다. 이것이 영어 단어인 '대화dialogue'의 어원이 되었다. 그러나 대화라는 것은 '모두 모여 타협점을 찾아보자'라거나 '극단적인 생각은 접고 중간을 취하도록 하자' 따위의 애매한 것이 아니었다.

예를 들어 불완전한 인간들이 원추형을 본다면, 보는 각도에 따라 "원이다.", "아니, 삼각형이다."라고 논쟁을 벌이게 된다. 그럴 때 "그렇다면 그 사이를 취해 삼각김밥형이라고 하자."라고 한다면, 진리에서 멀어질 따름이다. 그런 것이 아닌 대화에 의해서 진리에 도달하는 것이 가능하다.

30대의 철인왕 후보는 아직 불완전하다. 배운 학문이 여러 가지여도, 아직 그것들이 따로 논다. 본질을 곧바로 간파한다는 본래의 목표에 아직 도달하지 못했다. 방법은 달라도 어느 것이나 본질에 다다르는 수단이라는 여러 학문의 공통점을 깨닫지 못하고 있는 것인지도 모른다.

그러므로 감각을 배제한 언론logos으로 방향을 돌려, 서로 간에 로고스로 대화를 주고받게 한다. 그럼으로써 상대방의 지성을 눈뜨게 해줄 '산파술'이기도 한 문답법을 익히는 것이다. 그리하여 혼자서는 도달 불가능한 궁극의 지혜에 다다른다. 이것은 여러 학문을 종합하는 방도이며, 여러 학문의 밑바탕에 자리한 본질을 감지하기 위한 방도이기도 하다. 그렇기 때문에 문답법이 학문의 최고의 자리에 놓인다. 말하자면 접이부채의 사북을 찾는 작업이라고 하겠다.

이리하여 35세를 넘기면, 50세까지 실무에 임한다. 이렇게까지 하면 철인왕은 눈에 보이지 않는 이데아를 세상에 '체현represent'하는 존재가 된다. 투표 따위로 '대표representative'를 뽑는 것보다 훨씬 훌륭하다.

플라톤이 생각한 이러한 교육법은 일단 하나의 이념으로서 현대에도 몇 가지 점에서 계승되고 있는 것으로 보인다. 현대 미국의 공통학력시험인 SAT는 과목을 크게 '리즈닝reasoning'과 '서브젝트subject'로 나누고 있다. 리즈닝은 문장과 수식으로부터 본질을 간파하는 능력을 테스트하고, 서브젝트는 과학과 역사 등으로 현실세계에서 필요한 지식과 응용력을 테스트한다.

이른바 '통째 암기'나 '박식' 따위는 기껏해야 서브젝트의 영역에서밖에 통용되지 않는다. 서브젝트에는 '하인' 혹은 '가신'이라는 의미도 담겨 있다. 즉, 이데아를 직관하는 왕의 명령을 수행하는 자들, 본질을 모르는 채 수족의 역할을 하거나 서류를 작성하는 사람들을 가리킨다.

| 통치의 변천 |

그러나 플라톤은 국가(그래봤자 수만 명이었지만)의 통치는 필연적으로 타락한다고도 생각했다. 우선 이理에 들어맞는, 지혜의 덕을 체현한 왕이 이끌어가는 왕정이 있다. 그러나 통치하는 중에 용기를 덕으로 삼는 전사들이 끼어들어오면, 복수의 인간에 의한 명예정(귀족정·옮긴이)으로 옮겨간다. 그런 복수통치에 부유층이 참여하면 과두정이 된다. 과두정은 빈부의 격차를 초래하므로 빈자가 부자를 무찔러 자유와 평등을 중시하는 민주정이 된다.

그렇다면 문제가 없지 않은가, 하는 사람이 있을지도 모르겠다. 그러나 민주정은 참주정으로 이행한다. 그것을 이해하려면 '전사戦士'나 '부자'는 인간의 덕에 대응하여 내놓은 표현임을 전제해야 한다.

일본에서도 에도 시대의 『난소사토미 핫켄덴南総里見八犬伝』(1814~1842년에 걸쳐 교쿠테이 바킨이 만든 대장편 독본 • 옮긴이)에서는 인·의·예·지·충·신·효·제仁義禮智忠信孝悌라는 여덟 가지 구슬을 제각각의 등장인물이 지니고 있다. 그들은 인의 체현자이며, 의의 체현자이다. 이 이야기는 '인간'의 스토리를 추구하는 근대소설의 발상에서 보면 전혀 재미없다. 인의 구슬을 지닌 인물은 진정한 인의 체험자로서 모순, 고뇌, 내면, 갈등 따위의 문제가 없다. 그러나 당시의 독자들은 그런 것이 아니라 인의가 활약하는 세계를 읽고 싶어 했던 것이고, 또한 세계가 그런 식으로 만들어져 있다고 생각했던 것이다.

트럼프의 세계도 그러하다. 중세 유럽 세계의 신분제도에서는 기사(귀족), 성직자, 상인, 농민 같은 신분이 정해져 있었다. 스페이드는 기사, 하트는 성직자, 다이아몬드는 상인, 클럽은 농민으로서, 세계는 이들로 구성된다. 그리하여 가령 기사라면 용기를, 농민이라면 근면과 절약이라는 덕을 갖게 되는데, 트럼프의 패는 그런 '본질'을 '체현(대표)'해놓은 것이다.

플라톤의 사상에서 국가는 통치계급, 전사계급, 생산자계급으로 구성된다. 물론 나날의 노동을 하며 필연의 영역에서 허덕이는 생산자가 지위가 가장 낮다. 인간의 혼은 이성적 부분, 기개적氣槪的 부분, 욕망적 부분으로 형성되는데 통치계급은 이성, 전사계급은 기개, 생산자계급은 욕망의 체현자이다.

말하자면 여기에서 말하는 통치자나 전사나 생산자는 개인이라기보다 혼魂의 부분이 이 세상에 드러난 것이다. 그리고 저마다 지혜, 용기, 절제라는 덕을 지니며 이것이 조화를 띠는 것이 정의의 실현이다. 그렇다고 생산자나 전사가 존재하지 않는다면 국가는 구성되지 않으므로 전체의 조화가 필요하게 된다.

즉, 왕정으로부터 명예정으로의 변화는, 지혜의 통치 아래 조화가 이루어져 있던 국정에 혼의 기개적 부분의 체현자인 전사계급이 들어와 전체의 균형이 무너짐으로써 생겨난다. 고대 그리스에서는 질병 또한 인체를 구성하는 네 종류의 체액 밸런스가 무너짐으로써 발생하는 것이라고 이해하고 있었다.

그렇기 때문에 명예정에서는 혼의 이성적 부분의 덕인 지혜보다, 기개적 부분의 덕인 용기 쪽을 더 중시하게 된다. 나아가 과두정에 이르면, 부유층이라 해도 욕망의 체현자인 생산자계급의 통치이기 때문에, 지혜도 용기도 잊히고 만다.

그럼에도 과두정에서는 부유층은 자신들의 재산을 불리기 위해 절제를 행한다. 즉, 성인들 사이에서는 혼의 욕망적 부분의 덕인 절제가 지켜진다는 뜻이다. 그러나 과두정에서는 지배층이 돈을 그러모으기 위하여 청년들의 낭비를 부추기며 돈놀이를 하기 때문에, 청년들 사이에서는 빈궁하게 절제의 덕을 잃어버린 사람만 육성된다.

이리하여 빈자들이 부자들을 무너뜨리고 민주정을 세우게 된다. 민주정에서는 절제의 덕조차 잃고, 욕망이 자유로이 분출된다. 그것은 자유롭고 평등한, 그리하여 언뜻 보기에는 달콤하고 유쾌한 사회이다. 그러나 욕망이 해방된다고 해도, 기껏 감각적인 쾌락밖에는 불러오지 못한다.

게다가 모든 것이 돈으로 환산되므로, 눈앞의 욕망을 위해 조상 전래의 농지까지도 내버리는 자가 나타나기 시작한다. 고대 그리스는 농업사회이므로, 이는 시민의 자격을 잃어버림을 의미한다.

이리하여 전사계급에도 생산자계급에도 속하지 못하는 이들을, 국가 안에서 수행해야 할 역할과 제자리를 잃어버린 쓸모없는 '수벌'들로 비유하고 있다.

이윽고 민주정에서는 소송과 분쟁이 끊이지 않게 된다. 생산을 하지 않는 '수벌'을 비롯한 민중들이 배당을 얻는 길은 부자와 기득권자와 재산 쟁탈전을 벌일 지도자를 옹립하여 그에게서 단물을 빠는 것이다. 그리하여 민중에게 그럴듯한 약속을 하면서, 끊임없이 싸움을 일으키고, 사람들이 지도자를 필요로 하도록 부추기는 참주가 등장한다.

물론 참주는 거짓 쾌락밖에 모르며, 지혜를 사랑하는 것 자체를 알지 못한다. 이런 참주의 주위에는 수벌들이 무리 짓고 있다. 그러나 참주는 사람들을 믿지 않으며, 어제의 동료를 순식간에 적으로 규정하여 싹쓸이를 해나간다. 이리하여 극단적인 자유는 극단적인 예속으로 뒤바뀌어나가는 것이다.

| 법의 지배 |

플라톤은 뒷날, 철인왕을 얻기란 불가능하다고 체념한다. 도리 없이 모든 사람이 모여 완전한 민회를 열고, 그때 결정된 것을 서류화해 성문법으로 삼고, 거기에 근거하여 통치하는 것을 대안으로 내세운다. 그것이 곧 법의 지배이다.

사실 철인왕이 있으면 문서화된 법 따위는 필요 없다. 원래 글로 쓰인 문장이란 이 세상에 드리워진 그림자에 불과하다. 그리하여 사람에 따라 해석이 달라지게 마련이며, 당연히 분쟁의 씨앗 노릇을 하게 된다. 글로 쓰인 것에는 영혼의 숨결이 담겨 있지 않으며, 고양된 민회의 분위기도 남아 있지 않다. 그러므로 소크라테스는 문답을 통해 직접 로고스를 주고받기를 중시하여 저술을 남기지 않았다.

그러나 후기의 플라톤은 사실상 철인왕의 통치가 자신의 이상이었다고 하면서도, 차선책으로 법의 지배를 주장했다. 그리하여 국정으로서는 두 사람의 왕, 두 사람의 원로, 다섯 사람의 장관에게 권력이 분할된 혼합국정 형태의 국가를 선호했다. 참주의 지배 아래 놓이기보다는, 차라리 그 편이 낫다고 보았기 때문이다.

원래 철인왕이란 민의를 감지할 수 있으며, 문답법으로 민회를 설득할 수도 있으며, 실무경험과 정책입안 능력까지 두루 갖추고 있는 사람이다. 현실세계에서 그런 인물을 얻기란 불가능하므로 민의를 파악하여 방침을 세우는 원수元首, 의회에서 설득능력을 발휘하는 대신大臣, 그것을 구체적인 정책과 실무로 이행해 나가는 관료, 이 세 그룹으로 이루어진 트라이앵글이 형성되었을 때 정치가 원활히 기능한다고 정치학에서는 말한다. 그것을 혼합국정이라 할 수도 있겠다.

거기에서 '법'이란 과연 무엇인가 하는 문제가 제기된다. '법'은 불교용어이기도 한데, 세상을 지배하고 있는 질서 혹은 길이라는 의미를 띤다. 그리하여 법을 문장으로 만들었다는 것은, 어느 빼어난 사람이 아스라한 경지에 도달했을 때 그것을 잊기 전에 글로 써둔 것을 뜻한다.

플라톤의 경우에는 완전한 민회가 열려 신의 뜻이 강림하고 만일 그때 글로 써둔 것이 있으면, 훗날 국가가 타락해버려도 그 법문法文에 따라 통치를 행하면 아직은 길이 있다는 취지를 담고 있다. 가령 일본은 제2차 세계대전 직후 평화의 염원을 헌법으로 적어놓은 셈이므로, 그 뒤 일본인들이 그것을 잊어버리지 않도록 운영하면 어떻게든 되지 않겠는가 하는 정도의 생각이었을까?

법에는 또 하나, 영미법과 같은 관습법이라는 종류도 있다. 이는 공동체 속에서 서서히 축적되어온, 말하자면 개인을 초월한 지혜가 잊히지 않도록 서류화해놓은 것이다. 구체적으로 말하자면 판례의 산더미라 할 수 있겠다. 이런 때에는 이런 판결을 내렸음을 보여주는 판례집인 것이다. 미국의 경우에는 건국선언이라 하여, 독립 당시 서류화한 것도 병용하고 있다.

그리고 이 법을 따르는 것은 곧 이성의 소리를 듣고 이理에 들어맞는 행동을 함으로써 신이 만든 질서를 따르는 것이다. 이렇게 하여 신의 영역과 접속함으로써, 필연과 무상의 영역을 벗어나 자유와 항상의 영역에 다다를 수 있다. 예컨대 칸트는 보편적인 입법의 격률格率(주관적으로 타당한 실천윤리 • 옮긴이)을 따름으로써 자유를 얻을 수 있다고 서술했다.

이러한 법 앞에서 인간은 왕이든 농민이든 겸허하게 복종해야 한다. 즉, 법 앞에서 만인은 평등하다. 왕의 명령보다 법이 우월한 것이다. 에도 시대의 쇼군도 '전례前例'를 어겨가며 제멋대로 해서는 안 되었다.

그러므로 현세의 왕이나 정부가 내놓은 법령이 보편적인 '법'으로부터 벗어나 있으면, 그것을 '바르게 할' 권리가 만인에게 존재한다. 원래 '권리'라고 번역되는 'right'라는 용어는 '바르다'라는 뜻을 지니고 있다. 나아가 '법에 비추어 보아 바른 이理에 들어맞는 주장은 수호되어야 한다'라는 미묘한 뜻도 담겨 있다. 헌법을 위반하는 법령은 위헌입법심사로 바루어진다. 또한 현세의 정부 법령이 그릇된 경우, 보편적인 법에 들어맞는 행동은 그것이 설사 '위법'이라 할지라도 시민의 불복종으로 옹호된다.

| '대표'와 '왕' |

그런데 '법'이라 하면 왕이나 정부가 발표하는 공고 혹은 포고이며, '공公'이라 하면 왕이나 정부의 것이므로 민중들이 멋대로 써서는 안 된다는 것처럼 알려져 있다. 이런 생각이 어디에서 연유한 것일까? 역사연구에 따르면 일본이나 유럽 모두 중세 시대에 그런 역전이 벌어졌던 것 같다.

중세 유럽에서는 신분제의회가 나타났다. 프랑스 혁명 때 열린 삼부회가 바로 그것이다. 귀족 대표, 성직자 대표, 평민 대표가 모여 의회를 구성했던 것이다.

  오늘날 같았다면 평민의 숫자가 압도적으로 많은데 겨우 3분의 1이냐며, 그 것은 말이 안 된다고 할지도 모르겠다. 그러나 이것은 국가와 혼의 구성요소 —고대 그리스의 경우 통치자(이성)·전사(기개)·생산자(욕망)—를 체현하는 사람들이 모임으로써 국가의 의지가 세상에 드러나는, 곧 '대표'된다는 사고방식이다.

  즉, 이것은 신분을 단위로 삼는 대표가 모인, 신분이라는 '우리'가 대표된다는 사고방식이다. 그러므로 루소는 '대표자'라는 사고방식은 봉건제의 산물이고, 고대에는 이런 것이 없었다고 썼다. 분명 이것은 직접민주정의 민회나 철인왕과는 이질적인 발상이다.

  미국에서도 앞서 설명한 것처럼 상원은 인구수에 비례한 것이 아니다. 상원이란 말은 'Senate'인데, 원뜻이 '원로원'이다. 민중의 대표인 하원과 귀족(미국에는 귀족이 없다)의 대표인 상원이 의회를 구성하고, 하원은 민중의 소리를, 상원은 지혜를 담당한다는 취지이다. 하원은 민중에게 가까이 다가서는 것이 좋으므로 특권화되지 않도록 임기가 짧고, 상원은 임기가 길어 차분히 오래도록 지혜를 쌓아나가라는 제도이다.

  그렇다면 왕은 무엇인가 하면, 곧 왕국의 체현자이다. 왕이 병에 걸리면, 나라가 병에 걸렸다고 간주한다. 일본에서도 히로히토裕仁 천황1901~1989이 임종할 무렵에는 그의 체온이 매일처럼 톱뉴스로 보도된 바 있었다. 현대에는 GDP와 닛케이 평균주가 또한 '국가의 체온'이 되어 있다. 물론 체온이 낮아도 질병인 경우가 있는 것처럼, GDP가 올라간다고 꼭 행복한 것은 아닐 것이다. 그러나 그것이 오늘날 상징적인 역할을 하고 있음은 분명하다.

  그러므로 중세의 왕은 정책입안 능력 같은 것은 아무래도 좋았다. 요는 어디까지나 왕답게 위엄을 지닌 우아한 몸가짐을 보이는 것이 중요했다. 왕이 훌륭하지 않으면 국가가 훌륭해 보이지 않는다. 실무나 경제 따위는 비천한 영역의 일이므로, 관리나 상인들에게 맡기면 그만이다. 이것이 극단화되면 루이 14세처럼 "짐은 곧 국가"라고 내세우게 된다.

| **공사의 역전** |

그리고 중세가 되면 공과 사의 역전이 벌어진다. 봉건제 아래에서 왕정이 고정되자, 왕은 곧 '공'이 되고, 왕과 그 정부와 연관된 것들 또한 '공'이라는 논조가 펼쳐졌던 것 같다. 그 연장선에서 왕가의 공인을 얻지 못한 민간의 활동은 '사'가 되고, 왕의 영지에 민중이 들어가서는 안 되게 되었다.

다만 왕은 원래 주술사나 샤먼이기도 했다. 그렇기 때문에 고대에도 왕과 접촉하면 병이 낫는다, 왕의 물건에는 마법의 힘이 깃들어 있다, 왕의 영역은 성지이다 하는 등의 생각이 두루 퍼져 있었다. 그러므로 왕이 중세 시대를 맞아 갑자기 '공'이 된 것은 아니다.

다만 그와 동시에 영주는 현세의 지배자에 불과하며, 제의나 시장 같은 성스러운 공간은 영주의 지배를 벗어난 '공'의 장소라는 감각도 존재했다. 이런 감각은 민간백성의 공유지인 '커먼Common'(일본의 경우 입회지 • 지은이, '입회지'는 한 지역의 주민의 입회권을 인정한 산야나 어장 같은 지역을 말한다 • 옮긴이)을 '공'이라고 간주하는 형태로 남아 있다. 어느 쪽이 우위에 서느냐에 따라 '공'과 '사'가 엇바뀐다.

그렇지만 유럽 중세의 게르만법에서도 왕과 그 정부에 가까운 사람들이 '공'이라고 설정된다. 나아가서는 시장 또한 '사'의 영역, 즉 가장 축복받지 못한 영역이라는 형태로 뒤바뀌어간다.

　그렇게 되면 상인의 지위가 떨어진다. 상인은 원래 자급자족이 원칙인 농업 사회에서는 때때로 찾아와주면 좋은 사람으로서 대략 행상하는 사람이 많았다. 이것은 마을 사회에서 보자면 이방인이므로, 환대받을 경우도 있지만 멸시당하는 경우도 있었다. 제의 장소를 찾아다니며 솜씨를 파는 예능인들 또한 그랬다.

　지역에 따라 다르지만 고대와 중세의 농본주의 사회에서는 왕에게 연공을 바치는 농민이야말로 존대받는 존재였다. 농민은 연공을 바칠 뿐만 아니라, 무에서 유를 만들어내기 때문에 귀하다. 그것을 가공하는 직인職人이 그 다음으로 귀하다. 상인은 산물을 오른쪽에서 왼쪽으로 옮겨주는 것일 뿐, 말하자면 필요악으로 존재하는 것이라고나 할까? 그래서 가장 지위가 낮다. 게다가 돈을 다루면 인간이 이익을 좇아 달려나가다 타락하게 마련이므로, 이마에 땀을 흘려가며 대지를 경작하는 것이야말로 위대하다. 그러므로 중국의 고전에서도 '사농공상士農工商'의 순서로 존귀함을 따졌던 것이다. 이 말은 일본에도 수입되어 널리 쓰였다. 중세 시대부터 예능인 또한 천민으로 차별받는 대상이 되어갔다.

　한편 산물을 오른쪽에서 왼쪽으로 옮기는 상업은 중세 시대에 그나마 필요악 정도로 여겨졌다. 그러나 중세인들은 돈을 오른쪽에서 왼쪽으로 옮기는 금융업은 가장 비천한 짓으로 꼽았다. 그러므로 금융업과 관련된 일은 기독교 세계의 외부라 할 유태인에게 어울리는 일이라고 인식했다. 그리고 예능인은 이를테면 집시가 맡게 되었다.

　이런 형태로 '공'과 '사'가 역전한 뒤에, 과연 근대에는 그것이 어떻게 되었는가? 다음 장에서는 그 이야기를 하겠다.

제4장

근대 자유민주주의와
그 한계

고대의 민주주의와 '대표'의 이야기를 해보았다. 이번 장에서는 지금 우리가 생각하는 근대 자유민주주의가 어떻게 생성되었는가를 이야기하겠다. 근대의 기본적인 사상인 이성, 과학, 정치학, 경제학 등의 발상을 서술하고, 그것이 어떤 식으로 대의제 자유민주주의로 결실을 맺게 되었는가, 어떻게 현대에 들어와 한계에 처하게 되었는가를 따져보고자 한다.

| 화약과 나침반 |

먼저 르네상스에 대한 이야기부터 해보자. 르네상스는 인간의 자유의 개막이라고도 언급되는데, 요컨대 신분제도에 근거한 중세의 질서가 붕괴에 처했음을 의미한다. 최종적인 신분제도의 붕괴는 프랑스 혁명까지 가야 하지만, 그 시작이 르네상스라는 뜻이다.

신분제도의 붕괴란 당연히 대표의 동요로 이어진다. 예를 들어 기사나 농민이라는 신분으로 구성된 '우리'가 사라져, 왕과 교회가 모든 목소리를 대표하지 못하게 되었다. 사람들이 그들을 통해서는 납득하지 못하게 되자 과거와는 다른 대표 형태를 모색하게 되었다. 그런 움직임이 최종적으로 자유민주주의에 도달하게 된 것이다.

무엇이 원인으로 작용해 그렇게 되었는지에 대해서는 다양한 의견이 있다. 십자군 파견과 흑사병 유행으로 중세의 질서가 흔들렸다는 설도 있고, 경제 구조가 뒤바뀌었기 때문이라는 설도 있다. 그러나 유럽 사람들이 중세가 무너지는 변화원인의 대표로 꼽는 것은 따로 있었다. 그것은 곧 화약과 나침반과 인쇄술이었다.

화약은 역사에서 총과 대포가 등장하게 만들었다. 총과 대포는 신분제를 무너뜨리는 엄청난 역할을 해냈다. 그때까지만 해도 농민은 기사를 대적할 수 없거니와, 근본적으로 신께서 그런 식으로 창조했다고 믿던 시대였다.

그런데 총이 등장했다. 그러자 검술이나 마술馬術 따위를 전혀 배우지 않은 농민들이 수많은 전쟁터를 누빈 기사들을 쓰러뜨릴 수 있게 되었다. 그것은 무시무시한 역사적 충격을 안겨주었다. 이제까지 지녀왔던 세계관이 흔들리면서 '하극상'을 불러왔다. 당연히 하층민 출신의 군인이 배출되었다.

이것은 현대에 등장한 인터넷과 마찬가지일 정도로 세계를 뒤바꾸어버린 기술이었다. 당시의 왕은 여러 차례에 걸쳐 공인받지 않은 화약 제조를 금지했지만, 효과를 거두지 못했다. 일본의 에도 막부(1603~1867년 · 옮긴이)는 그 정책에 성공하여, 센고쿠 시대戰国時代(일본 15세기 후반부터 16세기 후반까지 군웅이 할거하여 서로 다투던 시대 · 옮긴이)에 동요된 신분질서를 쇄국체제와 함께 재구축할 수 있었지만, 유럽에서는 그렇게 되지 않았다.

또 나침반은 경제 분야에 커다란 변화를 초래했다. 나침반에 의해 대항해시대(15세기 후반부터 18세기 중반 · 옮긴이)를 맞이하여 상업을 영위하는 범위가 확대되고 부를 쌓은 상인들의 지위가 올라갔다.

그중 유명한 것이 아시아에서 들여오는 후추였다. 냉장고가 없던 중세 유럽에서는 소금에 절인 고기를 먹었는데, 일정한 기간이 지나면 냄새가 나 먹을 수가 없었다. 거기에 후추를 뿌리면 냄새가 느껴지지 않게 되므로, 한번 그 고기를 먹어본 사람은 후추 없이는 견디지 못하게 되었다. 먼 곳에서 들여오는 후추는 당시 같은 무게의 금화와 교환될 정도로 높은 가치가 매겨졌다.

나침반으로 글로벌화한 무역에 의해, 그때까지와는 전혀 다른 부자들이 등장했다. 중세 유럽에서는 연공年貢을 바치는 농민이 부의 원천이었다. 그러한 부를 장악한 사람들은 영주인 기사계급, 그리고 로마 교황청이었다. 그런데 나침반이 등장하면서 그 질서가 무너지기 시작했다. 그러는 가운데 새로운 모습으로 등장한 항만도시 베네치아와 금융도시 피렌체에 신흥세력이 대두했고, 그들은 돈으로 용병을 고용했다. 용병들은 대포와 소총을 동원해 기사들을 무너뜨렸다. 이를 계기로 낡은 질서와 윤리에 의문을 제기하는 르네상스가 일어났고, 이로 말미암아 중세의 질서와 권위에 대한 도전이 시작되었다.

| 인쇄술과 성서 |

다음으로 인쇄술은 어떤 영향을 미쳤는가? 루터가 성서를 독일어로 번역한 사건은 세계사 교과서에 반드시 나오는 사항이다. 루터의 독일어 번역본은 구텐베르크의 활판인쇄 기술과 결합되어 기독교 세계를 뒤흔들어놓았다.

그때까지 성서는 특권층이 독점하던 것이었다. 우선 양피지에다 손글씨로 옮겨 쓴 사본이기 때문에, 책 자체가 엄청나게 비쌌다. 게다가 매우 커서 이를 들고 다닐 수가 없었다. 사본은 각 교회에 하나밖에 없는 골동품인 데다 라틴어로 쓰여 있었기 때문에, 특별한 교육을 받은 신부가 아니면 독해하지 못하였다. 일반 서민들에게 있어 성서는 기본적으로는 신부가 교회에서 낭독해주는 것을 듣는 것이었다.

교회에서는 신부가 성서의 낭독과 함께 설교를 행한다. 루카는 이렇게 해서 신에게 축복받았다. 그리스도께서 하신 이 말씀은 이런 의미이다. 그러므로 여러분은 모두 이 가르침을 지켜 하느님에게서 축복을 받도록 하자, 하는 식이었다. 당시에 이것은 세계질서는 이렇다고 규정해주는 '법'이나 마찬가지였다.

각 지역에서 성서의 말씀을 제멋대로 해석해서는 안 되며, 교황청이 통일된 해석을 결정했다. 교황청과 다른 해석을 하는 무리가 있으면, 그것은 법의 해석이 변경된 지역, 즉 위법지대가 생겨났음을 의미한다.

현대에도 비유컨대 "오사카 부府는 헌법조항을 이렇게 해석한다"라고 나선다면, 그것은 큰 문제가 된다. 그러므로 곧바로 해석을 통일하든가, 이단이라고 규정하여 십자군을 파견하여 진압해야 한다.

그러나 성서의 속어 번역이 인쇄되어 널리 유포되자, 곧바로 이단이 속출하는 사태를 불러왔다. 이제 더 이상 성서가 신부와 가톨릭교회의 독점물이 아니게 된 것이다. 인쇄본을 값싸게 입수할 수 있게 되자, 이제 누구든 번역물로 쉽사리 성서를 읽을 수 있게 되었다. 이제 성서를 읽은 사람들 사이에서 "신부는 이 부분을 이렇게 해석한다고 말하지만 내 생각에는 이렇게 읽어야 한다."라는 식으로 자유로운 해석, 다양한 독법이 출현하였다.

이는 인간의 자유의 개막이라고도 할 수 있지만, 그때까지 지켜져온 질서는 조각나기 시작했다. 이런 질서의 변화로 인해 교황청이 약화된 상황과 맞물려, 각지에서 이단 세력은 마구 생겨났다. 이들 가운데 교황청에 성서 해석의 이의신청을 하는 무리들은 '프로테스탄트'라고 총칭되었다. 시간이 지날수록 이들의 지위는 확고해져갔고, 이로 말미암아 기독교 세계는 분열하고 말았다.

| 세계관의 변화 |

그런데 이런 일련의 변화가 기술혁신이 원인이 되어 일어났는가에 대해서는 다양한 시각이 존재한다.

원래 화약, 나침반, 활판인쇄는 모두 중국에서 일찌감치 발명된 것이다. 유럽에서도 르네상스 이전인 14세기에는 개발되어 있었지만, 그다지 극적인 사회변화를 일으키지 못하였다. 그러므로 화약과 인쇄에 의해 르네상스가 일어났다기보다는, 그 기술이 보급되어 활용되는 사회기반이 마련되었을 때 일련의 변화를 가속시키는 도구가 되었다는 설명에 더 설득력이 있다.

또한 기술은 그것을 사용하는 세계관의 변화가 있어야만 사회를 움직인다. 마셜 매클루언에 따르면, 인쇄는 중국에서는 일종의 마법이었고, 영원히 되풀이하는 기도를 기계화한다는 발상이었다고 한다. 완전히 같은 것이 대량으로 생성되기 때문에 일종의 분신술로 여겨졌을지도 모른다. 중국의 인쇄술은 16세기 유럽에서처럼 시장에 값싼 책을 보급하는 시스템으로까지 발전하지는 못했다.

기술이라는 것은 그것을 쓰는 발상과 사회기반이 없으면, 사회를 바꾸는 힘이 없다. 다만 일단 그것이 굴러가기 시작하면, 기술을 손에 넣은 사람의 발상이 바뀌고, 사회를 바꿔나가게 된다. 어쩌면 닭과 달걀의 문제 같으므로, 어느 쪽이 먼저인지는 단정하기 어렵다.

르네상스 시대에는 기술혁신과 직접적인 관계가 없는 세계관의 변화도 일어났다. 원근법이라는 회화기법이 나타났던 것이다. 원근법이란 가까운 것을 크게, 먼 것을 작게 그리는 화법을 말한다. 오늘날에는 상식처럼 되어 있는 용어이다. 이것은 요컨대 자신을 중심으로 삼아 세계를 재구성한다는 의미를 담고 있다.

그러나 중세 회화는 원근법이 없었다. 먼 것이나 가까운 것이나 시간적으로 전혀 다른 날의 일도 같은 화면에 그려 넣곤 했다. 그것은 신이 자리에 앉아서 바라보는 관점으로는 모든 것이 똑같기 때문이다. 이 세상은 결국 이 세상일 뿐, 거기에 관점의 중심이 놓이지 않았다.

그런데 원근법이 등장하면서 자신을 중심으로 삼아 세계를 재편성하게 되었다. 자신을 중심으로 바라보면 먼 것은 작게 보인다. 타인을 중심으로 놓거나 신을 중심으로 놓는 관점은 배제되었다. 즉, '내가 세상의 주인'이라는 의식이 시작된 것이다. 성서를 스스로 읽고, 스스로 해석하는 사태와 병행하여 새로운 자의식이 형성되기 시작한 것이다. 거기에 화약과 나침반 등 다른 기술혁신이 보태진 변화가 가속되어, 근대과학 또한 동시에 발생하게 된다.

| 근대과학과 실험 |

근대과학은 갈릴레이1564~1642년의 실험으로 시작되었다고 한다. 예를 들어 유명한 피사의 사탑 실험을 살펴보자. 그때까지는 무거운 구슬과 가벼운 구슬을 동시에 떨어뜨리면, 무거운 구슬이 먼저 땅에 닿는다고 알고 있었다. 그런데 사탑에서 두 개의 구슬을 동시에 떨어뜨려보니 결과는 거의 동시였다. 그것 때문에 갈릴레이는 교회와 달리 생각했다고 평가받는다. 망원경을 들여다보고 지구가 돌고 있다고 주장했다는 에피소드도 전해진다.

여기서 획기적이었던 것은 실험하면 올바른 답을 알 수 있다는 발상이었다. 이는 당시만 해도 일반적이지 않았다.

왜냐하면 실험이란 눈에 보이는 것이다. 감각으로 포착되는 세상의 현상에 휘둘려서는 안 된다. 현상은 뒤바꾸기 쉬운 그림자 같은 것이므로, 감각은 착각을 일으킨다. 그런 것을 관찰해봤자 세상의 질서에 대해 알 수 없다. 성서에 쓰여 있는 신의 말씀이 올바른 것이다. 인간의 눈과 귀가 성서보다 옳다는 보증은 어디에도 없다. 이런 사고가 당시의 학자들(대체로 성직자) 사이에 유력했다.

실험을 한다는 행위 자체는 그 이전부터 존재했던 것 같다. 그러나 실험은 인위적으로 행하는 것이기 때문에 자연의 진실은 그것을 통해서는 알 수 없다는 사고가 유력했다. 어떤 실험에서나 실험실을 외부환경에서 격리시키고, 복잡한 조건을 인위적으로 제거하고 실시한다. 비바람 속에서 물체운동은 계측하지 못한다. 건물이라면 내진성耐震成은 내진성, 내풍성耐風性은 내풍성, 금속부식은 금속부식만으로 실험을 하고, 나중에 그 결과를 종합한다. 그러나 현실세계에서는 부식이 진행되는 상태에서 지진과 쓰나미와 태풍이 한꺼번에 발생하는 경우도 있다. 그렇게 되면 미처 상정하지 못한 사태가 벌어지지 않는다고 단정하지 못한다. 그런 인위적인 실험으로 자연을 파악할 수는 없다. 요는 그렇게 생각했던 것이다.

또한 실험을 통해 뭔가를 알았다 해도, 그것은 한 차례에 한정된 유효성밖에 없다. 실험을 여러 차례 행해 같은 결과가 반복적으로 나타나는 법칙, 즉 세상의 '법'이 거기에서 도출될 수 있다는 발상이 없었다. 실제로 해본 사람은 알겠지만, 똑같은 실험일지라도 여러 차례 실행하다 보면 결과가 늘 미묘하게 차이가 난다. 즉, 실험을 행하는 상황이 미묘하게 바뀌기 쉽기 때문에 과거 실험과 완벽하게 같은 결과를 얻지 못하는 것이다. 그러므로 믿을 수 없고, 그저 한 차례의 실험으로서만 유의미한 것이라는 것이 그 이전까지의 발상이었다.

그러나 르네상스를 전후로 그런 생각이 바뀌었다. 성서에 신의 말씀(로고스)이 이렇게 쓰여 있으므로, 이 세상의 현상은 그것이 반복적으로 나타나는 것뿐이라는 일종의 연역법演繹法이 그때까지의 주된 발상이었다. 이에 비해 현상의 관찰을 거듭 쌓아나가다 보면 진리에 도달할 수 있다는 귀납법歸納法이 등장하게 된 것이다. 거기에서 근대과학이 태동되었다고 한다.

| 전란의 시대 |

그러나 그렇게 인간이 세계의 주인이 되고, 기독교 세계가 분열하여 과연 좋은 세상이 되었는가? 그것이 전혀 그렇지가 않았다. 르네상스로부터 17세기까지 유럽은 전란에 이은 전란, 종교전쟁과 혁명의 시대를 맞았다. 각지의 왕들이, 왕뿐 아니라 각지의 민중과 귀족들이 각지의 언어로 번역된 성서를 들고 프로테스탄트와 가톨릭 가운데 어느 종파인가를 상대로 피로 피를 씻는 전쟁을 시작했던 것이다.

과거 왕끼리의 전쟁을 억누르는 역할을 해온 로마 교황청 또한 자신들을 추스르기 바빠졌다. 게다가 전쟁에 화약이 쓰이고, 나침반을 사용한 글로벌화로 부의 편중 현상이 이루어졌다. 거기에 인쇄기술이 발달하여 저마다의 언어로 된 성서가 퍼지자 더더욱 수습이 어려운 지경으로 빠져들었다. 마침내 17세기의 30년전쟁(1618~1648년 보헤미아 지역의 프로테스탄트 반란을 계기로 발발하여, 신성 로마제국을 무대로 치열하게 펼쳐진 국제전쟁 • 옮긴이)에 이르면 당시 유럽 인구의 3분의 1이 사망했다고도 한다.

이때를 인간의 이성이 개막된 빛나는 시대였다고 후대의 역사가들이 신화화하기도 했다. 그러나 실제로 전란과 하극상, 글로벌화와 기술혁신으로 그때까지의 질서가 엉망이 된 시대이다. 거기에서 새로운 발상이나 근대적인 발상이 태동되었다 하면 제법 맞아들지만, 새로운 발상이 등장하는 시대는 대체로 불행한 시대이다. 인간은 심각하게 생각하지 않고 살 수 있는 때가 행복한 경우가 많다.

원래 실험을 하지 않으면 알 수 없다든가 자신을 중심으로 세계를 묘사한다는 것은 대단히 불행한 생각이다. 이제 아무것도 믿을 수 없다. 교회도 성서도 기대지 못한다. 믿을 수 있는 것은 자기 자신뿐이다. 이런 생각이 어떻게 행복하겠는가? 회사도 학교도 정부도 믿을 수 없다. 옛날식으로 계속하면 필시 몰락한다. 스스로 최신기술을 취득하여 자신을 중심으로 행동하는 인간만이 생존하는 시대이다. 인간은 이제 이런 시대를 맞이한 것이다.

그러나 여기에서 근대사상이 시작되었다. 교회나 왕에게 복종하며 신분에 따라 지니는 덕을 지키면 세상이 잘 다스려진다는 사고방식은 이제 더 이상 성립하지 않게 되었다. 그때부터 제로에서 시작되는 세계의 존재방식, 인간의 존재방식을 다시 생각해보자는 인물들이 나타났던 것이다.

| 근대적 이성과 데카르트 |

그런 근대사상의 근간이 근대적 이성이라는 발상이다. "나는 생각한다, 고로 존재한다"라는 유명한 명제를 남긴 데카르트가 그 원조라고 평가받는다.

이 말은 조금 설명이 필요하다. 교과서 등에는 흔히 이렇게 설명이 나와 있다. 데카르트는 자신이 왜 존재하는가를 생각했다. 꼬집으면 아프다든지 거울에 모습이 비친다든지 하는 것들은 착각인지도 모른다. 의심을 하기 시작하니 그 무엇도 믿을 수 없게 되었다. 그러나 마지막에 그렇게 생각하는 자신이 존재한다는 것은 의심할 수 없다. 데카르트는 그런 결론에 도달했다. 그러므로 "나는 생각한다, 고로 존재한다"라는 명제를 남겼다는 것이다.

알 듯 모를 듯 고개가 갸우뚱거려지는 이야기이다. 내가 해석한 것을 말하자면, 대략 다음과 같다.

우선 데카르트가 무엇이든 의심했던 것은 종교전쟁의 시대, 과거의 가치관이 무엇 하나 믿을 수 없게 된 시대를 배경으로 하고 있음을 전제해야 한다.

데카르트는 프랑스에서 태어나지만, 그가 살던 시대는 30년전쟁 때였다. 그는 독일에서 전쟁에 참가한 뒤 비교적 평온했던 네덜란드로 옮겨가 살다가, 마지막에는 스웨덴에서 죽었다. 그러나 네덜란드에서 살며 사상을 펼치고 있었을 때에도 종파가 뒤얽힌 전란의 와중이었다. 그리하여 쿠데타나 정변이 잇따르는 가운데 지식인들은 박해를 받아 망명하는 사태도 빈발했다.

그런 배경이 그의 저작에는 전혀 적혀 있지 않은데, 경솔하게 그런 구체적인 사항을 적었다간 박해를 받거나 국외추방을 당할지도 모르는 시대였던 것이다. 그런 상황을 맞아 무언가 확신을 가질 수 있는 것, 무언가 확실한 것을 소망하는 마음이 데카르트의 마음 밑바닥에 있었다고 여겨진다.

원래 데카르트는 자신뿐만 아니라, 이 세상의 모든 것이 그 자체로는 분명하게 존재를 확인할 수 없다고 생각했다. 그는 젊을 때 군대에 복무하며 위험에 처해보기도 했고, 전란이 한창 벌어지는 와중에 유럽 각지를 여행하기도 했다. 그러는 가운데, 세상에는 갖가지 관습이 있지만 그런 것들은 결국 쉽사리 바뀌는 우연의 산물에 불과함을 깨달았다. 모든 것은 한마디로 제행무상諸行無常이라 보았다고나 할까.

그럼 이쯤에서 "나는 생각한다, 고로 존재한다"로 돌아가보자.

'나'라는 것이 확실하게 있다는 감각을 알게 되는 것은 어떤 때일까. 인간은 마시거나 먹거나 할 때 즐거움을 느끼지만 그것만으로는 부족하다. 감각의 기쁨이란 결국 자기를 뒷받침해주지는 못한다. 그러면 어떤 때에 '내가 있다'

라고 느낄 수 있을까? 그것은 '당신과 함께 있을 때'와 같은, 자기를 초월한 것과 접속되어 있을 때이다. 그러나 이 세상의 '당신'이라든가 '모두' 같은 것은 변전變轉하기 쉬운 것이다. '한때 당신은 내게 축복을 안겨주었지만, 지금의 당신은 나를 괴롭힐 뿐'인 경우도 있다. 그때의 '당신'은 특정 개인일 수도 반려동물일 수도 있고, 회사일 수도, 가족일 수도, 지역사회일 수도 있다. 상대가 변전해가므로, 한순간 이외에는 '나'를 떠받칠 수 없다.

심하게 말하자면 '나'가 존재하는 것은 '당신'이나 '모두'와 다르기 때문이라는 발상으로까지 도달한다. 타인과 다른 것을 생각하고, 타인과 다른 것을 행하며, 타인과 다른 옷을 입고, 타인보다 높은 지위에 오르고, 그것이 나의 '개성'이라고 이해하는 것이다. 그렇게 생각할 수 있는 것은 물론 한때일 뿐이다. 타인이 변전해가면 '나' 또한 흔들리기 때문이다. 그러므로 발판이 흔들흔들하는 듯해 어디를 가나 결코 안정을 얻을 수 없다.

그렇다면 어떻게 해야 좋은가? 접속하는 상대가 영원히 바뀌지 않는 것, 그것 자체가 확실한 '실재實在'라면 좋을 것이다. 즉, '신'과 접속하는 것이다. 데카르트는 초기의 저작인 『정신지도의 규칙』에서는 자신은 모든 것에 대해 의심하지만 "나는 존재한다, 고로 신은 존재한다"라고 써놓았다. '나'라는 것이 존재하는 이상, 그것을 떠받쳐주고 있는 신이 실재하지 않으면 안 된다는 것이다.

그러면 여기에서 왜 "나는 생각한다, 고로 존재한다"로 가게 된 것일까?

| 수학과 근대적 주체 |

우선 데카르트는 감각으로 파악하는 것은 믿을 수 없다고 생각했다.

그런 것은 제행무상인 이 세상에서 자기 존재의 발판이 되어주지 못한다.

그리하여 데카르트는 초기 노트에서 "사물 속에는 단 하나 활동력만이 존재한다. 즉, (신의) 사랑이며, 자비이며, 조화이다."라고 써놓았다. 즉, 신이야말로 실재이며, 이 세상에 나타나는 것은 신이 숨결을 불어넣은 은총에 의해 존재하고 있을 뿐이라고 했다. 그러므로 '내가 존재한다'라는 것은 은총을 부여해 이 세상에 존재하게 해준 신이 실재함을 의미한다는 것이다.

아니, 그렇다면 그것은 중세와 아무런 차이가 없는 것 아닌가? 하지만 여기서부터가 획기적이었다. 데카르트가 산 시대는 가톨릭과 프로테스탄트 종파가 성서의 해석을 두고 다툼을 벌이던 시대였다. 성서에 적힌 문장을 통해서는 더 이상 신의 실재에 도달하는 유일무이한 길을 찾기가 불가능한 지경에 접어들어 있었다.

그런 와중에 데카르트가 들고 나온 것이 수학이었다. 문장의 해석이야 사람에 따라 다르겠지만, 수식과 기하학의 해석은 유일무이하다. 감각에 휘둘리지 않고, 문화나 종파 또한 뛰어넘기 때문에 영원히 흔들리지 않는다.

최근에는 영어가 세계 공용어라고들 하는데, 수식이야말로 역사적인 세계 공용어였다. 수학자의 세계는 영어실력과는 관계없는 보편세계이다. 가톨릭은 본래 '보편'이라는 의미를 가졌는데, 곳곳에 서 있는 교회나 라틴어로 쓰인 성서보다 수식이 훨씬 더 보편적이다.

데카르트는 수도원 학교에서 중세철학을 배웠는데, 수학의 명료함에 흠뻑 빠져들었다고 한다. 좀 거칠게 표현하자면, 그가 하고자 했던 일은 수식으로 성서의 주석을 달기 위한 작업이었다고 할 수 있을지도 모른다.

이런 사고방식은 과학자들 사이에서라면 상당히 일반적이다. 유명한 물리학자 스티븐 호킹은 자신은 인격신을 믿지 않지만 우주에는 보편적인 법칙이 존재함을 믿는다고 밝힌 바 있다. 물론 그가 말한 '법'은 수식으로 쓰인다. 아인슈타인은 양자역학을 인정하지 않았는데, 그 이유로 든 것이 재미있다. 자연계는 단순하게 이루어져 있어 단순한 수식으로 쓰인 법칙을 따르게 마련이라고 했던 것이다.

현대의 경제학자들 또한 '우아하며 단순한 수식으로 경제법칙을 쓰고 싶다'라는 희망을 피력한다. 왜 아름다운 수식이어야만 하는가에 대한 이유는 물론 밝히지 않는다. 일종의 신앙이라고도 볼 수 있을 듯하다.

그러면 수학은 왜 유일무이한 확신을 누구에게나 줄 수 있단 말인가? 데카르트는 『방법서설』에서 신이 창조한 세상의 질서에 관한 법칙의 관념을 신께서 우리의 정신 속에 확실하게 새겨놓았기 때문이라고 주장했다. 이는 기본적으로 플라톤의 생각과 같은데, 인간은 이 세상에 태어나기 전에 이데아의 관념이 새겨져 있으므로 미혹만 걷어내면 세상의 본질을 파악하는 힘을 갖추고 있다는 뜻이다.

그러므로 감각으로 파악되는 것들은 떼어내고 본질만이 적힌 수학을 보면, 누구라도 유일무이한 확신에 이르게 된다. 원래 수학이라는 것은 감각을 떼어낸 본질을 표현한 것으로 여겼다는 점에 관해서는 앞 장에서 설명한 바 있다.

이렇게 세상을 파악하는 것이 이성이다. 물론 그 이성을 누가 부여해주는가 하면, 바로 신이다. 그러므로 내가 이성을 행사하여 이 세상을 파악한다는 것은 신과 접속되어 있는 것과 마찬가지이다. 그로써 흔들림 없는 확신을 얻을 수가 있으므로 '나는 존재한다'가 성립된다. "나는 생각한다, 고로 존재한다'"에는 대체로 이런 뜻이 담겨 있다는 것이 내 생각이다.

이런 이성에 의해 보편적인 '법'을 파악할 수 있는 사람이 근대적인 주체이다. 이런 사람은 타인이 자신에 대해서 어떻게 생각하든, 홀로 행동을 취하든, 정부의 법률에 거스르는 것이든 일체 두려워하지 않는다. 설령 주위의 모든 사람들이 적으로 돌아서고, 국외추방을 당한다 해도 자신은 신과 연결되어 있다. 굳이 현세의 정부가 정한 법률에 복종하지 않아도 자신의 행동은 보편적인 법에 근거한 시민의 불복종이기 때문이다.

그리고 그 보편적인 법은 삼각형이 세계 어디에서나 삼각형인 것처럼, 이성을 동원하면 누구나 알 수 있는 것이어서 결코 고립되는 일이 없다. 법에 비춰 올바른 행동을 하면, 틀림없이 전 세계에서 공명이 이루어지게 마련이다. 최종적으로는, 지금은 감각에 휘둘려 적이 되어 있는 사람도 자신이 올바름을 알아차리게 되어 있다. 그러한 법에 근거하여 사람들과 연대하여 사회를 만드는 것이 가능하다. 그런 확신이 있기 때문에 강한 것이다.

자신감이 넘치는 것처럼 보일지 모르겠으나, 결코 '자기 자신'이라는 하찮은 것을 믿고 있기 때문이 아니다. '신'이라 해도 좋고, '이理'라 해도 좋은, 바로 그것이 '우리'와 함께 있다고 믿을 때 생겨나는 강인함이다. 변질되기 쉬운 일시적 감정이 아니다. 정치를 논하는 경우 이상적인 모델로 여겨지는 '근대적 시민'이란 바로 이런 느낌일 것이다.

이런 논리를 밀고 나가면 마을이나 신분이나 종교에 근거한 '우리'가 붕괴되어도 두려울 것이 없다. 보편적인 '법'에 눈뜨면, 언제라도 인간들은 그것을 공유하는 '우리'임을 알 수 있기 때문이다. 나중에 서술하겠지만, 바로 여기에서 '법'에 근거한 '우리', 근대국가의 기초개념이 발생하게 된다.

반면에 데카르트는 근대적 이성을 갖춘 만능형 인간이라는 개념을 만들어, 자연을 지배하는 오만한 근대인의 원조라는 평가도 아울러 받고 있다. 분명히 데카르트는 인간에게는 이성이 있지만, 동물은 반응과 반사라는 필연의 세계에 살고 있어 마치 기계와 같은 존재에 지나지 않는다는 주장을 펴기도 했다.

그러나 데카르트가 살았던 시대는, 재해와 기근 따위를 몰고 오는 자연 앞에서 인간은 무력하기만 했고, 게다가 인간들끼리 종교전쟁을 치르느라 여념이 없던 시대였다. 데카르트는 인간들끼리 싸우기보다 자연을 정복하여 평화롭고 풍요로운 생활을 누려야 한다고 생각했던 것 같다. 그런 생각 아래 감각으로 파악할 수 있는 이 세계의 모든 것, 즉 제행무상인 모든 것을 의심하며 오로지 명석하고 확실한 것이 무엇인가를 탐구한 데카르트의 자세에서 일종의 기도와도 같은 염원을 느끼는 것은 단지 나만의 생각일까?

| 뉴턴과 연금술 |

이렇게 생각하면 근대과학은 종교와 대립하여, 또는 종교와 분리하여 나온 것이라는 주장은 다소 일면적인 것임을 알 수 있다.

데카르트(뿐만은 아니지만)는 수식과 기하학이 이 세상을 파악하는 언어라고 인식했다. 그는 물체의 운동의 법칙에 대해서도 글을 썼지만, 그것을 단순한 수식으로 표현해낸 인물이 뉴턴이었다. 그러나 뉴턴 또한 사실은 종교연구와 연금술에 아주 열심이었던 인물이다. 이는 모순이 아닌가, 역시 뉴턴 또한 중세의 인물에 지나지 않았던 것은 아닌가, 하고 평가하는 사람도 있다. 그러나 나는 뉴턴 물리학과 연금술은 어떤 의미에서 닮았다고 생각한다.

우선 연금술부터 설명하겠다. 인간이 금을 소중히 받드는 이유에 대해서는 여러 설이 있다. 그중 한 가지로 금은 화학적으로 변질되기 어려운 안정된 물질이기 때문이라는 설이 있다. 다이아몬드도 그렇지만, 녹이 슬거나 썩지 않는다. 영원히 빛을 잃지 않는다. 그러므로 화폐로 쓰기 용이하다는 것이다.

그러나 영원히 안정되어 있는 것은 화폐로서의 사용 여부 이전에, 인간을 확 끌어 잡아당기는 무언가가 있다. 이 세상에 속한 물질임에도 불구하고 변질되지 않고 빛을 잃지 않는다. 불멸의 존재이다. 태곳적부터 존재했고, 향후 나는 늙어 죽어도 그것은 남아 있을 것이다.

금이 아니어도 태곳적부터 여기에 있었을 거대한 나무라든가 인간의 접근을 거부하는 험한 산 같은 것 또한 인간에게 경외심을 불러일으킨다. 이를 베어내거나 더럽힌다면, 곧 영원불멸의 모습을 변질시키려 한다면 사람들은 신성한 영역을 침범당했다고 인식한다. 이들 존재야말로 영원한 신의 숨결이 이 세상에 드러난 것이 아닌가 하고 여기는 셈이다.

그러나 이 세상의 것들은 대부분 썩어 스러진다. 그럼에도 신이 창조한 것인 이상 거기에는 신의 숨결, 즉 '본질'이 깃들어 있을 터이다. 그렇다면 흙덩어리나 돌, 철이나 동으로부터 '본질' 이외의 것들을 제거하고 정련한다면 금의 '본질(정수)'을 추려낼 수 있을 것이다. 그 정수야말로 이 세상의 물질 가운데 하나에 지나지 않는 금을 영원불명하게 만들어준다. 그러므로 그것을 복용하면 인간 또한 불로불사에 이른다. 이것이 연금술의 기본적인 생각이었다.

이것이 어떻게 뉴턴 물리학과 닮았단 말인가? 내 나름의 생각으로는 이렇다.

뉴턴은 나무에서 사과가 떨어지는 것을 보고 만유인력을 발견했다는 전설이 있다. 이것은 실험과 관찰로 법칙(보편적인 '법')을 발견한 것처럼 보인다. 그러나 실제로 보이는 것은 사과가 나무에서 떨어진다는, 이 세상의 흔하디흔한 현상일 뿐이다. 만유인력이라는 이상한 개념은 눈에 보이지 않는다. 그것을 '발견'하기 위해서는 이 세상의 현상 저 너머에 있는 본질적인 것을 간파해야만 한다.

또 '실험하면 법칙을 알 수 있다'라는 말은 어떤 의미에서 거짓말이다. 사과가 나무에서 떨어진다는 현상을 예로 들자. 그 실험을 100번 했을 때 100번 떨어진다고 말할 수 있다. 그러나 101번째에는 위로 솟구칠지도 모른다. 어떤 보증도 할 수 없는 것이다. 다만 100번째까지 행한 실험 결과로부터 추론컨대 그 이후에 대해서도 그러리라고 믿는다고 말할 수 있을 따름이다. 이제까지 아무도 본 적이 없지만, 혹시 내일이라면 그런 일이 벌어질지도 모른다. 아버지가 매일처럼 같은 전철을 타고 회사를 다녔는데, 똑같은 방식으로 출근한 어느 날 흔적도 없이 회사가 사라졌다! 이런 종류의 사건은 우리 주변에 흔히 있을 수 있는 이야기이다.

데카르트였다면 그런 감각에 의존하는 것은 믿을 수 없다고 배척해버릴 것이다. 실제로 데카르트가 기하학을 믿은 까닭은 기하학의 정리를 증명하는 작업에 실험 따위는 필요 없었기 때문이다.

또 실험을 해도 결과는 매번 미묘한 차이를 보인다. 학교에서 행하는 물리 수업에서 물체를 굴려 뉴턴의 관성의 법칙, 즉 물체는 영원히 '등속직선운동'을 한다는 법칙을 확인해보라는 실험을 해본 사람은 누구나 알겠지만, 절대로 법칙대로 되지를 않는다. 현실 세계에서는 마찰이나 공기의 저항처럼 본질적이지 않은 것이 뒤섞여 있기 때문에, 수식대로 결과가 나오지 않는다고 설명한다. 그러므로 대학입시의 물리 과목에서 내놓는 문제의 말미에는 "단, 마찰은 없는 것으로 간주한다" 등의 조건절이 붙는다.

그러나 마찰이 없는 세계는 현실적으로 존재하지 않는다. 존재한다면, 그것은 천상계이다. 혹성이나 인공위성은 뉴턴 역학의 수식대로 움직인다. 그러므로 수식에 맞춰 궤도를 계산해 적용하면, 저 광대한 우주공간 속에서 인공위성을 소혹성에 착륙시킬 수 있다. 그런 결과를 지상의 세계에서는 얻을 수 없다. 원자력발전소의 경우 지상계에서는 계산 밖의 사고가 발생하기도 하지만, 천상계라면 그런 사고는 일어나지 않을 것이다.

뉴턴 역학의 전제는 '질점material point'이다. 물체는 제각각 크기, 모양, 색을 가지고 있다. 그러나 물체에는 그런 표면적인 것을 뛰어넘는 '질량'이라는 영원불멸의 본질이 있다. 불에 타 재가 되어버려도, 썩어서 스러져도 질량은 변하지 않는다(질량보존의 법칙). 이것이야말로 물체의 본질이다. 그러므로 색이나 냄새나 크기처럼 감각으로 파악할 수 있는 것은 전부 무시하자. 그리고 물체는 질량을 가지는 점이라고 생각하자. 여기에서 말하는 점이란 기학학적인 것으로 넓이도 크기도 모습도 없다. 그러므로 마찰이나 공기저항도 없다. 본질인 질량은 숫자로 나타낼 수 있기 때문에, 그 운동으로 이 세상을 보면 수식으로 질서를 드러낼 수 있다.

이는 모습과 크기 따위의 불순물을 제거하면, 신이 창조한 '본질', 즉 영원불멸의 것을 추려낼 수 있다는 의미이다. 운동량보존의 법칙이나 관성의 법칙은 모두 영원불멸한다.

| 수식으로 쓰인 본질의 운동 |

뉴턴 역학은 대단히 단순한 수식으로 만들어진다. 뉴턴에 따르면 자연계의 참된 운동은 대단히 단순하기 때문에, 감각으로 파악할 수 있는 '외관상의 운동'이 보여주는 복잡함에 현혹되어서는 안 된다.

그리고 뉴턴은 물체의 본질인 '질량'에 만유인력을 비롯한 '힘'이 더해짐으로써 이 세상에 운동이나 무게가 드러난다고 간주하고, 이 법칙을 수식으로 썼다. 질량은 감각으로는 파악하지 못하지만, '힘'이 더해져 나타나는 무게와 운동은 감각으로 파악할 수 있다.

사실 관성이나 운동량이 변하지 않음은 데카르트가 이미 생각해낸 것이다. 그리고 데카르트는 앞서 설명한 바와 같이 "사물 속에는 단 하나의 활동력만 이 존재한다. 즉, (신의) 사랑이며, 자비이며, 조화이다."라고 썼다. 이렇게 되면 물체의 본질에 작용하여 세계를 움직이는 '만유인력'이라는 것이 도대체 어디에서 나온 발상인가를 엿볼 수 있게 해준다.

이러한 발상형태는 물리학을 본떠 만들어진 근대경제학에서도 마찬가지로 나타난다. 경제학에서는 호모 에코노미쿠스homo economicus라는 관념이 있다. 이기적인 효용의 증대(예를 들어 화폐 획득)만을 목적으로 삼되 다른 목적을 일체 지니지 않으며, 항상 정보를 취득하며 합리적으로 행동하는 인간이다. 얼굴을 잘 알고 지내는 야채가게보다 더 값싸게 파는 집이 있으면, 이동 비용만 적게 든다면 3킬로미터 떨어진 슈퍼마켓까지 쇼핑을 하러 가고, 24시간 내내 정보수집과 경제활동을 지속한다.

호모 에코노미쿠스는 실재하지 않는다. 이런 인간만으로 세계가 구성된다면, 세상은 아마도 경제이론대로 움직일 것이다. 인간이 18세에 태어나 35세에 죽고, 화폐를 수중에 넣기 위해 일체의 사랑이나 정 따위에 현혹되지 않고, 태어나서 죽을 때까지 경제상식과 정보수집 및 계산능력을 갖추고, 임신이나 출산 따위도 하지 않고, 오로지 돈벌이에만 매달린다면, 어쩌면 그런 세계가 가능할지도 모른다.

물론 이런 설정에 대해서는 경제학계 내부에서도 비판이 거세다. 이런 이론을 토대로 현실세계에서 정책을 짜면 필시 실패를 겪게 마련이다. 그러므로 '싫증'이나 '정보격차' 등의 개념을 살린 경제학 이론도 존재한다. 그렇지만 "나의 이론에 근거한 정책이 제대로 돌아가지 않는 까닭은 정부가 쓸데없는 개입을 하거나, 기업이나 소비자가 합리적인 행동을 하지 않기 때문이다."라고 발언하는 경제학자도 적지 않다.

　그럼에도 경제학은 화폐라는 수식으로 표현할 수 있는 '본질'을 대상으로 삼기 때문에 그나마 낫다. 정치학의 한 분야에서는 오로지 정책목적만을 추구하고 그렇기 때문에 합리적으로 행동하는 '액터actor(행위자)'라는 개념이 존재하는데, 경제학 이상으로 현실이 이론대로 작동하지 않는다.

| 근대과학에 있어서의 공개와 대화 |

　여기서 근대과학의 양면성이라는 문제가 등장한다. 하나는 실험을 하면 안다는 측면이다. 또 하나는 실험보다 이성과 수식으로 세계를 파악해야 한다고 보는 측면이다. 이 두 측면은 어떻게 어우러져 있었던 것일까?

　이성과 수식으로 세계를 파악할 수 있다는 생각은, 인간은 신에게서 이성을 부여받아 신의 말을 수식으로 쓸 수 있다는 신념에 기초해 있다. 이것이 생각대로 이루어지면, 과학자는 철인왕이 될 수 있다.

　그러나 실제에 있어 인간은 필연적으로 불완전하다. 타인이 도출한 법칙과 상이한 실험결과가 나왔다고 하자. 그런 경우 근대세계에서 "그 결과는 네가 틀렸다."라는 말은 통용되지 않는다. 아무리 신념에 차서 그렇게 말을 한다 해도 이제 근대의 주체인 상대방은 쉽사리 받아들이지 않는다. 신에게서 이성을 부여받은 존재가 인간이고 그렇다면 나에게도 이성이 있다. 그러므로 나 또한 스스로 실험하고 스스로 인쇄된 성서를 읽었다며 나서는 사람들을 납득시키지 못하는 것이다. 교황청에서조차 진리를 독점하며 이단을 진압할 수 없게 된 시대이다.

　그런 까닭에 과학의 영역에서 정착되어나간 것이 비판적인 대화이다. 대화는 다이얼로그dialogue라 하는데, 이것은 플라톤이 중시한 문답법을 가리키는 그리스어가 어원이다. 30세의 철인왕 후보는 아직 불완전하기 때문에 잘못된 관점을 가질지도 모른다. 그러므로 문답법을 통해 상호의 미혹을 걷어내고 본질에 도달하고자 하는 것이다.

문답법은 웅변술rhetoric과는 다르다. 웅변술은 상대방을 설득하거나 논쟁에서 승리를 거두거나 민회 참가자들을 열광케 함으로써 자신의 의견을 관철시키기 위한 기술이다. 그것이 진리인가 아닌가는 검증되지 않는다. 그에 비해 문답법은 대화와 토론에 의해 상호 간의 억견臆見, doxa을 넘어선 진리에 도달하는 것이다.

그렇게 하기 위해 필요한 것이 공개의 원칙이다. 실험을 행해 법칙을 도출한 사람은 반드시 실험을 어떤 수순으로 진행했는지 공개하여, 타인이 같은 방법으로 같은 결과를 얻을 수 있는지에 관한 검증을 받아야 한다. 앞서 나온 결과에 들어맞지 않는 관찰내용이나 실험결과가 나오면, 대화를 행해 상호 간의 미혹을 걷어내고 본질에 도달해야 한다.

그러므로 과학 논문에는 반드시 실험 수순이 적혀 있어야만 한다. 비판과 토론과 대화의 경과 또한 공개적인 문서로 남김으로써, 동시대와 후대 사람들이 검증 가능하도록 해야 한다. 상대방이 프로테스탄트이건 가톨릭이건 가난뱅이이건 간에 대화에 있어서만큼은 대등해야 한다.

그러나 인간은 때때로 자신이 전능하다며 문외한이 뭘 알겠느냐고 생각하기 일쑤이다. 이론은 정확하므로 실험상 약간의 예외가 나와도, 그것이 상대방의 착각이라고 일축한다. 실험의 수순 및 토론 내용은 공개하지 않는다. 원래 '공公'이란 왕가를 섬기는 자신들의 일로서, 민중 따위가 제멋대로 그 자리에 들어와서는 안 된다. 민중은 어차피 논문 같은 것을 읽을 수 없으므로, 자신들이 쉽게 알아들을 수 있도록 설명해주면 그만이다. 거기에 이의를 달고, 자신들이 쓴 논문에 대해 멋대로 해석을 가하는 전문가는 이단심문에 처해버리면 된다. 이런 행동양식을 보이는 '학계'가 현대에도 존재하지만, 이는 교황청의 논리라고 할 수는 있어도 근대과학의 원칙과는 반대된다.

| 근대과학에서 정치사상으로 |

근대적 이성으로부터 근대과학이 나타난 것과 병행하여 새로운 정치사상이 출현한다. 곧 근대국가론의 원형이 된 사회계약론이다.

사회계약론으로 유명한 인물은 17세기 영국의 사상가인 홉스1588~1679년와 로크1632~1704년이다. 두 사람의 공통된 점은 이성을 지닌 인간이 계약을 통해 권력(내지 사회질서)을 만들어 자연법을 지킨다는 생각이다.

홉스는 원래 정치론만을 전개할 생각이 없었다. 그는 유럽 대륙을 여행하며 기하학에 빠져들어 데카르트와 갈릴레오와도 만났다. 그가 세운 구상으로는 우선 물체론, 그리고 인간론, 마지막으로 정치론을 집필할 예정이었다. 그러나 당시의 퓨리턴 혁명 등의 정변에 휘말려 정치론(『시민론』)만을 우선적으로 완성했다. 그 뒤 얼마 지나 역시 정치를 다룬 주저主著 『리바이어던』을 지었다.

홉스의 기본적인 생각은 이렇다. 이 세상은 모두 물체의 운행과 원인·결과 관계로 환원될 수 있다. 인간의 행위 또한 마찬가지이다. 그러므로 정치체제도 그 생각 아래 논할 수 있다. 그렇다면 그는 어떤 식으로 정치를 논했을까?

홉스는 우선 '자연상태'라는 것을 설정한다. 그 상태에서 인간은 정치나 국가를 갖고 있지 않다.

이것은 획기적인 생각이었다. 대체로 정치를 논하는 사람은 '왜 정부의 명령에 복종하지 않으면 안 되는가?', '왜 국가가 필요한 것인가?' 등의 문제를 천착하지 않는다. '옛날부터 그렇게 되어 있는 것이니까', '국가란 가족과 같은 것이니까', 혹은 '신이 그렇게 정해놓았으므로' 등의 말로 마감하며 사고는 그 지점에 멈춰버린다. 경우에 따라 '그런 문제를 제기하면 세상이 제대로 돌아가지 않으므로'라는 생각도 내비치는데, '그래, 그렇다면 왜 제대로 돌아가지 않는가?'라는 질문에는 답해주지 않는다. 그 점을 파고든 사람이 바로 홉스였다.

우선 홉스는 인간에게는 생명을 지키는 '자연권'이 있고, 그것은 부정할 수 없다고 한다. 그런 자연상태에서 인간은 감각을 근거로 행동한다고 간주한다.

그리하여 인간은 자신의 감각으로 생존하는 데 유리한 것을 '선good'(플라톤의 '선과는 다름)으로 간주하며, 선을 획득하기 위한 수단으로서 부와 권력을 추구한다. 그러나 이러한 '선'은 결국 감각에 근거한 것에 지나지 않으므로, 아무래도 사람에 따라 달라지게 마련이다. 그러므로 모두가 공유할 수 있는 '공통선共通善'은 존재하지 않는다. 그렇게 되면 싸움이 끊이지 않게 된다.

게다가 홉스에 따르면, 인간의 심신능력에는 그다지 차이가 없다. 호모 에코노미쿠스가 타고난 능력이나 성별의 차이가 없이 화폐를 추구할 뿐인 존재인 것과 마찬가지로, 홉스가 가정한 인간 역시 능력의 차이가 없으며 생존에 도움 되는 '선'을 추구할 뿐인 존재이다.

중세까지는 '기사는 농민을 이기고, 농민은 기사를 따르도록 신이 세상의 질서를 부여했으므로 신의 법을 지키게 되면 이 세상에 혼란은 없다'라는 사고방식이 통용되었다. 그런데 농민이 철포로 기사를 때려눕히는 전란과 혁명의 시대에 태어난 홉스는 그런 사고방식을 지니지 않았다. 인간은 평등하다는 것이다. 게다가 중세처럼 교황청이 인정한 공통선을 모두가 따르라는 사고방식도 더 이상 유효하지 않았다.

여기에 홉스가 근대적인 사상가로 대접받는 이유가 있다. 데카르트 또한 왕에게는 이성이 있지만 농민에게는 그것이 없다고 말하지 않았다. 뉴턴은 형태나 감촉 따위는 무시해도 좋으며, 질량이라는 본질만으로 환원하면 법칙을 간파할 수 있다고 생각했다. 그와 마찬가지로 홉스는 '선'을 추구하는 것이 인간의 본질이므로 신분이라든가 성별은 무시해도 좋으며, 그렇게 하면 인간세계의 법칙을 알아낼 수 있다고 생각했다. 말하자면 홉스는 '호모 에코노미쿠스'의 원조에 해당하는 생각을 만들어낸 것이다.

그런데 문제는 인간이 평등하여 농민이 기사를 이길 수 있게 되면, 시간이 아무리 지나도 승부가 나지 않는다는 점이다. 그렇다고 인간의 생명을 유지하는 권리는 자연법이므로, 그것을 부정하며 얌전히 죽음을 맞이하고 생존에 도움이 되는 '선'의 추구를 당장 멈추라고 말할 수는 없는 노릇이다.

홉스의 이러한 정의를 통해 물체운동에 통용되는 뉴턴 역학과 마찬가지로, 자연상태에 통용되는 인간계의 법칙을 이끌어낼 수 있다. 인간들의 영원한 물체운동, 영원한 투쟁이 계속되는 것이다. 자연권을 인정하고 인간의 평등을 인정하는 한, 이를 멈추게 할 수 없다. 이를 홉스는 '만인의 만인에 대한 투쟁'이라고 지칭했다.

홉스가 태어난 시대의 영국 또한 퓨리턴 혁명으로부터 왕정복고, 그리고 명예혁명에 이르는 전란과 혁명의 시대였다. 그는 퓨리턴 혁명의 정변으로 파리로 달아나, 생명의 위기에 직면하기도 했고, 인간계의 온갖 부정과 어리석은 행동을 두루 목격했다고 나중에 회고한 바 있다. 생명을 지키는 것은 자연권이고, 그것을 인정하면 싸움이 종식되지 않는다는 그의 사상은 이러한 경험에서 태어났다고 여겨진다.

| 계약으로 사회를 만든다 |

그러면 어떻게 하면 좋겠는가? 홉스가 내놓은 대답은 모든 인간이 감각을 뛰어넘는 이성을 통해 자연법, 즉 인간계의 법칙을 제대로 인식하면 된다고 했다. 그럴 경우 영원한 투쟁이 지속되어 결국 모두가 공멸하게 될 것임을 알 수 있다.

바로 그렇게 된 시점에서 전원이 일단 자연권을 방기放棄하고, 싸움을 멈춘다. 그리고 자신들의 자연권, 즉 생명의 안전을 지키기 위해 인공적인 권력을 만드는 계약을 체결한다. 투쟁의 씨앗이 되므로 권력에 저항하는 권리는 인정되지 않는다. 이리하여 인간이 자유롭고 평등하다는 것을 전제로 삼을 때 권력을 지닌 정치체제를 만들지 않으면 안 된다는 결론이 논리적으로 도출된다.

다만 홉스가 생각한 정치체제는 어디까지나 인공적 산물로서, 자연권을 지켜주지 않으면 계약해제도 가능하다. 또한 전원의 투쟁을 종식시키기 위한 무시무시한 것이기 때문에 '리바이어던'이라는 괴물의 이름을 붙여주었다. 애국심을 가졌다든지 마음의 고향 같은 느낌을 주는 존재가 아니다. '국가'로 번역되는 경우도 있지만, 원어는 '코먼웰스Commonwealth'이므로, 말하자면 '공공의 복지'라든가 '공공재'이다. '공통의 선한 목적을 위해 만들어진 단체'라고 할 만한 뉘앙스를 품고 있고, 라틴어의 공공체res publica, 즉 '공화국republic'에 가까운 의미이다.

홉스의 이런 생각은 근대 정치사상의 원조라고 평가받는다. 자유롭고 평등한 개인이 이성적인 계약으로 국가를 만든다는 사고방식을 순 논리적으로 처음 제창했기 때문이다. 중세 신분제의 공동체라는 '우리'가 붕괴한 뒤 새로이 '우리'를 만든 사상이라고 말해도 좋을지 모르겠다.

로크의 경우도 기본적인 사고방식은 그다지 다르지 않다. 다만 홉스와 다른 점은 저항권을 인정했다는 것이다.

왜냐하면 홉스의 경우 자연상태에서는 자연법이 작동하지 않지만, 로크는 자연상태에서도 자연법이 작동한다고 보았고, 그런 만큼 자연상태에서도 인간은 조화할 수 있다고 생각했기 때문이다. 또한 로크가 말하는 자연권은 생명유지뿐만 아니라, 땀 흘리고 일하며 개척한 농지 등의 소유권도 포함되며, 자연권을 인정하는 이성은 인간에게 애초부터 존재한다.

그러나 그 자연상태 또한 화폐경제에 의해 욕망이 무제한적으로 펼쳐지면 조정이 되지 않게 된다. 농산물은 썩어버리기 때문에 누구도 무한히 소유하려 들지 않았지만, 화폐가 도입되자 그것이 무너진다. 그렇게 되자 자연법을 지키는 질서가 필요해졌다. 또한 외적에 대항할 필요도 있다. 그것을 위해 계약을 통해 정부를 만들지만, 홉스보다 계약해제가 간단하며 저항권이나 혁명권 또한 인정된다. 소유권을 지키기 위해 정부가 존재하는 것이므로, 만일 정부가 부당한 재산침해를 하면 물론 저항할 수 있다. 또한 행정부와 입법부를 분리시켜 권력을 제한하는 것도 고려했다.

홉스와 로크의 공통점은 무엇일까? 그것은 중세질서가 무너져 모든 인간이 뿔뿔이 흩어져가는 가운데, 개개인의 계약을 통해 국가를 만드는 것을 생각해낸 것이라 하겠다. 로크에 따르면 '국가Commonwealth(라틴어판에서는 Respublica)란 사람들이 단지 자신의 시민적 이익Civil Interest을 확보하고, 지키며, 증진하는 것만을 위해 만든 사회'(『관용에 대한 서신』)이다. 사회는 '존재하는 것'이 아니라 '만드는 것'이라고 간주했다.

홉스에게 있어서도 국가는 권리를 지키기 위한 인공장치였고, 그 이상의 것이 아니었다. 계약해제의 권리도 인정되며, 로크의 경우에 저항권을 인정하고 권력분립도 생각했기 때문에, 근대 자유주의의 원조라고도 불린다.

또한 동시에 홉스의 생각은 감각으로 파악할 수 있는 것을 버리고 이성으로 '법'을 감지하여 서로 계약을 맺으면, 이 세상의 필연을 넘어선 구원의 나라에 다다를 수 있다는 논법이기도 하다. 여기에서의 국가는 서로가 계약으로 참가하는 교단 같은 것이라고 생각하는 편이 좋을지도 모르겠다.

예를 들어 미국이라는 나라는 메이플라워호를 타고 신대륙으로 건너간 교단의 구성원들이 맹약을 맺은 데서 시작된 나라라고 한다. 그러므로 미국의 건국이념에 대한 충성을 맹세하면 누구든지 미국이라는 나라에 참가할 수 있고, 그 나라의 시민이 될 수 있다는 원칙을 취하고 있다. 특히 로크의 사상은 건국선언에 영향을 미쳤다고 평가받는다.

일본에서는 자신들이 합의하여 계약을 통해 국가를 만든다는 생각에 그다지 친숙하지 않다. 미국뿐만 아니라 유럽에서는 국경과 왕조 모두 부단히 변동하고, 대개의 개도국은 독립전쟁을 치르면서 그때마다 체제나 국경이 새로이 편성되기 때문에, 국가는 인공적인 것이라는 감각이 몸에 배어 있는지도 모른다.

그렇지만 일본도 세 차례의 역사적 시기에는 변화가 있었다. 에도 시대, 메이지 이후, 그리고 제2차 세계대전 뒤이다. 그때마다 체제와 국명이 달라졌고, 국경 또한 변동을 겪으며 국가의 범위 또한 바뀌었다. 『고지키古事記』에서 야마토 왕조의 영토로 간주되는 '오야시마大八洲'에는 홋카이도와 오키나와가 들어가 있지 않다. 그러나 거기를 애매하게 해놓은 것이 일본 정부의 교묘한 대처였다고도 할 수 있다. 어쩐지 태곳적부터 자연적으로 존재하고 있는 것이라는 인상을 주기 쉽다.

덧붙여 말하자면 세계 여러 나라들의 국호는 대개 '리퍼블릭', '킹덤', 혹은 '유니언' 같은 명칭이 붙어 있다. 왕이 있는지 없는지, 연방국가인지 중앙집권

인지, 즉 어떤 나라를 만들었는가를 알려주기 위함이다. 대개 국호는 독립, 혁명, 체제변경이 이루어질 때 새로이 만들어진다.

메이지유신으로 만들어진 정권은 '대일본제국'이라는 이름을 붙였다. 에도 시대의 연방제를 없애고, 천황 아래의 중앙집권 국가를 만들겠다는 방침을 정한 것이다. 그러나 전후의 일본 정권은 국호를 '일본국'으로 바꾸었다. 다만 법률로 정해진 국호는 없기 때문에 어떤 나라를 만들었는지 확실하지는 않다. 이런 국명은 중동의 카타르, 1978년 이후의 스페인 등이 있지만 드문 편이다.

| '민주주의의 원조' 루소 |

로크가 근대 자유주의의 원조로 대우받는 데 비해, 18세기 프랑스의 사상가 루소는 근대 민주주의의 원조라고도 불린다. 그리고 루소는 홉스나 로크와는 상당히 다른 '우리'를 만들어내는 방법을 구상했다.

그런데 자유주의와 민주주의는 어디가 어떻게 다른 것일까? 극히 간단히 말하자면, 자유주의는 권력으로부터 자유로운 것이 좋다는 사상이다. 민주주의는 모두 함께 권력을 만드는 것이 좋다는 사상이다.

그러므로 자유주의에서는 권력은 가능한 한 작고, 세금은 되도록 싸고, 사람들이 자유로워지면 좋다. 그러나 완전히 자유로워져 제멋대로가 되면 룰이 없는 투쟁에 치달리고 말아, 결과적으로 자연권을 지킬 수 없게 될지도 모른다. 그런 까닭에 도리 없이 합의를 통해 인공적으로 권력을 만든다.

그러나 그 경우 왕정인가 민주정인가가 필연적인 문제로 떠오르지는 않는다. 권력을 필요최소한으로 만드는 것이 자유주의의 목적이고, 권력의 내용은 그다지 중시되지 않는다. 왕정이든 민주정이든 권력은 필요악에 지나지 않기 때문에, 작기만 하면 더 이상 좋을 것이 없다는 생각이다.

그러나 근대 민주주의에서는 모두가 함께 '우리의 권력'을 만들고, '우리의 의지'가 반영되며 운영되는 것을 목적으로 삼는다. '우리의 권력'이 되면 좋은 것이기 때문에, 커도 좋다. 세금을 많이 거둬도, 규제를 많이 해도, 모든 사람들의 합의 아래 복지정책 등을 실행해주면 좋다고 생각한다.

그러면 근대 민주주의에서는 그런 '우리'가 어떻게 해서 만들어지게 될까? 고대였다면 마을이나 폴리스가 공동체 그 자체이므로, 거기에서 전원참가로 민회를 열면 된다. 그러나 근대에 들어 나라가 커지면, 민회에는 다 모일 수 없다. 루소는 직접민주주의밖에 민주정으로 인정하지 않았지만, 민주정은 가난한 작은 나라에 적합하다고 생각했다. 제3장에서 소개한 스위스의 민회를 생각하면, 당연하다.

그렇다면 대의제로 이끌려가지만, '대표'라는 발상은 루소의 입장에서 볼 때 신분별로 대표가 결정되어 있던 봉건제의 산물이다. 인간이 자유롭고 평등해져, 가장이나 촌장을 대표로 간주하지 않고 집이나 신분 등으로 규정되는 '우리'가 보이지 않게 되면, 그것은 어려워진다. 로크와 홉스는 그렇게 되면 계약을 맺어 국가를 만들면 된다고 서술했다. 그러나 그것은 자연권을 지키기 위한 필요악으로서 만드는 것일 뿐이다. 국가에 애착을 가지는 것 같지도 않고, 자연권을 지킬 수 있으면 가급적 작은 편이 좋다. 민주주의인가 아닌가는 그 다음 문제일 따름이다.

루소가 생각한 것은 그와는 다른 것이었다. 그가 가진 생각은 '우리'가 뿔뿔이 흩어졌을 때 마음으로부터 애착을 가질 수 있는 '우리'를 만들기 위해서는 어떻게 하면 좋은가 하는 문제의식이었다. 그것은 다수결을 택해 숫자가 많은 쪽을 '민의'로 삼는 길밖에 없는 것인가, 그렇다면 '우리의 의지'라고는 말할 수 없지 않은가 하는 문제로도 이어진다. 민주정은 고대부터 존재하지만, 이 문제를 생각한 인물, 곧 루소가 근대 민주주의의 원조라고 불리는 까닭이다.

사실 루소는 스위스 제네바 출신이다. 이곳은 원래 왕이 존재하지 않는 공화제를 통한 민주정을 채택하고 있었다. 그의 아버지는 시계공으로 정치 참가권이 있는 '시민'이었다. 당시 제네바의 인구는 3만 명 정도로, 아테네보다 작은 나라이다. 당연히 루소 또한 스위스의 민주정을 경험했다고 여겨진다.

그러나 그 뒤 스위스의 시골에서 파리로 상경한다. 절대왕정 아래 놓여 있던 파리에서 그가 본 것은, 귀족들이 화려한 살롱 문화를 발달시켜 다양한 표현이 동원되지만 고대 그리스 시민들이 지녔던 공공심, 정치 참가의식을 잃어버리고 있다는 사실이었다. 그리하여 인간이 학문을 발달시킨다 해도 표현만을 그럴듯하게 회칠하는 위선이나 사유재산을 일구려는 불평등만이 만연하고 있다고 간주한다.

그렇다면 고대 시절로 돌아가면 좋을까? 루소는 이제 와서 인간이 원시 시대로는 돌아갈 수 없다고 썼다. 그래서 그는 '우리'를 만들어내는 방법을 생각했다.

루소 또한 사회계약론을 그 수단으로 동원했다. 그러나 그가 말하는 사회계약은 홉스나 로크가 말한 것과는 근본적으로 목적이 다르다. 홉스나 로크는 자연권을 지키는 것이 목적이어서, 계약을 맺어 국가를 만드는 것은 어디까지나 수단이다. 그러나 루소의 경우는 계약할 때 일체의 자연권, 즉 몸도 마음도 재산도 전부 공동체에 양도하여 '울타리'를 만드는 것이 목적이다.

이것은 어떤 의미에서 집단 출가와도 같은 것이다. 개인 소유의 물건은 모두 놔두고 오라는 것이다. 그리하여 '나'라는 것이 모두 사라진 상태가 되면, 공동체로서의 '공통자아'가 생겨난다. 그것이 '일반의지'를 가진다고 설파했다.

이 '일반의지'라는 것은 구성원의 의지의 단순총합인 '전체 의지'와는 다르다. 뒤르켐의 '사회'가 개인의 집합을 초월한 '실재'인 것처럼, 일반의지 또한 개인 의지의 집합을 넘는 '사물事物'이다. 뒤르켐은 사회를 '사물chose'로 다루어야만 한다고 했는데, 루소 또한 일반의지를 '사물chose'로 비유하고 있다.

내 나름으로 비유하자면 이는 합창과 같은 것이라고 말할 수 있을는지 모르겠다. 합창이 제대로 이루어지지 않거나 그저 집합체에 지나지 않을 때에는, 자신과 타인의 개별적인 목소리가 들린다. 그러나 제대로 이루어지면 개별적인 목소리가 녹아들어, 자신이 노래를 부르는지 '우리'가 노래를 부르는지 모르는 상태가 된다. 그것이 일반의지라고 생각하면 이해하기 쉬울지도 모르겠다. 즉, 루소는 근본적으로 음악가였다.

일반의지는 모두의 소리가 하나가 된 상태이므로 분열하면 일반의지가 아니다. 또한 루소에 따르면 당파라는 부분적 결합의 단위로 의지를 만들어도, 그것은 사회 전체 속에서는 특수의지에 지나지 않는다. 그 당파가 수적으로 다수파를 형성한 곳에서 어떤 특수의지가 지배적인 견해가 될 뿐이므로 일반의지는 아니다.

겉모습만 그럴듯하게 꾸며 하나가 되면 된다는 것 또한 허용되지 않는다. 『사회계약론』에서 루소는 다음과 같이 말했다. "일반의지가 보다 잘 표명되기 위해서는 국가 속에서 부분적인 사회가 존재하지 않고, 각 시민이 자기의 의지만을 따라 의견을 펴는 것이 긴요하다." 즉, 의견이 다른 마을이나 정당이 존재해서는 안 되며, 완전하게 자신의 의견을 개진하여 일치하지 않으면 안 된다는 것이다.

물론 무관심 또한 인정되지 않는다. 루소는 누군가가 한번 나랏일에 대하여 "내가 알 게 뭐야?"라는 말을 꺼내기 시작하면, 국가의 운명은 이윽고 끝장난 것이라고 체념해야 한다고 말한다. 합창할 때 한 사람이라도 "내가 알 게 뭐야?"라는 태도를 가진 사람이 있다면, 곧바로 무너지고 만다. 전원이 마음속에서부터 참가하지 않으면 안 된다. 투표만 해치우고 나서는 모두 외면하는 대의제 또한 높이 평가하지 않았다.

즉, 구성원 전원이 이 세상의 '나'를 내던지는 계약을 하면 일반의지라는, 개인의 집합을 넘어선 '우리'를 만든다는 것이다. 이 일반의지가 법을 만들면 정부는 그것을 집행하기만 하면 된다. 이미 궁극적인 민의가 성립되었기 때문이다. 그리하여 시민들은 이렇게 해서 만들어진 '우리나라'를 지키기 위해서라면 모두가 전쟁터로 나아가 한 사람도 달아날 생각을 하지 않는다.

그러나 이것이 실현 가능할까? 루소 또한 어렵다는 것은 인정하며 "민주정이라는 이 정치체제는 통일을 이루기가 어려워서 얼마나 많은 곤란한 것들을 전제로 삼게 되는가? 우선 극히 작은 국가로서 쉽사리 인민을 소집할 수 있고, 각 시민이 서로가 누군지 알 수 있어야 한다. 둘째로 습속이 극히 간소하여 다양한 사무를 처리하거나 성가신 논의를 벌이지 않고 끝낼 수 있어야 한다. 그리고 지위나 재산의 평등이 대체적으로 지켜져야 한다."라고 했다.

분명 스위스의 조그마한 시골의 주라면 어떻게든 가능하겠으나, 사람 수가 많아 복잡한 근대국가에서는 실현이 어렵다고 말하지 않을 수 없다. 현대라면 사람 수가 많아도 인터넷으로 1억 명 동시 채팅 등의 방법도 있을지 모르겠으나, 그것으로 일반의지가 형성될지도 의문이다. 그러므로 루소 또한 "진정한 민주정은 지난날 존재한 적이 없었으며, 앞으로도 결코 존재하지 않을 것이다."라고 했다.

루소의 꿈은 근대 민주주의였던 것일까? 그것이 혹시 파시즘 아닌가 하며 비판하는 사람도 있다. 루소는 일반의지가 형성된 뒤에는 시민들에게 의무를 사랑하도록 지도하는 '시민종교'가 중요하게 되며, 그것을 믿지 못하는 사람은 추방한다고 했다. 또한 일반의지가 제대로 형성되지 않을 경우에는 '신과 같은 입법자'(철인왕에 준하는 능력을 지닌, 합창의 명지휘자와 같은 존재라고 여겨진다)가 법을 강제하여 일반의지를 만들어도 된다고도 했다. 일반의지를 형성하는 것이 목적이므로, 일반의지에 근거하고만 있다면 통치체제에는 그렇게 집착하지 않았던 것 같다.

어쨌든 이러한 루소의 사상이 프랑스 혁명을 이끌어 근대 민주주의의 원조가 되었다는 뜻이다. 분명 프랑스 혁명군은 대단히 용감하고 애국가를 부르며 혁명전쟁을 수행하여, '자유·평등·박애'의 국시를 공립학교에서 가르치는 체제가 그 뒤에 만들어졌다. 현대에도 프랑스는 시민의 정치 참여를 장려하는 국가로서 잘 알려져 있다.

그러나 개개인이 자유롭고 평등하면서 '우리'나 '민의'를 만든다는 것은 대단히 곤란한 것일지도 모른다. 결국 그 뒤의 근대국가의 민주주의는 프랑스를 포함해 대의제가 행해지는 것 이상으로는 나아가지 않았다.

| 애덤 스미스의 경제자유주의 |

루소 이후에 새로운 주제로 등장한 것이 경제와 정치의 관계이다. 정치활동을 위해서 정부는 쓸데없는 개입을 하지 않는 것이 좋고, 권력은 작을수록 좋다는 것이 경제자유주의이다. 이것이 현대 경제학의 주류로 떠오르게 된다.

그 원조가 18세기 영국의 애덤 스미스였다. 여기서 문제는, 그럴 경우 경제적 격차가 발생해 '우리'가 형성되지 못하는 것 아닌가, 싸움이 끊이지 않게 되지 않는가 하는 것이다.

홉스와 로크의 차이를 생각하면 알 수 있는데, 인간이 자연상태, 즉 정부가 없는 상태에서도 전쟁을 벌이지 않는다고 간주한다면, 권력은 작아도 문제가 되지 않는다. 궁극적으로 정부가 필요 없다는 무정부주의로 이어진다. 홉스보다 로크, 로크보다 스미스 쪽이 자연상태에서도 인간은 투쟁을 벌이지 않는다고 생각했다. 그러나 그것은 인간이 현명하고 만능이기 때문에 싸우지 않는다고 생각한 것은 아니다. 스미스는 인간의 이성 능력을 그다지 신뢰하지 않았다. 앞 장에서도 서술한 것처럼 개별적인 인간은 어리석어도 신이 보이지 않는 손으로 이끌어준다는 것이 그의 생각이었다.

스미스에 따르면 '우주의 구성'이나 '모든 사람의 행복' 같은 주제는 "신의 직분이지 인간의 직분이 아니다." 인간에게는 "능력의 한계와 협소한 이해력에 적합하면서도 매우 친숙한 일"이 있으며, 그것은 자신과 가족 등의 행복이라고 언급했다(『도덕정조론』). 그 담당자는 중하층의 생산자, 그중에서도 농민이었다.

왜 스미스가 이처럼 생각하게 된 것일까? 그것은 스코틀랜드 출신의 스미스가 잉글랜드로 유학을 갔을 때, 잉글랜드 농민의 근면함과 귀족 출신 대학교수의 무능함에 대해 깊은 인상을 받았기 때문인 것 같다. 그래서인지 그는 국가를 부유하게 만드는 사람은 귀족이 아니라 중하층의 생산자라고 생각했다.

당시 잉글랜드에서는 귀족이 좌지우지하는 정부의 폐해가 적지 않았다. 영국에서는 명예혁명으로 입헌군주제가 이루어졌지만, 프랑스 혁명과 같이 신분제가 사라지지 않았기 때문에, 의회를 장악한 세력은 귀족과 지주였다. 귀족이라는 이유만으로 대신大臣의 자리를 꿰차고 앉은 인물도 많았는데, 그들이 결코 유능하다고는 할 수 없었다. 자신에게 돌아올 이익만 강구하는 자들 또한 적지 않았다. 그런 사정을 파악한 스미스는 정부가 쓸데없는 개입을 하지 않는 것이 좋다는 생각을 갖게 된 것 같다.

그때까지만 해도 평민은 노동에 시달리느라 이성 따위는 없고, 귀족과 성직자들이 이성을 통해 신의 뜻을 헤아리며 평민을 이끌어야 한다는 생각이 지배적이었다. 그런데 스미스는 중하층의 생산자가 중요하다고 이의를 제기했던 것이다.

스미스에 따르면 인간의 원동력은 이기심이지만, 타인의 불행을 슬퍼하는 동감sympathy 또한 신에게서 부여받았다. sympathy라는 단어는 대개 '동정同情'이라고 번역되는데, 고대 그리스에서 온 용어이다. 뒷부분의 pathy는 텔레파시telepathy 같은 단어에도 쓰인다.

내 나름으로 해석한다면 이것은 말logos로 표현되지 않는 정념pathos이 공진共振, synchronize하는 것으로 생각할 수 있다. 타인의 파토스에 말이 끼어들지 않아도 공진하여, 상대가 슬퍼하면 자신도 왠지 슬퍼진다.

스미스에 따르면 자신이 원하는 것과 타인이 원하는 것을 교환한다는 것은 인간이 지닌 특별한 성향이다. 이것은 신이 인간에게 부여한 이기심과 동감이 교차하는 지점에서 발생한다고 할 수 있다. 타인이 기뻐하는 물건을 만들어 교환하는 것은 자신이 원하는 것을 손에 넣겠다는 이기심의 발로임과 동시에 상대방이 기뻐하면 자신도 기쁘다는 동감 때문이기도 하다. 인간은 신이준 이러한 두 가지의 본능에 이끌려 어떤 사람은 빵 가게를 하고 어떤 사람은 푸줏간을 여는 식으로 상호 간에 분업을 하는 가운데, 타인이 기뻐하는 물건을 만들어 자신이 소비하는 것과 교환한다.

타인이 기뻐하는 물건을 만들지 못하면 자신이 원하는 것을 손에 넣을 수 없다. 그러므로 인간은 이기적이 되면 될수록 상대의 마음을 이해하는 동감도 발달하여, 분업이 진전되고 생산도 늘어나게 된다. 정부가 쓸데없는 개입을 하지 않고 자유로이 맡겨두면, '보이지 않는 손'에 이끌려 행복이 찾아든다. 개인이 이기적으로 이익을 추구하면 할수록 세상은 어지러워지기는커녕 공존공영하게 된다. 바로 이러한 생각에서 자유주의 경제학의 기본적인 사고방식이 탄생했다. 즉, 인간이 자유로워져도, 권력이 개입하지 않아도 '우리'가 만들어질 수 있는 것이다.

나아가 스미스가 생산자의 덕으로서 중시하는 것은 고대 그리스에서 생산자의 덕으로 여겨졌던 근면과 절제이다. 인간은 이기심에 이끌려 근면하게 일하면서 절제에 힘쓰면, 생산이 늘어나 저축과 투자가 활성화되고 세상은 더욱 풍요로워진다.

스미스에 따르면 생산자가 많아지고 비생산자가 줄어들어야 더 풍요로워진다. 비생산자란 귀족, 교회, 예술가, 교사, 의사 등이다. 도로, 학교, 종교시설 또한, 사람들이 돈벌이에 좋은 곳으로 몰려가고 이에 불필요한 곳들은 사라지기 마련이므로 타락이 줄어든다고 여겼다. 국가의 역할은 생산자 활동의 원칙을 지켜주는 사법이 우선이고, 그 다음이 국방과 공공시설 분야라고 보았다.

그렇지만 정말 그것만으로 세상이 제대로 돌아갈 수 있는 것일까? 우선 스미스가 산 18세기의 영국은 홉스가 산 17세기와 같은 전란과 혁명의 시대가 아니었기 때문에, 이러한 이론을 펼칠 수 있었던 것인지도 모른다. 그 이후의 인류 역사를 보아도, 자유주의 경제학이 유행한 것은 평화의 시대였고, 전쟁과 공포가 등장하면 유행하지 않았다.

또한 스미스의 사상에는 오늘날의 자유주의 경제학과는 다른 점도 있다. 스미스가 생각한 생산노동은 생활에 필요한 물품과 편리한 물품을 만드는 것으로, 피고용자 등의 서비스는 생산노동에 들어가지 않는다.

　그중에서도 그가 중시한 생산자는 우선 농민이었다. 중세 이래 무에서 유를 만들어내는 것은 농민이고, 공업은 그것을 가공하고, 상업은 오른쪽에서 왼쪽으로 옮기는 것뿐이다. 그러므로 농·공·상의 순서로 지위가 높다는 생각이 지배했는데, 스미스 또한 그 생각을 받아들였다. 그러므로 투자도 우선 농업, 다음으로 공업, 상업은 가장 뒤로 돌려야 한다는 것이다. 세상이 올바르게 움직이고 있다면 반드시 그렇게 되어야 하는데, 그렇게 되지 않는 까닭은 정부가 쓸데없는 개입을 하기 때문이라는 이론이었던 것이다.

　이 점은 물품을 만들어내지 않는 금융을 중시하는 오늘의 경제학과 상당히 다르다. 또한 하층의 생산노동자의 임금이 올라 풍요로워져야 하며, 결혼하여 가족을 부양할 임금이 충분해야 생산도 늘어난다고 보았다. 또한 일부 자유주의 경제학자들의 주장처럼, 임금을 올리면 실업이 증대되기 때문에 노동자를 위해서도 임금인상을 억제해야 한다고는 생각하지 않았다.

　그런데 이런 논리에서 본다면, 신을 믿지 않음에도 불구하고 자유주의 경제학을 제창한다는 것은 뭔가 이상하다. 인간의 이성능력은 거기서 거기이다, 모두 이기적으로 행동하라, 정부는 작아도 된다, 그럼에도 '만인의 만인에 대한 투쟁'은 벌어지지 않는다. 그런 이상이 성립되는 까닭은 타자의 행복을 기뻐하고, 불행을 슬퍼하는 동감의 본능을 신이 심어주었기 때문이라는 전제가 깔려 있다. 즉, 신이 우리의 존재를 보증하고 있다는 것이 되고 만다. 로크도 자연상태에서 인간이 공존할 수 있다고 했는데, 이 또한 인간에게 '동감'이 존재한다는 전제 위에 서 있는 것이다.

　어쨌거나 스미스의 생각은 정부는 가능한 한 작을수록 좋다는 자유주의와 경제학의 결합을 이루어냈다. 이것이 뒷날, 자본주의와 자유민주주의의 결합이라는, 현대의 주류사상의 밑바탕 역할을 한다.

| 벤담의 공리주의 |

그러나 이것만으로는 현대와 같은 자유민주주의가 성립하지 않는다. 근대 경제학과 근대 자유민주주의의 특징 가운데 하나는 '수량'을 중시한다는 점이다. 표를 가능한 한 많이 모으고, 시장의 거래량을 가능한 한 많게 한다. 이런 발상이 어떻게 출현했는지를 설명할 필요가 있다.

지금까지 설명해온 것처럼 '민의'는 본래 표의 집합을 넘어선 것이다. 원래 중세 이전에는 누구나 1인 1표이고 귀족과 농민, 남자와 여자가 평등하다는 등의 사상은 존재하지 않았다.

또 스미스가 생각한 '국부'가 반드시 화폐로 표시되는 수량으로 환원되지는 않았다. 스미스는 인간의 재능에 큰 차이가 없고, 가치는 노동에 의해 창출된다고 생각했다. 그랬기 때문에 재능이 있는 사람이 컴퓨터의 클릭 하나로 큰 돈을 번다는 따위의 생각은 하지도 않았다. 화폐로 표시되는 수량만으로 가치를 환원한다면 농업을 중시할 필요가 없다. 오히려 금융업자가 늘어나는 편이 더 낫다는 논리가 성립한다.

원래 '민의'나 '풍요'를 수량으로 계산하려 드는 것은 대단히 이상한 생각이다. 인간의 마음이나 사회의 행복을 수량으로 환원할 수 있는가? 그런데 19세기 영국에 그것이 가능하다고 주장한 인물이 출현한다. 공리주의 사상가인 제러미 벤담1748~1832년이다.

벤담의 생각은 쾌락과 고통을 수량으로 계산하여, 그 합이 가장 큰 것을 지향하도록 법률을 만들면 된다는 것이었다. 쾌락은 강도, 지속성, 확실성, 원근성, 다산성, 순수성, 범위라는 일곱 가지의 기준으로 계산할 수 있다. 그 합계가 최대가 되는 사회가 가장 행복하다는 것이다. 그는 이것을 '최대다수의 최대행복the greatest happiness of the greatest number'이라고 표현했다.

그의 생각이 획기적인 점은 인간의 쾌락감수능력은 평등하며, 신분의 차별 없이 누구나 한 사람으로 헤아린다고 주장한 것이다. 왕의 쾌락조차 농민보다 우선되지 않는다.

벤담이 이 같은 주장을 펼친 배경은 애덤 스미스와 마찬가지로 귀족정치의 폐해가 심각한 데 있었다. 벤담은 법률가였는데, 그는 종래의 법률이 사회에 들어맞지 않는다고 보았다.

벤담이 태어난 시대는 산업혁명이 진행되어 사회가 급격하게 요동치고 있었다. 토지를 잃어버린 농민들이 도시로 흘러들어오고, 빈민과 범죄도 늘었다. 그러나 영미법은 관습법이기 때문에 과거의 판례를 기준으로 삼아 귀족이 재판관을 맡고 있었다. 물론 신종 도시범죄 등은 과거의 판례에는 존재하지 않았다.

현대에도 예컨대 인터넷 관련 저작권 문제로 논란이 벌어지면, 판사가 종이 출판물 저작권에 근거한 판례를 해석하여 판결을 내린다. 그렇게 되면 판사가 이를 어떻게 해석하는가에 따라 판결 내용이 달라진다. 그러면 그 해석을 둘러싸고 다시금 분쟁이 벌어져 무엇이 옳은지 알 수가 없게 되는 현상이 벌어지기 쉽다.

벤담의 시대에는 법을 해석하는 판사와 변호사는 귀족들이 독점하고 있었다. 방대한 판례를 인지하고 있는 사람은 극히 소수로서, 변호사는 의뢰인으로부터 법에서 정한 것보다 많은 액수의 사례를 받았다. 그들은 서로 간에 이것이 신의 뜻이라고 주장하며, 평민들에게 영문을 알 수 없는 판결을 내린다.

신종 범죄가 도덕의 퇴폐 때문이라고 보았는지, 잔학한 공개처형 등 엄벌주의가 횡행했다. 귀족이 사냥을 나갔다가 잘못을 저질러 평민을 죽여도 죄가 되지 않았던 반면, 도회지로 흘러들어온 평민이 소매치기를 한 정도로도 사형에 처해지는 일이 빈발했다.

벤담이 직접적으로 그렇게 쓰지는 않았지만, 동시대의 그런 상황을 목격하면서 누구나 쉽게 알아볼 수 있는 원리를 법의 기초로 삼아야 한다고 생각했던 것 같다. 그는 아울러 잔학한 형벌을 대신할 형무소를 구상했다. 그리고 법의 원리는 귀족이 유리하게 만드는 추상적 원리, 도덕가의 주관으로 결정되는 정의나 자유 따위를 배제하고, 평민일지라도 얼마든지 감각으로 받아들일 수 있는 쾌락과 고통을 최대화해야 한다고 보았다. 그리고 그것을 누가 보든 명료히 알아볼 수 있도록 수량화하면 좋겠다고 생각한 것 같다.

이것은 극히 기묘한 생각인데, 가령 현대에도 GDP의 증대를 사회행복의 판단 기준으로 삼아도 좋은지에 관한 논란이 벌어지고 있다. 인간관계가 돈 거래로 환원된 사회는 불행하지 않느냐는 비판이 많다.

그러나 그렇다면 어떤 기준으로 행복을 측정하면 좋은가? 이에 관해서는 사람에 따라 제각각이다. 이를테면 '애국심은 존귀하고, 유흥은 비천하다'라는 것은 어쩌면 사회적으로 지위가 높은 인물들이 유포하는 말인지도 모른다. 만일 그것이 사실이라면 차라리 숫자로 쉽게 알 수 있는 화폐 거래량을 기준으로 삼는 편이 낫다고 생각해볼 수도 있다.

또 19세기의 영국에서는 보통선거권을 평민에게 부여해도 좋은가가 논란의 표적이 되어 있었다. 당시 평민들의 교육수준은 매우 낮았다. 정치에 관한 지식은 물론이거니와 독서조차 제대로 하지 못했다. 민중은 다 돼지에 불과하다고 막말을 해대는 귀족도 있었다.

사회를 바꾸려면

156

그러나 벤담 등의 공리주의자는 보통선거권에 찬성했다. 그들은 돼지일지라도 공유할 수 있는 사회의 원칙으로 삼을 수 있는 것을 쾌락과 고통이라고 간주했다. 실제로 벤담은, 육식은 도살당하는 가축의 고통을 계산에 넣어도 정당화될 수 있는가 하는 문제까지 고려할 정도였다. 어떤 면에서 현대인보다 더 급진적인 평등주의자였다.

그런데 화폐라면 그나마 수긍할 수 있지만, 쾌락과 고통을 어떻게 수량화할 수 있는가? 사람에 따라 쾌락의 종류가 다르다. 사실 벤담이 세운 기준을 통해 세세하게 쾌락을 계산한다면, 독서와 음악은 점수가 높고 폭음폭식 따위는 점수가 낮다. 그는 점수가 낮은 행위는 자연적으로 삼가게 된다고 생각했던 것 같다.

원래 쾌락을 계산한다는 생각은 플라톤이 『국가』에서 써놓은 바 있다. 플라톤이 감각에 현혹되어 '거짓된 쾌락'밖에 모르는 참주는 지성을 사랑하는 '진정한 쾌락'을 누리는 군주에 비해 729배나 불행하다고 주장했다는 것은 앞에서 언급한 바 있다. 그 계산식은 플라톤이 쾌락을 세 종류로 나눈 것에서 나온다. 즉, $(3 \times 3) \times (3 \times 3) \times (3 \times 3) = 729$가 된다. 일종의 주문 같은 것이지만, 우아하고 단순한 수식이다. 뜻밖에도 벤담은 여기에서 아이디어를 얻었는지도 모른다.

한편 쾌락계산과 그 합계를 사회의 기준으로 삼아도 되는지에 관해서는 논란이 있다. 정의나 자유는 계측할 수 없다며, 벤담은 그런 추상적인 가치를 중시하지 않았다. 또한 벤담에 따르면 자연권 따위는 존재하지 않으며, 권리란 법에 의해 정치적으로 결정한 것만 인정된다. 그렇다면 쾌락만 최대치로 끌어올린다면, 우수한 독재체제라도 상관없게 된다.

또 소수자가 고통을 겪어도, 다수자의 쾌락이 늘어나면 합계 숫자는 더 커지게 된다. 예를 들어 오키나와는 일본 인구의 1%를 차지하므로, 99%를 위해 희생을 감수해달라는 논법도 성립된다. 그 때문에 벤담의 뒤에 공리주의를 이어받은 존 스튜어트 밀은 공리주의의 원칙으로부터 보통선거권에 찬성하면서, 소수의견의 존중을 강조했다.

그러나 '최대다수의 최대행복'만으로 '우리'를 만들어낼 수 있을까? 소수자가 납득하지 못한다는 문제점도 있지만, 그보다 먼저 '우리'가 존재하지 않으면 어떤 범위에서 계측하면 좋을지 결정하지 못하는 것은 아닌가? 나가타초 永田町(도쿄의 치요다 구 남단 지구로 의사당·수상관저가 있어 막연히 일본정계를 뜻하는 말로 사용된다 • 옮긴이)나 가스미가세키霞が関(도쿄 치요다 구 남단에 위치한 도쿄 제일의 관청지구 • 옮긴이)의 '최대다수의 최대행복'이 일본 전체의 행복이라고는 단정하지 못한다. 일본의 '최대다수의 최대행복'이 세계의 행복이라고도 단정하지 못한다.

벤담의 저작을 읽으면 암묵적인 가운데 국가를 중요한 단위로 상정하게 된다. 홉스처럼 국가를 제로에서부터 새로이 만든다는 느낌이 아니라, 근대국가가 이미 안정된 시기의 사상임을 알 수 있게 된다. 그가 육식으로 말미암아 도축되는 돼지에 대해서는 생각했지만, 과연 영국이 지배하던 인도 사람들을 쾌락의 계산에 집어넣자는 생각을 했는지는 의문이다.

이런 문제가 있다 해도, 보통선거에 따라 표를 얻은 사람이 민의의 구현자가 되고, GDP에 의해 국민의 행복도가 측정될 수 있다는 현대적 사고의 원형이 벤담의 시대에 이루어졌다. 신분제도의 소멸과 화폐경제의 침투에 의해 모든 것이 균질화되고 무엇이든 수량화될 수 있다는 생각이 사람들에게 널리 퍼졌다. 이것이 근대 민주주의와 보통선거권이 이루어진 배경이 되었다고 지적하는 사람도 있다. 적어도 그런 사회구조의 변화에 들어맞는 사상이었다는 말은 할 수 있겠다.

| 현대의 자유민주주의 |

지금까지 서술한 사상, 특히 홉스, 로크, 스미스, 벤담, 밀과 같이 영국에서 발흥된 사상은 미국으로 흘러들어가 현대에도 자유민주주의의 사상적 기초가 되었다. 특히 귀족을 싫어한 스미스와 벤담이 이룩한 사상의 틀이 한때는 미국 사상의 주류를 형성했다. 데카르트와 뉴턴의 사상을 응용하여, 합리적으로 이익을 극대화하도록 움직이는 호모 에코노미쿠스의 개념도 만들어졌다.

이들의 사상을 꿰맞추면 다음과 같이 된다. 인간에게는 합리적으로 판단하는 능력이 있다. 인간은 이기적이므로 이익을 극대화하기 위해 행동한다. 그럼에도 투쟁이 벌어지지 않고, 오히려 개개인이 이기적으로 행동할수록 사회는 풍요로워져 공존공영한다. 인간이 추구하는 이익은 수량화할 수 있고, 그것은 경제 영역에서는 시장의 화폐 거래량, 정치 영역에서는 득표수로 나타낼 수 있다. 그러므로 표를 많이 얻은 정당이 정권을 차지한다. 이렇게 다수결로 법률과 정책이 결정되는 제도를 만들면 최대다수의 최대행복을 실현할 수 있다. 다만 정치는 가급적 민간에 개입하지 않는 편이 좋으며, 소수의견의 존중은 필요하다. 대체로 이런 정도일 것이다.

그러나 이는 여러 사상을 보기 좋게 패치워크patchwork한 것에 불과하다. 가령 스미스와 벤담만을 생각해봐도, 하나로 꿰맞추는 것이 무리이다. 벤담은 인간이 쾌락계산의 합계를 아는 것이 가능하다는 전제 위에 서서 그것을 법의 원리로 삼아 사회를 설계하면 된다고 설명했다. 그러나 스미스는 인간의 그런 능력을 인정하지 않는다. 그러므로 스미스는 권력은 개입하지 않는 것이 낫다고 생각했지만, 벤담은 최대다수의 최대행복의 원리를 추구한다면 권력은 무제한적으로 커도 좋다고 생각했다.

또한 자유민주주의라고 하나로 묶어 말하지만, 근본적으로 자유주의와 민주주의는 좀처럼 양립하기 힘들다. 자유주의는 권력으로부터 자유로워지려는 사상이고, 그 사상의 지지자는 주로 유산계층이었다. 구체적으로 말하자면 자본주의와 함께 발흥한 신흥 부르주아가 왕권과 정부로부터의 개입을 막아내기 위해 지지했던 것이다.

한편 민주주의는 전원이 참가하여 권력을 운영하고자 하는 사상이다. 세금을 많이 거두는 강대한 권력일지라도, 모두가 함께 운영해나간다면 상관없다. 당연히 가난한 층의 지지를 얻을 가능성이 높아진다.

애덤 스미스의 사상은 경제자유주의의 원조이다. 그에 비해 벤담의 사상이 좀 더 민주주의와 조화를 이루기 쉽다고 말할 수는 있겠다. 그러나 만일 루소에게 의견을 묻는다면, 벤담이 말하는 쾌락합계 따위는 개별의 단순총합에 지나지 않으므로, 그런 것으로 '우리'는 결코 만들어지지 않으며 그것을 민주정이라고도 볼 수 없다고 썼을지도 모른다.

| 토크빌의 미국론 |

이러한 자유민주주의는 어떤 사회조건을 통해 정착하게 된 것일까?

사실 고대 그리스 사상을 자양분으로 삼고 있는 유럽 사상에서는 민주정이 최선이라는 생각은 없었다. 민주정은 다수의 전제에 불과하며, 참주정으로 타락하고 만다는 견해가 다수를 차지했다.

나아가 프랑스 혁명을 급진화시킨 자코뱅파는 루소의 사상을 상찬하며 독재 정치를 행하고 정치적 숙청을 거리끼지 않았다. 그 때문에 18세기에서 19세기에는, 민주정으로는 안정을 이루지 못한다고 생각한 사람들이 많았다.

그런 시대를 맞아 미국을 여행하면서 민주주의를 통해 안정되어 있는 나라로서 미국을 묘사한 책이 19세기 프랑스 사상가 토크빌Tocqueville, 1805~1859년의『미국의 민주정치』였다. 이 책을 읽어보면 민주주의에는 어떤 사회조건이 필요한지를 알 수 있다.

우선 토크빌은 국가 전체의 교양을 높이는 것은 불가능하다는 전제 위에 서 있다. 그것이 성립되기 위해서는 모든 구성원이 일상적인 노동과 생활에 쫓기지 않아야 한다. 즉, 인민이 생산자가 아니어야 할 필요가 있다는 말이다.

여기서 말하는 교양이란 단순한 지식이라기보다 정치에 대한 관심이나 참가의식을 포함한 것이다. 이것은 고대 그리스 이래 전해져온 뿌리 깊은 생각이다. 바로 그렇기 때문에 귀족이 존재하지 않으면 정치가 안정되지 않는다고 보았고, 이런 논리에 바탕을 두고 지주나 귀족이 '대표'가 되어 의회를 만들어야 한다고 여겼던 것이다.

그러나 미국에는 귀족이 존재하지 않는다. 모두가 평등한 가운데 민주주의를 이루고 있다. 그렇다면 교양이 없는 다수자의 전제정 혹은 참주정으로 타락하게 마련이다.

나아가 미국에는 강력한 정부권력이 없다. 즉, 자유주의적이다. 그러나 전원이 자유롭고 평등하며 강력한 권력이 없다면, 만인의 만인에 대한 투쟁이 벌어지고 말아 '우리'는 만들 수 없어야 정상적이다.

그런데 미국에서는 모든 구성원이 평등하며 권력으로부터 자유로움에도 불구하고, 전원 정치에 참가하고 있고 국가 권력은 상대적으로 약하다. 그것이 어떻게 가능한 것일까? 미국에서 그런 상황을 이루어주는 조건은 과연 무엇인가? 바로 그것이 토크빌의 문제의식이었다고 할 수 있다.

토크빌이 든 미국의 사회조건은 다음과 같았다.

우선 미국은 토지가 넓고, 아메리카 원주민에게 문명이 승리를 거두고 있다. 각자가 자유로이 경작을 아무리 확대해가도 경작할 토지는 얼마든지 마련되어 있다. 그렇기 때문에 투쟁으로 이어지지 않는다. 처음에야 너 나 할 것 없이 모두 맨몸으로 이민해왔고, 모두 경쟁하는 가운데 경작해나가는 까닭에 사람들 사이에 그다지 격차가 나지 않았다. 그러므로 모두 평등하고 자유로운 상황인데도, 국가 권력이 작아도 문제가 없었던 것이다.

현대 미국이 사실상 사람들 사이의 사회경제적인 격차가 매우 큼에도 불구하고, 미국은 자유로운 나라이다. 불만이 있으면 벤처사업을 일으켜라, 프런티어를 개척하라, 미국에는 바로 이런 뿌리 깊은 생각이 자리 잡고 있다. 경제성장이 중요한 까닭 가운데 하나는 전체의 파이가 증대되지 않으면 분쟁이 일어나버리기 때문이다.

둘째로 토크빌이 주목한 것은 자치조직으로서의 타운십township이 갖춰져 있고, 참가의식이 대단히 강했다는 점이다.

여기에서 말하는 타운십을 번역할 때 '읍'으로 할지 '면'으로 할지 어려운 문제이지만(타운십은 공유토지의 분할제도를 가리키는데, 미국에는 대체로 1만 9,000여 개의 타운십이 있다 • 옮긴이), 여기서는 일단 '개척촌'이라 해두자. 주민은 대략 2,000명 정도로 직접민주주의가 이루어질 정도의 작은 규모이다. 타운십은 주로 농업을 영위한다는 면에서는 이른바 농촌이다. 그렇지만 뿌리 깊은 역사와 신분제가 존재하지 않는다는 점에서는 도시와 같은 측면을 가지고 있다. 전원이 평등하게 입식入植(개척지나 식민지에 들어가 사는 일 • 옮긴이)하고, 자유의지로 참가하여 타운의 일원이 되는 인공적인 공동체이다.

미국은 원래 프로테스탄트 교단 단위로 개척한 지역도 적지 않다. 그래서 메이플라워호의 서약이 건국의 기원으로 간주되는 것처럼, 자유의지에 바탕을 둔 계약을 통해서 국가를 만들었다는 자부심을 지니고 있다. 개척촌의 중앙에는 대체로 교회가 들어서 있어 거기에서 민회town meeting가 열렸다. 이는 곧 자유롭고 평등한 사람들이 자발적으로 모두 참가하는 '우리'가 각지에 설립되었음을 의미한다.

일본에서는 우선 국가가 존재하고, 거기에서 지방으로 분권해나간다는 생각이 강하다. 그러나 미국은 우선 타운town이 있고, 타운이 연합하여 스테이트state가 형성되고, 스테이트가 영국에 맞서 독립전쟁을 벌이기 위해 연합함으로써 유나이티드 스테이츠United States가 된 나라이다. 그렇기 때문에 우선 지방의 공동체에서 사람들이 권력을 형성하고, 그것이 모여 국가가 형성된다고 생각한다.

토크빌이 주목한 것은 이 타운십에서 직접민주주의적인 정치 참가가 행해지고 있다는 점이었다. 나아가 권력의 분권화가 이루어져 스테이트와 타운에서 자치를 행하고 있기 때문에, 중앙정부가 강력한 권력을 지니지 않아도 원활히 운영된다는 점이었다.

또 타운십의 성원들이 돌려가며 맡는 공무公務가 대단히 많다. 정부가 경찰이나 법원을 만들지 않아도, 구성원들이 교대제로 이루어진 보안관과 배심원을 맡는다. 타운십에는 행정을 실시하는 행정위원, 교육을 담당하는 학무위원 외에 징세관, 회계관, 경찰관 등이 있는데 이들은 민회에서 선발되어 돌려가며 맡는다. 이러한 공무원에게 고정된 보수는 없고, 봉사행위를 한 정도에 따라 보수가 지불된다. 공무를 고의적으로 맡지 않는 경우 벌금이 부과된다.

타운십의 의회는 없다. 그러나 여기에서 이들 공무원이 선출되기 때문에 누구든지 타운 미팅의 소집을 요구할 수 있다. 행정위원은 행정의 중핵이라 할 수 있지만, 타운 미팅에서는 사회권밖에 없다. 한편 교육위원회의 공선제公選制는 GHQGeneral Headquarters(연합군 최고사령부. 일본어로는 연합국 군최고사령관 총사령부 • 옮긴이)의 전후개혁으로 일본에도 도입된 적이 있으나, 자민당에 의해 1956년에 임명제로 바뀐 바 있다.

사회구조가 이렇게 형성되어 있기 때문에 구성원들의 참가의식이 강하다. 아울러 자발적으로 '우리의 법과 질서'를 지키겠다는 의식도 높다. 그렇기 때문에 모두 평등하고 자유롭지만, 권력이 작아도 문제가 없게 되는 것이다.

토크빌이 든 세 번째 이유로는 법률가와 상원의원의 지적 수준이 높아 귀족의 대역을 훌륭히 해내고 있다는 점이었다. 미국 사회에는 일본으로 치자면 에도 시대부터 이어져온 나누시名主(일본 에도 시대 촌락공동체의 대표자 • 옮긴이) 같은 사람은 없지만, 이러한 사람들이 귀족의 대역을 맡고 있다는 점에 토크빌이 주목했던 것이다.

토크빌이 네 번째로 든 것은 미국은 종교가 매우 강력한 영향력을 발휘하고, 이념적인 결집 또한 매우 강하다는 점이었다. 타운에서 일요일이면 모두 교회에 모여, 기부행위도 이루어진다. 누군가 어려운 처지에 빠지거나 무언가 문제가 생기면, 교회에 모여 해결책이 모색되기 때문이다. 국가 그 자체도 건국선언이라는 이념을 토대로 전체를 묶으려 하고 있다. 이렇게 하여 자유롭고 평등함에도 불구하고, '우리' 의식이 만들어지는 것이다.

이상과 같은 조건이 성립되기 때문에 권력이 작아도 민주주의가 안정된다는 것이 토크빌의 주장이다. 개개인이 자유로움에도 평등하고, 권력으로부터 자유로움에도 참여의식이 높다. 자유주의와 민주주의가 양립하는 가운데 귀족이 '대표'하지 않아도 지역사회가 무리 없이 운영된다. 이것이 현대 자유민주주의의 원점이라고 할 수 있다.

| 데모는 과연 민주주의의 파괴인가? |

그러나 거꾸로 말한다면 이러한 조건이 갖춰지지 않는다면, 자유민주주의가 성립되지 않는다는 뜻이기도 하다. 사람들이 자유로워지고, 국가와 지역사회를 묶어주는 종교적·이념적인 '우리' 의식이 희박하다면, 자유롭고 평등하며 안정된 상황을 바라기는 어려워진다.

한편 토크빌이 여행하던 시절처럼 시골 농업사회라면 지역공동체의 자치 형태로 일괄적으로 결정이 내려지고, 돌려가며 공무를 맡고, 그러므로 참여 의식도 높은 것이 가능할지도 모른다. 그러나 산업화와 국제화가 진전되어도 그것이 가능할지는 의문이다.

나아가 미국과 달리 스타트 지점부터 재력과 지위에 격차가 벌어져 있고, 지역사회에 권한이 주어져 있지 않고, 허다한 역사적 연고가 얽혀 있고, 이념적인 결속도 잘 안 되는 사회라면 과연 어떨까? 그런 사회는 귀족이나 명문가, 아니면 사장이나 노조위원장 같은 중심적 인물이 '우리의 대표'라고 여겨지는 동안밖에는, 비슷하게라도 자유민주주의가 성립하지 않게 된다.

근본적으로 대의제는 봉건제의 산물이다. 그렇다면 투표에서 표를 얻은 사람이 대표가 되는 것과는 본래 관계가 없다. 그것이 양립하는 것은 투표를 하면 자동적으로 지역 유력자나 신분이 높은 사람이 선발되던 시대뿐이다.

단순히 표를 많이 얻은 사람이 '민의'를 대표한다는 것은 이상한 말이다. 가령 쾌락계산을 하면 '최대다수의 최대행복'이 실현될 수 있다는 말이나, 국채가 가장 잘 팔려나가고 있기 때문에 일본은 '시장의 판정'으로 볼 때 선택받은 우량국가라는 식의 이야기와 다를 바가 없다. 설령 그런 상태가 조성되었다 할지라도, 기껏해야 사흘만 지나면 곤두박질칠지도 모른다.

즉, 대의제의 자유민주주의란 사람들이 자유로워지는 정도가 낮고, 지역 공동체나 이념, 또는 신분과 같은 '우리' 의식이 있는 경우밖에 성립되지 않는다. 즉, 근대화 초기에는 성립될지 모르나, 근대화가 더욱 진전되면 기능부전에 빠지고 만다고 예상된다.

원래 자유주의와 대의제와 민주주의, 이 세 가지를 조합한다는 것 자체가 무리이다. 인류 역사상 특정한 사회조건 아래에서 100년 정도 그렇게 유지되는 시대가 있었을 따름이다.

그 100년 동안에도 납득하지 못하는 사람들이 늘어나면 참정권을 확대하는 등의 조치를 취했다. 그렇게 함으로써 참여할 수 있는 사람들의 범위를 점점 늘려 간신히 버텨왔다는 것이 실상에 가까울 것이다. 투표를 마치고 절차를 제대로 밟았다 해도, 도저히 그것만으로는 만족하지 못한다는 사람들에 대응하기 위해 최대한의 정책전환을 해왔기 때문에 간신히 유지가 된 것이다.

이를 호의적으로 해석하면, 대의제 자유민주주의란 일종의 혼합정체governo misto이다. 투표를 통한 대의제란 말하자면 선거에 의한 귀족정이다. 자유주의란 권력은 개입하지 말라, 생활이 안정되어 있으므로 국정 따위는 내 알 바 아니다, 좋은 왕이 치안과 외교만을 담당하라는 사고방식이다. 민주주의란 모두 함께 결정하지 않으면 납득할 수 없다는 사고방식이다. 고대 그리스에서는 왕정과 귀족정과 민주정을 조합시킨 것이 혼합정체로, 철인왕 같은 뛰어난 인재가 없을 경우 선택할 수 있는 차선책의 정치체제라고 보았다. 그러나 생각에 따라서는 극히 위험한 균형 위에 서 있는 정치체제이다.

그렇게 보면 대의제 자유민주주의에 대한 불만이 높아졌을 때, 데모나 사회운동이나 국민투표를 비롯한 직접민주주의로 보완해나가지 않을 경우, 사람들이 납득하지 못하는 것은 당연한 현상이다. 간혹 '데모나 국민투표는 대의제 민주주의의 파괴행위'라고 주장하는 사람이 등장한다. 그러나 대의제가 원래는 봉건제의 산물임을 고려하면, '데모나 국민투표는 봉건주의의 파괴행위'라고는 할 수 있어도, 민주주의의 파괴라고는 할 수 없다.

| 자유민주주의에 대한 비판 |

이러한 문제점들을 지니면서 자유민주주의와 자본주의의 조합은 원래의 사상이 지니고 있던 요소나 전제조건을 잊은 채 자기회전을 해나갔다. 그럼에도 경제성장이 지속되어 전원이 만족해할 수 있던 시기에는 그다지 심각한 문제가 불거지지 않았다.

그러나 경제성장이 정점을 찍자, 혹은 GDP가 늘어나봤자 격차가 더 벌어질 뿐이라고 인식하는 사람들이 많아지자, 분쟁이 끊이지 않게 되었다. 투표를 통해 대표가 선출되는 체제라고는 하지만, 돈을 많이 가진 유력자나 대규모 조직을 등에 업은 사람이 승리를 거둘 따름이다. 이런 상황은 루소가 말한 바와 같이 선거가 끝나면 노예로 돌아가는 제도라고 아니할 수 없다.

이 점을 강하게 비판한 세력이 마르크스주의자들이었다. 부르주아 자본주의사회의 대의제 자유민주주의란 자본가가 자신들의 이익을 위해 만들어낸 기만책에 불과하다. 인간이 자유롭고 평등하다는 것은 그저 자본주의가 만들어낸 이데올로기일 따름이며, 본질적으로 이 세상에 존재하는 것은 자본가와 노동자일 뿐이라는 것이 마르크스주의자의 주장이었다.

자유민주주의를 옹호하는 입장에 선 사람도 20세기 들어 그 현황과 미래에 대해 의구심을 지니고 있었다. 예를 들어 막스 베버는 원래 종교적인 구제 목적으로 자본주의 정신이 싹텄지만, 지금은 그런 목적합리성이 상실되고, 영혼이 사라진 형식합리성이 자기회전하고 있다고 생각했다. 정치에 대해서도 이미 마련된 제도와 절차를 지키면 된다는 형식합리성이 자기회전하고 있다고 보았다. 그 때문에 베버는, 사람들이 일단 납득은 하지만 본래의 정신은 상실되고 말았다고 개탄했다.

전통적 보수주의자나 전체주의자도 자본주의와 자유민주주의를 비판한 사람들이었다. 보수주의자는 자본주의가 침투함으로 말미암아 사람들이 지나치게 자유를 얻어, 전통이나 공동체가 지닌 덕을 상실했다고 보았다. 나아가 귀족이나 평민이나 다 같이 한 표를 주는 제도로는 중우정衆愚政에 빠질 뿐이라고 날선 비판을 가했다. 전체주의자는, 민족의 정신은 일하는 노동자와 농민에게 깃들어 있는데, 유태인을 비롯한 자본가가 그 정수를 파괴하려 든다고 맹공을 가했다.

20세기 중반에는 자유민주주의가 커다란 위기를 맞이했다. 1929년의 세계 공황으로 경제가 침체되고, 격차가 벌어져 분규가 끊이지 않게 되었기 때문이다. 그리하여 자유민주주의와 자본주의를 비판하며, 사회주의와 파시즘이 대두했다. 한때는 일본의 지식인 사이에서도, 자유민주주의와 자본주의는 이제 낡았고, 이제부터는 파시즘과 사회주의 시대를 맞이한다는 주장이 펼쳐지기도 했다.

특히 나치스가 정권을 쥔 것은 결코 폭력혁명을 통해서가 아니었다. 보통선거권에 의한 대의제 민주주의 속에서 이루어진 것이었다. 당시 독일에는 세계 최대의 노동정당인 독일사회민주당이나 기독교보수정당이 양립해, 노동자와 보수층을 대표하고 있었다.

그러나 공황이 벌어진 가운데 어떤 정당에 대해서도 '우리를 대표해주지 않는다'라는 생각을 품은 실업자들, 그중에서도 제1차 세계대전의 귀환병으로서 '사회의 애물단지' 취급을 당했던 젊은이들이 공산당과 나치스를 지지했다. 고대 그리스 철학을 배운 서양 지식인들에게는, 히틀러가 총통에까지 올라간 것은 애물단지인 수벌들에게 지지를 받은 참주의 등장으로 여겨졌을 것이다.

나치스에 쫓겨 독일에서 미국으로 망명한 한나 아렌트도 그런 사람들 가운데 하나였다. 그녀는 고대 그리스 철학을 토대로 인간의 역사를 세 시대로 나누었다. 통치행위가 상찬받던 시대로부터, 후세에 남을 '작업'을 이루고자 하는 '호모 파베르homo faber'의 시대를 거쳐, 매일매일 사라져가는 허무한 '노동'의 세계에 함몰되어 살아갈 뿐인 '애니멀 레이버런스animal laborans'로 접어들었다는 것이다. 그녀의 눈으로 보자면, 폭력과 노동의 지배를 제창하는 파시즘과 공산주의에 유럽이 짓밟히고 만 것이다. 아렌트는 미국을 아직 인간의 자발적인 정치 참여 행동이 살아 있는 국가로 간주하며, 거기에 희망을 걸었다.

| '대표'와 '68년' |

파시즘과 사회주의의 도전을 받으며 서구 국가들은 자본주의에 규제를 가할 필요를 절감했다. 미국에서는 무제한적인 금융자본주의가 공황의 원인이 됐다고 보고, 증권과 은행을 분리하는 한편 은행의 투자상품 취급을 금지했다. 또한 뉴딜 정책을 동원해 정부의 재정출동으로 공공사업을 벌였다.

영국에서는 케인즈 경제학이 대두했다. 케인즈는 정부의 경제 분야에 대한 개입을 늘려, 투자가보다 노동자를 중시해야 한다고 보았다. 또한 세계은행과 국제통화를 만들어 국제금융 시스템을 안정시켜야 한다고 주장했다. 미국발 금융위기가 번지면서 심각한 세계불황에 빠졌다고 보았기 때문이다.

오늘날의 일본도 그렇지만, 디플레이션이 벌어진 상황 속에서는 물가도 떨어지지만, 노동자의 임금 또한 떨어진다. 그렇게 되면 일하는 사람에게는 불리하지만, 돈을 가지고 물건을 사는 사람에게는 유리하다. 이미 자산을 많이 지닌 사람이나 자산을 활용해 투자를 하는 사람이 일하는 사람보다 유리하다는 말이다.

그래서 케인즈는 이런 식으로 생각하게 되었다고 보인다. 세상에는 기업가와 노동자로 이루어진 '활동계급', 투자가나 채권자로 이루어진 '비활동계급'이 있다. 재정출동으로 국내의 고용을 창출하면 통화의 공급량이 늘어난다. 그러면 완만한 인플레이션이 일어나 임금은 오르지만 자산의 가치가 상대적으로 감소한다. 그렇게 되면 일하는 생산자가 유리하게 되고, 자산가는 불리해진다. 임금이 오르면 국내시장을 활성화시켜, 기업가들에게도 유리하게 작용해 점차 경제가 회복된다. 나아가 자산가의 상속세를 대폭 올려, 거기서 얻은 재원을 재정출동을 통해 사회에 환원한다.

대공황과 국제금융 위기는 왜 왔는가? 물건을 만들어내지 않는 금융거래로 일부 자산가가 이익을 얻는 경제가 파탄을 불러온 것이었다. 그런 상황인식을 토대로 일하는 생산자를 중시하며 국내경제를 다시 일으켜 세우는 한편, 국제금융 시스템 또한 안정적으로 돌아가게끔 정비해야 한다는 주장이었다.

그럼에도 불구하고 경제는 좀처럼 회복되지 않았다. 미국 경제가 본격적으로 회복을 보인 것은 제2차 세계대전이 벌어지면서부터였다. 자국만이 아니라 유럽 국가들에게도 무기와 물자를 공급한 미국은 군수산업으로 완전고용을 달성할 수 있었다. 케인즈가 제창한 재정출동은 스스로도 예상치 못하게 전쟁을 통해 달성되었다. 전쟁이 벌어져 일하는 사람을 중시하지 않으면 안 되게 되었기 때문이다.

국제금융 시스템의 안정화도 케인즈가 주장한 새로운 통화 창설이라는 형태를 취하지는 않았지만, 달러를 기축통화로 삼은 세계은행이 만들어졌다. 일본을 포함해 전쟁 직후 심각하게 파괴된 경제를 되세우느라 고생한 나라들도 이윽고 부흥수요를 디딤돌 삼아 경제성장을 이루기 시작했다. 참정권이 노동자와 여성에게까지 확대되면서 사람들이 정치에 대해 납득할 만큼의 정통성을 높여주었다.

1960년대가 이런 흐름의 정점이었다. 공업화에 의해 고용이 안정되었다. 임금은 해마다 착실히 인상되었고, 교외의 주택에서 전업주부를 중심으로 한 가족이 공업제품을 두루 갖추고 생활했다.

생활이 풍요로워짐과 함께 노동정당은 무력혁명노선을 버리고, 복지의 확충을 내건 사회민주주의 정당으로 변신했다. 정당정치에서는 노동조합이 지지하는 노동정당과 경제계와 지역의 유력자들이 지지하는 보수정당이 대체로 양당체제를 갖추며 안정된 지지층을 확보했다. 양자는 정권을 교대로 맡고 상호대립하기도 하면서 경제적 성장과 복지의 확충을 이루어나갔다.

1968년 학생반란이 선진국을 뒤덮은 것은 이런 시기였다. 이런 일이 벌어진 배경은 다양하지만, 학생들의 불만의 밑바닥에 놓여 있는 것은 '우리가 제대로 대표되지 못하고 있다'라는 감정이었다. 보수정당은 물론 기존의 노동정당도 자본가, 노동자, 또는 지주의 대표일지는 모르겠으나, 자신들의 대표라고는 전혀 느껴지지 않았다. 만일 학생들이 제대로 대표되거나 정치 참여를 하고 싶다면 노동자, 샐러리맨, 혹은 자본가가 되어 현 체제의 일원이 되지 않으

면 안 된다고 해놓았다. 그런 터무니없는 상황은 참을 수 없다, 혁명을 일으켜
뒤엎어버리자는 공감대가 형성되었다.

'우리가 대표되지 못하고 있다'라는 함성은 학생층 말고도 두루 터져 나왔
다. 여성이, 동성애자가, 마이너리티가, 자신들은 지금의 정치체제 속에서는
대표되지 않고 있다고 주장했다. 여성이 대표되고자 한다면, 주부가 되어 주
부연맹에 가입하든지, 노동조합의 여성부에 들어가 여성노동자의 대우개선
을 요구하든지, 남성과 동등한 처지에서 일하는 커리어우먼이 되는 수밖에
없단 말인가, 하는 식의 주장이 동시다발적으로 터져 나왔다. 사회구조가 바
뀌어가면서 기존에 형성된 '우리'라는 개념에 들어맞지 않는 사람들이 자기
목소리를 내기 시작한 것이다.

| 자유민주주의의 종언? |

결과적으로 말하면 1968년에 타격을 받은 것은 보수정당보다 노동정
당 쪽이었다. 학생이나 여성들은 노동정당 쪽에 보다 강력한 비판을 가했다.
보수정당보다 기대를 크게 걸고 있던 만큼 실망 또한 컸기 때문이다.

한편 1971년의 금달러 태환정지로 전후에 안정되게 이룩되어 있던 국제금
융 시스템이 유동화 시기로 접어들었다. 그리고 1973년과 1979년의 오일쇼크
를 맞아, 일본을 제외한 선진국들은 공업화 사회로부터 탈공업화 사회로 급
격하게 이행하게 되었다. 안정된 고용이 붕괴되고 노동조합의 조직률이 급감
하며 불황이 찾아들었다.

선진국들은 재정적인 여유가 없어서 복지정책과 케인즈 경제학을 내던졌
다. 노조의 조직률이 떨어지며 자연스럽게 '노동자라는 우리'가 사라짐으로

써, 노동정당이 약체화 내지 변질되었다.

제조업이 쇠퇴하는 가운데 미국에서는 증권과 은행의 분리정책이 무너졌다. 금융시장을 활성화시키겠다는 목표를 우선시한 것이다. 1970년대부터 1980년대에 제조업 중심으로 '넘버원'이라는 평가를 듣던 일본이 1990년대 이후 혼미에 빠지게 된 것을 계기로, 미국과 영국은 금융과 정보산업 등을 견인차로 삼아 2000년까지 약 20년 동안 호황을 구가했다.

그 전후로 1989년의 동유럽 정변, 1991년의 소련 붕괴 사태가 벌어졌다. 미국 등에서는 자본주의와 자유민주주의가 승리를 거두었고, 이로써 인류가 궁극적 목표로 삼을 사회제도가 결정되었으며, 이는 그야말로 '역사의 종언'이라는 식의 주장이 터져 나왔다.

그러나 탈공업화 사회에서 GDP는 상승하는데 고용 및 가족의 삶은 불안정해지고 격차는 갈수록 벌어졌다. 청년실업은 늘어나고 기존의 노동조합에 기반을 둔 노동정당은 새로이 등장한 이들 불안정한 사람들을 대표하지 못했다. 그로 인해 자연적으로 그들의 지지 또한 이끌어낼 수 없었다.

차츰 자신들은 정당에 의해 대표되지 못하고 있으며, 기존 사회에는 등을 기댈 곳이 없다고 느끼는 사람들이 많아졌다. 그에 따라 갈수록 정치가 불안정해졌다. 바로 그런 사람들에 의해 지지받으며 돌발적인 인기를 얻는 정치가나 극우정당이, 점차 기존의 보수정당과 노동정당을 위협하는 지경에까지 이르렀다. 그렇다 해도 호경기가 계속되는 동안에는 문제가 그다지 심각하게 드러나지 않았다.

그러다가 터져 나온 대사건이 2008년의 리먼 브라더스 사태와 세계금융공황이었다. 이런 아수라장 속에서 미국은, 쓰러지기 직전인 금융기관에 정부가 엄청난 규모의 공적자금을 투입함으로써 간신히 다른 데로 불똥이 번지는 것을 막아냈다. 그러나 2011년에는 정부의 채무위기가 수면 위로 올라와 골머리를 앓고 있다. 유럽에서도 같은 양상으로 번져 실업자와 불안정 노동자들이 순식간에 증가했다. 기댈 데가 없고 대표되지 못하는 이런 사람들이 조직의 형태를 갖추지 못한 채 운동 혹은 폭동을 일으켰다.

이러는 가운데 서양의 지식인들은 막다른 길에 다다랐다는 느낌을 강하게 받고 있다. 1930년대의 공황을 극복하고, 사회주의와 파시즘의 도전을 물리치고, 자유민주주의와 자본주의가 승리했다고 확신하고 있었다. 그러나 오일쇼크를 극복하기 위해 1930년대에 취해진 규제를 철폐하자, 다시 금융공황이 닥쳐왔다. 참주의 등장을 떠올리게 만드는 현상 또한 각지에서 벌어지고 있다. 그러나 케인즈주의에 입각한 재정출동이나 복지국가는 이미 포기한 사상이다. 노동조합도 이제 힘이 없다. 어떻게 손을 써볼 길이 없는 것인가? 바로 이런 상황이 오늘날의 대과제로 부각되어 있다.

그러면 어떻게 하면 좋다는 말인가? 이에 대한 만능의 해답은 존재하지 않는다. 그러나 다양한 모색은 이루어지고 있다. 다음 장에서는 그러한 사상적인 시도를 소개하고자 한다.

제5장

또 다른 세계를
향한 사색

이번 장에서는 대의제 자유민주주의가 한계에 처한 것을 전제로 삼고 전개되고 있는 사상적인 모색에 관해 소개하고자 한다.

그러나 현재로서는 파시즘, 사회주의, 복지국가 또한 한계에 봉착해 있다. 그러므로 체제를 일변시키는 정도까지는 이르지 못하고 있다. 근대 이전의 공동체나 덕목을 지키고자 하는 유형의 보수주의 또한 여기에서는 논외로 한다.

여기서 소개하는 것은 대의제 자유민주주의를 어떻게든 활성화시키기 위해 어떤 노력을 기울일 수 있는가를 모색하는 사상이 중심을 이룬다. 한계는 있지만 주목할 만한 발상의 전환이 있고, 특별히 사회보장이나 고용지원 등의 분야에서 현실적으로 정책에도 영향을 미치고 있다. 그런 사상들을 이해하기 위해서는 20세기 사상의 흐름을 점검해볼 필요가 있다.

| '이성을 행사하는 주체'에 대한 의심 |

앞 장에서 서술한 바와 같이 근대 자유민주주의를 떠받치고 있는 것은 인간은 이성을 행사하는 주체이며, 이성에 의해 세계를 파악할 수 있고 자기 결정도 내릴 수 있다는 생각이었다. 바로 그 점에 대한 의문으로부터 그에 대한 비판적 검증이 비롯되었다.

'이성을 행사하는 주체'라는 생각에 대한 의심은 유럽 사상에는 연면히 이어져왔다. 데카르트 이후에만 한정해도 흄이나 버크 등 영국의 보수사상가, 칸트와 헤겔, 니체, 마르크스, 후설 등의 독일계 사상가들이 있다. 이 장의 전반부에서는 그 뒤의 사회학과 포스트모던 철학에 받아들여진 후자의 사상적 계보를 해설한다.

그 전제로서 20세기의 과학의 진전에 대해 서술해야만 한다. 이성에 대한 의심이 20세기 들어서 강화된 배경 가운데 하나로는 물리학의 동향을 꼽지 않을 수 없다. 특히 양자역학, 불확정성원리, 상대성이론은 철학계에 심대한 충격을 안겼다.

19세기 후반 산업혁명이 한창 진행되던 중에는 뉴턴 역학과 전자기학으로 세상을 모두 파악할 수 있다고 여겨지던 시기가 있었다. 제국주의의 전성기이기도 했기 때문에 유럽이 이성의 중심으로서 세계를 지배할 수 있다는 의식과도 결부되어 있었다.

그런데 1905년, 당시 26세이던 아인슈타인이 특수상대성이론을 들고 나왔다. 세세한 설명은 생략하고 개요만 살펴본다면, 뉴턴 역학의 전제인 운동하는 어떤 물체에 공통된 시간과 공간이 있다는 가정은 성립되지 않으며, 물체의 상대속도에 따라 시간의 진행방식과 물체의 길이와 거리가 모두 변화하며, 상대속도가 늦을 때에만 공통적으로 보이는 것에 불과하다는 것이었다. 또한 질량은 상대속도에 의해 변화한다(하는 것처럼 관측된다)고 했다.

그렇게 되면 질량은 영원불멸의 본질이 아니고, 이 세상에는 세계를 파악할 수 있는 중심적인 시점視点은 존재하지 않게 된다. 이것은 르네상스 이래의 근대과학의 전제를 완전히 허물어버리는 주장이었다. 이 상대성이론의 주장을 전후로 해서 현대미술의 회화에서의 공간묘사 또한 과거와는 전혀 다른 방법이 대두했다.

한편 이성을 행사하는 주체라는 생각에 대한 의심이 널리 퍼지게 된 것은 제1차 세계대전의 영향이 크다. 일본에서는 전쟁 하면 곧바로 제2차 세계대전을 떠올리지만, 유럽에서는 제1차 세계대전 쪽이 훨씬 더 충격이 컸다. 가령 영국과 프랑스에서는 제1차 세계대전의 사망자 수가 제2차 세계대전보다 많았다. 무엇보다 충격적이었던 것은 과학과 이성이 발달한 결과, 엄청난 상호 간의 살육전이 벌어졌다는 사실이다.

게다가 과학과 기술의 산물인 기관총과 독가스 앞에서는 인간의 용기나 인덕 따위가 하나같이 무력했다. 또한 전장에서 포탄에 맞느냐 맞지 않느냐, 살아남느냐 죽느냐 등을 이제는 전혀 예측도 할 수 없게 되었다. 그렇게 되자 지식인들 사이에서 인간은 과학을 제어할 수도 없고, 세계를 파악할 수도 없다는 반성이 솟아났다.

그러한 극한상황의 전쟁터에서 귀환병으로 돌아온 젊은이들은 베트남 전쟁에서 돌아온 미군병사들이 그랬던 것처럼, 사회에 전혀 적응할 수가 없었다. 특히 패전국이었던 독일에서는 전후의 인플레이션과 정치적 혼란으로 인해, 실업자이자 사회의 애물단지로 취급당한 젊은이들이 공산당과 나치스에 들어갔다. 1927년에 28세로 불확정성원리를 주장한 물리학자 하이젠베르크도 이 시대를 산 독일 청년 가운데 한 사람이었다.

| 하이젠베르크의 불확정성원리 |

불확정성원리란 '이 세상에서 인간이 알 수 있는 것에는 한계가 있다'

라는 것이다. 주체가 객체를 정확히 관측할 수 있다는 근대과학의 대전제가 성립되지 않는 것을 주장한 일종의 사고실험thought experiment(머릿속에서 가정을 세워 생각으로 진행하는 실험 • 옮긴이)이었다.

과학에 있어서 주체가 객체를 관측한다 함은 어떤 의미인가? 가령 온도계를 써서 뜨거운 물의 온도를 재는 경우를 생각해보자.

학교의 이공계 실험실에서 온도계를 써서 뜨거운 물의 온도를 재라는 과제를 내면서, "온도계를 덥혀두도록!" 하는 말을 들어본 사람이 많을 것이다. 온도계를 차가운 상태에서 뜨거운 물에 넣으면, 온도가 떨어지게 마련이므로 원래의 정확한 온도를 측정할 수 없기 때문이다.

그런데 온도계를 덥힌다 해도 뜨거운 물의 온도와 결코 똑같게 만들 수는 없다. 측정하기 전의 뜨거운 물의 온도를 모르기 때문이다. 어림짐작하여 덥혀보지만 그러다가 지나치게 덥히게 되면 뜨거운 물의 온도를 높여놓고 만다. 물론 반대로 더 낮게 덥히면, 뜨거운 물의 온도 또한 낮아지게 된다.

그렇다면 대상에 영향을 주지 않고 관측하는 것이 과연 원리적으로 가능한가 하는 문제에 부딪치게 된다. 예를 들어 물체를 보기 위해서는 빛을 비추어야 한다. 그러나 빛은 에너지이므로 빛을 쐬면 사람의 피부가 타는 것과 마찬가지로, 대상의 물체 또한 반드시 화학변화를 일으킨다.

그럼 어떻게 하면 좋은가? 사고실험을 통해 원리적으로 종합하면 비추는 빛을 무한히 작게 하면 된다. 무한히 작게 하면 결국 어느 순간 보이지 않게 되겠지만, 자연히 그 영향 또한 무한히 작아진다. 그렇게 되면 원리적으로는 관측이 가능하다는 논리였다.

그런데 1900년에, 빛의 에너지에는 양자라는 최소단위가 존재하며, 파장이 같을 때에는 일정한 크기 이하로는 이루어질 수 없다고 보아야 실험결과를 설명할 수 있다는 설이 주장되었다. 이것이 발전하여 양자역학이 되고, 차츰 과학계에서 정설로 자리 잡는다.

그렇게 되면 비추는 빛의 양을 무한히 낮출 수 없다는 결론에 도달한다. 그러면 대상을 변화시키지 않고 관측하기란 불가능하다. 일정한 크기 이하로 낮출 수 없다면 파장을 길게 하는 수밖에 없다. 그러나 파장을 너무 길게 하면 미터 파장 레이더로는 작은 물체를 파악하지 못하는 것처럼, 소립자와 같은 극소한 세계를 정확히 파악하지 못하게 된다.

즉, 관측을 해도 반드시 일정한 불확정한 영역, 알 수 없는 영역이 발생하게 된다. 이것이 불확정성원리의 학설이었다.

그렇게 되면 인간은 대상을 파악할 수 없고, 세계를 완전하게는 파악할 수 없다는 의미이다. 과학에는 절대란 있을 수 없다는 것이 과학적으로 입증된 셈이다. 이것은 유럽의 근대철학과 근대과학의 전제가 무너져버렸음을 의미한다.

불확정성원리가 거의 비슷한 시기에 터져 나온 상대성원리와 어우러져, 근대과학을 과거의 것으로 만들어버렸다. 뉴턴 역학은 일상세계의 응용에 근사적近似的으로는 쓸 수 있지만 우주와 같이 거대한 세계, 원자나 소립자와 같은 극소한 세계에 대해서는 적용할 수 없게 되었다.

| '안전기준'이라는 사고 |

그 이후 과학자는, 과학이 세계를 절대적으로 파악할 수 있다는 주장은 펼치지 못하게 되었다.

원래 아무리 여러 차례 실험을 거듭한다 해도, 뉴턴 역학의 수식으로 표현

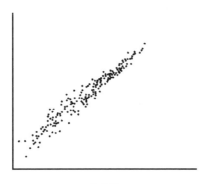

[그림1]

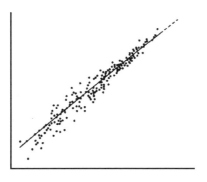

[그림2]

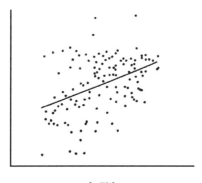

[그림3]

되는 것처럼 등속직선운동은 일어나지 않는다. 수차례 행한 실험결과의 숫자들을 그래프에 적어 넣으면, 왼쪽의 [그림1]과 같이 결과가 점재点在한다. 그리하여 과학자는 '그래, 이렇게 해보자!' 하는 심정으로 [그림2]와 같이 직선을 그을 수 있다. 그 선으로 본질을 드러낼 수 있다는 생각에서이다.

그러나 실제의 실험결과는 모두 깔끔하게 직선 위에 늘어서지 않는다. 그것은 마찰이나 공기저항 같은 것들이 방해하기 때문이며, 그런 것들만 없다면 본질이 깔끔하게 나타난 것이라고 설명한다. 그러나 전자와 양자와 같은 마이크로 세계에서는 마찰이나 공기저항을 생각하지 않아도 되지만, 불확정성원리가 작용하기 때문에 역시 완전하게 정확한 관측은 이루어지지 않는다. 그렇다면 궁극적으로는 깔끔한 선을 그을 수 있다는 주장이 성립되지 않는다.

경제지표의 국제비교분석이나 사회학의 조사 등은 더더욱 그렇다. 현실에서 얻는 데이터는 직선 형태로는 결코 이루어질 수 없다. 많은 경제학자와 사회학자는 중회귀분석이니 카이-스퀘어 테스트Chi-Square Test(두 불연속 변수 간의 상관관계를 측정하는 통계적 기법 • 옮긴이) 같은 통계처리 기법을 사용하여, [그림3]과 같이 직선을 긋고는 "통계적으로 유의미한 결과가 나왔다"라고 주장한다.

'유의미하다'라는 말을 '직선을 그을 수 있다'라는 의미로 받아들이면, 크게 틀리지 않을 것이다. 그러나 정말 그런 선을 그을 수 있는가? 선을 긋는 방법은 하나뿐인가? 이에 관해서는 누구도 보증할 수 없다. 학계에서 인정받은 통계적 처리를 경유한 주장이라는 말을 할 수 있을 따름이다.

의학이나 위생학에서 독성물질의 안전기준을 정하는 것 또한 그런 사례 가운데 하나이다. 독성물질의 피해는 세포실험이나 동물실험은 할 수 있지만, 그 실험결과가 워낙 들쭉날쭉하여 명확한 선을 그을 수 없다. 또한 예컨대 생쥐의 수명은 몇 년 안 되기 때문에 장기적인 영향은 잘 알 수 없다. 그렇다고 인체실험을 할 수도 없다.

방사선 피해에 대해서는 내부피폭의 인체실험은 할 수 없으나, 히로시마·나가사키의 피폭자들이 어떤 질병에 걸렸는지, 어떻게 죽음을 맞이했는지 등에 관해서 통계를 얻을 수 있다. 그것을 토대로 폭발의 중심지에서 이 정도 거리였으므로 이 정도 방사선에 피폭되었다고 상정되는 사람이 이런 정도 암으로 사망했다는 통계를 수학적으로 처리해보면, 이 정도 방사선에 피폭될 경우 이 정도 사망률이 올라간다는 것은 유의미하다, 하고 결론을 낼 수 있다.

물론 이것으로 알 수 있는 것은 외부피폭의 영향뿐이다. 게다가 그렇게 해서 '유의미하다'라고 인정되지 않을 정도로 낮은 피폭자의 피해는 잘 알 수 없다. 그러므로 명확한 선을 그을 수 없다. 통계적으로는 예외일지도 모르나 갑자기 죽는 사람도 종종 있게 마련이다.

그리하여 유의미하다고 여겨지는 양에 100분의 1 같은 숫자를 곱해 여유치를 생성하고, 그것을 안전기준으로 삼는다. 곱하는 수는 물질이나 식품에 따라 다르지만, 이것을 안전율이라고 말한다. 엘리베이터와 같은 기계 또한 마찬가지이다. 강도계산과 실험을 거쳐, 이 정도 하중을 가하면 고장 난다고 얻어낸 수에 10배나 100배를 하여 안전기준이라고 내놓는다.

이렇게 해서 안전기준이라는 것이 세상에 나오지만, 결코 명확한 선긋기는 할 수 없다. 절대안전이란 존재할 수 없으므로 어딘가에서 단안을 내리지 않으면 아무것도 만들 수가 없다. 기준을 넘겨 사용해도 상관없는 경우도 있지만, 뜻밖의 사고가 일어나면 기준이 보다 엄격해지는 경우도 있다.

한편 이런 일도 드물지 않게 일어나는데, 안전율을 100분의 1에서 5분의 1로 바꾸어도 그다지 문제가 없을 것이다, 왜냐하면 애초에 그런 정도의 여유를 두고 만든 기준이었기 때문이라고 하면서, 1그램 이상을 섭취하면 안 된다고 했던 물질을 갑자기 20그램까지 섭취해도 괜찮다고 발표한다. 이쯤 되면 과학이라기보다는 그야말로 정치적 판단의 문제이다.

게다가 안전율을 적지 않고, 100그램까지는 섭취해도 된다고 하는 것은 상당히 위험하다. "현재 100그램까지는 사망률이 올라간다는 유의미한 관측결과는 없다"라는 표현까지 동원하면, 오해를 불러일으키기 십상이다. 그러나 그것이 거짓말은 아니다. 물론 "100그램까지는 절대로 안전하다"라고 말한다면, 그것은 거짓말을 하는 것이거나 과학과는 전혀 다른 판단이 작용하는 것이라고 여겨진다.

| 후설의 현상학 |

이쯤에서 다시 사상 이야기로 돌아가자. 불확정성원리의 주장이 나온 시대의 독일에서는 하이데거의 철학과 후설1859~1938년의 현상학도 널리 퍼져 있었다. 현상학은 나중에 다시 설명하겠지만, 현대의 사상과 사회학에 커다란 영향을 미치고 있다.

여기에서 필요하다고 여겨져 현상학을 설명하기는 하지만, 나는 후설의 사상을 해설할 자신은 없다. 후설 자신이 시기에 따라 글로 쓴 내용이 바뀌었던 데다가, 그를 계승한 제자들 사이에서도 해석이 분분하기 때문이다. 이 책에서 필요한 범위에서, 대체로 이러이러한 사상이다 하는 정도로만 언급하고자 한다.

기본적인 생각은 이런 것이다.

근대의 기본적인 사상은 '주체가 있어 객체를 인식한다'라는 것이다. 이것은 물리학, 정치학, 경제학 등에서 모두 공통된다.

자연과학과 사회과학 모두 이렇게 생각해왔다. 세상의 모든 것들은 가령 물체 A와 물체 B의 각각의 운동을 관측하면 그 상호작용을 통해 파악할 수 있다. 경제란 A사가 원료를 사서 가공하여 B사에 납품하고, 소비자 C나 D에게 판매한다. 정치과정은 기업 A가 정치가 B에게 작용을 가해, 정책 C가 되어 의회를 통과한다. 이러한 생각을 전제로 근대적인 사회과학이 성립되어 있는 것이다.

현상학은 그것이 정말 성립되는가를 묻는다. 그러나 '이 세상의 모든 것들은 알 수 없다'라는 불가지론인가 하면, 그렇지는 않다. 실제로 우리에게는 사물이 보인다. 그것은 어떤 의미인가? 사물을 인식한다는 것은 어떤 의미인가? 바로 그런 점에 대해서 사고를 전개한다.

그래서 후설과 그 후계자가 주장한 학설은 주체와 객체, 나와 너는 미리 존재하는 것이 아니라, '지향성' 속에서 사후적으로 구성되는 것이라고 내세웠다. 이러한 주장을 내 나름으로 설명해보겠다.

다툼이 벌어지게 되면 흔히 이런 말이 나온다. 네가 그런 사람이라고는 전혀 생각하지 않았다고. 이를 근대과학의 사고방식을 동원한다면, 나는 너를 잘못 인식했다. 이번에 새로운 관측 데이터가 들어왔으므로 정확한 인식으로 바꾸었다는 것이 된다.

그런데 그런 사고방식을 취하면 다툼이 더욱 심각해진다. 상대방은 "나 또한 너를 그런 인간으로 생각하지 않았다."든가 "네 생각이 틀렸다."라며 반격을 가해온다. 그것에 대해 다시 "오히려 네가 인식하는 게 틀렸다."라고 응수하며, 상호 간의 비방전이 가열된다.

이런 경우 어느 한쪽이 옳을 수도 있고, 경우에 따라서는 양쪽이 모두 틀릴 수도 있다. 그러나 근대적인 사고방식으로는 어딘가에 올바른 '진실'이 존재하며, 그것을 인간이 파악할 수 있다고 간주한다. 가령 이혼소송은 어느 쪽의 인식이 옳은가를 입증하려고 법적인 다툼을 벌인다.

그렇지만 기억은 변형되기 쉽다. 각자가 말하고 있는 것은 오해이거나 거짓말일지도 모른다. 그리하여 얻어맞았을 때 의사에게 떼어놓은 진단서나 녹음해둔 욕지거리 따위를 증거물로 제출함으로써 '진실'을 드러내려 한다. 반복하는 말이지만, 이것은 나와 너를 정확하게 관측하면 그 상호작용으로서 세계를 파악할 수 있다는 생각을 전제로 삼고 있다.

그러나 나와 너를 정확하게 관측하는 것이 가능한 일인가? 당사자끼리는 불가능하다면, 제3자에게 의견을 들을 수는 있겠지만, 그렇게 한다고 해봤자 관측자 또한 인간이다.

원래 '나'나 '너'나 매일 변화한다. 기분이 좋을 때의 '너'와 기분이 나쁠 때의 '너'는 다르다. 전자가 오해였다, 후자가 진짜였다, 정확한 인식이 달성되었다, 하는 식의 생각에 서 있으면 이는 곧 '그런 사람이라고는 생각하지 않았다'라는 말이 된다. 영원불변하는 '너'의 본질을 과연 알 수 있는 것인가?

오히려 이렇게 생각할 수 있지 않을까? '너'의 본질이라는 것은 인간이 관측할 수 없다. 다만 그때그때 세상에 드러난(현상한) 모습이 보일 뿐이라고.

사실 '현상'이라고 번역되는 용어는 고대 그리스에서는 '이데아'로 대치되는, 곧 쉽사리 변화하는 세상에 드러난 그림자 같은 것이라는 뜻을 지닌 용어였다. 그것은 무시하고 본질을 파악하면 된다는 생각도 있다. 그러나 현상학은 변화하는 현상이란 무엇인가, 어떻게 마주하면 좋을까를 파고든 사상이다. 현상학은 이윽고 '이성을 행사하는 주체'라는 주장이 무너진 뒷날의 사상계에 큰 영향을 미치게 된다.

| 개체론이 아니라 관계론 |

그러면 '너'의 본질은 관측할 수 없다고 치고, 과연 '나'는 알 수 있는가?

누구도 '나에 대해서는 내가 가장 잘 안다'라고는 단정할 수 없다. 상대방으로부터 지적받고서야 비로소 알게 되는 것도 있다. 그러나 다툼이 벌어진 상대방으로부터 지적받으면, 그것은 오해라거나 일면적인 인식이라고 느끼게 된다. 그렇다면 제3자는 알 수 있겠는가 하면 그것 또한 갸웃거리게 된다.

원래 '나'라는 것도 매일매일 변화하고 있다. 상대와 사이좋게 지낼 때와 다툼을 벌일 때에는 스스로도 '내가 이런 인간이었나?' 하며 인식을 새롭게 하는 일이 벌어진다.

그렇다면 이렇게 생각하면 어떨까? 처음부터 '나'나 '너'가 존재한 것이 아니라, 우선 관계가 있다. 사이좋게 지낼 때에는 '멋들어진 너'와 '멋들어진 나'가 세상에 현상한다. 사이가 나빠지면 '악역무도한 너'와 '피해자인 나'가, 내가 본 세상에 현상한다. 이것을 '사실은 극악무도한 너에 대해 나는 인식하고 있었다'라고 생각하는 것이 아니라, 그때그때 관계의 양극단에 '나'와 '너'가 현상하고 있다고 생각하는 것이다.

즉, 관계 속에서 '나'도 '너'도 사후적으로 구성된다고 본다. 관계 속에서 만들어지기 때문에 어느 쪽이 옳은가에 대해서는 단정할 수 없다. 상대방이 화를 내면 이쪽도 성질이 난다. 상대방이 웃으면 이쪽도 경계심이 풀린다. 관계는 변화하기 때문에 '나'도 '너'도 변화한다. 서로가 만들고 만들어진다.

이것을 '나'와 '너'가 원래부터 존재하고 이 양자가 상호작용을 하는 것이라고 생각한다면, 이는 곧 상대방이 웃었기 때문에 그것을 내가 인식하고 반응한 것이다, 하고 생각한다. 그러나 현상학에서는 관계가 생성되면서 그로 인해 '나'도 '너'도 구성된다, 하고 생각한다.

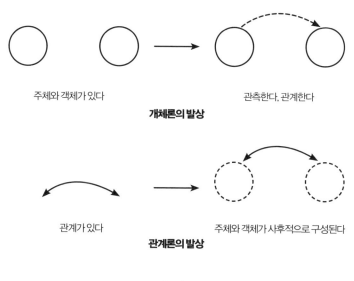

주체와 객체가 있다   관측한다, 관계한다

개체론의 발상

관계가 있다   주체와 객체가 사후적으로 구성된다

관계론의 발상

[그림4]

이런 생각을 가지게 되면 다툼이란 어느 쪽이 일방적으로 나쁘다는 말은 할 수 없다. 관계가 나쁠 따름이다. 나쁜 관계의 양 극단에 '나'에게는 '나쁜 너'가 구성되고 상대방에게는 '나쁜 나'가 구성된다.

그렇게 해서는 납득이 가지 않으므로 증거를 들이밀게 된다. 그러나 관계학적으로 말하면, 증거 또한 그 시점의 관계 속에서 구성된 것이다. 옛날에 쓴 일기나 사진을 끄집어내보면, 사이가 좋았던 때부터 '사실은 이런 놈이었어.'라고 발견하거나 한다. 사진이라는 대상과 '나'의 관계 속에서 인식이 사후적으로 구성되는 것이다.

재판에서 물적 증거를 들고 나와도 당시의 사진이나 녹음과의 관계 속에서 '나'나 '너'나 '제3자'가 저마다 '사실'을 구성하는 데 지나지 않는다. 기억에까지 이르면 변화가 극심하여 관계가 좋으면 아름다운 기억이 만들어지고, 관계가 나쁘면 좋지 않은 기억이 만들어진다.

여기서는 일단 '나'와 '너'가 있고, 그것이 상호작용한다고 생각하는 것을 개체론이라고 부르도록 하자. 그에 비해 관계 속에서 구성되어 상대방과 내가 만들어진다고 생각하는 것을 관계론이라 부르도록 하자([그림4]).

인간은 좀처럼 개체론적인 발상에서 벗어나기 어렵다. 역시 네가 나쁘고 내가 옳다고 생각하며, 이것저것 살펴본 바를 헤아려가며 따진다. 그럴 때 '잠깐! 일단 머릿속을 비워보자.' 하는 지혜가 필요하다. 그것이 곧 '에포케epoche'인데, 흔히 '판단정지'라고 번역된다.

이런 생각을 후설은 제1차 세계대전 전부터 주장해왔지만, 전후가 되어서야 널리 받아들여졌다. 전쟁의 경험, 과학의 변화, 독일 사회의 동요 등이 겹쳐 '절대라는 것은 있을 수 없다'라는 감각이 퍼졌던 것이 그 배경으로 작용했다고 생각된다.

한편 이상의 설명은 처음부터 말했던 것처럼, 내 나름의 해석이다. 그렇다면 이를 통해서 '후설의 참뜻'을 찾는 것은 곤란하다. 그의 저작을 읽는 행위는 누가 하든 '나'와 '문장'과의 관계 속에서 사후적으로 의미를 구성하는 것이다. 그러므로 '이것이 후설의 사상이다'라든가 '이것은 후설의 참뜻이 아니다'라는 말은 간단히 단정할 수 없다.

명확한 잘못을 바로잡는 노력은 필요하지만, 아무래도 인간이 하는 일인 이상 해석의 차이는 어딘가에 남게 마련이다. 이 책에서 소개한 모든 사상에 대해서도 마찬가지라고 생각해주기 바란다. 이치로 말하자면 설령 후설 본인을 데려와 '참뜻'을 묻는다 해도, 그가 쓴 옛날의 책에 나오는 문장의 의미는 현재의 그가 사후적으로 구성한 데 지나지 않을 것이지만.

| 사회조사와 관측 데이터 |

이런 이야기는 그저 추상론에 지나지 않는 것일까? 인간관계에 응용할 수 있다는 것은 알겠는데, 경제학이나 정책과는 관계가 없다고 생각하는 사람이 있을지도 모르겠다. 그러나 그렇지 않다.

예를 들어 개도국의 길거리에 나가보면, 대낮부터 길가에서 멍하니 앉아 있는 사람이 흔하디흔하다. 그 곁에는 담배가 몇 상자 늘어서 있다. 팔리는 것 같지도 않고, 팔 생각이나 있는지 잘 모르겠다. 도대체 그것을 팔려고 앉아 있기나 한 것일까?

이런 사람을 '자영업자'라고 분류할까, '실업자'로 분류할까? 그것은 참 어려운 문제이다. 보는 사람이나 정의에 따라 달라진다고밖에 말하지 못한다. 조사하면 알 수 있지 않느냐고 할지 모르겠으나, 경찰이 다가와 "당신 말이야, 왜 일하지 않는 거야?"라고 물으면 "난 상인이요."라고 대답할 것이다. 만일 세무 공무원이 와서 "세금신고를 안 해도 되는 거요?"라고 물으면 "난 실업자요."라고 대답할 것이다. 조사자와의 관계에 따라 관측되는 것이 달라진다고밖에 말할 수 없다.

실제로 어느 나라 농촌통계에서 촌장의 변덕에 따라 갑자기 '농민'이 줄고 '상업종사자'가 늘어나거나 하는 경우도 있었다고 한다. 물론 이 통계를 근거로 경제학자가 '제1차산업에서 제3차산업으로의 전환이 이루어졌다'라고 논하는 것은 난센스이다.

그런 일은 비단 개도국에서만 벌어지는 일이 아니다. 일본에서도 경찰이 외국인등록증의 휴대의무 위반을 엄격하게 검거하는 방침을 취하면, 갑자기 외국인의 범죄건수가 늘어난다. 거꾸로 말하면 이를 이용해 외국인의 범죄가 늘었다는 연출을 꾀할 수도 있다.

또한 1951년의 일본에서 이런 조사가 이루어졌다. 어떤 신문사가 "일본도 전후 강화조약講和條約이 이루어져 독립국이 되었으므로 군대를 만들어야 한다는 생각에 찬성하십니까?"라고 물었더니 찬성이 70% 이상 나왔다. 그런데 다른 신문사가 "일본에 국방군을 재건하는 것에 찬성하십니까?"라고 물었더니 찬성하는 사람이 40%대를 기록했다.

이런 혼란을 피하기 위해 조사를 하는 경우에는 조사대상에 영향을 끼치지 않도록 배려해야 한다고 되어 있다. 말하자면 온도계를 덥혀두는 것이다. 예를 들어 앙케트를 벌일 경우 되도록 중립적인 질문을 취하고, 사회조사의 경우에는 '조사자는 투명인간이 되어야 한다'라고 지침을 정한다.

그런 배려를 한 결과, 여론조사 등에서는 "××내각을 지지합니까?"에 ○나 ×, 그 이유는 "정책에 기대를 걸 수 없으므로", "인품을 신용할 수 없으므로" 등에서 고르게 하는 방식의 질문을 한다. 그러나 그런 질문방식으로 사람들이 어떻게 생각하고 있는지를 알 수 있을까? 그것을 통계적으로 처리하여 어디까지 '민의'를 알 수 있을까?

게다가 그런 '중립적'인 질문방식을 취해도 "그렇게 질문을 받고 보니, 그런 생각이 드네요."라는 식으로 조사대상에 대한 영향을 완전히 배제할 수는 없다. 여론조사의 결과가 발표되면 확실히 다음번 조사에 영향을 미친다. 정성스럽게 사회조사를 벌여도, 조사자가 문장으로 정리하면 조사자의 해석이 들어가며, 녹음기나 카메라로 기록하면 그것을 의식하기 때문에 현장의 분위기가 바뀐다.

학문만이 아니라 정책 또한 마찬가지이다. 예를 들어 정책금리를 내리면 예금하기보다 투자하는 편이 좋다는 판단을 내리는 사람이 많다. 그러므로 경기가 자극된다는 사고방식이 존재한다. 그러나 인간은 뉴턴 역학이 그리는 물체의 상호작용처럼 움직이지 않는다. 정책금리를 내렸다면 정부가 이런 생각을 하고 있구나, 그렇다면 투자는 미루자, 하고 행동하기도 한다는 것이다.

현재는 정부나 중앙은행 쪽도 그러한 시장 관계자의 반응을 인지하고 있다. 그런 까닭에 정책금리로 경기를 조작한다는 생각은 어느 정도 포기하고, 기업이나 투자가에게 던지는 메시지라고 생각하는 경향을 보이기도 한다. 즉, 중앙은행과 투자가가 상호 간에 만들고 만들어지는 관계가 되어 있음을 의미한다.

| 구축주의 |

현상학을 사회학에 도입한 것이 바로 현상학적 사회학이다. 이것이 뒤에 민속방법론Ethnomethodology(사람들의 일상생활의 방법에 대한 연구 • 옮긴이)이라는 학파로도 이어져 '구축주의'라는 학설로 정립된다.

이들이 중시하는 것은 자신이나 세계나 상대방이나 모두 만들고 만들어지는 것이므로, 그것이 어떤 식으로 구축되어가는지를 연구해보자는 것이다. 이런 만들고 만들어지는 관계를 리플렉시빌리티Reflexibility라고 하며, '반영성' 혹은 '재귀성' 등으로 번역된다.

구축주의적인 연구주제는 가령 현재의 '여자'나 '남자'의 개념과 역할 등은 어떻게 만들어진 것인가 등이다. '남자와 동등하게 일한다'와 '여자답게 주부가 된다' 중 어느 한 쪽을 선택하라는 발상은 '여자의 역할'이 원래부터 존재하며, 아예 유전자로 결정되어 있다는 발상에 근거해 있다. 구축주의 학파에서는 공업화를 비롯한 역사적 변화나 사회관계 속에서 어떻게 '여자'가 만들어져왔는가, 그와 동시에 '남자' 또한 어떻게 만들어져왔는가를 연구한다. '일본인'과 '조선인'이 어떻게 만들어져왔는가, 국익이나 사회문제는 어떻게 형성되어왔는가 등도 연구한다.

예를 들어 센카쿠尖閣 열도(중국명 댜오위다오 • 옮긴이) 문제는 언제부터 문제가 된 것일까? 영해와 배타적 경제수역을 육지로부터 12해리나 200해리로 정한다는 약정이 성립되기 전까지는 중요도가 낮았고, 더욱이 옛날에는 이 정도 섬이야 어찌 되어도 좋은 바위덩어리로 취급되었다. 그래서 1978년의 중일평화우호조약 때도, 달리 중요한 항목이 많았기 때문에 의제로 오르지 않았다.

과거의 경위를 뒤돌아 살펴보면 메이지의 류큐琉球 처분 뒤인 1880년에 일본 정부는 그 조치에 항의하는 청나라에 대해 류큐 열도 가운데 미야코 섬宮古島·이시가키 섬石垣島 등 남쪽 지역을 양도해도 좋다고 제안했다. 청일전쟁 무렵 이 제안은 유야무야되었지만, 센카쿠 열도 또한 할양하는 범위에 들어 있었음은 말할 나위도 없다.

물론 역사상으로는 일본 정부의 주장에 잘 들어맞는 사실史實도 있다. 그러나 애초에 아시아에 '영토'를 명확한 국경선으로 획정한다는 발상이 도입된 것은 19세기 이후이기 때문에, 그 이전의 '사실'을 만든 사람들은 그런 발상으로 생각하며 활동한 것이 아니다. 주민이 살지 않고, 세금을 거둘 수 없다면 그저 쓸모없는 바위덩어리에 불과했다. 그런 '사실'을 서로가 끄집어내가며 다툼을 벌여도, 하릴없는 입씨름에 불과하기 십상이다.

좀 더 말하자면 1972년에 오키나와의 시정권施政權이 반환된 뒤에도 센카쿠 열도 가운데 두 개의 섬은 미군의 폭격훈련장 노릇을 했고 일본 측은 허가 없이는 출입하지 못했다. 또한 1996년에 일본의 우익단체가 센카쿠 열도 가운데 하나에 등대를 세웠을 때, 가장 심하게 항의한 것은 타이완 어업자들의 조직이었다.

즉, 센카쿠 문제라고 하면 흔히 일본과 중국의 문제인 것처럼 언급되지만, 일본과 미국의 문제이기도 하며, 일본과 타이완과의 관계이기도 하며, 중국과 타이완과의 관계이기도 하다. 이것을 '중일관계'라고 생각하는 것은 '현실' 그 자체가 아니라 어떤 편견을 가지고 구축된 인식이다.

이러한 문제를 언제부터 어떤 식으로, 우익단체가 끌어들이고, 매스컴이 끌어들이고, 여론조사에서도 이것이 문제라고 생각하는 사람이 늘고, 정치가가 '국익'이라고 의식하게끔 되었는가? 원래부터 있던 것이 아니라, 관계 속에서 '국익'이 구축되어왔다고 생각해야 한다.

그런 의식 위에 서면 문제의 해결방법이 달라진다. 개체론적인 발상의 경우 중국정부와 일본 정부 가운데 어느 한쪽의 주장이 옳고, 어느 한쪽이 틀린 것이 된다. 그러면 역사적 증거를 들이밀며 정당성을 입증하고, 상대방을 설득하고, 그렇게 했는데도 듣지 않으면 압력을 가한다는 발상에 도달한다. 그러나 관계론적인 사고를 취할 경우, 문제가 어떻게 구성되어왔는가를 조사하고, 상호의 관계와 인식을 바꿈으로써 해결을 도모해나갈 길이 보이게 된다.

| 물화 |

그래서 관계와 인식을 바꾸기 위한 사상이 필요하게 된다. 물화物化, Versachlichung의 개념이 참고가 된다. 이것은 과거부터 내려오던 개념으로서, 마르크스 사상의 중요한 요소이다.

마르크스는 물화라는 용어를 인간과 인간의 관계가 물物과 물의 관계가 되어 드러난다는 의미로 사용하고 있다. 인간의 관계라는 보이지 않는 것이 물의 관계가 됨으로써 세상에 드러난다고 여겼던 것이다. 가령 설날에 보내는 선물을 '마음'으로서 교환하는 것 또한 인간관계라는 눈에 보이지 않는 것이 물의 교환관계가 되어 드러난다는 것이다.

마르크스가 인간의 관계를 살피면서 으뜸으로 꼽는 것은 생산관계이다. 예를 들어 화폐는 노동의 대가로서 받게 되는데, 생산관계가 화폐의 형태로 이 세상에 드러난 것이다. 종잇조각에 불과한 화폐에 왜 가치가 있는가 하면, 피와 땀과 눈물의 결정結晶이기 때문이고, 인간의 노동이라는 관계의 결정이기 때문이다. '마음'을 돈이라는 형태로 드러내는 경우도 흔한 일이다. 또한 화폐를 이용하여 인간을 움직이고, 인간의 관계로 되돌릴 수도 있다.

자본 또한 마찬가지로 노동이라는 관계의 축적이 자본이라는 형태로 세상에 드러나는, 이른바 물화하는 것이다. 과거 노동의 축적이라는 의미에서 마르크스는 자본을 '죽은 노동'의 덩어리라고 서술하기도 했다. 이 '죽은 노동'은 인간을 움직이며 '산 노동'을 행하게 만들며, 그것을 빨아들임으로써 몸집을 불려간다.

이를 응용하면 '인간의 능력'도 관계가 물화한 것이다. 예를 들어 가족이 한데 모여 뉴스나 예술 프로그램을 보면서 저녁식사를 하고 시사문제나 예술에 대한 대화를 나누는 가정에서 자란 아이가, 코미디 프로그램을 보면서 저녁식사를 하는 가정에서 자란 아이보다 자연스럽게 일정 분야에 대한 '능력'이 높아진다. 의식적으로 교육에 투자를 했다는 의미가 아니라, 오랫동안 이루어지는 가정의 인간관계라는 눈에 보이지 않는 것이 축적되어 있고, 그것이 '능력'이 되어 세상에 드러나는 셈이다.

대체로 전자는 경제적으로도 풍족하며 부모의 학력 또한 높은 가정이 많다. 그러므로 경제격차나 학력격차가 아이들 세대에까지 그대로 이어지며 재생

산되는 경향을 보인다. 이것을 프랑스의 사회학자 피에르 부르디외1930~2002
년는 '문화자본'이라고 지칭했다.

인간 또한 세상에 드러날 때 관계가 물화한 모습을 보인다. 문화자본이 높은 아이는 '성적이 좋은 아이', '교양이나 미적인 센스와 아이디어가 넘치는 아이', '학습의욕이 있는 아이'의 모습으로 드러난다. 그에 비해 문화자본이 낮은 아이는 '성적도 나쁘고 교양도 없고 취미도 별것 없고 의욕도 없는 아이'로 드러난다. 젓가락을 쥐는 손놀림, 글씨를 쓰는 필력, 사소한 몸가짐에 이르기까지 과거 가정교육의 축적, 즉 '문화자본'이 드러난다. 거기에서 의식적으로 고치고자 생각해도, 좀처럼 쉽지 않다.

모든 인간이 평등하다고 말하지만, 시험이나 면접을 보기 전부터 이미 차이가 나 있다. 유감스럽게도 실제로 업무를 맡길 경우 전자前者 쪽이 기획을 세우는 핵심사원이 되거나 창업가가 될 가능성이 높다. 후자는 주어진 명령에 따라 몸을 움직이는 현장노동자가 될 가능성이 높을 것이다. 왜냐하면 경제학적으로 보아도, 전자 쪽이 '능력'이 높기 때문이다.

마찬가지로 시장경제 속에서는 모두 평등한 인간이라고들 한다. 그러나 실제로 세상에 드러나는 것은 '자본가'와 '노동자'라는, 생산관계의 양극단일 뿐이다. '문화자본'의 기반이 되는 부모의 자산이나 학력조차도 근본적으로 말하자면 생산관계 속에서 얻어진 것이다.

이런 생각을 통해서 보자면, '능력'이나 자본축적이나 화폐유통을 살펴보는 경제학은 사물을 바라보는 관점이 뒤집혀져 있다. 그런 것을 아무리 살펴보아도 세계는 파악되지 않는다. 즉, 생산관계를 보지 않으면 안 된다는 것이다.

그럼에도 불구하고 '능력'이나 화폐나 자본을 우러르는 것은 세상에 드러나 있는 '물의 모습', 다시 말해 물화한 현상에 사로잡혀 본질을 보지 못한다는 의미이다. 이를 마르크스는 물신숭배fetishism라고 지칭하며, 지금까지의 경제학을 '신학'이라고 형용했다. 자본주의사회는 인간이 만들어낸 것에 불과한 화폐와 자본이 신이 되어, 인간을 지배하는 세계라는 뜻이다.

이러한 생각에 따르면 '개인'이나 '자유의지'란 성립되지 않는다. '개인'이라 할지라도 관계가 물화한 것이다. 자유롭고 평등한 '인간'이란 세상에 존재하지 않으며, 자본가와 노동자, '능력이 있는 사람'과 '능력이 없는 사람'이라는 형태로밖에 드러나지 않는다. 존재는 의식을 규정한다. 그러므로 노동자가 자유의지에 의해 저임금으로 일한다든가, 자유의지로 노동과 임금을 등가교환하고 있으므로 문제가 없다는 따위의 말은 신학적인 이데올로기에 불과하게 된다.

그러므로 표면적인 대립을 흡사 개체와 개체의 운동인 것처럼 살펴보면 결코 해결되지 않는다. 근본적으로 대립을 낳고 있는 관계를 바꾸지 않으면 해결이 되지 않는다고 보아야 한다.

| 변증법 |

그런 관계를 바꾸는 방법 가운데 하나가 변증법이다. 헤겔이 주창하고 마르크스가 이어받았다. 변증법이라고 옮겨지는 독일어 Dialektik는 원래 고대 그리스의 '문답법'의 독일어역이고, 영어의 대화dialogue와 같다.

고대 그리스의 문답법, 특히 플라톤이 묘사한 소크라테스의 문답법은 대체로 이런 생각이다. 불완전한 인간은 혼자서는 진리에 좀처럼 도달할 수 없다. 상대가 틀렸다고 생각해 처음부터 "이게 진리야. 네 생각을 바꿔!"라고 말한댔자 반발이나 살 뿐이다. 게다가 자신도 사실 진리에 도달해 있다는 보증이 없다.

그래서 상대방의 주장에 내재하는 모순을 지적하며 질문을 던져가며 대화를 나눈다. 그렇게 하면 처음부터 설교에 마주치는 것과는 달리, 스스로 모순에 눈을 뜨며 내면적으로 생각을 바꾼다. 물론 상대방이 내게 질문을 던지면, 마찬가지로 대화한다. 그렇게 해서 상호 간에 발전을 이루며 진리에 도달하면 된다. 중요한 것은 자신이 진리에 도달해 있지 않으며, 스스로가 모순에 처해 있다는 것을 자각하는 것이다. 소크라테스의 말을 빌리자면 '무지의 지'가 되는 셈이다.

이러한 대화dialogue에 비해 자신의 주장을 상대에게 설득하는 기술은 웅변술rhetoric이라고 한다. 금융상품 판매와 같이 형식논리상으로 볼 때 전적으로 합리적인 설명을 하기 때문에 사람들은 순식간에 설득을 당하고 만다. 그러나 어쩐지 사전에 준비된 결론에 이끌려가는 듯한 기분이 든다. 이는 플라톤의 설명과 같은 '합리'가 아니라, 상대를 지배하는 도구로서의 형식적인 '합리'이기 때문이다.

문답법과 웅변술의 가장 큰 차이는 자신이 무지하다는 것을 자각하며, 내면적으로 바뀌어가는가의 여부이다. 누가 이기고 누가 옳은가를 강요하는 것이 아니라, 상호 간에 납득하며 바뀌어가는 것이다. 미리 준비된 결론을 일방적으로 이해시키는 것을 대화라고 할 수 없다.

헤겔이나 마르크스는 이 개념을 연장했다. 대립하는 개체, 예를 들어 '나'와 '너'가 존재한다는 것을 헤겔은 정신Geist이, 마르크스는 생산관계가 드러난 것에 불과하다고 보았다. 그것은 항상 변화한다. 이들은 그 과정을 변증법적 전개라고 불렀다.

그것은 아래와 같이 진행한다. 우선 자기 속에, 또는 공동체 속에 모순이라는 것을 자각하지 못하는 상태가 있다. 예를 들어 두 사람의 관계가 대단히 좋을 때에는 '나'라거나 '너'라는 것이 자각적이지 않다. 왜 관계가 좋은지를 생각하지 않으며 서로가 상대와 거의 일심동체라고 생각하는 상태이다.

노동자와 자본가의 관계로 말하자면, '우리 회사는 모두가 가족'이라고 생각하는 상태이다. 이 단계를 '즉자即自'라고 한다.

그러나 어느 순간 '대자對自'의 상태로 접어든다. 모순에 눈을 뜨고 '나'와 '너'는 다르고, 대립하고 있음을 의식한다. 이때의 '나'와 '너'는 원래부터 존재하던 영원불변한 것이 아니라, 정신이나 관계가 현상된 형태이다. 노동자에게 자기의 상황에 대해 눈을 뜨게 해 자신들이 자본가로부터 착취당하는 계급이라는 자각에 도달한 상태를, 마르크스주의에서는 '대자적 계급'이 되었다고 말한다.

이 상태로부터 관계가 변화한다. 대립이 고정화된 상태가 된다. 아무리 작용을 가해도 바뀌지 않는 상대가 서먹서먹하게 보이기 보이게 된다, 이것을 '소외疎外, Entfremdung'라고 말한다.

그 관계를 뛰어넘어 보다 높은 차원의 단계로 변화해가는 것을 '지양止揚, Aufheben'이라고 한다. 이것은 모순을 느끼지 않고 있던 원래의 상태로 돌아간다는 뜻이 아니다. 이른바 '부창부수夫唱婦隨'나 '기업일가企業一家' 따위의 상황으로 돌아간다는 뜻도 아니다.

왜냐하면 일단 세상에 드러나게 된 것은 원래로 돌아갈 수 없다. 세상에 드러나게 된 모순은 보다 높은 차원의 단계로 나아가, 관계를 바꿈으로써만 해결이 된다. 물론 '타협점을 찾는다'든가 '조정한다' 또는 '타협한다' 등과 같이 적당히 처리하는 것이 아니라 보다 높은 차원으로 나아가 새로운 관계를 만들어나감을 뜻한다.

이들 사상에서도 개체와 주체란 일시적인 현상 형태에 불과하다고 간주된다. '나'니 '너'니, '노동자'니 '자본가'니, '지식인'이니 '대중'이니 하는 것은 분열되어버린 '불행한 의식'이라고 본다.

그러나 일단 분열되었다면 마지막까지 나아가는 수밖에 없다. 마르크스주의의 운동론에서는 모순이 쌓여 있는 상태에서 '우리는 노동자다'라는 의식을 갖게 하여 운동의 '주체'를 형성하는 것을 중시한다. '우리'는 원래부터 존재하는 것이 아니라, 만드는 것이다.

그렇다고 해서 변증법의 논리를 관철하면 '노동자가 승리를 거둔다'라고 귀결되지 않는다. 노동자를 주체로 삼아 운동한 결과 '노동자'와 '자본가'라는 대립을 생성한 생산관계 그 자체가 폐기되고, 보다 높은 차원의 관계로 나아가게 된다.

노동자가 정의이고 자본가가 악이라고도 말할 수 없다. 생산관계 속에서 '자본가'나 '정치가'의 역할을 맡고 있는 개체를 테러를 가해 죽인다 해도 무엇 하나 바뀌지 않는다. 물론 관계를 그대로 둔 채 상호 간에 역할을 바꿔, 가령 과거의 노동자가 주인이 되고, 과거의 자본가가 노예가 된다 해도 아무런 의미가 없다. 서로를 대립시키고 있는 관계를 바꿔야만 한다.

아울러 이 논리를 통해서 보자면 보수주의라는 것도 근대화라는 관계 속에서 진보주의와 함께 드러난 분열 형태에 불과하다. 19세기의 독일에서는 근대화의 반동으로부터 낭만주의Romanticism가 대두하여, 공동체로 돌아가라, 자연으로 돌아가라는 등의 주장을 펼친 운동이 벌어졌다. 그러나 헤겔이나 마르크스의 사상으로 보자면, 그것은 불행한 의식에 불과하다.

근대화와 전통은 자본가와 노동자와 마찬가지로 동전의 양면과 같다. 그렇기 때문에 동시에 발생한 것이다. 전통이 이겨 근대화를 멈추게 할 수도 없거니와, 근대화가 진행되어 전통을 완전히 없애버릴 수도 없다.

아무리 옛날 생활방식이 사라져도, 아니 사라져가고 있기 때문에 오히려 사람들은 그 흔적과 역사를 찾아낸다. 그리하여 전통은 다시 만들어지고 이어진다. 근대화가 진전되면 진전될수록 전통은 다시 만들어지고, 전통이 강고해질수록 근대화 욕구 또한 깊어진다. 근대화와 전통은 상호 간에 만들고 만들어지는 관계인 것이다.

| 관계와 운동 속에서 바뀌어간다 |

마르크스주의 경제분석이나 혁명이론은 지금은 그다지 쓸모없는 것으로 여겨지고 있다. 그러나 위에서 설명한 물화와 변증법, 그리고 현상학 이론은 이처럼 응용할 점이 분명히 있다.

우선 'A와 B가 대립한다'라는 개체론적인 발상을 수정할 필요가 있다. '노동자'와 '자본가', '남자'와 '여자', '나'와 '너'는 관계가 물화하고 있으며 사후적으로 구성되고 있는 것에 불과하다. 대립하다가 어느 쪽인가가 승리를 거두는 것이 아니기 때문에, 관계를 바꿔야만 한다.

그런 의미에서는 여자가 '기업전사'가 되고, 남자가 '전업주부'가 된다 해도 사회를 바꾸는 것이 되지 못한다. 지금의 비정규 노동자가 정사원이 되고, 지금의 정사원이 비정규 노동자가 된다 해도, 대립이 지양된 것이 아니다.

일례로 네덜란드에서는 풀타임 정규고용을 무리하게 늘리지 않고, 1996년의 노동법 개정을 통해 풀타임과 파트타임을 평등하게 대우하도록 했다. 노동시간이 다를 뿐 동일한 노동이라면 동일한 시간급을 지불해야 한다. 사회보장제도도 똑같이 적용받으며, 해고조건 또한 동일하다. 그러자 육아기간

동안 파트노동에 종사하는 여성이 많지만, 일자리에 대한 불만이나 각종 문제가 줄어들었다. 파트타임일지라도 별다른 문제가 없기 때문에 오히려 이를 선호하는 사람들도 늘어나, 실업률 또한 낮아졌다.

또 다른 예를 들자면 사고가 일어났을 때도 마찬가지이다. 보상을 받을 수 있는 사람과, 받지 못하는 사람이 대립해봤자 의미가 없다. 분단과 대립이라는 관계를 초래하고 있는 구조를 바꾸지 않으면 해결이 되지 않는다. 교묘한 통치수법 가운데 하나로 분할통치가 흔히 꼽힌다. 일부러 피통치자들끼리 대립이 벌어지게 만듦으로써, 대립을 초래하고 있는 제도나 정책에 대해 눈길이 돌아가지 않도록 공작을 벌인다는 것은 잘 알려져 있다.

이런 사상에 입각하면 혼자서 산속에 들어가 수행을 한다 해도 결코 자기 자신을 확립하지 못한다. 사회로 다가가 관계를 맺지 않으면, 자기 자신을 세상에 현상할 수가 없다.

거꾸로 말해 '나는 사회와 관계가 없다'든가 '내가 나서도 사회가 바뀌지 않는다'라는 것은 비관도 낙관도 아니며, 단순히 불가능이다. 자신이 존재하면서 걷거나 일하거나 말하거나 하면, 관계에 영향을 미치며 사회를 바꾸게 된다. 정치에 무관심한 사람, 불만이 있어도 행동하지 않는 사람이 늘어나면 그 또한 사회를 바꾼다. 자신이 원하는 방향으로 바뀌도록 행동하든가, 자신이 원하지 않는 방향으로 바뀌버리고 마는 행동을 계속 취할 것인가 하는 선택이 남을 뿐이다.

아울러 이런 문제도 있다. 사회운동론과 관계된 글이나 책을 보면 종종 활동가가 '특별한 사람'인 체해서는 안 되며, 보통사람들도 충분히 알 수 있도록 주의주장을 펼쳐야 한다고 나온다. 대립적인 생각을 지닌 사람과 행동을 함께 해야 하나, 배제해야 하나, 아니면 관계는 끊지 않되 각자 알아서 해나가자고 해야 하나? 이런 것들은 늘 문제가 된다.

이런 종류의 고민은 '나'와 '너', 또는 '활동가'와 '보통사람'이 이미 존재하고 있다는 생각에 근거한 것이다. 그런 틀 속에서 생각하면, 상대에게 이기는가, 타협하는가, 배제하는가, 관계를 끊는가 외에는 방법이 없다.

그러나 '나'도 '너'도 관계의 일시적인 현상 형태에 불과하고 상호 간에 만들고 만들어지는 관계라는 생각을 가지게 되면 이야기가 달라진다. '활동가'도 태어나면서부터 활동가였던 것은 아니며, '보통사람' 또한 영원불변하며 보통사람인 채 지내는 것도 아니다.

보통사람이라도 충분히 알아들을 수 있는 주의주장을 펼치라는 것 또한 양면성이 있다. 대중은 관심도 지식도 없으므로 그들에게 맞춰 수준을 낮추라는 의미가 되기 때문이다. 만일 활동가가 그런 식으로 나오거나 하면, 대부분의 사람들은 불쾌하게 느낀다. 올바른 답을 알고 있는 지식인이나 활동가가 무지한 대중을 가르치며 이끌어간다는 자세가 역력하기 때문이다.

무엇보다 자신은 바뀔 생각이 전혀 없으면서 상대만을 바꾸려드는 자세가 불쾌하다. 아무쪼록 잘 이해해달라는 '설명회'와 무엇 하나 다를 바가 없다. 필시 그렇게 하는 사람 역시 그다지 즐겁지 않을 것이다. 그런 분위기는 순식간에 전파되기 마련이어서 분위기가 대번 가라앉아 힘이 빠져버리고 만다.

훌륭한 진리나 그럴듯한 정책에 대해 일방적인 가르침을 받을 경우, 사람들은 내용을 잘 알지 못해 무관심해지거나 지나치게 수용적이어서 스스로 생각을 하지 않게 된다. 그러다가 무언가가 제대로 돌아가지 않으면, 이를 가르쳐준 사람을 비난하는 상황에 빠지기 일쑤이다. 내면적인 변화가 아니기 때문에 진정하게 납득하지 못한 까닭이다. 모두 한데 어울려 지혜를 짜내고, 토론을 거치며 열기를 올려가는 편이, 한 사람 한 사람이 바뀌어가며 밑바닥에서부터 사회를 바꾸어나감에 있어 더 좋을지도 모른다.

변증법은 헤겔이나 마르크스와 같은 19세기의 독일 사상가들이 주창했는데, 거기에는 그럴 만한 이유가 있었다. 당시의 독일은 유럽의 후진국으로서, 영국이나 프랑스 사상을 배운 상층부의 지식인과 대중 사이가 매우 크게 벌어져 있었다. 그래서 지식인이 일방적으로 설교를 하게 되고, 그러면 그것 자체가 권위적인 행위로 인식되어, 그런 괴리 현상을 더욱 강화시킬 따름이었다. 이는 실로 '불행한 의식'이다. 그래서 외부에서 들여오는 설교가 아니라, 내면적으로 바뀌어가는 변증법이 중시되었던 것이다.

외부로부터 일방적으로 설교를 받게 되면 사람이 움직이지 않는 까닭은 설교하는 측이 변화하지 않기 때문이다. 변화하지 않는 상대에게 인간은 재미나 애정을 느끼지 못한다. 자신이 관계를 맺어나갈 디딤돌이 보이지 않거나, 일방적으로 지배를 받거나, 그저 숭배하거나 하는 방식밖에는 상상할 수 없기 때문이다. 그럴 경우 남는 것이라고는 기껏해야 돈벌이 혹은 뭔가를 얻어내기 위해 거래하며, 상대를 수단 삼아 형식합리적으로 제휴하는 길밖에 없다.

인간은 영원불변하는 것도 좋아하지만 변화하는 것도 좋아한다. 영원불변한 것은 죽은 것이며, 변화는 살아 있다는 증거이다. 이런 생각은 아주 옛날부터 존재해왔다. 사계절은 순환하기 때문에 영원한 것이며, 같은 모습을 유지하기 위해서는 변화해야만 한다는 생각 또한 인간에게 깊이 각인되어 있다.

사람들이 대화를 나누면서 납득하는 것은 어떤 때일까? 아마도 대화를 전후로 서로가 바뀌어가며 보다 높은 차원에 도달했을 때가 아닐까. 내가 한 주장이 70% 먹히고, 너의 주장은 30%만 통했다, 그러니까 내가 이겼다고 생각할 때 얻는 즐거움도 있을 것이다. 그러나 이는 어쩌면 차원이 낮은 즐거움일 뿐이어서, 불행한 분열의 뒷맛을 털어내기가 어렵다.

서유럽이나 일본의 사회운동에서는 현상학과 마르크스주의의 영향을 받은 사람들이 적지 않았다. 그런 상황에서 나온 슬로건 가운데 하나가 '이해하는 것은 바뀌는 것'이었다. 지식인이나 활동가나 자신만이 진리를 알고, 일방적으로 이성을 사용해 상대를 파악할 수 있다는 것은 불가능하다. 관계를 맺게 되면 반드시 자신이나 상대방 모두 만들고 만들어진다는 의미이다.

일상생활에서도 "네가 말하는 게 무언지 이제 알았다."라고 순식간에 말하는 사람은 '이 사람은 조금도 내가 한 말의 뜻을 모른다.'라는 인상을 준다. 거꾸로 상대가 자신의 말을 받아들여 무언가 변화를 보였을 때 '내 말을 이해해주었구나.'라고 느끼는 경우가 더 많다.

그때 원래부터 '마땅히 이해되어야 할 주장'이 있었다고는 단정하지 못한다. 대화 뒤에 '나는 이것을 이해받고 싶었다'라고 구성된 것인지도 모른다. 그러나 인간은 그렇게 해서 '납득'하는 존재이다. 그런 납득을 넓혀가는 것을 정치학에서는 정통성이라고 부른다. 그것은 대화와 관계 속에서 '우리'를 만들어나가는 작업이다.

| 재귀적인 근대화 |

지금까지 언급해온 내용을 토대로 현대의 정치적 위기에 어떻게 대응하는가를 사상적으로 검토해보자. 사상가로 주목받는 사람은 여럿 있지만, 영국의 앤서니 기든스1938년~의 사상을 중심으로 이야기해보고자 한다.

지금부터 내가 언급하는 내용은 기든스의 저작인 『좌파와 우파를 넘어서』, 『제3의 길』 등을 축으로 삼고 있다. 다만 그가 쓴 적이 없는 예화, 외국이나 일본의 정책사례, 나의 해석이나 견해 등이 뒤섞여 있다. 비판이나 인용을 하고 싶을 때는 기든스가 그런 내용을 실제로 썼는지 반드시 확인해두기 바란다.

기든스는 1990년대에 노동당이 정권을 다시 잡아 수상이 된 토니 블레어의 핵심 브레인으로서 주목받았다. 그는 전통을 중시하는 우파와도, 사회주의나 복지정책을 주장하는 좌파와도 거리를 둔 '제3의 길'을 주장했다. 노동당 정권이 그 뒤에 취한 구체적인 정책에는 찬반양론이 있지만, 기본적인 콘셉트는 그 나름대로 좋은 평가를 얻고 있다.

기든스에 따르면 근대화에는 '단순한 근대화'와 '재귀적 근대화Reflexive Modernization'가 있다. 재귀적 근대화란 모든 것이 재귀적이 되는, 즉 만들고 만들어지는 정도가 높아지고 안정성이 사라져가는 근대화의 모습이다. 탈공업화 사회에 들어서 있는 현대는 이제 단순한 근대화의 시대가 아니라는 주장이다.

'단순한 근대화'란 지금까지 설명한 바와 같이 개체론적인 합리주의가 성립되던 시대의 근대화를 말한다. 주체가 있어 객체를 파악할 수 있고, 계산을 통해 조작이 가능하다. 표의 합계가 다수인 사람을 대표로 삼으면 된다. 그런 원리 아래 정책이 만들어진 시대이다. 그것이 왜 이제 와서 더 이상 성립되지 않게 된 것일까?

내 나름대로의 생각으로 한마디 하자면, 단순한 근대화의 전제인 개체가 더 이상 성립되지 않게 되었기 때문이다. 마을은 하나의 개체이다. 그러므로 마을의 민의는 선출된 대의원이 대표하게 된다. 노동자 계급은 하나의 개체이다. 그러므로 이러한 정책을 취하면 만족하게 마련이다. 똑같이 실업자는, 모자가정은, 고령자는 각각 하나의 집단으로서 파악이 가능하다. 그러므로 이런 복지정책을 취하면 합당하다. 이런 전제가 성립되어 있던 시대는 대의제 민주주의도, 경제정책이나 복지정책도 원활히 돌아간다.

과거에는 그것이 왜 가능했던 것처럼 보였는가? 기든스에 따르면 근대화

시대 초기에는 행동양식의 결정이 아직 관습이나 전통에 따라 결정되었다. 그러므로 이런 정책을 취하면 농민은 이렇게 행동할 것이고, 노동자는 이렇게 대해주면 표를 던져줄 것이고, 이 사람에게 이야기를 하면 지역이나 업계 전체가 통할 것이라는 예측이 비교적 손쉬웠다. 그렇다면 농민이나 지역이나 업계를 하나의 개체로 간주하고, 현명한 중앙정부가 적절하게 조작하기만 하면 마치 물체의 운동처럼 정책을 세우는 것이 가능했다. 그러므로 근대화가 용이했던 것이다.

공업화가 진전된 시대에도 그런 틀이 과거와는 다른 형태이기는 했지만 그런대로 유지되고 있었다. 아니 어쩌면 그보다는 오히려 더 성립되기가 쉬워졌는지도 모른다.

예를 들어 1960년대부터 1980년대의 일본에서는 안정된 고용이 널리 확산되었기 때문에 그 이전 시대에 비해 생활양식 혹은 라이프스타일이 사람들마다 비슷해졌다. 남자의 경우 18세에서 22세까지 학교에 다니고, 대졸 신입사원으로 취직한다. 착실하게 회사를 다니다 보면 월급이 오르고, 60세가 되면 은퇴한다. 여자의 경우 24세경에 결혼하고, 30세 무렵 두 아이를 낳고, 대략 35세까지 자녀양육 기간을 거친다. 그런 뒤 파트타임 근무를 하며 나이든 부모를 돌본다. 농민이나 자영업자도 있지만, 그들은 나름대로 '전통적'인 생활양식을 지켜나가는 층이다.

이러한 사회는 정치 혹은 정책을 취하기가 극히 쉽다. '노동자'나 '지역'의 대표가 의원이 되어, '피고용자', '자영업자', '농민', '주부', '고령자' 식으로 이루어진 분류에 따라 정해진 정책을 취하면 되기 때문이다.

예를 들어 일본의 연금제도는 결과적으로 이런 콘셉트 아래 조성되었다고 볼 수 있다. 고용자는 피고용자의 급여에서 공제하여 회사와 절반씩 후생연금을 적립한다. 자영업자와 농민은 국민연금에 가입하여, 자율적으로 납입토록 한다. 나중에 지급받는 연금은 피고용자가 정년까지 납입하면 월 20만 엔 정도를 지급받는 데 비해, 국민연금은 만기까지 납입해도 6만 엔 정도밖에 안 된다. 그러나 농민이나 자영업자는 60세 이후로도 일을 할 수 있고, 자가 소유 주택이 있으며, 자식이 가업을 이어받고 며느리가 돌보아주기 때문에 월 6만 엔으로도 그다지 문제가 없다.

문제는 위와 같은 유형에 해당되지 않는 사람들이 오늘날 대단히 많아졌다는 사실이다. 예를 들어 자기 집이 없는데 후생연금에 가입하지 못한 고령의 과거 비정규 노동자나 과거 영세기업 노동자, 폐업을 했는데 가업을 이을 사람이 없는 고령의 과거 자영업자 등이다. 근년 들어 이런 사람들이 늘어났는데, 이런 추세는 앞으로도 계속될 것이다. 이처럼 문제가 많은 제도를 그대로 둔 채, 재정이 부족하다는 이유로 세금을 올린다고 격차 문제가 해소되지 않는다. 무조건 세금을 올리는 정책에 찬성할 수도 없다.

경제정책 또한 마찬가지이다. 과거 같으면 공공사업으로 도로나 항만을 정비하고, 업계의 이익단체와 교섭하면 기업유치가 이루어져 경제가 성장한다. 그리하여 공공사업으로 지출한 재원을 다시 거둬들일 수 있었다. 요컨대 '이렇게 하면 이렇게 될 것이다'라는 예측이 어렵지 않게 이루어졌다. 그런데 그것이 점점 어려워지고 있는 것이다.

| 선택의 증대 |

어째서 이렇게 된 것일까? 탈공업화는 경제라는 측면을 통해 사회 상태를 바라보는 용어이다. 관계에 초점을 맞춰 바라보면, 사람들이 자유로워져 선택이 증대했기 때문이라고 할 수 있다(이런 측면에서 사회변화를 논한 책으로는 미국 클린턴 정권의 노동부장관이었던 로버트 라이시의 『부유한 노예The Future of Success』가 있다).

예를 들어 지금은 여성이라고 해서 24세에 결혼하면 직장을 그만두고 30세까지 아이를 둘 낳는다는 법칙이 성립되지 않는다. 물론 그렇게 하는 사람도 있겠으나, 그것은 선택지 가운데 하나에 불과하다. '왜 내가 직장을 그만둬야 해?', '왜 내가 가사를 맡아야 하지?', '왜 아이를 낳아야 하나?', '왜 이런 남편과 아이와 함께 살아야 하지?'라는 식으로 무언가를 선택적으로 생각하는 것이 일상다반사가 되어가고 있다. 단순히 '선택지가 늘었다'라기보다는 '선택할 수 있음을 의식하게 되었다'라고 보아야 한다. 사회가 크게 바뀐 것이다.

대학생의 취업활동에 대해서도 살펴보자. 과거의 일본에서는 대학의 지도교수가 "자네는 ○○ 주식회사로 가게나."라며, 기업에게 제출할 소개장을 내밀었다. 그 기업에 들어가기를 거절하면, 교수와의 관계가 나빠진다. 들어가기 싫은 회사일지라도, 그것을 거절하면 후배들의 취직에 악영향을 끼칠지도 모른다. 게다가 연공서열에 따른 임금체계의 특성상 일단 들어가면 그만두지 않는 것이 낫다. 자기가 알아서 취직할 데를 찾아봐도, 어디나 연공서열에다 종신고용이라는 비슷한 제도를 택하고 있다. 그러다 보면 몇 군데 찾아다니다가 그것이 그것이라는 생각에 접어버리고 만다.

그런데 지금은 다르다. 학생은 지도교수의 소개장을 무시해도 된다. 스스로 정보를 수집하여 그 회사의 장래성이나 복리후생을 검토해가며 선택하게 되었다. 옛날에는 소개받은 한 회사로 취업활동이 끝났지만, 지금은 여러 회사를 돌아다닌다.

이렇게 되면 사람들이 자유롭고 합리적으로 움직이게 되었다고 할 수 있다.

그러나 자유롭고 합리적인 주체가 늘어나면, 세상이 더 잘 돌아가야 한다. 예측 가능성이 높아져서 미래의 전망을 세우기가 쉬워져야 한다. 그러나 현실은 그렇지가 않다.

그 이유는 상대방 또한 자유로워지고 선택 가능성이 증대되었기 때문이다. 취업활동을 벌이는 학생을 대하는 회사도 'ㅇㅇ 교수의 소개장이 있으므로 채용한다'라는 부담감을 갖지 않는다. 그리하여 응모해온 다양한 학생들 가운데에서 선택하게 되므로 기업들은 응모자들을 쉽사리 불합격 처리한다. 이 때문에 학생들은 더더욱 취업하기가 힘들어진다. 이제 수십 군데의 회사를 돌아다니는 것은 결코 드문 일이 아니다.

그러나 이렇게 되면 기업들이 일방적으로 선택하는 자로서 우위에 서고, 예측 가능성이 높아진 것일까? 결코 그렇지 않다. 학생도 선택하는 자유가 늘어났기 때문에 몇 군데이든 합격을 받을 수 있다. 한 사람이 여러 회사를 다니며 취업활동을 벌이기 때문에, 대기업에는 수많은 학생들이 몰려온다. 그들 중에서 시간과 비용을 들여 알맞은 응모자를 채용하기로 결정해도, 다른 회사로 가버리는 경우가 허다하다. 설사 고용이 이루어져도 3년이 안 돼 그만둘지 모른다.

3년도 안 돼 그만둘지 모른다면 과연 어떤 일이 벌어지는가? 옛날처럼 신입사원일 동안에는 아직 제대로 업무를 수행하지 못하므로 일을 배우는 시기를 거쳐야 하고, 그러므로 그동안 지급하는 월급은 미래에 대한 투자로 생각했지만, 이제는 더 이상 그렇게 생각할 수가 없다. 그래서 과중한 업무에 즉시 투입시키면, 3년 만에 그만두는 젊은이들이 늘어난다. 결과적으로 더더욱 예측이 불가능해지고, 불안정성이 늘어나게 된다.

이러한 상황이 일어나는 까닭은 경기가 나빠지자 기업들의 여유가 없어져,

엄선된 인재와 즉시 투입 가능한 인재를 구하겠다는 전략을 취하기 때문이기도 하다. 그러나 그것뿐이라면 기업 측이 일방적으로 유리하고, 취업 희망자들을 마음대로 요리할 수 있는 가능성이 늘어난다. 그러나 현실적으로 벌어지는 상황은 학생에게나 기업에게나 선택 가능성이 증대하여, 미래를 전망하지 못하고 불안정성만 늘어날 뿐이다.

이러한 상황이 비단 취업활동에서만 보이는 것이 아니다. 남녀와 가족 관계, 기업 간의 관계, 정치가와 유권자의 관계, 어느 나라에서 살 것인가 등등 글로벌한 수준에서 선택 가능성은 늘어나 있는데, 이와 마찬가지로 상대방으로부터 선택받는 가능성도 매우 다양하게 높아져 있다. 그 때문에 예측이 곤란하고 불안감만 커진다. 살면서 누려온 지위나 쌓아온 유무형의 재산 또한 순식간에 진부해지고 말아, 아무런 도움이 되지 않게 된다.

글로벌화가 균질화를 초래한다는 말도 있지만, 실제로 진행되는 것은 선택 가능성과 다양성의 증대이다. 어떤 옷을 입고 어떤 음악을 들을지, 어떤 종교를 믿으며 어떤 사상을 신봉할지, 이제는 모두 당사자가 선택하기에 달렸다. 선택지와 그 정보는 글로벌하게 제공되고 있고, 점점 더 다양해진다. 그러나 이것이 절대적인 디딤돌이 되거나, 이것만 있다고 모두가 납득하지는 못한다. 올해의 유행조차 반드시 이것이라고 단정할 수 없다. 그 어느 것이나 선택지 가운데 하나에 지나지 않으며, 실제로 이제는 누구나 자유롭게 선택 가능하기 때문이다.

위성방송이나 인터넷 보급이 그 원인이라는 설도 있다. 분명히 자기 방에 앉아 전 세계의 정보를 들여다볼 수 있고, 컴퓨터의 클릭 한 번으로 선택이 가능하다. 이는 상황의 변화를 촉진시켰다.

그러나 르네상스 시대의 화약이나 인쇄술이 그랬던 것처럼, 기술은 그 사용자의 세계관과 사회기반의 변화가 있는 경우에만 사회를 바꾸는 원인으로 작용한다. 뭔가 이해하기 어려운 일이 생기면 인터넷 탓이라 하고, 고용이나 가족이 불안정해지면 인터넷, 범죄가 발생해도 인터넷, 데모가 벌어져도 인터넷을 거론하는 것은 일면적으로는 맞는 지적이라 할지라도 그다지 실효성 있는 주장이 아니다.

| 재귀성이 증대한다 |

근대적인 경제학이나 정치학에서는 주체의 행동과 선택의 자유도가 증가하면, 관측과 정보수집에 근거해 합리적으로 행동하게끔 되며, 그럼으로써 세계는 더욱 예측 가능하게 되고 조작할 수 있게 된다고 보았다. 합리적으로 선택하는 행동을 취하는 인간이 늘어나게 되면 호모 에코노미쿠스에 가까운 인간 또한 늘어난다. 그러면 정책과학으로 사회를 조작할 수 있는 가능성도 늘어난다.

그런데 실상은 전혀 그렇게 되지 않고 있는데, 이는 무슨 까닭인가?

그것은 근대과학이, 주체는 이성을 행사하지만 객체는 단순한 물체라고 여겼기 때문이다.

데카르트에 따르면 인간에게는 이성이 있는데, 동물은 기계로서 자극에 반응하여 움직인다. 먹이를 주면 그저 받아먹을 뿐이다. '먹이를 준다는 것은 이렇게 생각하고 있다는 것이겠지. 그렇다면 의표를 찔러주지.' 하는 따위의 일은 벌어지지 않는다는 의미이다. 정책과학에서 '정책금리를 내리면 투자가 늘어난다'라는 것과 마찬가지의 발상에 입각해 있다.

그러나 인간 사회는 이렇게 돌아가지 않는다. 현상학에 따르면 이쪽이 무언가 하면, 상대도 영향을 받아 변화한다. 그렇게 되면 행위를 하기 이전의 정보나 그것을 근거로 세운 예측은 도움이 되지 않는다. 새로운 정보를 입수했다 해도, 정보를 수집하는 행위 그 자체가 상대에게 영향을 미치기 때문에 또다시 변화하고 만다. 나아가 상대가 바뀌면 자신도 영향을 받아 변화하므로, 안정된 예측이나 행동을 취할 수 없다.

원래 데카르트는 인간끼리 경쟁하기보다, 자연을 정복하여 평화를 구축하는 길이 더 낫다고 여겼다. 그렇기 때문에 인간이 자연을 조작한다고는 생각했어도, 인간이 인간을 조작하는 것까지 생각했는지는 알 수 없다.

현대의 사회에서 증대하고 있는 것은 자유가 아니다. 그보다는 만들고 만들어져가는 정도가 더욱 증대하고 있다. 기든스는 이를 '재귀성의 증대'라고 규정했다.

자유라는 것은 무언가 디딤돌이 없으면 단순한 불안정에 빠져버리고 만다. 데카르트가 상정한 '우리'는 신이라는 부동의 존재에 기대고 있다. 그러나 현대에는 '자기'라는 존재 또한 '이런 내가 바람직한가?'라는 회의를 해가며 끊임없는 갈등 속에서 선택하고, 의사결정을 내리며, '만들어나가는' 존재가 되어 있다. 이를테면 아이덴티티의 모색, 자아 찾기, 커리어 디자인, 다이어트 등이 거기에 해당한다.

그러나 '자기'를 만들면 만들수록, 만드는 주체임에 분명한 '자기'가 변화하며 흔들린다. 그러므로 무한한 불안정이 닥쳐온다. 자신을 만들어가면서 자신을 안정시키려고 하므로, 처음부터 모순된 행위일 따름이다. 거울에 거울을 비추고 있는 것과 같아서 아무리 시간이 흘러도 멈춰지지가 않는다.

가령 다이어트에 의한 살빼기처럼 일시적인 성공을 거둔다 해도, 거기에 글로벌한 정보나 선택지, 타자의 시선이 개입외면 '나보다 스타일이 훨씬 좋은 사람이 있다', '바뀐 것이 없다는 말을 들었다' 등의 생각 속에 안정감을 상실한다. 게다가 이러한 정보는 엄청나게 쏟아질 뿐만 아니라, 항상 변화한다. 천변만화하는 무한한 정보와 시선에 시달리며, 불안정성은 더욱 증대된다. 거기에 대응하지 못하게 되면, 식이장애eating disorder나 우울증에 빠진다.

불안에 빠진 사람들 중에는 자신이 기댈 만한 절대적인 무언가를 찾아 헤매는 사람도 있다. 신흥종교의 인기, 강한 지도자에 대한 기대, 그럴듯한 회사에 대한 열망 등은 어느 나라에서나 흔한 경향을 보인다. 그러나 그 또한 순식간에 선택에 휩쓸려 비난받거나, 쓰임새가 다해 버림받는 경우도 비일비재하다.

| '전통'도 만들어진다 |

원래 데카르트가 생각한 것은 자신만이 신의 축복인 이성을 행사하여 세계를 파악하는 인간이었다. 상대가 예측된 행동밖에 하지 않으므로, 자신만이 안정적으로 이성을 행사하고 있을 때에 이런 조작을 할 수 있다.

단순한 근대화가 근대 초기에밖에 성립되지 않는 까닭은 이 때문이기도 하다. 중앙정부의 관료를 비롯한 일부 사람들만 이성을 행사하고, 조작당하는 측은 관습이나 전통에 따르면서 예측 가능한 행동밖에 취하지 못하던 시대에 비슷하게나마 성립되었던 것이다.

그러나 기든스에 따르면 인간은 원래 재귀적인 존재이다. 어떤 대상과의 관계 속에서 만들고 만들어져가는 존재이다. 그것이 지금 와서야 비롯된 것은 아니다.

이른바 '전통적인 사회'에서는 어땠을까? 그런 사회에서 인간은 과거나 전통이나 신화를 대조해가면서 행동을 결정했다. 신화에 이렇게 쓰여 있다, 전례가 이렇다, 그러므로 이 행동은 옳다. 이렇게 해서 인간은 과거와의 관계를 통해 자신을 만들어나갔다.

그러나 과거는 변화하지 않는 절대적인 것인가 하면, 결코 그렇지 않다. 현재 상태에서 기억이 변화하는 것은 흔히 일어나는 일이다. 사이가 나빠지고 나면 '그러고 보니 저 사람은 옛날부터 저랬어.'라는 식으로 기억이 재편성되기도 한다.

마찬가지로 집단적인 과거나 전통 또한 현재의 행위로부터 만들어진다. 센카쿠 열도의 역사에 대한 연구나 지식이 널리 보급된 것은 그것이 '문제화'되었기 때문이다. 성서의 해석이나 일본 고대 신화의 해석 또한 그때그때 정책이나 근대화 과정 속에서 바뀌어왔다. 그리하여 해석된 신화는 인간의 행동을 만들고, 그 행동 속에서 신화의 재해석이 진행된다.

역사 또한 만들어진다. 일본의 사례를 들어보자. 전쟁이 벌어지던 시대에 '일본에는 무사도의 전통이 있다'라는 주장이 널리 퍼졌다. 일본의 수출산업이 호조를 보였던 1970년대에 '일본은 조닌町人(에도 시대의 경제번영을 토대로 17세기에 등장하여 빠르게 성장한 상인과 수공업자 등의 사회계층 • 옮긴이) 국가의 전통이 있다'라는 주장이 유행했다. 1960년대에 쌀의 자급률 100%가 달성됨과 동시에 종신고용이 확산되자 '일본은 농민적 집단주의의 전통이 있다'라는 확신이 일었다.

무사나 조닌이나 농민은 모두 에도 시대 일본에 존재하던 것이므로, 자신이 좋아하는 재료를 가져와 역사를 만들기란 간단한 일이다. 에도 시대에는 조닌의 꽃이었던 벚꽃이 '무사도의 상징'으로 뒤바뀌고, 에도 해안가에 살던 조닌들이 즐기던 지역요리인 스시寿司가 '전통적인 일본요리'로 등장하는(냉장고가 없던 시대에는 내륙에서 스시는 먹지 못했다) 등 원칙 없는 역사의 재편성이 벌어진다.

 자연과학 또한 마찬가지이다. 최근 들어 텔레비전의 동물 관련 프로그램에서 '수컷이 새끼들 교육을 맡는다'라는 내용을 자주 접하게 된다. 주 시청자가 분명 자녀를 양육하는 어머니와 아이들일 것이다. 과거에 일부 그런 동물들이 존재한다는 것은 알려져 있었어도, '아버지의 육아 참가'라는 식으로는 표현된 적이 없었고, 그것을 주제로 삼아 텔레비전 프로그램으로 만들지도 않았다.

 그때그때의 시대적 필요에 따라 자연계의 해석이 변화한다는 것은 자본주의의 발흥기에 적자생존을 부르짖은 다윈 진화론이 널리 퍼진 것으로도 확인된다. 동물계가 적자생존이기 때문에, 인간세계 또한 그럴 것이라는 식이다.

 '전통' 또한 고정적인 것이 아니라 '현대'와의 재귀성 속에서 만들고 만들어지는 것이다. 일정한 범위의 사람들이 현재의 행동을 어떤 과거 대상과의 재귀성 속에서 결정했을 때, 그 대상을 '전통'이라든가 '성서'라고 부른 것에 불과하다. 아무도 읽지 않게 되었다면, 그것은 이미 성서가 아니게 된다.

 근대화 초기에는 일부 지식인이나 관료나 정치가들이 과거와 전통을 재귀성의 대상으로 삼는 행동양식을 취했을 따름이다. 자연히 그런 시대에는 일반 대중을 상대로 한 정책을 취하기가 용이했고, 대표를 뽑는 것도 용이했다.

 그러나 글로벌화와 탈공업화로 사람들이 자유로워지고 선택 가능성이 증대하면서 재귀성은 비약적으로 증대했다. 안정성이 더욱 흔들리며 사람들이 한층 자유로워지면서 미래를 예측할 수 없게 되고, 이에 따라 점점 타인을 납득시키기가 힘들게 되었다.

 '자유'는 전염된다. 이쪽이 전통적인 행동양식으로 상대에게 진심을 다했다. 그런데 상대방은 "난 그런 것들로 속박당하고 싶지 않다. 나는 자유롭다."라고 말하기 시작하면, 이쪽 또한 자유롭게 행동하게 된다.

묘하게도 처음 '자유'의 일격을 가한 것은 대개 중앙정부에 의한 근대화 정책이나 외부로부터의 충격이었다. '자유'의 매력과 무시무시함을 인지한 사람들은 속속 자유로워져갔다.

재귀성의 증대는 누구에게나 불안정을 안기지만, 경제적으로 어려운 사람들에게 미치는 타격이 훨씬 크다. 과거의 가난한 사람들은 그나마 공동체나 가족의 상호부조를 통해 경제적인 빈곤을 커버했다. 아니면 자신이 일궈온 일이나 기술이나 삶의 태도 등에 대한 자부심으로 심리적 빈곤을 메우며 지내왔다.

그러나 재귀성이 증대하여 선택 가능성과 타인의 시선에 휩쓸리는 상황에 빠지자, 지금까지 버텨온 지반이 흔들린다. 상호부조도 자부심도 다 잃어버리고, 이제 사람들은 무한한 선택 가능성 속에 내버려졌다. 그리하여 정보수집 능력과 화폐 없이는 어떻게 헤쳐나갈 방도가 없는 암담한 상태에 빠졌다.

| 왜 좌파와 우파 모두 한계에 처했나? |

기든스는 이러한 현대인식을 통해, 어떻게 종래의 좌파와 우파가 한계에 처했는지를 분석했다.

기든스의 정의에 다르면, 좌파란 주체의 이성을 믿으며 객체의 조작 가능성을 믿는다. 계획경제나 복지정책 등 정부가 적절한 정책을 시행하면 적절하게 사회를 설계할 수 있다는 주장이다.

그에 비해 우파는 객체의 절대성과 주체의 한계를 믿고 있다. 전통으로 돌아가라. 전통은 흔들리지 않는다. 아니면 시장에 맡기라. 시장은 틀림없다. 인간의 이성은 믿을 바가 못 된다. 그러므로 전통 앞에서, 시장의 판정 앞에서

겸허한 자세를 취해야 한다는 입장이다.

그러나 일본에서는 보수정당이 '소득배증계획所得倍增計劃'(1960년에 성립된 경제계획으로, 이듬해부터 10년 동안에 명목국민소득을 1960년의 2배인 26조 엔으로 늘리겠다는 목표로 내걸었는데, 그 뒤 일본경제는 이 목표 이상의 성장을 이루었다 • 옮긴이)이나 난개발을 진행하고, 혁신정당이 자연보호를 제창한다. 그러므로 이런 정의가 반드시 들어맞는다고 할 수는 없다. 제대로 들어맞지 않는 사례가 일본에서만 나타나는 것은 아니지만, 우선 이런 정의에 입각해서 이야기를 진행해보자.

기든스에 따르면 우파나 좌파나 재귀적 근대화 속에서는 한계에 처한다. 인간의 이성도, 전통이나 시장도 결코 절대적이지 않다. 시장은 조작이 가능하지 않다고 하지만, 전통이나 '시장의 판정' 또한 만들고 만들어져가는 것이다.

과거 계획경제가 한계에 처한 까닭은 정보가 너무 많아져 중앙정부가 어떻게 처리할 수가 없었기 때문이라고 한다. 그 문제뿐이었다면 슈퍼컴퓨터를 동원해서라도 처리속도를 높이면 해결될지도 모르겠으나, 실제로는 그것이 진짜 문제가 아니었다. 현장에서 생성되는 현상을 제대로 파악할 수가 없었던 것이 문제였던 것이다.

예를 들어 여러 사람이 식당으로 점심식사를 하러 갔다고 치자. 식당 쪽에서는 사전에 각자가 원하는 메뉴를 조사해 카레 30인분, 새우튀김 정식 30인분, 일반 정식 40인분으로 정확히 파악하여 사람 수만큼 준비한다. 그러나 실제로 식당에 와서 새우튀김 정식이 맛이 없어 보이면 카레로 바꾸고 싶다는 사람이 나온다. 현장에서 사물과 마주치면 거기에 반응하면서 결정을 바꾸게 된다. 즉, '자신이 새로이 만들어져버리는' 것이다. 이것이 곧 재귀적인 관계이다. 식당에서 이런 것을 우려하여 더욱 정밀하게 조사하려고 하면, 이번에는 그 조사 자체가 영향을 끼치게 된다.

이처럼 생성되어가는 현상을 모두 파악하여 조작할 수는 없다. 그러므로 이성적인 주체가 계획적으로 정책을 시행해도, 필연적으로 한계를 맞이하게 된다. 좌파와 우파 모두 한계에 처하는 까닭은 바로 이런 메커니즘 때문이다.

그러면 전통이나 시장 쪽이 디딤돌 노릇을 할 수 있을까? 대답은 그렇지 못하다는 것이다. 전통은 날마다 해석되며 다시 만들어져나간다. 게다가 사람에 따라서 해석 또한 다르게 마련이다. 제대로 기록을 남겨놓았다 해도, 성서의 해석이 그런 것처럼, 통일시키는 것이 불가능하다. 어떤 범위의 사람들에게서는 통일될지도 모르나, 그것은 다양한 가치 가운데 하나로 치부될 뿐이다. 아마도 그 밖의 다른 사람들은 납득하려 들지 않을 것이다.

시장은 어떨까? 우선 호모 에코노미쿠스를 전제로 한 시장모델 이론은 현실과 한참이나 동떨어진 것이다. 현실의 시장은 선택 가능성과 재귀성의 증대로 항상 변동하고 있다. 도저히 안정된 지침을 마련할 수가 없다. 물론 경제학 중에서도 합리적 경제인이라는 가정의 한계를 인정하고, 재귀성 이론을 받아들이는 움직임도 있다. 그러나 현실의 복잡성에는 도저히 쫓아가지 못하는 정도에 그치고 있다. 아울러 그런 경제학은 이미 시장만능주의를 주장하지 않는 셈이다.

한편 많은 시장만능주의자는 사람들이 상호신뢰나 관습이나 룰을 소중히 여기므로, 정부가 규제를 완화하여 자유롭게 해주면 '자생적인 질서'가 형성된다는 가정 위에 서 있다.

물론 이는 애덤 스미스 이래 일관된 사상이지만, 재귀성이 높아진 사회에서는 성립되기 어렵다.

그것이 성립되지 않으면 관습이나 룰을 소중히 여기라, 법이나 국가를 존중하는 마음을 고양하라, 치안을 강화하라 등의 형태로 보수주의와 연결된다.

이른바 '신자유주의'가 되는데, 이는 현실적으로 제대로 기능하지 않을 뿐만 아니라 대립을 심화시켜 정통성을 상실시키는 역효과를 부른다. 새로운 사태를 낡은 가죽부대에 담으려 하면, 대립과 폭력이 빚어진다.

나아가 이런 상황이 심각해지면, 타인을 신뢰하지 말라, 자조노력自助努力을 통해 경쟁에서 승리를 거두라, 그렇지만 정부는 되도록 작게 하라는 등의 주장을 내세우는 정치가도 등장한다. 그러나 그런 방식으로 질서가 잡히리라고 생각한 사상가는, 내가 아는 한 동서고금을 막론하고 존재하지 않는다.

그럼에도 불구하고 신자유주의는 재귀성이 증대한 사회에서 인기를 누린다. 내 생각에 그렇게 되는 까닭은 다양한 주장들이 더 이상 믿을 수 없게 되었기 때문이다. 현실적으로 각국에서 내놓은 신자유주의의 기본적인 발상은 '믿을 수 있는 것은 자신뿐이다. 자신의 돈, 자신의 가족, 자신이 속한 민족뿐'인 것처럼 보인다. 그것은 애덤 스미스나 프리드리히 하이에크1899~1992년(오스트리아 학파의 대표적인 경제학자 • 옮긴이)가 말한 경제적 자유주의자의 사상과 분명하게 같다고 말할 수 없다.

| 카테고리의 한계 |

또 한 가지 종래의 우파와 좌파가 한계에 처한 이유가 있다. 그것은 양자의 기본적인 사고가 일시적인 사회 상태 아래에서 만들어진 '피고용자', '농민', '주부'와 같은 개체론적인 카테고리에 입각해 있기 때문이다. 앞서 언급한 일본의 연금제도와 마찬가지로 어느 나라에서나 카테고리에 들어맞지 않는 사람들이 늘어났다. 그로 인해서 정책이나 정치가 심각한 어려움에 처해 있다.

특히 지금의 선진국들에서 문제가 되고 있는 것은 저임금의 불안정 노동자들이다. 지금까지는 고용되기만 하면 임금이 보장되었다. 그러다 실업을 당해도 실업보험이 나온다는 전제로 정책이나 정치적 대응을 해왔다. 이는 노동자를 '피고용자'와 '실업자'의 어느 쪽인가로 분류할 수 있다는 발상이다.

그러나 불안정 고용으로 말미암아 저임금, 사회보장 없음, 노동조건 최저, 징검다리 단기 고용의 덫에 빠져 있는 사람들은 이런 분류조건에 따른 발상으로는 대처할 수 없다. 과거에는 그런 사람들이 남편 혹은 부모가 보살펴주는 주부이거나 학생이기 때문에 걱정할 필요가 없다고 여겨지기도 했다. 그러나 지금은 상황이 전혀 그렇지가 않다.

이에 대한 하나의 대처방법은 카테고리를 늘리는 것이다. 그러나 카테고리를 무한정 늘리기에는 한계가 있다.

예를 들어 피고용자인데 국민연금뿐이어서는 불안하므로, 비정규 고용 또한 후생연금에 가입하게 한다고 치자. 하지만 비정규 고용 가운데에는 주부의 파트타임도 많으므로, 남성 비정규 고용만 후생연금에 가입하도록 할까? 그러나 결혼하지 않은 여성 비정규 고용도 많다. 하지만 그 가운데 상당수는 결혼하여 주부가 된다. 그렇다면 근속연수와 노동시간이 긴 비정규 인원만으로 한정할까? 하지만 막 이혼한 모자가정으로 보살핌을 받지 못하면서 파트타임으로 일하는 여성은 어떻게 하나….

분명 필요한 조치도 많이 이루어지고, 이전보다 더 나아질지도 모른다. 그러나 점점 제도가 복잡해지고 이용하기 어려워진다. 게다가 아무리 해도 카테고리에서 벗어나게 되어 불만을 터뜨리는 사람이 남는다.

게다가 그런 카테고리의 사람들이 얼마나 존재하며, 어느 정도의 생활을 꾸리는가를 파악할 수나 있을까? 엄청난 수고와 비용이 드는 데다 정확하게 파악하기도 어렵다. 거기에 그렇게 해서 카테고리를 정비한다 해도, 어느 순간

사회구조가 바뀌어버리면 다시 현실과 전혀 들어맞지 않게 되고 만다.

정치의 세계에서는 카테고리와 상징에 근거한 정치가 성립하지 않게 된다. 농민, 노동자 계급, 청년, 여성 등에 기반을 둔 정치가 점차 성립하지 않게 된다.

| 보수주의의 역기능 |

그 점에 대해 보수주의는 '여자는 결혼하여 집으로 돌아가라'라는 주장을 펼치고는 한다. 또는 '오늘날의 젊은이는 참을성이 없다'라고 내세운다. '여자'라는 카테고리에 들어가기 때문에 이렇게 행동한다는 사고방식이다. 그러나 카테고리의 공동화와 재귀성의 증대를 구호만으로 멈추게 할 수는 없다.

게다가 문제는 새로운 술을 낡은 부대에 담으려 하면, 대립과 폭력이 빚어져 도리어 사태가 악화되고 만다는 점이다.

그러한 역기능은 왜 생기는 것일까? 이것은 내 생각인데, 그런 사람은 '단순한 근대화' 시대의 특권층 감각에 사로잡힌 경우가 많기 때문이다. 즉, 상대에게는 '전통적'인 행동을 요구하면서, 자신은 '자유'로이 행동하려는 지점에서 문제가 발생한다.

예를 들어 '3년 만에 그만두는 젊은이는 제멋대로인 것이다'라고 주장하는 재계인사가 있다. 그러나 그런 사람이 가령, 하청기업은 과거의 사고방식에 얽매이지 않고 전 세계를 무대로 자유로이 선택할 수 있어야 하고, 법인세를 낮추지 않으면 해외로 공장을 이전하겠고, 이제 더 이상은 참을 수 없다는 등의 주장을 펼친다. 이런 사람은 "왜 여자가 집안일을 해야 하지? 하지만 당신은 남자니까 노동을 하라."라는 말을 들으면 벌컥 화를 낼 터인데, 필시 자신이 무슨 말을 하고 있는지 모르고 있을 것이다.

좀 더 생각해보자. 이 사람은 하청기업을 자유로이 선택할 수 있다고 발언한다. 그렇다면 그 회사의 거래선 또한 자유로이 행동하게 되어 있다. 글로벌 기준으로 엄선된 채용을 행하겠다고 발언한다면, 상대 또한 글로벌한 기준으로 엄선한다. 능력주의를 사원에게 요구하는 사장이 만일 유능하지 않다면 정통성이 현저히 떨어진다. 자신의 행동이 상대에게 영향을 미치고, 나아가서는 재귀성을 증대시킨다는 사실을 인지하지 못한다. 거기에서 대립이 생기고, 역기능이 생기는 것이다.

일본의 '섹트sect'(종파 혹은 당파를 뜻함 • 옮긴이)도 자신들은 자유로이 자치회를 탈취하지만, 학생들은 지금까지와 마찬가지로 자치회 집행부가 말하는 대로 들으라는 식의 태도를 취했다. 전공투 운동 후기에는 자유참가 형식의 운동임에도, 참가자를 속박하려 들면서 윤리주의가 횡행했다.

이러한 보수주의의 역기능 가운데 하나는 저출산이다. 탈공업화 사회에서는 일본, 스페인, 이탈리아 등 전통적인 성역할에 근거한 가치관이나 제도를 채택하는 나라가 저출산이 격화되는 경향을 보인다.

그것은 왜 그럴까? 남성의 평균임금이 떨어져 여성이 일하러 나가지 않을 수 없는 상황인데, 보수주의가 장애물 노릇을 하며 제대로 대응을 할 수 없게 만들기 때문이다. 남성은 가사를 돌보지 않는다. 휴직제도나 보육원이 제대로 갖춰져 있지 않다. 상황이 그렇다면 여성들은 아이를 낳을 수 없지 않은가? 물론 그도 아니라면 아예 결혼을 하지 않을 것이다. 출산하여 주부가 된다 해도, 일하러 나가지 않으면 수입이 줄어들기 때문에, 자식을 여럿 낳지 못한다. 보수적인 가치관이 역효과를 불러일으키는 것이다.

일본에서도 오늘날에는 육아지원이나 휴직제도를 활용하여 직장을 그만두지 않는 여성이 오히려 전업주부가 된 여성보다 자녀를 낳는 수가 오히려 많다고 한다. 육아지원 등이 없는 상태에서 여성이 과거부터 내려온 성역할을 지키고, 출산을 하며, 육아와 가사를 모두 떠맡은 채 직장에 다닌다면 어떻게 되겠는가? 아마도 과로로 쓰러지든가, 심각한 우울증에 시달리게 되든가, 아동학대나 이혼으로 내몰리든가…. 이 모두가 심각한 역효과이다.

| 원리주의 |

기든스는 전통을 불변이라고 간주하는 우파를 원리주의라고 묘사한다. 여기에서 말하는 원리주의는 자신이 만들고 만들어진다는 것을 인정하려 하지 않고, 상호 간의 변화에 의해 관계를 바꾸어 나가는 대화(문답법, 변증법)에 참가하려 들지 않는 태도이다. 소크라테스 식으로 말하자면 무언가 절대적인 가치에 집착하며 '무지의 지'에 다다르지 못한 인간이라고나 할까?

원리주의의 폐해는 폭력과 대화거부이다. 대화에 참가하여 자신을 변화시키지 못하는 사람은 대화를 거부하든가, 궁극적으로 폭력으로 내달린다.

대화의 거부는 우선 격리隔離와 퇴거退去로 이어진다. 상대에게 간섭하지 않고, 외부로 나가지 않으면서 자기 안에 틀어박히며, 교제를 일체 하지 않고, 대화를 나누지 않는 등의 양상을 보인다. 대화를 거부하면서 상대를 지배하고자 하는 사람, 관계를 제대로 형성하지 못하는 사람은 완력이나 언어폭력을 동원한다. 가정 내에서의 폭력이나 범죄의 증가는 선진국 어디에서나 큰 문제가 되어 있다.

원리주의는 카테고리에 갇힌 상태에서 대화를 거부하는 식의 반응도 보인다. 종교, 민족, 지역, 성별과 같은 아이덴티티에 입각해서 상대를 비난한다. 세계 어디에서나 이민족을 배척하는 운동이 벌어진다. 북아프리카와 같은 지역주의도 있고, 인도의 힌두 우파와 같은 종교원리주의가 있다. 제각각 세계관이나 역사관이나 전통을 만들어가며 자신들의 주장을 정당화시킨다. 불안정성을 견디지 못하게 된 사람들이 그들의 주장을 추종한다.

상대가 바보라고 무시하는 것 또한 대화거부의 일종이다. 다양성과 선택 가능성이 증대한 현대에는 암묵의 전제가 공유되어 설사 대화를 나누지 않아도 통하는 경우가 적지 않다. 나아가 다양한 선택 속에서 협소한 분야의 지식을 모으면, 간단히 그 분야에서는 박식해진다. 대화가 통하지 않는 상대, 자신이 소상한 지식을 지닌 분야에 관심이 없는 상대는 바보로 간주하며 대화를 거부할 수 있다. 재귀성이 증대하면 할수록 '바보가 많아졌다'라고 떠드는 사람이 늘어난다.

정치로 말하자면 이너 서클inner circle에 갇혀 대화와 공개를 거부한다. 그렇게 해도 된다고 여기기 때문이라기보다 바깥 세계와 관계를 맺으면 귀찮게 되므로 틀어박히는 것이 수월하다고 보기 때문이다. 이너 서클에서 결정된 것을 힘으로 밀어붙이고자 할 때 폭력이 발생한다. 폭력이 비판받으면, 이번에는 돈을 뿌린다.

대화거부, 폭력, 돈으로 해결하려 드는 풍조는 관계를 제대로 구축하지 못하는 사람들에게서 빈번히 드러난다. 그러나 그렇게 되면 더더욱 정통성을 상실해 관계가 악화된다. 관계가 악화되면 대화가 어려워지고, 완고한 원리주의로 치닫고 만다. 그렇게 되면 틀어박힘과 폭력 현상이 더 심각해지게 된다.

| 대화와 공개성 |

그렇다면 이를 어떻게 하면 좋을까? 만능의 해답은 없다. 그러나 기든스는 재귀성을 막으려 들 것이 아니라 재귀성에는 재귀적으로 대처해야 한다고 제안한다.

기든스는 마르크스에게서도 영향을 받았다. 변증법의 발상으로 보자면, 재귀성의 증대를 막으려드는 발상은 분열된 불행한 의식에 불과하다. 세상에 드러나고 만 모순을 원래대로 되돌리기란 불가능하다. 내재적으로 바꾸는 수밖에 없다.

마르크스의 생각으로는 자본주의의 침투를 막기란 불가능하며, 인간 사회가 근대화 이전으로 돌아갈 수 없다. 자본주의 안에서 필연적으로 생성되는 프롤레타리아트, 필연적으로 발생하는 공황, 이 두 가지를 활용하여 내재적으로 바꾸어가는 수밖에 없다고 보았다.

재귀성이 증대한 사회문제 또한 내재적으로 대처하는 수밖에 없다. 구체적으로는 대화(문답법, 변증법)를 촉진하는 것이다. 이제 '마을'이나 '노동자'와 같은 종래의 '우리'가 과거 모습 그대로이기를 기대할 수 없다. 그렇다면 대화를 통해 서로가 변화하여 새로운 '우리'를 만드는 수밖에 없다.

예를 들어 '나'와 '너'의 대립이 벌어졌다고 해보자. 어느 한쪽이 나쁘다고 비난할 것인가? 타협할 것인가? 서로 간섭하지 않기로 할 것인가? 완력이나 언어폭력을 행사할 것인가? 아마 이런 등등의 형태로 갈등이 번지는 경우가 일반적일 것이다. 일방적으로 이성을 행사하려 들거나, 전통에 의거하려고 들면 사태는 더욱 악화된다. 대화에 의해 서로가 변화하며, 관계 그 자체를 바꾸는 수밖에 없다. 이전과 다름없어 보이는 두 사람일지라도, 관계를 바꾸면 새로운 '우리'를 만들 수 있게 된다.

이렇게 만들어진 관계를 기든스는 '능동적 신뢰'라고 지칭한다. 여기서 말하는 신뢰란, 이쪽이 자유로이 행할지라도 상대는 지금까지와 마찬가지로 최선을 다해줄 것이라는 뜻이 아니다. 이쪽에서 먼저 행동하고 나섬으로써 신뢰를 만들어나가는 것이다. 자신이 상대에게 무엇을 해줄 수 있을까를 생각하고, 그것을 실행하여 신뢰를 얻어간다.

정치로 말하자면 공개와 대화가 콘셉트이다. 기든스는 대화민주제라는 표현을 쓰는데, 그것은 대의제 민주주의를 그만둔다는 뜻이 아니다. 대의제에 가능한 한 공개와 대화를 도입하여 사람들의 참여를 유도하는 것이다. 이렇게 하지 않으면 정치에 관심이 없는 사람들이 늘어나 정통성이 떨어지고, 정치는 더욱 불안정해진다.

오늘날 선진국에서는 지역에 주권을 나누어주는 자치회와 정책 등에 관한 공청회가 많이 개최된다. 그 이유는 매우 다양하겠지만, 작은 단위로 대화에 참여할 수 있는 제도를 만들어 직접민주주의의 활력을 끌어들임으로써 대의제를 보완하지 않으면, 민주주의 그 자체가 유지되지 않기 때문이다. 집회와 데모 또한 직접민주주의의 활력을 사회에 안겨주는 방법 가운데 하나이다.

토크빌이 미국에서 민주주의 성립의 조건이라고 꼽은 것 가운데 하나가, 타운에서의 정치 참여가 왕성하다는 것이었다. 사람들의 무관심을 방치하면 기존의 '우리'가 틀림없이 무너지게 되므로, 새로운 '우리'를 적극적으로 만들어야만 하는 시대가 되었다.

| 임파워먼트 |

그렇게 해도 어려운 점들이 많다. 우선 대화에 쉽사리 참여하려고 하지 않는다. 익숙하지 않고 지식도 없다. 하나부터 가르치거나, 배워야 하는 경우가 많다.

정치면에서 보자면, 공청회를 열어도 지역의 유력자들밖에 참가하지 않는다. 일반 참가자를 모아도 발언하려 들지 않는다. 지식 또한 갖추고 있지 않으므로 제대로 된 논의가 이루어지지 않는다. 결국 과거의 방식으로 처리하는 것이 신속하고, 사람들 또한 그렇게 하기를 기대한다. 주최하는 측이 공청회 같은 것은 다 형식에 불과하다는 생각을 지닌 경우는 논외로 친다 해도, 그렇지 않은 경우일지라도 어렵기는 매한가지이다.

이를 지금까지 언급해온 설명을 통해 정리한다면, 대화해야 할 주체의 힘이 떨어져 있다는 것이다. 대화에 참가하려 들지 않는 이유 가운데 하나는 자기의 역량 밖이라고 간주하는 현상이다. 힘이 없고, 지식이 없고, 도대체 익숙하지 않고, 할 줄도 모르고, 그러니까 변화를 이룰 수 없다는 것이다.

그런 현상을 바꾸기 위해서는 대화 주체를 격려하여 힘을 키워주는 수밖에 없다. 이른바 임파워먼트empowerment(권한부여)하여, 액티브해지도록 만들어야 한다. 그것을 도와주는 것이 정부나 전문가의 새로운 역할이다.

이론적으로는 그렇다 치고, 그렇다면 구체적으로 어떻게 하면 좋을까?

예를 들어 가족정책에 대해서는 지식의 보급이나 상담소가 다른 부문에 비해 비교적 충실한 편이다. 남녀의 역할이 바뀌고 있음을 교육을 통해 가르친다. 최소한의 가사 정도는 누구라도 할 수 있도록 강습을 벌인다. 피임이나 육아에 관한 지식을 보급시킨다. 문제가 발생하는 경우 언제라도 상담할 수 있는 장소를 준비하고, 전문 상담원을 배치한다.

의료부문에서는 의학지식을 보급시켜 스스로 예방할 수 있도록 한다. 아니면 정보를 이해하고 치료법을 선택할 수 있도록 한다. 노동정책이라면 실업한 사람, 또는 보다 좋은 일자리를 얻고자 하는 사람에게는 직업훈련을 시행하여 능력향상을 이룸으로써 직업선택의 폭을 넓혀준다. 누구든지 커리어 업을 도모할 수 있도록 대학을 비롯해 고등교육은 가능한 한 무상화한다.

정치라면 톱다운top-down(상의하달·옮긴이) 방식을 피하고 정보공개와 공청회 등으로 참가를 촉진한다. 한편 정치에 대한 지식을 보급시켜 사람들의 자립능력을 높여준다. 또한 분권화를 진전시켜 역할을 나누어 맡게 한다. NPO의 인가와 조성, 기부에 대한 세제혜택 등의 프레임을 만들어, 자발적 활동이 활성화되도록 유도한다.

지방경제라면 대기업 공장을 유치하든가, 그것을 성사시키기 위해 중앙정부로부터 보조금을 받는 등의 정책을 취하지 않는다. 해당 지역에 있는 자원을 사용하여 돈을 적게 들이며 소규모일지라도 부가가치가 높은 산업을 일으킨다. 거기에서 나오는 산물을 수도권에 판매하는 방안만을 염두에 두지 않고, 네트워크를 통해 다각적인 판매루트를 개척한다. 에너지 분야로 말하자면 원자력발전소와 같은 대규모 발전소를 유치할 것이 아니라, 소규모의 재생 가능한 발전을 지역의 돈을 추렴하여 협동운영을 해나가는 방식 등이다.

그런 정도라면 최근 들어서는 어느 정도 이루어지고 있는 것 아닌가 하며 의문을 제기할지도 모른다. 분명 그런 측면이 있다. 그러나 이런 개별적인 정책들이 제창되거나 부분적으로는 채택되고는 있어도, 아직도 기본 발상이 공유되지 않은 것 같다고 여겨진다. 재귀성이 증대한 사회에서는 그런 방향으로 전환되어나가지 않으면, 사회의 운영이 필연적으로 한계에 처해버리고 말 것이다.

| 엄벌주의는 역효과 |

이런 방책이 종래 이루어져오던 정치와는 어떻게 발상이 다를까?

우선 종래의 복지정책은 문제가 발생하면 거기에 대처한다는 발상 위에 서 있다. 실업을 당하면 실업보험을 제공한다. 이혼하여 모자가정이 되면 수당을 내준다. 병이 들어 의사에게 가면 보험이 적용된다. 진정이나 로비가 들어올 경우 거기에 대응한다. 요컨대 이런 발상이다.

이러한 종래의 발상이 지닌 문제점은 문제가 발생했음을 알게 되었을 때 이미 늦은 셈이 되고, 또한 문제가 발생하고 나서 대처를 하게 되면 지나치게 비용이 많이 들어간다는 점이다. 질병에 걸리고 나서 보험을 적용시키기보다는, 질병에 걸리지 않는 편이 낫다. 질병에 걸리지 않도록 해주는 예방교육을 보급시키면, 지출이 줄어들게 되어 개인적으로나 재정적으로나 큰 도움이 된다. 이것은 예방의학에서 흔히 언급되는 사항인데, 아마도 위에서 거론한 모든 사례에 대해서도 해당될 것이다. 이혼하고 나서 만들어진 모자가정에 수당을 지급하기보다, 이혼하지 않아도 되도록 지식을 보급하거나 상담을 해주는 편이 훨씬 효과적이다.

다만 이것은, 이혼하지 말라, 회사를 그만두지 말라, 종래의 관계 속에서 버티라는 식의 정책은 아니다. 관계가 바뀌도록 도움을 주어야 한다는 의미이다. 나아가 이혼으로 모자가정이 된 것은 자신의 책임이므로 도와주지 않는다는 발상도 아니다. 재정원조뿐만 아니라 적절한 상담과 재교육, 경우에 따라서는 일자리의 소개도 필요하다. 그것은 실업에 대해서도 마찬가지이다.

이것은 겉치레 정책이어서는 안 된다. 종래의 정책은 실업에는 보험을 지급하면 되고, 이혼에는 모자가정에 수당을 지급하면 될 뿐, 나머지는 스스로 알아서 하라는 것이었다. 그러나 선진국에서는 그렇게 해서는 안 되게 되었다. 돈을 주면 무계획적으로 써버려 빈곤에서 벗어나지 못하고, 마약이나 범죄를 저지르는 사람들이 많아졌기 때문이다.

재귀성이 증대한 현대에는, 돈만 주면 일정기간이 지나면 반드시 취업한다, 왜냐하면 인간은 전통적으로 근면하기 때문이다, 하는 방식이 성립하지 않는다. 주체의 힘이 약해져 있을 때에는 교육이나 상담, 재훈련 같은 임파워먼트를 시행해서 사회적으로 보듬어 안아주지 않으면 자기 힘으로 일어서지 못한다. 결과적으로 그렇게 하는 것이 비용도 싸게 먹힌다.

　재훈련이니 상담이니 하는 나약한 정책을 취하지 말라, 스스로 노력하여 일자리를 찾게 만들라, 그러다가 범죄를 저지르면 엄벌에 처하면 된다고 여겼던 나라도 있다. 그러나 거의 예외 없이 실패로 돌아갔다. 엄벌에 처하면 처할수록 사회에 복귀하지 못하는 사람이 늘고, 재범을 저지르는 사람이 많아졌기 때문이다. 학교를 그만두거나, 마약에 빠지거나, 생각지 못한 임신을 한 젊은이가 실업에 빠져 허우적거리다가, 엄벌을 받으면서도 반복적으로 범죄를 저지르는 경우도 있었다.

　1985년의 미국에서 20~22세의 흑인 여성 가운데 33%가 이른바 '미혼모'라는 사실은 제2장에서 언급한 바 있다. 1999년의 영국에서는 16~18세의 9%가 '학교에 다니지 않는다, 직업이 없다, 훈련도 받고 있지 않다'라는 니트NEET, Not in Education, Employment or Training였다. '성교육 따위는 필요없다', '스스로 하는 노력으로 충분하다'라는 보수적인 자세를 취해서는 어떤 효과도 올리지 못했기 때문에, 적절한 지식보급과 상담 및 직업훈련 등을 행할 필요가 대두되었던 것이다.

　일본에서도 2012년의 정책발표를 통해 대졸 및 전문대학 졸업의 52%, 고졸의 68%가 무직·일시고용 혹은 3년 이내의 이직 등으로 안정된 일자리를 얻지 못한 것으로 나타났다. 2009년의 조사에서는 일본 여성의 임신에 관한 지식은 조사대상 18개국 가운데 17위로, 터키에 이어 가장 낮았다. 남성 또한 터

사회를 바꾸려면
232

키와 중국 다음으로 낮은 16위였다.

그럼에도 일본에서는 아직 '1억 총 중류' 시대에 전해오던 의식의 전환이 이루어지지 않고 있다. 공립학교에 경쟁주의를 도입하라, 그래도 성적이 나쁘면 아예 초등학교부터 유급시키라는 의견도 나온다. 이는, 유급시키면 자발적으로 공부할 것이다, 왜냐하면 일본은 근면사회이기 때문이다, 하는 식의 안이한 발상이다. 초중등 교육에서 유급시킨 뒤 예산을 투입하여 정성껏 돌보지 않으면, 이들이 체류현상을 보이며 중도퇴학의 증대로 이어진다. 이는 선진국들에서는 이미 충분히 검증된 사항이다.

| 유연안전성 |

또한 종래의 정책은 앞에서도 언급한 것처럼 카테고리 발상에 근거해 있다. '실업자'와 '모자가정'과 '환자'가 발생하면, 이를 파악하여 대응한다. 이는 상처를 쫓아다니며 반창고를 붙이는 양상으로, 변화가 심대한 사회에 대응하지 못한다. 자연히 거기에서 누락되는 사람이 많아진다.

이에 비해 사회보장론 등에서는 기본보장이라는 발상을 주장한다. 예를 들어 가난한 사람에게만 장학금을 지급하는 것은 카테고리 발상이지만, 대학교육 무상화는 기본보장 발상이다. 일본의 현행 생활보장은 약자구제인데, 최저임금은 기본보장이다. 성역할과 의료지식의 보급은 전 국민을 상대로 한 것이다. 현대의 리스크 사회에서는 누구나 이혼이나 전락轉落의 리스크를 지니고 산다. 실업을 당한 사람에게만 실업보험을 적용한다는 발상으로는 저임금의 불안정 고용에 매달리는 사람을 구제하지 못한다.

카테고리 발상의 문제점은, 훨씬 심도 깊은 제도를 설계하지 못할 경우 정책이 누더기가 되어버려 불공평 혹은 불합리를 막지 못한다는 것이다. 예를 들어 일본에서는 법에서 정한 최저임금을 받고 일하느니 생활보호를 받는 편이 좀 더 나은 생활을 할 수 있도록 되어 있다. 현실과의 정합성이 이루어지지 않아 생활보호 수급세대가 워킹 푸어에게 지탄받는 일이 생기게 되는 것이다.

현재의 생활보호 수준은 1960년대 전반에 아이가 있는 일용 노동자 가정이 '건강하며 문화적인 생활'을 누릴 수 있는 최저보장기준에서 나왔다고 한다. 그런데 최저임금은 경제계의 반대에 막혀 올라가지 못하고, 1970년대에 주부의 파트타임 임금이 오르면 상대적으로 더욱 떨어졌다. 생활보호보다 최저임금이 더 적다면, 일하지 않고 생활보호를 받고자 하는 사람이 나오게 되어 있다. 그렇게 되면 정말로 보호가 필요한 사람에게마저 창구에서 담당자가 수급심사를 까다롭게 구는 사태가 벌어질지도 모르는데, 그간 일본에서는 이런 경고를 무시했다.

카테고리 발상이 지닌 또 하나의 문제점은 산업구조의 전환을 도모할 수 없다는 사실이다. 해고당하면 실업보험밖에 없고, 연금이나 보험에서도 불리해진다. 나아가 가족들 모두 가장의 보험에 들어 있다. 공업화 시대의 이런 제도를 시행하면 노동자는 지금 일하는 직장에 꽉 붙들리게 된다. 해고규제 또한 엄격할 수밖에 없다.

그렇게 되면 낡은 산업에서 새로운 산업으로 전환할 수 없어 젊은 사람이나 새로운 인재를 고용하지 못한다. 결과적으로 산업의 유연성flexibility이 상실되어, 낡은 산업으로부터 전환하지 못한 채 경제가 정체되고 실업이 증대하기 쉽게 된다. 그렇게 되면 세수가 늘어나지 않아 복지정책의 재원 또한 고갈된다.

이에 비해 언제 해고되거나 자발적으로 그만둬도 무상 고등교육과 직업훈련이 누구에게나 보장되어 있다. 재고용 기회가 언제라도 주어지며, 오히려 그것을 기회로 성장산업으로 전직할 수 있다. 그에 따른 직업알선과 고용보조도 이루어진다. 동일노동이라면 기업규모나 고용형태에 관계없이 같은 임금이 보장된다. 만일 이런 식으로 제도가 갖춰져 있다면 변화에 대응하기 쉽다. 사회보장이 정비되어 있을수록 산업전환도 용이하다. 산업구조가 플렉시블함flexible(유연함)과 동시에 사회보장의 시큐리티security(안전)도 확보된다는 의미에서 플렉시큐리티, 곧 '유연안전성'이라는 용어가 정착했다.

일본의 경우에도 대졸 신입사원의 일괄채용이 아닌 재고용의 기회가 주어진다면, 미래를 지금까지와는 달리 구상할 사람들이 많아질 것이다. 유능한 인재가 정치나 사회활동에 참가했다가 재고용되면, 사회전체의 활성화로 이어질 것이라고들 한다. 고용의 재훈련은 일본에서는 이제야 중요성이 인식되는 중인데, 실천은 아직 요원하다. 묘하게 꿈만 부풀리는 커리어 교육보다 노동법과 세제와 사회보장제도를 가르쳐, 어떤 것이 부당노동행위인지를 파악하는 힘을 길러주는 것이 오히려 '3년 만에 그만두는 젊은이'가 줄어들게 만들 수 있다는 주장도 있다.

| 기본보장은 효율적 |

문제가 벌어지고 나서, 주체의 힘이 허약해지고 나서, 그들을 북돋워주기란 힘들다. 이런 사태의 사전예방을 위해서는, 모든 사람에게 기본보장을 제공해 일정수준으로 떨어지지 않도록 하는 것이 좋다.

이것은 국가는 자연권을 지켜주기 위해 존재하는 것이라는 고전적인 사상이라고도 할 수 있다. 일본의 헌법에도 '건강하고 문화적인 최저한도의 생활'을 보장한 제25조가 들어 있다.

그러려면 돈이 많이 들지 않는가 하고 비판하는 사람도 있다. 그러나 산업구조의 전환을 할 수 없거나, 청년실업이 늘어나 치안이 악화되거나, 연금제도와 보험이 한계에 처하게 되면 사회적으로 들어가는 비용이 엄청나게 늘어난다. 밑바닥까지 떨어진 사람을 구하기보다, 떨어지기 전에 힘을 길러주는 편이 돈도 수고도 줄이는 길이다.

또한 기본보장이 좋은 점은 카테고리가 필요 없다는 것이다. 그렇게 되면 변화에 대응하기가 쉽고, 누락하는 사람이 없어진다. 또한 어떤 사람이 어떤 카테고리에 들어갈지 심사하고, 부정을 적발하는 수고 및 비용도 없앨 수 있으므로 결과적으로 효율적이다.

한 가지 예로 미국의 의료보장제도를 살펴보자. 미국에서는 국민개보험이 아니고, 고령자와 장애자는 공적의료보험Medicare, 빈곤층이나 저소득자는 의료부조Medicade로 커버하고, 나머지 사람들은 임의로 민간보험에 가입하도록 되어 있다. 약자에게만 공적보험, 나머지는 자율적인 민간보험으로 처리토록 하므로 효율이 좋을 것으로 보인다.

그러나 실제로는 민간보험은 가입절차와 심사, 광고 등에 들어가는 운영비가 전체의 25%나 차지한다. 적립된 돈의 4분의 1이 제도운영을 위해 사라져 버리는 셈이므로, 효율이 대단히 나쁘다.

가장 효율이 좋은 것은 65세 이상 고령자의 공적보험으로, 이의 운영에 들어가는 운영비가 3% 이하이다. 일정 연령이 되면 자동으로 가입하므로, 심사라든지 그 밖의 비용이 들어가지 않기 때문이다.

게다가 이러한 제도의 결과, 공적보험도 민간보험도 가입하지 않은 무보험자가 전체의 약 20%나 된다. 그 대부분이 65세 이상 중산층인데, 질병과 돌봄 비용이 발생하면 순식간에 빈곤층으로 전락한다.

그 결과 빈곤층을 상대로 한 공공부조의 부담이 늘어나, 증세를 하지 않을 수 없게 되었다. 원래 보험이란 건강하고 질병에 걸리지 않은 사람도 가입하여 보험료를 냄으로써 유지가 된다. 그런데 빈곤층만 모아서 공적부조를 만든다면, 재정난에 빠지지 않을 도리가 없다.

게다가 무보험자가 심각한 질병에 걸리고 나서 병원에 가게 되기 때문에 도리어 의료비가 늘어난다. 또한 고소득자를 대상으로 삼아 화려한 인테리어와 고도의 서비스를 갖춘 병원과 값비싼 의료수가醫療酬價를 받는 유명의사 등이 늘어나는데 이 또한 의료비를 증대시켰다.

이로 말미암아 의료 서비스의 격차가 벌어졌을 뿐 아니라, 빈곤층이 늘고 재정 부담이 증가하고 효율이 나쁘고 의료비가 늘어나는 결과를 빚었다. 돈을 번 곳은 보험회사와 일부 유명의사뿐이다. 국민 전체를 카테고리 없이 기본보장을 해주는 편이 오히려 효율이 좋을지도 모르는 이유가 여기에 있다.

어쩌면 '대학입시' 또한 이와 비슷할지도 모른다. 현재 대학입시를 개별적으로 치르는 나라는 일본밖에 없다. 오늘날 대부분의 선진국에서는 공통시험을 통과하면, 입학하여 배우는 대학은 자유로이 선택할 수 있는 제도를 채택하고 있다. 수험생의 부담은 물론 개별 대학이 입시를 치르는 데는 많은 비용이 들어간다. 그 비용은 수험료와 학비와 정부보조금으로 전환되고, 결과적으로는 사회의 부담으로 돌아간다. 효율이 대단히 나쁠 뿐만 아니라, 카테고리로 구획된 사람들의 불만이 클 것임은 말할 나위도 없다.

| 보호에서 활성화로 |

또한 종래의 복지정책은 보호 발상에 근거해 있다. 현명한 관료와 전문가와 정치가가 무지한 약자를 보호한다는 일종의 온정주의이다. 이는 전위당의 발상과 닮아 있으며, 흔히 개도국에서 나타난다.

이런 발상이 어째서 문제인가? 그것은 보호하는 강한 자와 보호받는 약한 자의 관계를 고정시켜버린다는 것이다. 보호받는 측은 다 맡겨버린다는 자세를 취해 주체로서 더욱 허약해지고 만다. 배우지 않고, 참가하지 않으며, 관심이 없고, 의존하는 자세를 갖는다.

그렇게 되면 보호하는 측도, 상대는 지식이 없고 알려줄 필요가 없다고 인식하게 된다. 정치부문에서는 보조금의 사용처와 개발계획, 의료부문에서는 약의 처방과 치료법, 교육부문에서는 교과서나 지도요령과 같은 것을 윗사람이 명확하게 결정하지 않으면 안 된다. 그렇게 하지 않고 당사자들에게 맡기면 위험하다고 여기게 된다.

이것은 보호하는 측에 압도적인 힘이 존재하고, 보호받는 측이 불만을 갖지 않을 경우에만 성립한다. 보호하는 측에 경제적인 여유가 없어지면 보호받는 측에, 더 이상 의존하지 말고 스스로 노력을 하라고 요구한다. 그렇게 되면 보호받는 측은 불만을 표출하며 책임을 지라고 요구한다. 사람들이 납득하지 않으므로 자연히 클레임과 소송이 끊이지 않는다. 재귀성이 증대한 사회에서는 틀림없이 한계에 봉착한다.

이런 상황을 타개하기 위해서는 보호받는 측에 힘을 길러주고 활성화시키는 수밖에 없다. 그러므로 지식의 보급과 연수, 직업훈련, 공청회 개최 등을 활성화해 참가를 유도해야 한다. 지금까지 보호하던 측이 수행해야 할 역할은 보호받던 측 자신이 알아서 해나갈 수 있게 해주는 일이다. 즉, 스스로 판단을 내릴 수 있는 힘을 키워주기 위해 조력함으로써 공동작업에 참가하는 장을 만들어주는 것이다.

예를 들어 의사의 치료행위는 '의사가 환자를 치료한다'가 아니라, '의사와 환자의 공동작업'이라고 여겨야 한다. 그렇다면 환자에게 지식을 갖추게 하여 치료에 참여하고, 의사와 공동의 작업자가 되게 해야 한다. 그렇게 하면 '우리'가 결정한 것이 되므로, 클레임이 줄어든다.

소크라테스의 문답법(대화)으로 말하자면, 대화를 거는 측이 진리를 알고 있는 것이 아니다. 의사가 지니고 있는 지식은 환자보다 많은 법이지만, 날마다 벌어지는 모든 증상을 파악하여 치료하기란 불가능하다. 환자와의 공동작업은 반드시 필요하다.

그런 입장에 설 때 중요한 사항은 결정권을 분권하거나 공유하는 것이다. 의견은 듣지만 결정과정에서 전혀 참고하지 않는다면, 참가할 마음이 생기지 않는다. 자신의 의견이 확실하게 의사결정에 반영된다는 의식이 있으면, 참여하자, 관심을 갖자, 공부하자는 의식이 생긴다. 그렇게 하면 인간은 능력이 증대되고 힘이 배가된다.

아직 아무런 힘이 생기지 않은 상대를 향해 처음부터 '대안을 내라'라는 요구는 일종의 협박이다. 의사가 "당신의 다리를 절단합니다."라고 단언하고, "그건 싫습니다."라고 말하는 환자에게 "그러면 대안을 내세요. 대안을 내지 않는 건 무책임한 겁니다."라고 나온다면, 그것은 협박에 불과하다. 여러 가지 대처법, 각 경우의 장점과 단점에 관한 정보를 숨기지 않고 공개한다. 아울러 입장이 다른 전문가의 세컨드 오피니언도 검토한 뒤에, 상호 대화를 통해 결정해나가는 것이 중요하다. 그런 과정이 없이 '대안을 내라'라고 요구하면 불신과 반발을 불러일으켜 정통성을 떨어뜨릴 뿐이다.

이상적으로는 환자가 스스로 예방과 치료를 행하는 힘을 기를 때까지 임파워먼트하는 것이 의사의 역할이다. '교사의 역할은 교사를 필요로 하지 않는 인간을 만드는 것이다'라는 말이 있는데, 그와 비슷하다. 개개의 의사와 환자가 그렇게 할 수 있도록 정치가 그것을 제도적으로 뒷받침할 필요가 있다.

'섣불리 지식을 전해주면 나중에 클레임이 늘어난다'라고 생각하는 경향도 있다. 보호받는 측의 지식이 이미 충분히 축적되었음에도 불구하고, 보수적인 권위와 보호의 관계를 지키려드는 의식이 남아 있어서 그런 생각을 하는 것이다.

그러나 사람들이 자유로워지고 지식이 늘어나는 현상은 이미 막을 수 없다. 그것을 무리하게 막으려 들면 사태는 걷잡을 수 없이 악화되고 역효과만 부른다. 앞으로 나아가는 방향으로 대처하는 수밖에 없음을 명심해야 한다.

| 자발적 결사의 활용 |

이러한 제도를 어떻게 만들어야 할까? 이 모두를 행정이 맡기보다 자조그룹이나 NPO 등을 활용하는 편이 제격이다. 그 이유는 몇 가지를 꼽을 수 있다.

우선 행정을 펼칠 경우 현장에서 매일 발생하는 현상을 파악할 수 없기 때문이다. 이런 문제에 대처하기 위해서는 현장에 밀착해 있는 그룹, 특히 각 지역에서 일하는 사람들이 자발적으로 결성한 자조그룹 등이 제격이다. 그런 그룹에 국제단체가 지식과 노하우를 제공하거나, 정부가 세제와 자금지원을 해주거나, 전문가를 고용하여 파견하는 것이다. 그 편이 불만이 줄어들고 재정지출도 감소한다.

이 또한 겉보기에만 그럴듯한 정책이 아니다. 나라에 따라서는 슬럼가로 변해버린 지역의 운영 혹은 재개발에, 지역에 기반을 둔 자조그룹을 활용하고는 한다. 경찰에서는 현지의 사정이나 인간관계를 알지 못하므로 범죄가 벌어지고 나서 대처하는 것만으로는 원활히 치안을 안정시키기가 어렵다. 지역의 사정을 잘 알고 있고 서로 알고 지내는 사람들의 그룹이 아니면 효과적으로 활동하지 못한다.

그렇다고 지역의 오랜 유력자들의 경우에는 "새파랗게 젊은 놈들, 내가 알게 뭐야!"라는 자세를 취하기 일쑤이므로, 새로운 NPO를 활용하는 수밖에 없다. 그냥 놔두면 범죄에 빠져들지도 모를 젊은이가 이러한 그룹에 참가하여 활동가가 된 사례도 종종 나온다. 정부로서도 범죄자가 되기보다는 활동가가 되는 편이 훨씬 바람직하다.

동일본 대지진 뒤의 피해지역 지원에서도 현지인을 포함한 NPO 쪽의 활동이 정부 쪽 지원보다 훨씬 효과적이었다. NPO가 현지인이 참가할 수 있는 장을 만들면 일자리가 생겨 고용이 늘어난다. 이로써 삶의 보람을 증대시켜 새로운 마을 만들기 운동에 참가하는 의식을 갖게 할 수 있다. 이것은 건설회사에 모든 것을 맡겨버리는 정부의 복구사업 지원을 통해서는 얻을 수 없는 플러스 측면이다.

사실은 옛날 일본에서는 마을 집회가 활성화되어 있었다. 이번에는 마을의 도로를 고치자, 다리를 놓자, 그러니까 몇 월 며칠은 모두 모여라, 하는 식으로 의견수렴이 이루어졌다. 마을의 모든 사람이 나서서 행하는 작업에 참가하면 일체감이 강화된다. 이것이 원래 모습의 '공공사업'이다. 마을축제 준비를 하거나, 그러기 위해 기부를 하는 것도 '공공사업'이다.

메이지 시대 들어, 정부는 지방에 도로망을 건설하기 위해 지역민들을 끌어들였다. 군이 비행장을 만들 때에도 지역민들이 동원되었다. 전후戰後 그런 정책이 너무 심하다는 지적이 빈발하자, 정부가 돈을 내고 건설회사가 지역민들을 고용하는 식으로 바뀌었다. 그것이 고도성장기 무렵부터 정부에 진정을 내면 돈을 대서 도로를 만들 수 있다는 의식을 확산시켰다.

그러는 가운데 마을의 집회는 진정을 위한 집표조직이 되고, 보수정당에 포섭되었다. 집회에서는 더 이상 지역의 일을 결정하지 않게 되었다. 왜냐하면 공공사업의 대강은 행정부와 정치가가 결정하였고, 설사 이쪽에서 의견을 내도 전혀 반영되지 않았기 때문이다. 그러자 지역민도 모이지 않게 되었다. 그리하여 종래의 지역결사가 본래 역할을 수행하지 못하고 기능부전에 빠지고 말았다. 상황이 이러므로 예전부터 내려오던 결사結社의 방식을 바꾸든지, 새로운 그룹을 만들어나가는 수밖에 없게 되었다.

새로운 그룹이라고 이름 붙이기는 하지만, 이것이 일본 사회에서 그다지 새로운 것은 아니다. 예를 들어 1960년대 무렵부터 신흥주택지에서 거주하며 일하러 나가는 부모들이 각지에서 초등학생의 학동보육을 행했다. 초등학교 입학 전의 아이들에게는 공립보육소가 있었지만, 초등학생의 방과 후에는 갈 곳이 없다. 종래부터 존재하는 주민자치회 등은 옛날 지주들의 집합소가 되어 있다시피 하여, 그런 요망에 부응해주지를 못했다. 어쩔 수 없이 학부모들이 돈을 추렴하여 장소를 빌리고, 사람을 고용하고, 요모조모 운영을 해나갔다. 물론 일정한 정도로 자치단체로부터 보조를 받기도 했다.

이것은 정부가 행한 사업은 아니기 때문에 어디까지나 민간의 활동이다. 기업이 영리 목적으로 행한 사업도 아니다. 거기에서 일하는 사람은 넓은 의미에서 볼 때 '공무를 행하는 사람'이다. NPO 같은 용어가 등장하기 이전부터 이런 활동이 각지에서 벌어졌다. 다른 나라로 시선을 돌려보면 웨일즈와 같이 '퍼블릭 섹터public sector(공공부문 • 옮긴이)'가 고용의 3분의 1을 차지하는 사회도 있다. 그러나 일본에서 생각하는 '공무원'과 똑같이 기능한다고는 단정할 수 없다.

인류사적으로 보자면 정부와 기업(시장)이 강해진 것은 19세기 이후의 일이다. 그 이전의 사회에서는 정부도 기업도 아닌 '사람의 집합'이 개인이 감당할 수 없는 일을 맡는 것이 보통이었다. 거꾸로 말하면 '정부'와 '시장'과 '개인'밖에 떠오르지 않는, 그래서 이 세 가지 이외에는 모두 특별한 상황이라고 보는, 그런 사고방식이 오히려 더 협소하다고 볼 수 있다.

그러한 자발적인 결사가 효과적으로 운영되는 것이 경제적으로도 훨씬 더 효과적이다. 다만 민간의 활력이 중요하기는 하지만, 만약 시장개방을 한다고 대기업을 유치하고 대기업과 컨설턴트에게 모든 것을 맡겨버리는 방식을 취할 경우 사람들을 임파워먼트하지 못한다.

다만 주식회사나 협동조합은 지역사회 사람들이 공동출자하여 운영하면 직접민주주의적인 공동체로 변신한다. 그렇게 해서 이루어지는 주주총회는 출자자 전원참가가 이루어지는 의회이다. 경영자는 의회에서 선출된, 또는 위탁받은 운영자에 불과하다. 주주의 권리란 배당금만이 아니다. 주주가 회사에 사회적 역할을 수행하도록 촉구할 수 있는 '사회적 투자'는 그러한 발상이 연장되어 나타난 것이다.

자발적 결사뿐만 아니라, 참가의 기회를 얻을 수 있는 장이 각지에서 만들어지면, 힘을 얻는 사람이 늘어난다. 참가한 사람들이 많아지면 정통성이 올라가고, 불만이 줄어든다. 힘을 키우고 나서 정부에 들어가거나, 학자가 되거나, 의원이 되는 길을 밟아도 된다. 물론 다시 그만두고 방향전환을 하기 위한 재고용의 보증제도도 갖추는 편이 좋을 것이다. 경제적으로도 좋은 실적을 올리면 뛰어난 인재를 모으기 수월해지겠지만, 영리보다 사람의 활성화가 목적이므로 세제우대 등이 적절하게 이루어지는 것이 좋겠다.

힘이 붙은 사람들이 늘면 정부를 토론에 참여시킨다. 번거로워지지 않을까 하고 염려할 일은 아니다. 2011년의 원전 사고로 과학이나 전문가의 정통성이 크게 하락했을 때, 과학이나 전문가의 정통성이 구원을 받은 것은 오히려 재야의 대항적 전문가들이 있었기 때문이다.

정치면에서도 정당이나 정권교체가 이루어지지 않는 정치체제가 정통성을 유지하기에 곤란을 겪는다. 다수의석으로 국회에 진출하는 정당은 비밀정치에 끌어넣고, 여기에 끌어넣지 않은 소수정당이나 재야단체는 무시해도 된다는 자세는 이제 아무도 납득하지 않는다. 그것은 무당파층을 생성해, 언젠가 참주가 등장하게 될지도 모르게 된다.

현대일본에서 '강한 리더'를 추구하는 유권자들을 살펴보면 '조정형' 정치의 혐오, 공무원 및 정치가에 대한 불신, 애국심 교육 등의 성향을 엿볼 수 있다. 대화에 의한 조정보다 강한 리더가 필요하다는 성향이 존재하는 까닭은 무엇일까? 그것은 종래의 '조정형' 정치가 대화도 무엇도 아닌, 그저 일부의 이해관계자들끼리 사전교섭을 하여 '조정'한 것을 다른 사람들에게 강요하는 것뿐이기 때문이다. 그런 행태를 바꾸지 않으면 정치부재와 포퓰리즘을 막을 수 없다.

과거의 일본에서 자발적인 결사는, 정부의 업무를 보조하는 경우나 혹은 해악이 없는 것밖에 공인되지 않는 경향을 보였다. 그러나 예컨대 회사에 다니는 하위 직원들은 "자네들은 한번 맘껏 해봐. 돈과 기회는 준비해둘 테니까." 라고 말하는 상사를 좋아한다. 그에 비해 "내 일이 중요하니까, 자네들은 그저 내 일을 도우면 돼. 그렇지만 제멋대로 행동해선 안 돼!"라고 말하는 상사를 좋아하지 않는다. 후자의 상사 밑에서 일하게 되면, 업무에 대한 납득도 하지 못하고 의욕도 떨어진다. 자연히 전체적인 실적 또한 떨어지게 마련이다.

분권화와 중추中樞의 관계는 제로섬게임이 아니다. 분권화를 도모해 참가를 활성화시키는 편이 정통성을 늘리고, 도리어 중추의 권위를 강화하는 것이라고 할 수 있다. 자기밖에 믿지 않는 사람은 불안정이 증대되지만, 다른 사람을 능동적으로 신뢰하여 관계를 만드는 사람은 자기도 안정된다.

| 부메랑 효과 |

이러한 행동양식으로 정치를 활성화시키지 않으면 과연 어떻게 될까? 제2장에서 소개한 '리스크 사회'의 울리히 벡은 현대사회에서는 '부메랑 효과'가 일어나고 만다고 썼다.

부메랑 효과란 나와는 아무런 관계가 없다고 생각한 곳에서 내게 위해를 가해오는 것을 말한다. 대화니 공개니 하는 것은 나와 아무런 관계가 없다. 묵묵히 시키는 대로 일을 하면 된다. 그렇게 하면 틀림없이 내게 보상이 주어질 것이다.

벡과 기든스는 공저도 냈지만, '단순한 근대화'와 '성찰적 근대화'라는 표현을 먼저 쓴 사람은 벡이다. 그가 말하는 '리스크 사회'란 재귀성이 강화되어 불안정감이 높아진 사회라고 보아도 무방하다.

벡의 '부메랑 효과' 또한 재귀적인 것이다. 근대과학과 근대정치, 근대경제는 주체가 객체를 조정할 수 있다고 간주했다. 과학은 자연을 지배할 수 있다. 정치는 민중을 조작할 수 있다. 노동자가 소요를 일으킬 경우 해고하면 된다. 그렇게까지 단순하지는 않다고 해도 '주체'는 '객체'를 조작할 수 있고, 경우에 따라서는 잘라내 버리면 관계없다고까지 생각했다.

그러나 자연을 인간이 제멋대로 다루면 환경문제가 발생하여, 그 해악이 자신에게로 되돌아온다. 너무 격차가 크게 벌어지면 치안이 악화되고, 인구감소와 세수축소가 벌어져 자신에게로 되돌아온다. 제3세계의 빈곤 따위는 나와 관계없다고 생각하지만, 테러와 지구환경파괴가 벌어져 이 또한 자신에게로 되돌아온다. 지방의 사정은 도쿄와는 관계가 없다고 생각하지만, 원전 사고가 벌어져 되돌아온다. 이런 현상들이 바로 '부메랑 효과'이다.

지금까지 설명해온 내용을 통해 말하자면, '주체'와 '객체'는 만들고 만들어지는 관계이다. 일방적으로 조작 가능한 것이 아니며, 관계없는 것이 아니라는 말이다. 싫어도 상대를 고려해가며 관계를 재검토하지 않으면, 언젠가 그것이 자신에게로 세차게 되돌아온다.

어떻게든 그것을 피하고자 한다면, 어떤 나라의 대부호처럼 콘크리트로 성벽을 두르고 자동소총을 거머쥔 경비원들이 지키는 '빗장도시gated community(거주자 외에 외부 사람들의 출입을 엄격히 제한하는 사유화된 지역 • 옮긴이)'에서 사는 방법도 있다. 그러나 그렇게 되면 살해당할지 모른다는 공포 때문에 외출할 수도 없다. 외출하지 않는다 해도 경비원이나 운전수에게 목숨을 빼앗길지도 모른다. 그러나 이것은 '노동자'나 '자본가'와 같은 대립적인 도식으로 설명되지 않는 것이기도 하다. 주체와 객체 모두 만들고 만들어지는 관계이기 때문에, 객체 또한 다시 살펴보아야 한다. 그러므로 '노동자'를 카테고리로 삼은 정치나 운동은 성립되지 않는다고 봐야 한다.

나아가 벡에 따르면 근대에는 정치의 영역과, 경제나 기술이나 가정의 영역, 즉 '공'과 '사'는 분리되어야 한다는 사상이 지배적이었다. 그러므로 정치는 경제에 개입하지 않아야 한다고 여겼다. 그러나 이제는 그렇게 명확한 선 긋기가 불가능해져 있다. 그렇게 되면 정치도, 대의제 민주주의의 테두리 안에서만 기능하게 되고, 그러면 문제들이 해결되지 않게 된다. 그 테두리 밖에 놓여 있는 '하위정치sub-politics'가 중요해진 것이다.

물론 중앙정부가 계획에 입각한 정책을 시행한다는 의미에서의 개입은 성립되지 않는다. 그렇다고 해서 경제와 기술과 가족의 영역(이라고 지금까지 여겨왔던 것)은 정치의 테두리 밖이라고 여기고, 시장에 맡기고, 가장에게 맡겨서는 안 되게 되었다.

| '리스크'란? |

그래서 '리스크'라는 것은 '안전'과 '위험'의 명확한 선긋기가 불가능하고 확률적으로밖에 말할 수 없는 상황을 표현한 용어라고 볼 수 있다.

근대적 사고에서는 과학 전문가가 이성을 행사해 명확한 선을 그어 '안전'을 확보해준다고 생각했다. 그러나 체르노빌 원전 사고로 이런 생각이 더 이상 성립되지 않는다는 의식이 널리 퍼졌다. 그런 상황 속에서 『리스크 사회』가 출간되었다.

'위험'은 천재天災이지만 '리스크'는 인재人災라는 설명 또한 재귀성의 응용이다 (기든스는 전자를 '자연적 리스크', 후자를 '인위적 리스크'라고 부르기도 했다).

'위험'은 조작할 수 없는 외부세계로부터 다가오는 것이다. 사람들이 '자연'이나 '전통'을 절대적이거나 조작불능이라고 생각하던 시대에는 사고가 일어나면 천재인 것처럼 받아들여 체념했다. 빈곤이나 질병 또한 기후불순이나 흉작과 마찬가지로 '불운'이라고 받아들여졌다.

그러나 '리스크'는 인간이 만들어내는 것, 잘만 대처하면 줄일 수 있는 것으로 간주된다. 오늘날 사람들은 교통사고나 의료사고는 물론, 지진이나 쓰나미의 피해까지도 예측 가능하다고 여기게 되었다. 이렇게 됨으로써 리스크는 사람들의 삶을 규정한다. 즉, 리스크와의 관계 속에서 인간과 사회가 만들고 만들어져나간다는 의미이다.

'위험'은 인간의 존재나 행동을 바꾸지 않지만, '리스크'는 사람들을 행동으로 몰아간다. 리스크 의식이 생길수록 정치나 전문가에 대한 비판과 클레임이 강해지며, 감시 카메라가 늘고, 안전조치에 들어가는 비용이 증대된다.

그러면 어떻게 하면 좋은가? 톱다운 식으로 정치가나 전문가가 전부 결정하는 것도, 노동자 계급이 자본가와 투쟁하는 것도 이제는 성립되지 않는다. 하위정치의 영역까지 포함한 참가형·대화형 민주주의를 만드는 수밖에 없다. NPO 등의 대항적 전문가를 필두로 공개와 대화를 요구해나가는 수밖에 없다. 리스크는 필연적으로 계급을 초월한 대화형 민주주의를 요구한다. 그러므로 '빈곤은 계급적이고 리스크는 민주적'이라고 할 수 있다.

그런 의미에서는 제1장에서 서술한 바와 같이 원전은 재귀성이 증대한 사회에서는 필연적으로 더 이상 밀고 나가지 못하게 될 것이다. 리스크 사회에서는 입지 자치단체에 대해서만 돈을 뿌리는 행태로 국민적 납득을 얻을 수 없으며, 공개와 민주화는 이제 피해가지 못하며, 필연적으로 코스트가 늘어난다. 그것을 회피하려 개도국으로 원전 수출을 하면, 언젠가 부메랑 효과가 일어날 것이다. 도시바나 히타치가 제작한 원전이 사고를 일으킨다면 도시바나 히타치의 제품이, 나아가서는 일본제품 전체가 일본 및 전 세계에서 신뢰를 상실할 것이 명백하다.

참고로 울리히 벡은 2011년에 탈원전을 제창한 독일 윤리위원회의 위원이기도 했다.

| 아무것도 하지 않는 것보다 뭔가를 하는 것이 낫다 |

이제까지 설명한 것을 토대로 대체적인 콘셉트는 이해할 수 있었으리라고 생각한다.

과거의 '우리'에 근거한 정치가, 사람들이 자유로워지는 가운데 무너지고 있다면, 이제는 새로운 '우리'를 만들기 위해 노력해야 한다. 공개와 대화에 의해 사람들의 참가를 촉진하고, 그러기 위한 장을 만들어 결정권을 지니게 하고, 임파워먼트하는 것이 정부와 전문가의 역할이다. 대략 그러한 내용이라고 보면 된다.

그것은 이상에 불과하다. 정책적으로 제대로 될까 하는 의문은 당연히 나올 수 있다. 실업보험이 아니라 직업훈련에 중점을 둔 정책은 서유럽 나라들에서는 널리 시행되고 있다. 주체를 활성화시키는 시책이라 하여, 이를 액티베이션Activation이라고 명명했다.

그런 정책의 효과에 대한 비판도 있다. 극적인 효과를 보이지 않는다, 시간과 비용이 많이 든다, 직업훈련에조차 나오지 않는 니트족이 줄어들기는 했지만 여전히 잔존한다 등의 비판이다.

원래 직업훈련 조건이 붙은 급부 정책은 영국의 대처Margaret Thatcher 집권 시기부터 시행된 바 있는데, '직업훈련을 받지 않는 사람에게는 급부를 지급하지 말라'라는 보수적 문맥으로도 받아들여졌다. 그러므로 기든스의 주장내용 등은 그것을 추인한 데 지나지 않는다는 비판도 있다. 단기적인 효율성을 우선해 직업훈련과 맞바꾸어 급부를 깎을 것만 생각한 것이 아니라, 생존보장과 직업훈련을 양립시키는 것은 중요하다.

또한 기든스와 벡이 카테고리와 계급의 정치가 성립되지 않는다고 주장한 것 또한 비판받았다. 빈부의 격차는 엄연히 존재하며, 고등교육 무상화와 직업훈련을 기회로 삼아 상승할 수 있는 사람은 원래부터 지혜와 힘을 보유한 젊은이들이다. 즉, 풍요로운 가정에서 자라 문화자본이 넉넉한 이들에게만 혜택이 돌아간다는 비판이다. 보수파로부터는, 기본보장이 지나치게 관용적이다, 자기 책임으로 돌려야 한다, 사회적 약자를 구제하는 정책으로 충분하다는 등의 비판이 끊이지 않는다.

그럼에도 기든스나 벡의 기본적 콘셉트에 대해서는 수긍할 수 있다. 사회주의 혁명, 복지국가, 시장만능주의, 전통회귀 등이 한계에 처해 정통성 하락과 불안의 증대가 벌어지고 있는 가운데 그 사태를 꿰뚫어본 사상이기 때문이다. 거꾸로 노동당 정권이 만든 각지의 상담소와 커뮤니티 센터를 보수당이 없애버린 영국에서는, 지난 2011년에 젊은이들의 폭동이 벌어지고 말았다. 구체적인 정책으로서 어떻게 실시해나갈 것인가에 대해서는 논란이 있을 수 있고, 모든 것을 해결할 수도 없다. 아울러 괄목할 만한 결과가 나올 것인지는 향후의 경기동향에 크게 영향 받을 것이다. 아무튼 이러한 모든 점들을 고려한다 해도 역시 아무것도 하지 않는 것보다는 뭔가를 하는 편이 더 낫다고 본다.

| 밑바닥에서부터 사회를 바꾼다 |

이러한 사상은 근대과학과 근대 민주주의의 재활성화를 겨냥한 것이다. 근대과학과 대의제 민주주의 그 자체를 폐기해야 한다고 보는 입장에서는 획기적이지 않을지도 모른다. 그러나 그런 근대 비판은 불행한 의식으로 종결될 가능성도 있다.

근대와 근대과학에는 원래 두 가지 측면이 있다. 하나는 이성을 행사하는 주체가 객체를 조작한다는 측면, 또 하나는 공개와 대화(변증법)에 의해 새로운 관계를 구축해나간다는 측면이다. 여기서 소개한 내용은 근대 속에서 내면적으로 바뀌어가는 요소를 찾고, 근대 속에서 근대를 뛰어넘기를 지향한 사상이라고도 말할 수 있다.

또 다른 관점에서 보자면 이것은 대의제의 자유민주주의를 되살리기 위해 직접민주주의의 요소를 도입하려는 것이기도 하다. 데모와 사회운동은 정권과 대립하는 상태라면 '대립하는 목소리'가 되겠지만, 정권이 거기에 응해주면 '대화하는 목소리'가 된다. 그렇게 해서 변증법적인 관계를 구축할 수 있다면 좋은 것이다.

원래 대의제 민주주의는 과거 100년 동안 참정권을 확대하고, 참여할 수 있는 '우리'의 범위를 넓힘으로써 간신히 정통성을 유지해왔다. 참정권을 18세까지 확대하자는 움직임이 선진국에서 많이 논의되는 것 또한 가급적 젊은이를 정치에 많이 참가시킴으로써 사회적인 포섭 범위를 넓히려는 시도의 일환이다. 참가시키지 않으면, 지혜도 쌓이지 않고 사회의 일원이라는 자각도 생기지 않기 때문이다.

그리고 근래에는 참정권을 형식적으로 부여받고 있지만 전혀 참여할 수 있다는 기분이 들지 않는다고 하는 사람들이 대단히 많아졌다. 그러므로 실질이 따르는 분권 및 타운 미팅, 직업훈련이나 상담소, 사회운동이나 NPO 등의 형태로 참가와 포섭의 범위를 넓히려 하게 되었다. 그렇게 하지 않을 경우, 미래도 보이지 않고 참여할 수 있다는 기분도 들지 않는다며 포퓰리즘에 휩쓸리고 마는 사람들이 형성될 우려가 있기 때문이다.

이것은 사회보장 정책과 관련된 최근의 유행이라는 말이 아니다. 사회를 유지하고, 사회를 만들기 위해 행하지 않을 수 없게 된 것이다. 그것을 거부하며 지금까지처럼 하면 그만이라는 식으로 주장하는 것은, 노동자나 여성에게 참정권은 필요 없고 부유한 유력자들이 결정하면 그만이라고 주장하는 것만큼이나 사회의 변화를 알아채지 못하는 자세이다.

대화와 참여가 중요하다는 것은 알고 있지만, 그것만으로 사회가 바뀔 수 있을까, 역시 선거로 정권을 쥐지 않으면 아무것도 안 되는 것 아닌가 하는 사람도 있다. 당연한 의문이다.

그러나 지금으로서는 설령 정권의 수반으로 올라서 어떤 정책을 선언해도, 그것만으로는 아무것도 바뀌지 않는다. 고급관료가 되어도, 재계의 수뇌가 되어도, 그것만으로는 바뀌지 않는다. 그것만으로는 아무도 말하는 대로 들으려 하지 않는다. 정치가에게 맡기면 된다는 사람은 3%에 불과한 상황이기 때문이다. 정권을 수중에 넣었다 해도, 현재의 관계인 채로는 부품을 갈아 끼우는 정도에 지날지도 모른다.

오늘날의 사회는 어딘가에 중앙제어실이 있어서 거기를 점령하면 사회 전체를 조작할 수 있는 구조가 아니다. 구체적으로 이 법률이 바뀌면 이렇게 된다는 것 정도는 말할 수 있겠지만, '자유'와 재귀성의 증대에서 생기는 문제를 해결할 수 없다. 설사 효과가 곧바로 나오지 않는다 해도 의회와 지역에서, 행정과 운동을 통해서, 즉 사회의 모든 곳에서 발상과 행동과 관계를 바꿔나가 그것이 연동해가며 사회를 바꾸는 수밖에 없다.

"앞으로 일본은 어떻게 될 것인가?"라는 질문을 많이 받는다. 나는 이런 질문을 받으면 대개 "보통의 선진국으로 되어가는 거죠."라고 답한다.

한때 '일본의 특이점'이라 일컬어진 특징으로서, 회사와 정부에 모든 것을 맡기고 정치에 무관심한 채 소비에만 파묻혀 지내도 레일 위에 올라타 1억 총중류의 안정상태가 계속될 것이라고 여긴 적이 있었다. 그러나 그런 시대는 이미 끝났다. 다른 선진국들과 마찬가지로 고만고만한 격차가 있고, 고만고 만한 퇴학과 범죄가 있으며, 고만고만하게 시민참여와 사회운동과 정권교체가 일어나며, 때때로 재정파탄과 공황도 벌어지며, 자신이 생각하고 자신이 행동해야만 하는 시대. 그런 나라가 될 것이다.

2008년의 리먼 브라더스 사태, 2011년의 금융위기 등으로 세계 각국에서 경제·고용·가족 등의 불안정이 심화되고, 정권의 유동화와 사회운동의 고양이 이루어지고 있다. 이와 궤를 같이 하며 일본에서도 사회운동에서 내걸리는 테마는 얼핏 보기에는 다르지만, 동일한 현상이 벌어지고 있다. 1970년대부터 1980년대의 한 시기에만 일본은 다른 선진국들과는 달리 예외적으로 보일 정도로 경제적 번영과 고용의 안정을 경험하고, 일당 장기정권이 지속되고, 시민참여와 사회운동의 침체를 경험했다. 그런 예외적인 시대를 만든 일본형 공업화 사회가 한계에 처해, '보통의 선진국'이 되는 시대가 찾아온 것이라고 생각한다.

그러나 그때 포퓰리즘에 휩쓸리는 사람이 많아질 것인가, 아니면 시민참여와 사회운동에 나서는 사람이 많아질 것인지는 오로지 앞으로의 선택에 달려 있다. 다른 선진국들이 어떻게 현대사회의 문제에 대처해왔는지를 곰곰 헤아리며 새로운 시대에 대응하기 위한 마음가짐을 제대로 갖추는 것이야말로, 향후 일본을 어떻게 바꾸어나갈 것인가를 강구함에 있어 무엇보다 중요하다고 할 수 있다.

제6장

일본 사회문제의 상징,
원자력발전

| 자연재해로 문제가 드러나다 |

사회의 구조가 거대하게 변동하는 가운데 천재지변이 일어나면서 그 때까지 일본 사회가 안고 있던 문제가 겉으로 드러났다. 1995년의 한신·아와지 대지진 당시를 살펴보면 이를 잘 알 수 있다.

과거 고베의 주산업으로는 항만업이나 조선·제강 같은 중후장대형重厚長大型 산업, 여기에 더해 케미컬슈즈 등의 경공업을 꼽을 수 있다. 이는 모두 탈공업화 사회로 이행되는 과정으로 보나 아시아의 다른 나라들과의 경쟁으로 보나 대단히 어려워져가는 산업이었다.

대지진 후 많은 기업들이 복구 뒤 예전으로 돌아가지 못했다. 항만은 부산과의 경쟁에서 무너졌고, 케미컬슈즈는 중국제품을 이기지 못했다. 산업구조가 변화하는 가운데 대지진 등의 타격을 받자, 재래산업의 침체가 단숨에 가속화된 셈이다. 청년들은 뼈가 부러져도 곧바로 회복되지만, 노인들의 다리가 부러지는 경우 그대로 드러누워버리는 것이나 진배없다.

복구 작업은 종래부터 공공사업에 강점을 지닌 도쿄 등지에 본사를 둔 종합건설사들이 많이 차지했다. 한신 대지진이 발생한 뒤 5년 동안 피해지역에 투입된 복구 사업비 가운데 90% 정도가 이렇게 피해지역 바깥으로 유출되었다고 추정된다. 한신 지역의 재래산업 또한 침체를 극복하지 못했다. 이로 말미암아 1993년의 일본 GDP와 피해지역 내 총생산을 각각 100이라고 할 때, 2003년의 일본 GDP는 105, 피해지역은 88이었다.

그렇지만 고베는 오사카에 인접한 관계로 고용문제와 관련해 한숨 돌린 부분도 있고, 재난을 당한 기업들이 일시적으로 오사카로 옮겨가 경제활동을 계속했다. 그런 까닭에 지진 피해를 당한 많은 사람들이 오사카로 출퇴근하기도 했다. 물론 고베의 산업이 과거와 같이 복구될 수 없었던 까닭에, 실질적으로는 오사카의 베드타운으로 전환되고 말았다. 반면 효고 현의 경우, 당시 일본에서 많지 않았던 인구증가 현이었기 때문인지 그런대로 활기를 띠는 정도로 복구될 수 있었다.

그러나 자연재해가 지방에 몰아닥치는 경우, 단숨에 과소화 현상을 보였다. 1993년에 쓰나미가 몰아닥친 홋카이도의 오쿠시리 섬에서는 항만은 공공투자를 통해 훌륭하게 건설되었지만, 어업이 계속적으로 침체하여 약 30%의 인구가 줄어들었다. 2004년의 니가타 현 주에쓰 지진으로 재해를 당한 야마코시무라(현재의 나가오카 시) 또한 급속하게 고령화가 진행되었다.

2011년의 동일본 대지진으로 재해를 당한 지방은 모두 2030년까지 인구가 20~30%씩 줄어들 것으로 예상되던 인구과소 지역이었다. 가령 어업으로 이름 높았던 미야기 현의 게센누마나 제철업이 성행한 이와테 현의 가마이시는 1960년대에서 1980년대 무렵 인구의 정점을 찍었다. 그러나 가마이시의 경우 1989년부터 이미 제철업은 이름만 남은 상태였다. 가까운 지역에 생산 공장이 없었기 때문에, 지역 산업이 붕괴된 후 피해자들은 직업을 구할 수가 없었다. 결국 미야기 현의 센다이로 출퇴근하거나, 아예 도쿄 등지로 직업을 구해 떠날 수밖에 없는 상황이었다.

동일본 대지진이 났을 때 휘발유를 구하지 못해 원조물자가 전달되지 못하는 사태가 벌어졌다. 사실 일본 전국의 주유소 숫자 또한 1994년에 정점을 찍은 뒤, 2009년에는 3분의 2까지 줄어들어 있었다. 특히 지방의 경우에는 인구가 대폭 줄어들면서 주유업 자체를 경원시하는 분위기가 널리 번져 훨씬 심각하게 감소한 상태였다.

또한 일본 도호쿠 지역의 부품공장이 피해를 당해 제조업도 심각한 영향을 받았다. 앞서도 설명한 것처럼 지방의 중소 하청공장이 일본 제조업을 떠받쳐왔던 점을 생각하면 이 또한 보통 문제가 아니다.

내가 아는 어떤 부품공장은 시급 300엔 정도의 도급 임금 아래 약 20명의 여성들이 전자부품을 만들고 있다. 이처럼 저임금의 액수는 모기업이 페루에 있는 공장으로 발주처를 옮기겠다는 통보를 해오는 바람에 어쩔 수 없이 결정된 금액이라고 한다.

그런 저임금을 받으면서도 여성들이 일할 수 있는 까닭은 그들의 남편이나 아들딸이 공공사업을 따낸 토목업체에서 일하거나, 공무원 혹은 농업에 종사함으로써 전체적으로 가계를 맞출 수 있기 때문이다. 공공사업이나 보조금을 끊으면, 일본의 제조업을 떠받쳐온 이런 구조는 더 이상 지탱할 수가 없게 된다.

동일본 대지진에서 우리의 관심을 가장 크게 끄는 것은 역시 원전 사고이다. 그러나 2007년의 니가타 현 주에쓰오키 지진이 일어났을 때도, 가시와자키카리와 원전이 사고를 일으킨 적이 있다. 당시 사고의 심각성은 일반에 공표된 것보다는 훨씬 심각했다고 한다. 일본의 과소 지역에는 어디나 고령화율이 높고, 경제가 침체에 빠지고, 원전이 들어서고 있다.

즉, 현재의 일본 사회구조를 생각할 때 지방에서 지진이 일어나면 고령자 피해자가 늘어나고, 휘발유 부족이 발생하며, 부품 공급이 멈추고, 원전이 영향을 받는 현상은 필연적이라 하겠다. 그 재해를 시뮬레이션을 벗어난 복합 재해라고 간주한다면, 이는 간토 대지진이나 한신 대지진 같은 도시형 재해 밖에 상정하지 않았던, 말하자면 도쿄 중심주의의 한계가 아닐 수 없다.

| 원전과 공업화 사회 |

그런데 사실은 일본의 원전 또한 1960년대에서 1997년까지는 대략 일직선으로 증가했지만, 21세기에 들어서는 증가세가 떨어져가고 있었다.

일본의 상업용 원전은 1966년에 가동되기 시작했다. 앞서 언급한 바와 같이 1965년부터 1993년까지는 일본의 공업화 시대였다. 원전 건설 시대는 그 시기와 거의 중첩된다.

이는 미국도 마찬가지였다. 미국에서는 1973년의 오일쇼크 이후 탈공업화 사회로 줄달음쳐가고 있었다. 그리고 미국에서 발주된 원자로 249기 가운데 1975년 이후에 발주된 것은 단 13기에 불과하다. 그것들 또한 하나같이 완공되지 못했다. 1979년에 벌어진 스리마일 섬 사고 등에 따라 원전 반대운동이 거세진 것도 주요 원인이지만, 그 이전부터 이미 정점을 지나서 있었다고 보아야 한다.

2012년에는 원자력규제위원회NRC가 원자로 신설을 스리마일 섬 사고 이후 처음으로 인가를 내준 것을 근거로 미국이 원자력 추진 쪽으로 전환한 것이라고 평가하기도 한다. 그러나 스리마일 섬 사고 이전이었던 1974년 이후의 신규 발주된 것 가운데에도 원자로가 완성된 것은 하나도 없다. 계획 도중 파기된 경우가 많아 1971~73년에 발주된 가운데에서도 조업까지 이루어진 것은 30%가 안 된다. 비용이 비싸게 먹혀 적합하지 않다는 판단이 최대의 원인으로 꼽힌다. 바로 그 점이 스리마일 섬 사고로 명확하게 드러난 진실이었다. 이러한 경향은 그렇게 간단히 바뀌지 않을 것이라고 본다.

한편 독일에서도 1990년대 이후로는 원전을 건설하지 않고 있다. 영국은 1986년에 국유기업이었던 전력산업을 분할하여 민영화한 후, 원자력이 고비용임을 인정했다. 그리하여 1996년에 원자력발전 회사가 민영화된 후에는 석유연료에 과징금을 붙여 그것을 원자력 쪽으로 분배해주고 있다. 영국은 대략 이런 방법으로 간신히 원전을 유지하고 있는 셈이다.

이처럼 애를 썼음에도 불구하고 영국에서의 원자력발전은 가스발전 등과의 경쟁을 이겨내지 못했다. 결국 영국의 원자력발전 회사는 도산 직전까지 몰렸다가, 국영 체제로 운영되는 프랑스의 전력회사 EDF에게로 넘어가고 말았다. 프랑스는 핵무기를 갖춤으로써 미국으로부터 자립하겠다는 의지가 굳기 때문에, 채산성을 따지지 않고 원전과 플루토늄 추출을 추진하는 노선을 견지하고 있다.

사실 프랑스처럼 예외적인 나라를 제외하면, 원전이 경제적으로 경쟁력이 약하다는 인식이 선진국 사이에서는 널리 퍼져 있다. 독일, 이탈리아, 스위스 등 핵무기를 갖고 있지 않은 나라들은 이미 원전을 철회하기로 결정했다. 프랑스에서도 2011년에는 즉시 혹은 단계적 탈원전을 지지하는 여론이 77%까지 올라가기도 했다.

일본을 비롯한 어느 나라에서나 대규모 투자를 필요로 하는 거대 플랜트인 원전은 에너지를 대량으로 소비하는 중후장대형 공업화 사회의 상징이었다고 할 수 있다. 그리고 앞서 말한 것처럼 재해가 닥치면 약화되어 있던 산업이 순식간에 쇠퇴 양상을 보인다. 후쿠시마 제1원전 사고는 스리마일 섬 사고가 미국에서 일으킨 것과 똑같은 역할을 일본에서도 해낼 가능성이 높다.

| 원전 사고로 변화한 소련

　　아울러 재해가 닥치면 그 사회가 안고 있던 문제가 노정된다는 점 또한 딱 들어맞는다. 이것은 일본만이 아니다. 최후의 소련 공산당 서기장이었던 미하일 고르바초프는 회고록에서 1998년의 체르노빌 원전 사고에 관해 이렇게 서술했다.

　　체르노빌은 우리나라의 체제가 안고 있는 수많은 질환을 드러내놓았다. 이 드라마에는 오랜 세월 동안 쌓여왔던 모든 악폐가 얼굴을 들이밀고 나왔다. 괴이한 사건과 부정적인 프로세스의 은폐(묵살), 무책임과 나태, 직무방기. 이 모든 것들을 다 범벅으로 만들어놓은 과음. 이것은 급진적인 개혁이 필요하다는 확실한 또 하나의 논거였다. (『고르바초프 회고록 (상)』)

　　체르노빌 원전 사고로 약 11만 6,000명의 피난민이 나왔는데, 그동안의 정보공개 제한과 뒤늦은 대응책 발표로 피난민을 비롯한 민중들의 불만이 터져 나왔다. 또한 1970년대부터 소련은 20년 가까이 경제침체로 어려움을 겪는 가운데, 지나치게 팽창한 동맹 세력권을 유지하기 위해 막대한 재정 부담을 지고 있었다. 공산당 내부진영은 파벌투쟁으로 날을 지새우고 있었다. 그런 상황 속에서 원전 사고가 벌어졌던 것이다.

　　고르바초프는 체르노빌 원전 사고가 '종래의 시스템이 그 효용을 다했음을 생생하게 보여주는 무시무시한 증거'라는 인식하에, 체제개혁과 정보공개를 추진했다. 그 결과 소련이 붕괴되었고, 그것은 곧 사회와 세계의 변화를 불러왔다.

　　고르바초프가 언급한 것들 가운데 '과음'을 제외하면, 일본의 원전 사고에서도 유사한 문제점들이 크거나 작은 형태로 드러난 바 있다. 정치권에 대한 불신감이 높아져, 정치가에게 맡겨두면 된다는 의견이 겨우 3%에 불과하게 된 것 또한 그 때문이다. 그리하여 사회를 바꿔야 한다는 여론이 대지진과 원전 사고를 계기로 단숨에 높아졌다. 이는 당연한 현상이다.

| 원전을 떠받쳐온 보조금 시스템 |

원전을 떠받쳐온 구조는 후쿠시마 원전 사고를 계기로 널리 알려지게 되었다. 이 또한 일본형 공업화 사회의 일부로서, 1970년대 전반에 형성된 것이다.

1972년부터 1974년의 다나카 가쿠에이 내각 시대는 일본형 공업화 사회를 지탱하는 일련의 제도가 완성된 시기이다. 공공사업 예산이 큰 폭으로 늘어난 것도, 대점법이 통과된 것도, 자민당이 이러한 제도를 통해서 이익 유도 시스템을 만들어낸 것도 모두 다나카가 활약한 시대였다.

1974년 원전이 들어설 자치체에 대한 보조금을 전기요금에서 징수키로 한 이른바 '전원全院 3법(구체적으로는 '전원개발촉진세법', '특별회계에 관한 법률', '발전용 시설 주변지역 정비법'의 세 법률을 말함 • 옮긴이)'이 만들어진다. 다나카 수상은 "도쿄에서 만들 수 없는 것을 만든다. 만들어서 잇따라 전기를 보낸다. 그리하여 잇따라 도쿄에서 돈을 보내오게 한다."라고 언급했다고 한다. 그가 시행한 정책은 결과적으로 보자면, 일본 사회의 '약한 고리'인 지방과 중소기업 등에 보조금과 경쟁규제라는 구조를 덧씌운 것이라 할 수 있다.

사실 원전의 보조금 제도는 도로 건설과 매우 닮은꼴이다. 다나카는 1953년에 휘발유에 붙이는 세금을 도로 건설을 위한 특정재원으로 돌리는 제도를 의

원입법 했다. 나아가 1971년에 자민당 간사장이었던 다나카는 자동차를 사거나 자동차검사를 받을 때 걷는 자동차중량세를 신설하여 이 또한 도로 건설을 위한 특정재원으로 돌렸다.

　자동차를 사거나 휘발유를 사 계속 달리면 도로가 잇따라 만들어지는 시스템이다. 이를 기반으로 자민당은 지지표를 끌어들일 수 있었다. 전기를 쓰면 쓸수록 원전 보조금이 늘어나게 만든 전원 3법 또한 거의 같은 구조였다.

　원전은 1950년대에는 그야말로 휘황찬란한 공업화의 상징이었다. 그러나 고도의 경제성장으로 환경오염이 심각해지자 1960년대 후반에는 각지에서 공해 반대운동이 일어난다. 1996년의 총리부 조사를 보면 원전 건설 지역에 지정되면 반대한다는 의견이 찬성을 크게 웃돌게 되었다. 1972년에는 사회당이 원전 건설 반대로 전환하고 각지의 원전 반대운동을 지원하기 시작했다.

　그런 상황에서 벌어진 사태가 다나카 정권하에 있던 1973년의 오일쇼크였다. 석유 공급에 불안감을 품은 일본 정부는 원전을 추진하기로 방침을 정했다. 그리하여 전원 3법의 보조금 시스템이 만들어졌고, 이는 해당 지방의 반대를 억누르는 데 효과를 발휘했다.

| 전쟁에서 시작된 전력시장 통제 |

　소련 체제는 전쟁으로 시작되었다. 제1차 세계대전 중에 일어난 혁명 뒤, 혁명정권을 무너뜨리려는 간섭전쟁과 내전을 극복하고 군사력을 강화하기 위해, 통제 및 계획경제를 실시하게 되었던 것이다. '5개년 계획' 같은 계획경제는 나치 독일과 일본 지배하의 만주국도 시행한 것으로, 이는 모두 20세기 전시경제에 특징적으로 나타났던 현상이다.

그리고 일본의 도로나 원전 건설 또한 이와 매우 닮은꼴로 시행되었다. 전국의 도로 건설은 정부의 5개년 계획으로 결정되는데, 이는 국회 심의 없이 내각회의의 결정만으로 집행되었다. 원전을 포함한 발전소 건설도 정부의 장기 에너지 수급 전망과 원자력 이용 장기계획(2005년부터 원자력정책대강으로 이름을 바꿈)으로 결정되고, 국회 심의 없이 내각회의 결정으로 집행된다.

이런 계획에 입각하여 거의 계획경제처럼 계속 원전을 건설했다. 다만 일본의 원전 정책의 특징은 한국이나 러시아처럼 국영기업이 짓는 것이 아니었다. 정부의 정책에 근거하여 민간회사가 원전을 짓는 '국책민영'이라는 점이 두드러진다.

이런 체제 또한 제2차 세계대전에서 비롯된 것이다. 1939년부터 1942년에 걸쳐 군수산업에 대한 전력공급을 안정시키기 위해, 전국에 412개사였던 전력회사를 9개사로 통폐합시켰다. 이로써 각 지역을 하나의 전력회사가 독점적으로 분담하는 제도가 만들어져 현재까지 이어져왔다. 이런 전력 체제는 국유회사화가 아니라, 국책으로 민영회사를 따라오게 만드는 '국책민영'으로 시행되었다.

가끔 오해하는 사람들이 있는데, 일본 정부의 공무원 수는 다른 선진국에 비해 결코 많지 않았다. 정부지출이 GDP에서 차지하는 비율을 볼 때, 선진국보다 확실히 적은 편이었다. 일본의 강한 정부는 규모에서 오는 것이 아니었다. 바로 민간기업이 눈치를 보지 않을 수 없는 지도권과 인허가권에 있었다. 그것을 틀어쥐고 있으면 재정지출이 줄어든다 해도, 정부의 존재감은 조금도 줄어들지 않는다. 지방 공무원의 수가 줄어도 그저 창구 서비스가 좀 나빠질 뿐, 정부가 약화되는 일은 없다.

가령 일본의 텔레비전 방송사는 총무성(과거에는 우정성)의 면허제 때문에 정부에 밉보였다가는 면허를 갱신받지 못할 수가 있다. 그 때문에 정부 비판을 자제하는 경향이 있다고 한다. 그 대신 기존의 방송국은 신규 참여자 억제 및 경쟁 감소라는 이점을 챙긴다.

전력회사 또한 정부로부터 지역독점을 인정받아 경쟁을 줄이는 이익을 누린다. 일본의 전기요금은 정부가 결정한 전기사업법에 따라 발전단가에 3%를 얹어 결정한다. 전력회사는 비용절감보다 원전 같은 고액의 발전소를 건설하여 비용을 들이는 편이 이익을 상승시키는 길이 된다. 지역독점이기 때문에 소비자는 값이 비싸도 다른 전력 공급자에게서 전력을 살 수가 없게 되었다.

| 무책임한 체제 |

이 체제의 특징은 정경유착과 무책임을 부추기기 쉽다는 데 있다. 그것은 예컨대 1991년에 제정된 원자력손해배상법에 잘 드러나 있다.

이 법률에서는 원전 사고가 일어나면 우선 민간 보험회사가 손해배상을 하게 되어 있다. 그리고 손해액이 보험회사의 책임 범위를 초과할 경우, 전력회사가 보상료를 납부하여 계약해놓은 정부 손해배상 보상으로 지불하게 되어 있다. 원전 사고는 규모가 너무 커서, 민간 보험회사만으로는 도저히 감당할 수 없기 때문에 이런 구조가 짜인 것이다.

그러나 후쿠시마 제1원전 사고의 피해 총액은 상상을 초월한다. 이런 보험금고와 정부보상계약으로 감당할 만한 한도액의, 적어도 수십 배에 이른다고 한다. 그러나 원자력손해배상법은 배상 한도액을 초과하는 사고가 일어난 경우, 정부는 '필요하다고 인정될 때에는' '국회의 의결에 의해 법에 허용된 권한 범위 안에서' 원조를 행한다고 명기되어 있을 뿐이다.

전력회사는 정부가 원조해줄 것을 기대하고 있겠지만, 정부가 뚜렷하게 책임을 지고 이것을 보증해주고 있는 것은 아니다. 요컨대 누구도 최종적인 책임을 지지 않고 있는 체제인 것이다.

원자력 업계가 심각한 사고가 일어날 가능성을 검토하는 것 자체를 금기시해온 까닭은 이 때문이라고 여겨진다. 사고 가능성을 검토하면 최종 책임을 지는 곳이 없기 때문에, 추진 자체를 할 수 없는 체제이기 때문이다.

즉, 러시아나 프랑스, 한국 등 많은 나라들에서는 원전을 국영이나 사실상의 국영으로 운영한다. 그렇기 때문에 정부가 최종 책임을 진다. 미국의 원전은 민영이지만, 사고가 일어나 민간회사와 정부보상계약의 한도를 초과하는 경우에는 정부가 책임을 진다고 1957년의 법률로 명기되어 있다. 미국의 민간전력회사의 입장에서 볼 때 그런 보증이 명기되어 있지 않은 경우, 대사고가 일어나면 곧바로 도산으로 몰린다. 그러므로 경영에 관한 최소한의 상식만 있어도, 그런 규정 없이 원전을 지을 수는 없다. 일본의 경우에는 '국책이므로 괜찮을 것이다'라는 인식을 가진 채 지내온 것 같다.

이리하여 일본 원전은 일본형 공업화 사회의 상징적인 존재가 되었다. 경제가 계속 성장함에 따라 전력수요는 계속 늘어날 것이라는 전제에 대해서는 추호의 의심도 없었다. 그리하여 정부 주도로 경쟁제한과 독점을 인정받은 전력회사, 그리고 보조금을 지원받는 지방자치체라는 구조는 실로 전쟁으로부터 고도성장을 줄곧 달려온 '쇼와 시대의 일본을' 극명하게 보여주고 있다.

| 한계에 처한 원전 산업 |

그러나 원전 증설은 앞서 설명한 것처럼 1990년대 말 이후에는 정체중이다. 직접적인 이유로 여러 가지를 꼽을 수 있겠지만, 여기서는 세 가지의 배경만을 검토해보자.

첫 번째 배경은 경제의 정체停滯이다. 아울러 제조업에서 서비스업으로 전환이 이루어지고, 에너지절약 기술도 발전했다. 전력수요가 늘지 않는 것이다. 특히 2008년의 리먼 브라더스 사태를 전후한 2007년에서 2009년 동안 전력수요는 7%나 줄어들었다. 전력수요가 늘어나지 않기 때문에 발전소 증설이 필요 없어진 것이다.

두 번째로 민주화와 정보공개가 진전되었다. 우선 1995년의 한신 대지진과 2003년의 에이즈 감염혈액 공급 파문이 주목받는 등 일본 정부는 신뢰에 큰 상처를 입어왔다. 나아가 글로벌한 정보공개의 흐름이 확산되어, 1999년에 정보공개법이 통과되었다.

또한 고령화 사회의 도래에 대응한다는 취지로 1997년에는 개호보험법介護保險法이 마련되었다. 한신 대지진으로 자원봉사 활동과 개호사업을 위한 NPO를 법적으로 인정하여 활용할 필요성이 대두되면서, 이를 위해 1998년에 NPO법(특정비영리활동촉진법)이 마련되었다.

이런 가운데 원자력 행정 또한 어쩔 수 없는 변화를 겪게 되었다. 1995년에 폭발위험이 큰 나트륨이 유출된 후쿠이 현 쓰루가 시 소재의 고속증식로 '몬쥬' 사고, 1999년 이바라키 현 도카이무라의 일본핵연료컨버전JCO 사의 임계사고(핵분열성 임계초과 상태를 제어하지 못한 핵분열 반응에 의해 생성되는 중성자수가 폭발적으로 증가하여 방사선과 열이 방출되는데, 이때 발생하는 방사능에 노출되면 인체의 염색체가 파괴된다. 이 사고로 다수의 사망자가 나왔고, 그중 한 명인 오우치 씨의 83일 동안의 치료과정이 다큐멘터리로 제작되어 일본 전역에 큰 반향을 일으켰다 • 옮긴이), 2007년 니가타 현 주에쓰 지진 때의 가시와자키카리와 원전 사고 등 이 시기의 잇따른 사고 또한 자치단체의 조사와 NPO 등의 민간 전문가들에 의한 검증이 이루어졌다. 이 검증으로 정부가 이미 발표한 내용 이상의 사실이 환히 드러나기도 했고, 추가로 의문이 제기되기도 했다. 이런 과정을 계기로 원자력 행정의 수정 방향을 검토할 때 의사록 따위를 공개하기도 했고, 현재의 원전 추진에 비판적인 지식인들도 한정적이나마 초빙하기도 했다.

세 번째는 경제의 자유화이다. 통신사업의 자유화에 따라 통신요금이 큰 폭으로 떨어진 것을 계기로, 전력회사의 지역독점을 풀고 자유화해야 한다는 주장이 제기되었다. 사고가 빈발하고 원전 가동률도 저하하여 그 경제성 또한 의심받게 되었다.

그러나 결국 기업 등 대량 수요처에 대한 전력공급에 대해서만 자유화가 이루어졌다. 그 때문에 도쿄전력의 전력 판매량은 대량 수요처가 60% 이상이었지만, 그에 따른 이익은 전체의 10% 이하에 지나지 않았다. 즉, 90% 이상의 이익은 독점이 유지되는 가정용 전력을 중심으로 한 규제 부문의 판매량에서 얻었다. 전력수요가 늘지 않는 가운데, 가정용 전력판매를 늘이기 위해 전기 이외의 에너지원을 전혀 사용하지 않는 '올덴카ᅳ오ᅳ'電化 캠페인이 대대적으로 이루어지기도 했다. 여기서 거둬들인 이익금의 일부로 원전이 들어선 지자체에 기부금도 냈던 것이다.

2005년에는 정부가 원자력을 큰 폭으로 확대하는 원자력정책 대강을 작성했다. 그러나 국내의 원전은 늘어나지 않는 상황에서 고속증식로 '몬쥬'는 하루에 5,000만 엔이나 되는 비용을 투입하며 재가동에 들어갔지만, 당초 예산의 3배 가까운 2조 2,000억 엔을 쓰고도 기술적 문제를 해결하지 못해 하루 3억 엔의 유지비를 내버리면서 본격적인 가동을 하지 못하고 있다.

재처리가 한계에 봉착하고 폐기물의 최종 처리장은 결말을 내지 못했다. 그로 인해 각지의 원전과 아오모리 현의 록카쇼무라에 있는 중간저장시설과 풀pool은 2010년대 중에 꽉 차버릴 것으로 예상된다. 그 모든 것이 한계에 다다른 속에서 해외를 상대로 한 원전 수출을 모색해왔다.

그러나 어떤 계기로인가 이러한 구조가 주목을 끌게 되면 비판이 쏟아질 것은 자명했다. 바로 그런 때 몰아닥친 것이 2011년의 후쿠시마 제1원전 사고였던 것이다.

| 원전 코스트 |

원전의 발전단가cost는 2011년 이전에는 화력이나 수력에 비해 싼 편이었다. 물론 그렇게 여겨진 데에는 흑막이 있다는 비판도 가해진다. 가동률을 실제보다 높여서 견적을 내고, 보조금이나 사고처리비 등을 포함시키지 않았던 것이다. 이런 점에 관해서는 후쿠시마 사고 뒤에 거센 비판이 이어졌다.

여기에 한 가지 덧붙이자면 원전 코스트는 사회가 느끼는 리스크 정도에 따라 변화된다는 점이다.

원전 코스트는 사실 대부분 안전 코스트이다. 원전은 원리상으로는 단순하다. 물을 끓여 터빈을 돌리는 열원이 핵반응이라는 것뿐이다. 사고가 일어나도 심각하지 않고, 폐기물은 어디에 쌓아두어도 된다면 대단히 비용이 적게 든다. 그런데 그렇지 않기 때문에 안전하게 가동하기 위해 복잡한 기술과 방호설비를 마련하느라 코스트가 과다하게 투입된다.

이때 코스트는 '안전에 관해 어느 선까지 배려해야 하는가?'에 달려 있다. 내진성과 방호는 빠듯하게만 맞추면 되고, 다소의 방사능 누출쯤은 신경 쓰지 않아도 된다면 코스트는 확 줄어든다. 그러나 안전에 대한 배려가 더 필요하면 할수록 건설비와 폐기물 처리비가 많이 들어간다. 아울러 자연히 가동률이 떨어진다.

게다가 안전 코스트는 전문가가 자기 혼자 정할 수 없다. 안전과 리스크에 민감해진 사람들이 가령 인권의식에 눈을 뜬다면 눈덩이처럼 불어난다. 사고 보험금과 보상, 입지 자치단체에 대한 보조금과 설득 코스트도 마찬가지이다. 설득이 필요한 범위도 리스크 감각의 침투 정도에 동반하여 확대된다.

즉, 원전 코스트는 순수하게 경제학적인 것이라기보다 사회상황이 복잡하게 얽힌 함수라 하겠다. 사람들의 리스크 감각, 안전의식, 인권의식이 저하하고, 전문가와 정부의 권위가 강화된 경우에는 코스트 하락이 이루어진다. 물론 그 반대 경우에는 코스트 상승이 될 것이다.

나아가 원전은 사회변동 리스크에 취약하다. 원전은 건설에 대규모 초기투자가 필요하므로, 30년 동안 안정적으로 가동되지 않으면 투자원금을 회수할 수 없다고 한다. 그동안에는 전력수요가 계속 늘어나고, 전력가격이 안정되어 있어야 하며, 가동률은 높고, 사고는 나지 않아야 할 필요가 있다.

그렇게 생각하면 원전은 경제와 전력수요가 줄곧 상승하고, 국책으로 전력가격을 강제로 안정시킬 수 있는 나라에 적합한 것이 된다. 나아가 정부의 권위가 강력하며, 국민의 안전의식·인권의식·발언력 등이 낮은 편이 좋다.

요컨대 원전은 경제가 성장하고 있는 공업화 사회의 권위주의 국가에 딱 들어맞는다. 거기서 한 걸음 더 나아가 말하자면 이미 핵무장을 하고 있든가, 앞으로 핵무장을 하고 싶은 나라라면, 채산성을 도외시하고도 적극적으로 임할 수 있다. 그러나 경제가 정체하든가, 제조업에서 서비스업으로 산업적인 전환이 일어나며 전력수요가 내려가든가, 자유화와 민주화가 진행되면 곤란하다.

그런 면에서 일본에서 원전은 후쿠시마 사고 전부터 장래성이 없는 상태였음을 알 수 있다. 일본은 1990년대 말부터 경제가 정체했고, 공업화 사회에서 탈공업화 사회로의 이행이 이루어지고, 자유화와 민주화가 진전되었기 때문이다. 얼추 비슷한 무렵부터 일본의 원전 건설이 정체를 보인 것도, 많은 선진국에서 원전이 한계에 봉착한 것도, 그와 대조적으로 러시아와 중국과 인도 등이 아직도 원전 건설에 적극 나서는 것도, 그렇게 생각해보면 고개를 끄덕일 수 있게 된다. 앞으로 원전은 권위주의 체제와 개도국의 상징이 되어버릴지도 모른다.

| 원전은 일본 사회가 안고 있는 문제의 상징 |

그럼에도 원전의 추진 및 유지에 집착하는 사람들이 정재계에 적지 않게 포진하고 있다. 그 이유는 몇 가지로 생각해볼 수 있다.

첫째는 원전이 경제성장의 상징이라고 생각하는 사람들이 아직도 존재한다는 것이다. 분명 원전 건설이 추진되어온 시대는 일본의 공업화 시대, 경제성장의 시대였다. 특히 경단련経団連(일본경제단체연합회 • 옮긴이)을 핵심으로 한 중후장대형 산업의 경영자들은 1960년대부터 1980년대의 '저팬 애즈 넘버원'의 시대를 잊지 못할지도 모른다.

그러나 '원전 건설이 추진된 시대에는 경제성장이 이루어졌다'는 옳지만, '원전을 세우면 경제가 성장한다'라고는 할 수 없다. 국제환경과 산업구조가 바뀌고 있기 때문에 과거로 돌아가기란 불가능하다.

그러나 그보다 더 핵심적인 이유는 도로 건설이 그랬던 것처럼, 원전 사업에 기득권을 지닌 사람들이 존재하기 때문일 것이다. 특히 전력회사로서는 원전을 중지한다고 결정하면, 1기당 3,000억 엔에서 5,000억 엔이 들어간 시설이 유지비와 원자로 폐쇄비용만 잡아먹는 부실산업이 돼버리고 만다. 원자로 폐쇄비용의 적립 또한 제대로 이루어져 있지 않다.

거꾸로 원전이 제대로 가동되기만 한다면 전기가 팔려나가 속된 말로 '하루에 1억 엔'은 족히 벌어들일 수 있다. 건설비용의 감가상각減價償却을 마친 낡은 원전 쪽이 가동 시 전기판매만 이루어지면 이익이 더 오른다. 그러므로 재가동하고 싶고, 내구연한耐久年限을 연장하여 영원히 가동하고 싶고, 건설 중인 원전도 완성시켜 상업운전을 하고 싶다. 기득권층은 이런 생각에 매몰되어 있다.

또한 전력회사가 도산하거나 실적이 악화되면, 전력회사에 수조 엔씩 융자해준 은행이 대출금을 회수할 수 없게 된다. 전력회사의 사채와 주식을 사들인 보험회사 등은 거대한 손실을 보지 않을 수 없다. 원자로 제조시설에 투자한 업체, 국책으로 추진해온 책임을 추궁당하고 싶어 하지 않는 관청 등도 '이제 와서 멈출 수 없다'라고 생각할 것이다.

그리하여 국회의원들에게 도쿄전력에 사고에 대한 배상을 시키면 금융위기가 일어난다는 따위의 로비가 집중적으로 벌어진다는 말도 들린다.

그러나 이제 원전은 경제적으로 보자면 정책과 투자의 실패로 생긴 일종의 부실채권이다. 이대로 질질 끌고 나가는 것은 장래성이 없는 사업에 돈을 쏟아붓는 어리석은 행동에 불과하다.

무엇보다 폐기물 저장소가 없다. 수십 기나 되는 원전을 재가동하면, 현재 보유한 저장소의 잔존용량을 감안할 때 10년을 넘기지 못할 것이다. 지금부터 새로이 폐기물 저장소와 최종 처리장을 받아들일 지자체가 과연 존재할까? 다른 발전 방식을 취할 경우 석유 등의 연료비가 불어나므로 원전을 가동하는 편이 경제적이라는 주장도 나온다. 그러나 기껏해야 전력회사의 목전의 경영이익에나 기여할까, 그 이상의 설득력은 없어 보인다.

거의 가동되지 않는 고속증식로와 재처리시설에 매월 수억 엔씩 유지비를 들여가며 핵연료 사이클 계획을 형식적으로 유지하고 있는 데에도 다 까닭이 있다. 만일 그것을 그만두면 현재 재처리 시 연료로 쓰이는 '자산'으로 전력회사의 장부에 계상되어 있는 폐기물이, 갑자기 전혀 자산이 아니게 된다. 즉, 폐기물을 없애기 위한 처분비가 들어갈 뿐으로, 그렇게 되면 전력회사가 경영난에 휩싸일 것이기 때문이다. 그렇다면 정부와 전력회사의 정책 미스·경영 미스의 청산을 뒤로 미루기 위해 매일 수억 엔씩 들이고 있다는 이야기가 된다.

이에 대해서는 업계의 관계자나 관청의 관료들도 잘 알고 있을 것이다. 그러나 자신의 임기 동안에만큼은 그 결정을 미뤄두고 싶고, 자신이 퇴직금을 받을 때까지는 회사를 적자상태로 만들고 싶지 않다고 생각하는 것이 아닐까. 그렇다면 이러한 구조 또한 오늘날의 일본 사회의 문제점을 상징하고 있다고 아니할 수 없다.

이제 이렇게 된 이상 '용기 있는 철수'가 필요하다. 원전에만 한정된 것이 아니라 공공사업이든 재정문제이든 이런 식으로는 더 이상 계속될 수 없음을 모든 영역에서 일본인들이 절절하게 느끼고 있다.

소련은 팽창한 세력권으로부터 철수를 결단하지 못해, 그 유지비와 군사비가 너무 많이 들어가고 말았다. 자민당은 2012년에 '국가 강인화强靭化 기본법안'을 국회에 제출하여, 향후 10년 동안 200조 엔의 공공사업을 실행할 것이라고 하는데, 이대로 가면 일본은 공공사업과 원전에서 철수하지 못해 쓰러지고 말지도 모른다.

| 사회는 바뀌어가고 있다 |

2011년부터 2012년의 일본에서는 단계적인 것도 포함해 탈원전을 요구하는 여론이 70%에서 80%로 올라갔다. 그 이유는 사고와 방사능에 대한 두려움 등 여러 가지일 것이다. 그러나 가장 큰 요인은 고르바초프가 체르노빌 원전 사고를 당하면서 느꼈던 것처럼, 후쿠시마 제1원전 사고를 계기로 일본 사회의 다양한 폐해가 노정된 때문이 아닐까?

또 원전은 일본 사회가 안고 있는 문제의, 이른바 상징적인 사례였다. 고용, 교육, 사회보장, 경제, 재정, 정치 및 그 밖의 모든 면에서 '쇼와 시대'에 구축된 일본형 공업화 사회의 구조는 이미 한계에 봉착해 있다. 그 구조는 과거에는 제대로 기능했을지 모르지만, 이제는 변하지 않으면 안 됨을 일본 사회의 누구나가 느끼고 있다.

그럼에도 기존의 구조 속에서 이익을 누리고 싶어 하는 사람, 다시금 과거로 되돌아가고 싶어 하는 사람들 또한 적지 않다. 그래서 사회를 바꾸는 활동이 필요한 것이다. 그리고 앞으로 필시 그런 활동이 성공을 거두는 경우가 많아지리라고 예상한다.

왜 그럴까? 일본 사회가 변동기에 처해 있기 때문이다.

이제까지 일본 사회를 바꿔보고자 하는 활동은 수도 없이 실패했다. 실패한 가장 큰 이유는 불가능한 목표를 이루려 했기 때문이다. 예를 들어 미일안보조약의 파기는 냉전이라는 국제질서가 바뀌지 않는 한, 일본 혼자 풀어나갈 수 없는 곤란한 문제였다.

그러나 사회구조나 국제질서가 계속 변화하고 있을 때, 이미 낡아빠져 적합하지 않게 된 틀을 바꾸는 것은 그다지 어려운 문제가 아니다.

일시적으로 동요는 벌어질지라도 중장기적으로 원전은 일본에서 사라지지 않으면 안 된다고 본다. 2000년에 자민당의 파벌정치가 일시적으로 부활하여 다음번 총재(즉, 수상)를 유력자끼리의 담합에 의해 결정한 일이 있었다. 그런데 그것이 평판이 나빠 정치에 대한 불신이 강해지자 두 번 다시 그렇게 할 수 없게 되었다. 낡은 정치 관습을 이너 서클만의 담합을 통해 부활시켰지만 오히려 사태가 악화되었다. 이 사례에서 볼 수 있듯 장기적으로 보면 그런 퇴행조차 일시적인 동요에 지나지 않는다.

또 낡은 구조 속에서 이익을 누리는 사람이 적으면 적을수록 바꾸기가 간단해진다. 연금제도를 바꾸기 위해서는 현재의 후생연금제도 아래에서 연금을 받는 1,000만 명이나 되는 사람들을 설득해야 한다. 그러나 원전 산업에서 이익을 거두는 사람들은 기껏해야 수십만 명이다.

다만 그 수십만 명 가운데 정재계와 매스컴의 중추부를 차지하는 사람들이 적지 않기 때문에 힘을 지니고 있는 것처럼 보일 따름이다. 한편으로 탈원전 지지자가 일본 인구 1억 3,000만 명 가운데 80%라고 하면, 1억 명에 해당된다.

게다가 원전을 추진하는 사람들은 돈으로 연결되어 있는 데 지나지 않는다. 돈이 들어오지 않아도 원전을 짓고 싶어 하는 사람은 한정적일 것이다. 일단 돈의 흐름이 멈춰버리면 원전 건설을 추진하는 사람들의 기반이 무너져 내릴 것이다. 현재는 추진하는 입장에 서 있어도, 적절하게 정책적인 처우를 해주게 되면 원전이 필요 없다고 하는 사람도 많을 것이다.

원전만이 사회를 바꾸는 테마는 아니다. 그러나 원전은 포괄성과 상징성이 있는 테마이면서 운동에 의해 바뀔 전망이 높은 테마 가운데 하나이다. 원전을 테마로 한 운동을 계기로 사회를 바꾸는 감동 어린 경험을 한 사람은 수십만 명이나 된다고 생각한다. 부당한 것에는 항의해야 한다는 체험을 이미 해봤고, 막상 해보면 재미있고, 그렇게 어렵지도 않다. 바로 그런 습관을 몸에 익힌 사람들이 그만큼 늘어나면 사회는 바뀌게 마련이다.

행동이란 물론 데모만이 아니다. 그 이외의 다양한 행동, 예컨대 정부발표 이외의 정보를 모으거나, 방사선량을 계측하거나, 자치단체나 학교에 불만을 제시하거나, 자신의 판단 아래 피난을 가거나, 기업이나 관공서 안에서 의견을 말하거나, 쇼핑과 투자 방식을 바꾸거나, 인터넷에 글을 쓰거나 하는 사람들이 필시 수천만 명에 이를 것이다.

그런 '행동'을 경험한 사람들은 다른 문제에 대해서도 그 정도의 자율적인 행동은 할 수 있다는 자신감을 얻게 된다. 그것이 쌓이고 쌓여 사회를 바꾸어가게 된다.

또 일본은 원자력과 방사능에 관한 한 평균적인 지식수준이 세계 최고의 나라가 되었다. '베크렐'(방사능의 국제단위. Bq로 표시한다 • 옮긴이)이라는 단어가 일상어가 되어 있는 나라는 어디에도 없다. 그것이 비록 불행한 일이지만, 원자력에 대해서는 '국민적인' 논의와 참가가 가능한 토대가 마련된 셈이다. 우선 원자력에서부터 광범위한 논의와 운동이 일어나 사회에 참여하는 습관이 확산되고, 그 의의가 전파되어나가다 보면 다른 문제에 대해서도 관심을 지니는 사람이 많아질지 모른다.

적어도 2000년대 이전까지는 그랬다. 정치가와 관료와 대기업은 비록 더러운 행위를 벌일지라도 유능하기 때문에 맡길 수 있다고 보았다. 일본 사회의 구조가 불합리하다는 생각은 들어도, 체념한 채 무관심하게 지내도 괜찮다고 여겼다. 그러나 2011년에는 정치가에게 맡겨도 괜찮다고 생각하는 사람이 3%밖에 존재하지 않게 되었다.

사회를 바꾸고 싶지 않다는 생각이 들어도 바꾸어야 한다. 아니 이미 바뀌고 있다. 그 길을 피해갈 수는 없다. 침묵을 지키다가 서서히 침몰하든가, 어느 지점에서인가 대파국을 맞이하든가, 명백하게 좋은 방향으로 바꾸려는 노력을 하든가 어느 한 길을 선택해야 한다.

남아 있는 과제는 그 피할 수 없는 전환을 도모하는 동안 일본 사회가 치러야 할 희생을 어떻게 최소화할 것인가이다. 그리고 그 전환하는 동안 많은 사람들이 자신의 생각으로 목소리를 낼 수 있게 되어, 적극적으로 사회를 바꾸는 활동을 활성화시키는 것이다. 그런 까닭에 지금 일본인들에게는, 과연 일본이 '저팬 애즈 넘버원' 시대에 대한 노스탤지어를 단호히 잘라내고 새로운 시대를 향해 한 걸음 성큼 내디딜 수 있는가 하는 질문이 박두해 있다.

우선 이러한 관점을 전제로 삼을 경우, 전후戰後 일본의 사회운동사를 어떻게 묘사할 수 있을까? 그것을 다음 장에서 살펴보도록 하자.

제7장

전후 일본의
사회운동

이 장에서는 전후 일본의 1960년대에서 현대까지의 사회운동사를 살펴본다. 그중에서도 '68년'의 학생운동은 그 뒤 사회운동의 이미지를 상당한 정도로 규정하고 있으므로 조금 더 상세히 설명하겠다.

여기서는 두 가지의 관점을 취한다. 하나는 지금까지 서술해온 사회구조의 변화와 운동의 관계이다. 또 하나는 일본 사회운동의 특징이다.

이러한 역사를 뒤돌아보면, 일본에서 어떤 형태로 운동이 전개되어왔는지, 왜 일본에서는 사회운동에 대해 나쁜 이미지가 형성되어 있는지, 왜 1970년대 이후에는 사회운동이 침체에 빠져 있는지 등을 얼마간 알 수 있게 될 것이다. 그것을 알게 되면 현대의 사회운동은 어떻게 전개되어야 할 것인지를 보다 수월하게 파악하게 되지 않을까.

사회를 바꾸기 위한 행동에는 여러 가지가 있다. 데모나 투표만 있는 것이 아니다. 나는 왜 데모가 전형적인 운동이 되었는지, 나아가 투표나 진정이나 절충 따위가 왜 정치의 전형으로 간주되게 되었는지도 분명히 해두고 싶다.

| 일본 사회운동의 특징 |

그럼 먼저 내가 일본 사회운동의 특징으로 꼽는 사항부터 살펴보자.

어떤 사회에나 특징이 있다. 그것 자체는 나쁜 것이 아니다. 그러나 그것을 '문화'라거나 '풍토'라고 이야기해버리면, 그 이상 분석을 행할 수가 없다. 분석이 이루어지지 않으면, 변화가 불가능하다고 포기해버리기 십상이다. 아니면 서양의 진화된 이론을 수입하여 종래의 이론을 다 부정하든가, 거꾸로 수입사상을 전면적으로 부인하든가 하여 성과 없는 대립에 빠진다.

그런 상황을 피하기 위해서는 어떤 특징이 어떤 사회배경 아래 형성되었는가를 잘 살펴봐야 한다. 그것을 파악할 수 있으면 어디를 어떻게 바꾸면 좋은가, 오늘날의 시대에는 어떻게 변화해야 하는가를 알 수 있다.

내가 보기에, 전후戰後 일본의 사회운동에는 세 가지의 특징이 있었다.

첫째로 강렬한 절대평화주의를 꼽을 수 있다. 일반적인 국가들의 평화주의는 세계질서의 안정을 어지럽히는 전쟁은 안 되지만, 억지력은 필요하다는 전략적 평화주의를 취한다. 나아가 침략전쟁은 비판하지만 '혁명전쟁'이나 '독립전쟁'은 긍정하는 사상적 평화주의에 속한다. 모든 전쟁을 부정하는 절대평화주의가 전후 일본에서만큼 맹위를 떨친 사례는 달리 존재하지 않는다.

말할 나위도 없이 이는 제2차 세계대전의 비참한 경험에서 비롯된 것이다. 일본헌법의 제9조("전쟁을 포기하고, 국가의 교전권을 인정하지 않으며, 군대를 보유하지 않는다" • 옮긴이)에 대해서는 알고 있지만, 다른 조항에 대해서는 별반 알지 못하는 사람들이 많다.

두 번째로 마르크스주의의 영향이 강렬했다는 점이다. 같은 마르크스주의라 해도 노동정당이 다수의 의석을 차지하여 복지사회를 지향하는 사회민주주의가 아니라, 소수 정예멤버의 전위당을 조직하여 혁명으로 정권을 잡는다는 레닌주의의 영향이 두드러졌다.

이는 1950년대부터 지금까지의 일본이 개발독재형 개도국에 가까웠다는 사실에 기인한다. 전위당이란 대중의 교육정도가 낮고, 정치나 언론의 자유가 적은 사회에 적합하기 때문이다.

세 번째로 윤리주의 또한 강력하다. 이에 대해서는 나중에 별도로 언급하겠다.

| 전후 일본의 민주주의 |

위에서 말한 특징 가운데 절대평화주의와 마르크스주의가 뒤섞임으로써 전후 일본의 특징적인 정치 시스템이 탄생했다.

우선 전후 일본에서 공산당과 사회당이 오랫동안 영향력을 발휘했던 것은 마르크스주의 정당이었기 때문이라기보다 '평화의 정당'이기 때문이었다. 서방 선진국 중에서는 거의 유일하게 사회민주주의적인 노동정당이 아닌 마르크스주의 정당이 큰 세력을 지니고, 1990년대까지 일정한 의석수를 계속 확보했던 것은 평화주의와 헌법을 지키는 정당으로서 국민의 지지를 얻었기 때문이다.

그 전제 노릇을 한 것은 자민당을 비롯한 보수정당의 자세이다.

1950년대 전반의 수권정당인 자유당(자유민주당의 전신)의 헌법조사회는 헌법 제9조의 개정만이 아니라 남녀평등, 언론·출판의 자유, 노동조합의 권리 등의 수정을 검토과제로 삼았다. 그 밖에도 천황을 원수元首로 삼는 것, 현지사県知事를 선거로 뽑지 않고 전전戰前과 마찬가지로 정부 임명제로 하는 것, 참의원은 전전과 마찬가지로 정부추천 의원을 포함해 구성하는 것 등을 검토과제로 삼았다. 요컨대 전후 개혁은 잘못되었고 가능한 한 전전 체제로 돌아가자는 취지였다. 교육정책으로는 교육위원회를 선거가 아니라 전전의 임명제로 되돌리고 애국심 교육을 시행하자는 주장까지도 대두되었다.

당시 일본에서는 마르크스주의가 사회적으로 널리 인정받고 있지 않았다. 그러나 더 이상의 전쟁은 끔찍했고, 언론제한이나 남녀평등 폐지는 질색으로 여기는 사람들이 많았다. 이런 사람들이 보수정당의 움직임을 경계하며, 사회당이나 공산당에 투표했다. 그뿐 아니라 자발적으로 입당하여 지도를 받아가며 운동을 전개하기도 했다.

이러한 사람들은 넓은 의미에서 '민주주의를 지킨다'라는 의식을 지니고 있었다. 여기서 말하는 '민주주의'란 막연한 '전전으로의 회귀'에 대한 반대이며 '전쟁은 질색!'이라는 감정의 표현이기도 했다.

그렇기 때문에 그 '민주주의'는 의회민주주의만을 가리키는 것이 아니었다. 거기에는 평화지향·남녀평등·애국심교육반대 등과 같이 '민주주의'와 필연적으로 불가분하다고는 할 수 없는 사항들도 포함되었다.

예컨대 프랑스에서는 국기가 자유·평등·박애의 상징이다. 그러므로 국기를 내거는 것과 민주주의는 양립한다. 아울러 국기를 내건 반전운동이나 인종차별 철폐를 위한 애국심교육도 있을 수 있다. 식민지 독립전쟁을 치른 나라들에서는 용감한 혁명전사라는 것과 독립 후의 국가를 사랑하는 것이 민주주의와 양립한다.

그러나 전후 일본에서는 그런 관계가 성립되지 않았다. 보수정당이 그런 '애국심'이나 '민주주의'의 다양성에 대한 상상력이 완전히 결여된 채 단순한 전전으로의 회귀를 '애국심'이라는 이름 아래 강요하려 든 것이 가장 큰 원인이다.

그러나 그에 대항하는 쪽도 유사한 사고의 틀을 지니고 있었다. 이는 무슨 말인가? 그것이 어느 시기에서는 운동이나 정당지지를 확대시키는 데 유리했기 때문이다.

대개의 선진국에서는 외교와 안보는 관심도가 낮은 분야이다. 알기도 어렵고 경제정책 등과 달리 자신과 관계없는 일이라고 생각하는 사람들이 많기 때문이다.

그러나 뒤에 설명하겠지만, 1960년의 미일안보조약 개정 반대운동은 일본의 사회운동 사상 최고조로 끓어올랐다. 단순한 외교문제가 아니며 개정조약이 통과되고 나면 다시 전쟁으로 치닫는다. 그렇게 되면 또다시 굶주림에 빠지고 군인과 관료들이 설쳐댄다. 그런 상황에서는 여성들은 다시 차별받으며 언론은 자유를 억압받게 된다. 이래서는 일본의 민주주의가 위험하다. 많은 사람들이 조약개정 문제를 이렇게 받아들였던 것이다.

그 뒤로도 이러한 '원 세트'를 전제로 사회당과 공산당, 노동조합과 다양한 운동이 평화와 민주주의를 지키자고 호소했다. 그렇게 하면 전쟁체험이나 계급의식, 혹은 그 두 가지에 다 호소할 수 있었기 때문에 운동의 지평을 넓히는 효과가 절대적이었다.

즉, 전후 일본의 '평화주의'와 '마르크스주의'와 '민주주의'는 제각각 강화되었다기보다, 긴밀하게 연결되어 있었기 때문에 강화된 측면이 있다. 독일도 패전국이지만, 이러한 연계가 반드시 성립되었다고 여겨지지 않는다. 절대평화주의가 일본처럼 강력하지는 않았던 것이다.

다만 일본에만 국한되지 않고, 어떤 사회나 조금씩의 특징이 있다. 미국의 특징이 세계보편이라고는 할 수 없다. 일본에 특징이 있다고 해서 자랑스러울 것도 없지만, 나쁜 것만도 아니다. 다만 어느 시기에 성공을 일군 시도가 다음 시기에는 실패로 귀결됐을 때, 그 특징이 어떤 배경에서 만들어진 것인가를 이해해야만 차후의 방향을 탐색하는 데 도움을 준다는 것뿐이다.

| 일본의 특징에서 생겨나는 약점 |

이러한 특징은 평화주의에 기반을 둔 일본 사회운동의 강점으로 작용했지만, 동시에 약점도 품고 있었다. 그중 하나는 개별적인 사회문제에 대한 대응이 경시되었다는 것이다.

마르크스주의의 틀로 보자면, 최종적으로는 자본주의 체제를 바꾸지 않는 한 전쟁의 종식도, 공해의 추방도 이룰 수 없다. 그렇다면 평화주의와 공해 반대운동은 사회당이나 공산당의 지도 아래 들어가 자본주의의 변혁운동으로까지 승화되지 않는 한, 사회를 바꾸는 힘을 얻을 수 없다. 아니 오히려 자본주의 체제를 보수하여 연명시키는 개량주의로 추락할 수밖에 없다.

이런 분석을 연장하여 극단적으로 말하자면, 개별적인 운동에서 성공을 거두지 못할지라도, 그에 대한 문제제기를 통해 ○○당이나 ××당의 세력이 확산되기만 하면 된다는 생각에 빠지기 십상이다.

이런 점은 예컨대 미국의 사회운동과는 상당히 다르게 전개된 양상이다. 미국에서는 사회주의운동이 약화되었기 때문에, 개별적인 운동은 많은 경우 개별적인 목적을 달성하기 위해 이루어졌다. 운동의 수행방식에 대해서는 데모나 투표도 좋다고 보았지만, 정치가들을 대상으로 한 로비활동, 비영리 조직이나 사회기업을 만드는 것도 포함되었다.

그러나 어느 시기까지의 일본에서는 그렇지 않았다. 비영리 조직과 같은 수상쩍은 것은 정부가 용납하지 않는다는 태도를 취했다. 다만 주민자치회나 상공회 정도는 정부가 공인했지만, 그 이외의 조직에 대해서는 경찰이 감시에 나섰고 세제상의 혜택 따위는 꿈도 꿀 수 없었다. 로비활동을 벌일 경우 구체적인 목적을 달성하려면 여당인 자민당의 유력의원에게 진정을 넣는 형태를 취하게 된다.

그렇게 되면 정치가는 "당신은 내게 무얼 해주실 건가요?"라며 반대급부를 요구한다. 이에 대해 업계는 단체를 꾸려 그 정치가에게 헌금을 하거나 선거에서 표를 몰아주게 된다. 그렇게 하는 데 성공한 단체는 자민당에게 인정을 받지만, 그렇게 조직화하지 못한 사람들의 목소리는 일체 반영되지 않게 된다.

자민당에게 자신들의 주장을 반영토록 하지 못한 사람들은 어떻게 해야 할까? 그들에게는 사회당이나 공산당에 표를 몰아주든가, 아예 입당하든가, 그들의 지도를 받아가며 데모나 노조활동을 하는 선택지가 남게 된다. 데모를 한다고 해도 커다란 전략은 공산당이나 노동조합의 중앙본부가 짜기 때문에 개별적인 운동은 단지 세력확대에만 힘써주면 그만이게 된다.

만일 이런 흐름을 거부한다면 의회정치에 영향을 끼치겠다는 생각은 애초에 포기해야 할 판이다. 오로지 데모나 서명활동을 통해 지속적으로 호소하거나, 매스컴 따위를 동원하는 길밖에 없다. 운동이라고 하면 데모, 정치라고 하면 투표나 절충, 바로 이런 이미지는 지금까지 설명했던 배경에서 태어났다고 할 수 있다.

'일본의 사회운동은 미국에 비해 전략이 뒤진다'라고 평가하는 사람들도 있지만, 결코 그렇지는 않다. 바로 얼마 전까지만 해도 일본에서는, 지방 유력인사나 자민당과 통하는 끈을 만들든가, 노조나 사회당의 지도자들에게 청을 넣는 방식이 전략이었던 것이다.

그런 전략이 싫었던 사람들은 그것을 아예 무시하는 운동을 전개할 수밖에 없었다. 또 사회당 등이 겉으로와는 달리 이면에서는 자민당과 뒷거래로 정책교섭을 하는 경우도 있었다. 그렇기 때문에 겉으로는 '뭐든지 반대'라는 자세를 취한 것이 더욱 '전략이 없다'라는 식으로 비쳤는지도 모른다.

이는 문화라기보다 사회구조의 문제이다. 특히 그것이 고착화되어 더 이상 바뀌지 않는 숙명인 것처럼 여겨진 것이 일본형 공업화 사회의 전성기인 1980년대 전반이었다. 거꾸로 말해 자민당이 영원한 집권당이 아니게 되고, 자민당 산하의 업계 단체나 상공회가 무너지고, 비영리 조직 등이 공인받게 된다면, 상황이 급격히 바뀌게 되리라는 예상이 가능하다.

이제 두 번째의 약점을 살펴보자. 전후의 어느 시기에 성립된 민주주의의 '원 세트'에 너무 지나치게 의지했다는 점이다. 전쟁체험 세대가 사회에서 은퇴하고, 평화지향과 민주주의와 애국심교육반대 등이 연결되어 있는 것을 이해하지 못하는 세대가 늘어나면서 더 이상 지지세가 확산되지 않게 되었다.

또 어떤 의미에서 비극으로 작용하고 만 사정도 있다. 분명하게 마르크스주의를 신봉하지도, 나아가 상의하달식 전위정당 조직을 좋아하지도 않는 사람이 평화지향 혹은 민주주의 지향이 좋아서 공산당에 입당하거나 하는 경우가 많았다는 것이다. 그런 사람들은 운동 과정 중에 대체로 실망감을 크게 느껴 사회운동 전반에 대해 비판적인 입장으로 돌아서는 경우가 많았다.

그러나 이 또한 2010년대에는 뒤바뀌었다. 전쟁체험의 기억에 호소하는 방식은 이제 효과가 예전과 같지 않아졌다. 그러나 냉전이 끝났기 때문에 군비축소나 평화주의 그 자체는 오히려 실현 가능성이 높아져 있다. '보수와 혁신'이라는 틀이 의미를 잃고, 초당파超黨派와 무당파無黨派의 활동공간이 넓어졌다. 격차사회의 문제가 주목받고, 정부의 신뢰성이나 정당의 조직력도 과거에 비해 현저히 낮아졌다. 그로 말미암아 스스로 행동에 나서야 한다는 사회적 분위기가 고조되고 있다.

투표와 데모 이외로도 운동을 전개할 수 있는 활동범위가 넓어졌다. 실제로 운동의 현장에 가보면 운동가들이 내건 목표나 동원방식이 과거와 달리 매우 다양화되어 있다. NPO, 로비, 인터넷, 유튜브, 디자인, 영상제작 등 실로 다양해졌다. NGO가 사무국으로 나서고, 기업이 활동의 장을 제공하고, 보수층을 포함한 초당파적인 자치단체의 수장들이 모여 탈원전 대표자회의를 연다. 이처럼 과거의 정치구조라면 생각조차 못할 움직임이 출현했다. 정부여당이나 초당파의 정치가들과 데모를 주도하는 인사들이 대등하게 대화를 하는 경우도 드물지 않게 되었다.

2010년 시점에는 현대의 운동을 잘 알지 못하는 사람들과 정재계에 대해서밖에 모르는 매스컴 등에는 단지 형해화形骸化한 이미지만 남아 있었다. 운동하면 헌법 제9조, 데모를 벌이는 사람은 노조나 사민당·공산당, 거기에 중장년층의 '일부 시민'이 동참하는 데모나 서명활동 같은 이미지랄까?

물론 헌법 제9조와 데모가 나쁜 것도, 사민당이나 공산당이 나쁜 것도 아니다. 그런 이미지로밖에 현실을 보지 못하는 사람이 '저것은 나와 관계가 없는 일부 특별한 사람들이 벌이는 일이다'라고 보는 것이 오히려 문제이다.

| 윤리주의 |

일본(만은 아니겠지만)의 운동에서 특징적이었던 것으로 강력한 윤리주의가 있다.

개도국형의 사회운동, 특히 학생운동에서는 윤리주의가 뿌리내리게 마련이다. 나는 지식인이다, 학생이다, 특권계급이다, 그러므로 특권과 사생활을 버리고 노동자에게 봉사하지 않으면 안 된다. 바로 이런 생각이 들어서 있다. 전전의 일본공산당도 그런 생각을 지닌 대학생들을 끌어들였다.

이야기를 짧게 하기 위해 전후의 일정 기간은 생략하고, 일본의 '68년'에 대해 윤리주의가 어떻게 영향을 끼쳤는지 살펴보고자 한다.

1969년 2월에 한창 전공투 운동이 벌어지던 와중에 도쿄대학교에서 조사가 행해졌는데, 그 문항 중에 "도쿄대 투쟁의 목적이 무엇인가?"가 있었다 (《세카이》 1969년 9월호). 이에 대해 복수응답이 가능했는데, '자기주체의 확립'이 41.7%, '자기변혁'이 32.7%, '현행 대학제도의 해체'가 27.2%, '근원적인 사상의 추구'가 25.6%, '체제에 대한 거부 표명'이 25.0% 등으로 나타났다. 그런 한편 '감성적 해방'이라는 대답은 5.5%에 지나지 않았다.

전체적으로 대단히 진지하여 '자기주체의 확립'과 '자기변혁'이라는 답이 많았음을 알 수 있다. 또한 장래의 희망에 대해서는 '연구자'가 가장 많은 반면, 기업가나 관료는 현저히 적었다. 정치가를 지망한다는 응답은 1%에도 미치지 않았다.

이는 청년다운 이상주의의 표현이라 할 수도 있겠지만, 일본의 학생운동이 역사적으로 그런 특징을 지녔던 것이 아닌가 한번 되짚어볼 만하다.

1960년대까지 일본의 학생운동은 한정된 엘리트층만이 참여하는 개도국형 운동이었다. 이러한 의식은 경우에 따라 더러운 속세를 기피하는 경향으로 이어진다. 전전의 구제 제일고등학교(일본에서 고등학교령에 의해 세워져 1950년까지 존재했던 교육기관으로, 대략 오늘날 대학의 1~2학년에 해당하는 교양 과정을 배웠다 • 옮긴이) 기숙사 노래 가사에는 영화를 꿈꾸는 세상인심을 낮춰보는 내용이 들어가 있었다. 더러운 속세로부터 벗어나, 학문과 인격수양에 힘쓴다는 것이다.

1968년이라면 대학이 대중화된 지 얼마 되지 않은 때여서 아직 이런 의식이 남아 있었다. 그런 의식을 지닌 사람들이 운동을 벌이는 경우, 자기변혁을 운동의 목적으로 삼는 일이 많았다. 반면에 기업가나 정치가를 지망하는 사람이 왜 적었는지를 알게 해준다. 앞서 설명한 것처럼 정치적 목표를 제도적으로 실현하고자 한다면 자민당이나 공산당의 정치가에게 밀착하는 수밖에 없는 사회구조 아래에서는 더더욱 그렇게 되고 만다.

여기에는 또 하나의 배경이 작용한다. 근대일본처럼 사상과 정치에 대한 탄압이 강한 사회에서는 비판적인 정치 참여가 뿌리내리지 못했다는 사실이다. 건설적인 사회변혁 활동이 인정되지 않기 때문에, 변혁을 생각하지 않는 실무자(관료나 기업인)가 되든지, 정치에 무관심한 '생활인'이나 '문화인'이 되든지, 전위당을 조직하여 폭력으로 정부를 무너뜨리든지의 선택지밖에 놓여 있지 않았다.

그런 상황하에서 일종의 변주로, 더러운 현실에서 벗어나 인격수양을 지향하는 경향과 혁명의 로망을 지향하는 경향이 등장했다. 이 두 가지 경향이 섞이면 혁명운동 속에서 인격을 수양한다는 생각으로 이어진다.

구제 제일고등학교에서 널리 쓰인 용어로 '데칸쇼'가 있었다. 즉, 데카르트·칸트·쇼펜하우어를 읽고 인격수양에 힘쓴다는 것이다. 그런 생각에 이어 마르크스와 레닌을 읽으며 인격수양을 지향한다는 경향 또한 1920년대에 싹을 내밀었다. 대학생이라는 특권을 버리고 엄격한 사상심사에 합격하여 전위당에 들어가 수련해야 한다는 생각이다.

1960년대 후반 들어 일본공산당의 권위가 약화되어 공산당과는 관계없는 곳에서 전공투 운동이 일어났지만 이런 경향만큼은 그대로 남아 있었다. 그 속에서 나타난 것이 '자기부정'의 흐름이었다.

그런 생각은 먼저 도쿄대 전공투 운동에서 나타났다. 잠자코 지내기만 하면 고급관료도 대학교수도 될 수 있지만, 우리는 그 특권을 버리고 투쟁의 길에 나섰다는 감정을 드러낸 것이었다. 그 생각이 입시경쟁에서 경쟁자들을 탈락시킴으로써 자신이 도쿄대에 합격한 것을 '자기부정' 하거나, 자본주의를 부정하면서도 취직도 하고 싶어 하는 자신을 '자기부정' 하는 등의 형식으로 당시의 대학생들 사이에 널리 퍼졌다.

그렇게 되면 운동은 이제 신성한 수련의 장이 되고 전략이나 목표달성 같은 세속적인 것을 생각하면 안 된다는 경향을 띠게 된다. 도쿄대 전공투는 대학 제도의 개혁 등은 도둑심보나 다름없다고 경멸하면서 어디까지나 '자기부정'을 관철하며 야스다 강당에서 농성을 벌이는 길을 선택했다.

한편 그런 경향을 비판하며 운동은 어디까지나 제도개혁을 달성해야 한다고 주장한 세력은 공산당계 청년조직이었던 민청(일본민주청년동맹)이었다. 그러나 도쿄대 전공투는 민청을 매우 싫어하고 있었다. 민청이 자신들이 속한 당파의 확대만을 우선시하는 등 여러 가지가 있었지만, 민청은 불순하다는 인식도 크게 작용했던 것 같다. 이러한 윤리주의가 전공투 운동에 끼친 영향과, 그 뒤에 남긴 이미지는 나중에 좀 더 자세히 살펴보도록 하겠다.

다른 선진국의 '68년'에는 이러한 윤리주의가 그다지 강하게 드러나지 않았던 것 같다. 이상에 불타는 청년은 어디에나 존재하게 마련이지만, 프랑스나 독일 등에서는 학생들도 상당히 현실적인 타협을 도모해 대학의 제도개혁 등을 차후의 문제로 남겨두며 일본 같은 형태를 취하지 않았다.

그러나 이 또한 2010년대 들어 상당한 변화를 겪었다. 2011년의 다양한 운동 현장으로 가서 지금까지 언급한 바와 같은 윤리주의가 느껴지는 일은 별반 없다. 개도국형의 사회구조가 바뀌고 탈공업화 사회로의 이행이 진전되어 누구나 피해자가 될 수 있는 '리스크 사회'가 되어 있기 때문에 당연한 현상이다. 울리히 벡이 서술한 것처럼 방사능 피해는 계급과 국적을 따지지 않는다. 가령 후쿠시마 원전 사고를 예로 든다면, 나는 특권층이기 때문에 가련한 누군가를 위해 운동을 벌인다는 감각은 이제 성립기반을 잃어버렸다. 바로 그것이 현대의 주요한 흐름을 이룬다.

그러나 그런 시대의 변화상을 잘 알지 못하는 사람들 사이에서는, 운동은 정의를 빙자한 독선이며 운동가들이 너무 엄격하게 윤리를 내세워 사람들을 두렵게 만든다는 이미지가 남아 있는 것 같다. 그리고 2011년에 윤리주의를 가장 또렷하게 느끼게 만든 사례는 "피해지역이 심각한 상황인데 도쿄에서 데모 따위나 하고 있대서야 말이 되나?", "전기를 제멋대로 쓰고 사는 주제에 원전을 비판하지 말라!"처럼 운동을 비판하는 논조였다.

| 1960년의 안보투쟁과 공동체 |

이런 분석을 토대로 1960년대부터 현대까지의 일본 사회운동을 개략적으로나마 살펴보도록 하자. 이때 주목해야 할 사항은 처음에 언급한 것처럼 사회구조 변화와의 관계이다. 그것을 세 가지의 요소로 나누어 살펴보자.

첫째, 어떤 사람들이 참가했는가 하는 '운동의 기반' 문제이다. 둘째, 어떤 운동방식을 취했는가 하는 '운동의 조직형태' 문제이다. 셋째, 어떤 주제가 사람들을 움직였는가 하는 '주제설정의 변화' 문제이다.

그럼 전후 일본의 최대 사회운동으로 꼽히는 1960년의 안보투쟁부터 설명토록 하겠다. 현재의 운동과 가장 크게 차이나는 점은 일종의 공동체 단위를 통한 참가가 많았다는 점이다.

예컨대 학생의 경우 개개인이 저마다 따로 운동을 벌이는 것이 아니라, 자치회 단위로 참가한다. 자치회는 단순한 학생집단이 아니다. 당시 학생운동의 거점은 학생들의 기숙사로서, 같은 건물에서 숙식을 함께하는 생활공동체였다. 구제 고등학교 시대의 흐름을 타고 대학에도 만들어져 있었던 학급도, 토론을 거쳐 공동체 혹은 자치회 형태로 데모에 나섰다.

노동자들의 경우에는 노동조합으로 나섰다. 당시의 노동조합은 모두 함께 사원여행을 가거나 생필품을 공동구매 하는 등의 생활공동체 같은 측면이 있었다.

당시 최강의 노동조합으로 꼽혔던 것은 탄노炭勞(일본탄광노동조합)였다. 탄광 노동자는 사고가 일어나면 공동으로 구출에 나서야 했다. 운명공동체라는 의식이 강해서 절대로 동료를 배반해서는 안 된다는 윤리의식이 구축되어 있었다. 전원이 탄광 인근 마을에 모여 살며, 온 가족끼리 한데 어울려 살았다. 데모가 벌어진다 하면 모두가 참가했고, 만일 동료가 경찰에게 구타라도 당하게 되면 아무도 가만있지 않았다.

1960년대 안보투쟁 당시에는 평범한 '시민'이라 불린 사람들도 대거 참가했다. 그러나 이 사람들도 공동체나 지역사회의 공동체 단위로 참가한 경우가 적지 않았다. 예를 들어 당시의 데모에는 상점가 사람들이 가게의 노렌暖簾(상점 입구의 처마 끝이나 점두에 치는 상호가 든 막 · 옮긴이)을 선두에 내걸고 행진한 것을 꼽을 수 있다. 지역에 자리한 안보연구회도 커다란 동원기반 역할을 했다. 대학교수도 개인 자격으로 참가하기보다 대학교수단의 성원으로 참가했다.

이러한 공동체는 공업화 사회 초기단계에 만들어진 것이다. 학생자치회, 노동조합, 대학교수단 같은 데모 행진대열을 보면, 과연 그런 듯하다는 인상이 깊다. 교복을 입은 학생들, 강인해 보이는 탄광노동자들, 안경을 걸친 지식인 같은 느낌을 주는 교수단. 계급이 다르면 문화가 다른 시대의 사람들이 만들었던 공동체이다.

역사책에서 1960년의 안보투쟁을 다룰 경우에는 노동조합원도 아니고 학생도 아닌 일반 시민이 '소리 없는 소리 모임声なき声の会'(영어표현으로는 silent majority로 표현되며, 적극적으로 발언하지는 않지만 대다수를 차지하고 있는 세력을 가리킨

다. 1960년 안보투쟁 당시 등장한 용어 • 옮긴이) 형태로 자유로이 참가한 것을 자주 인용한다. 그러나 이런 형태는 실제로는 숫자가 그다지 많지 않았던 것 같다. '소리 없는 소리 모임' 또한 당시의 수만, 수십만 명의 데모 대열 속에서 수백 명에 지나지 않았다.

당시의 기록에는 조직동원이 아닌 자발적인 참가가 많았다고 쓰인 경우가 많다. 그러나 자발적인 참가이기는 해도 평소 데모에 나가지 않던 사람이 노동조합이나 자치회, 아니면 어떤 다른 연유로 얽힌 단위로 참가하게 된 경우가 많았지 않나 싶다. 퇴근길의 샐러리맨이나 가게에서 일하는 아주머니 등이 가벼운 마음으로 참가했다는 기록도 남아 있지만, 여러 형태의 데모 대열 가운데 어딘가에 소속되어 나선 것이 대세였다. 간호사는 간호사로, 연예인은 연예인으로 각기 직장 단위로 대열을 이루어 데모를 벌인 것이다.

이는 2012년 수상관저 앞에서 벌어진 탈원전 데모와는 전혀 다른 것이었다. 이때는 거의 모든 사람들이 자유로운 참가자였다. 조직동원이나 공동체 단위로 나온 대열은 존재하지 않았다. 있다고 해도 자유로이 참가한 사람들에게 파묻혀 있었다. 과거 1960년의 안보투쟁 당시에는 누군가 '소리 없는 소리 모임'이라는 깃발을 내세우면 거리에서 사람들이 모여들었던 현상은 그런 대열이 결코 드물지 않았던 때문이기도 하다.

1960년 안보투쟁 이후로 공동체 단위의 참가는 점점 약화되었다. 사람들이 자유로워지고 다양해졌기 때문이다. 대신에 자유로운 참가의 흐름이 뒤로 갈수록 거세졌기 때문에, 1960년 안보투쟁 당시 선구적으로 자유참가 시민이 존재했던 것이 주목받았다. 그러나 이는 신화화된 측면이 크다고 여겨진다. 역사가 작성될 때에는 이런 현상이 어김없이 벌어진다.

| 2,000만 명의 서명 |

일본의 서명운동 가운데 1954년 3월에 이루어진 비키니 섬 수소폭탄 실험 당시, 이에 반대해 벌어진 원수폭原水爆 금지 서명운동이 유명하다. 이때는 한 해 동안 2,000만 명분의 서명이 집계되었다.

이 서명운동은 역사책에 도쿄도 스기나미 구의 주부들 사이에서 운동이 퍼져나갔다고 많이 알려져 있다. 방사능과 먹을거리 문제라는 점에서 2011년의 원전 사고 이후의 상황과 연결시켜 말하는 경우도 있다.

그러나 실제의 전개과정을 보면 이 또한 당시에는 공동체 단위로 서명의 집계가 이루어졌음을 알 수 있다. 확실히 최초 움직임은 스기나미의 주부들 사이에서 일어났다. 그러나 같은 해 8월에는 원수폭 금지 서명운동 전국협의회도 설립되었고, 정당과 조직 등의 단위로 조직적인 서명운동이 펼쳐졌다.

특히 이때는 사회당과 공산당뿐만 아니라 자민당에 가까워 보이는 주민자치회나 부인회 또한 힘을 모았다. 대략 지난 30여 년 동안의 일본에서는 주민자치회 등에서 서명을 끌어내기가 그다지 어렵지 않았다. 이웃집 아저씨가 서명용지를 가져오면 잘 아는 사이인 까닭에 쉽사리 서명에 응했다. 또 성명문을 힐끗 살펴보기는 하지만 별 깊은 생각 없이 서명에 응하는 사람들이 적지 않았다. 이때의 서명 또한 그런 사례가 섞여 있었을 것이다. 적어도 당시에는 수천만 명 규모까지 서명운동이 확산되려면, 개개인의 서명을 모으기보다 공동체를 둘러싼 조직적인 전개방식이 유리했던 것이다.

| '무당파'가 없는 사회 |

그런데 당시의 공산당은 어떤 사람들로 조직되어 있었던 것일까? 공산당에서 내놓은 자료는 없지만, 여러 자료를 종합해보면 사회의 핵심부분을 그다지 파고들지는 못했던 같다. 아마도 사회 주변부에서 상당히 자유를 누리고 살던 사람들 가운데 지지자가 많았던 것 같다.

물론 노동자나 농민 중에도 당원이 있었지만, 역시 영향력이 컸던 부류는 당시에 인텔리겐치아intelligentsia로 불렸던 대학교수나 대학생, 중고등학교 교사 등이었다. 그리고 재야의 지식층, 그중에서도 문학가들이었다. 일본공산당은 문예평론가가 당의 핵심을 차지했다는 면에서 세계적으로 드문 정당이었다.

지식층이라 해도 고급관료에 대한 영향력은 한정적이었다. 노동자 중에서는 민간보다 관공서 노동자에게 영향력이 더 미쳤고, 일부 자영업자와 농민이 그 뒤를 이었다. 그에 비해 서유럽 노동정당은 지식인들에게서 지지를 받았지만, 역시 노조를 통한 조직노동자들이 주축을 이루었다.

1950년대 일본 농촌에서 공산당 지부를 조직하기 위해 노력한 사람의 회상기를 읽은 적이 있다. 주위에 권유했지만 아무도 들어오지 않았고 겨우 조직이 갖춰진 것은 자이니치 코리안在日 Korean(남북 분단 전인 일제 강점기에 어쩔 수 없는 사정으로 조국을 떠난 한인들•옮긴이)이나 '도파모노topper者'(마치 반코트처럼 공동체에 절반만 속한 사람을 빗대어 쓰는 용어•옮긴이)라고 불리며 마을 모임에 얼굴도 내밀지 않는 사람들처럼 지역사회에서 벗어나 지내는 사람들이었다고 한다. 그러나 이런 상황은 일본공산당의 특징이라기보다 사회구조의 특징이었다. 이 당시는 노동조합에서 사회당 의원으로, 상공회나 주민자치회에서 자민당으로 진출한다는 분위기가 성했다. 즉, 공동체를 통해 정치로 나아가는 루트로 인식하는 분위기가 지금 이상으로 지배적이었다. 그런 가운데 '자유의지'로 정치 참여를 하려는 사람들은 '높은 정도의 자유를 누리는 사람들' 이외에는 그다지 존재하지 않았다.

다만 그것은 누구나 정당을 지지하지 않았음을 의미하지는 않는다. 오히려 그와 거꾸로 무당파가 존재하지 않았다. 대부분의 사람들은 지연과 혈연, 회사나 노조의 인연 등으로 어떤 정당인가를 지지하고 있었다. 정당을 이해하고 지지하는 것은 아니었다. 그보다는 정당의 특정한 누군가와 인연이 있기 때문에 지지하거나, 그 사람이 내가 지지하는 정당에 소속되어 있기 때문이라는 의식이 강하지 않았을까.

1950년의 도쿄 23개 구에 속한 마치町(한국의 동에 해당한다 • 옮긴이)에 대한 조사기록을 살펴보자. 주민자치회에 소속되지 않은 세대는 250세대 가운데 2세대였다. 면접조사에서 지지정당을 밝히고자 하지 않은 사람은 102명 가운데 단 16명이었고, 그중 12명은 참정권을 막 획득한 여성이었다(R. P. 도어, 『도시의 일본인』). 이 시기에 선거를 치를 경우, 전국선거는 투표율이 70%, 지방선거는 80%를 넘는 경우가 잦았다.

그러나 102명 중 정당에 가입한 적이 있는 사람은 3명, 선거운동에 관여해 본 적이 있는 사람은 10명이었다. 그러나 주민자치회에서는 비공식 선거활동이 이루어져, 지역의 유력인물이 지지하는 사람이 당선되었다. 도쿄에서조차 이랬으니, 다른 지방은 말하지 않아도 알 만하다.

이런 사회에서 지지세를 넓히기 위해 1950년대에는 사회당을 지지하던 노동조합의 전국조직인 총평(일본노동조합총평의회)이 '온가족·온지역 투쟁' 노선을 내걸었다. 사회당과 노조만의 운동이 아니라 지역사회를 끼고 투쟁하지 않으면 안 된다는 방침이었다. 역사책에 실린 1958년의 '근평투쟁勤評鬪爭'(50만 명의 조직원을 거느린 일본교직원조합의 힘을 약화시키기 위해 일본 정부가 교직원 근무평정을 도입한 것에 대한 반대투쟁 • 옮긴이), 같은 해의 '경직법투쟁警職法鬪爭'(대중운동을 약화시키기 위해 정부가 경찰관직무집행법의 개정안을 내놓은 것에 대한 반대투쟁 • 옮긴이) 등에서는 교직원조합이 지역의 부모님들에게 적극적으로 다가서거나, 경직법을 공부하는 모임을 열기도 했다.

그런 사정을 밑바탕으로 깔고 1960년의 안보투쟁 시기에는 지역공동투쟁과 안보공부모임 등이 상당히 성행했다. 특히 지방에서는 이와 연계하여 데모에 나서는 예도 아주 많았다. 그렇기 때문에 1960년 안보투쟁에서 공동체 단위의 데모가 터져 나왔다고는 하지만, 결코 갑작스럽게 이루어진 것은 아니다. 그것은 1950년대 중반께부터 준비되어왔다고 할 수 있다.

| 전쟁의 체험과 기억 |

주목해야 할 점 가운데, 어떤 사람이 참가했고 어떤 운동방식을 취했는가에 대해서는 이제 이야기한 셈이다. 그렇다면 다음으로 어떤 주제가 사람들을 움직였는가에 대해서도 살펴보자.

당시 사람들을 움직인 주제는 뭐니 뭐니 해도 '전쟁의 기억'과 관련된 평화문제였다. 1960년은 전쟁이 끝난 지 겨우 15년밖에 지나지 않은 시기였다. 1960년 안보투쟁에 나선 사람들은 전쟁을 체험한 사람들뿐이었다. 당시는 22~23세의 학생일지라도 7~8세로 종전을 맞이했기 때문에 공습과 기아의 기억이 생생하게 뇌리에 새겨져 있었다.

예컨대 광범위하게 이루어진 소개疏開(공습이나 화재 따위에 대비하여 한곳에 집중되어 있는 주민이나 시설물을 분산하는 것 • 옮긴이)의 경험은 부모 슬하를 떠나 있어 적적했다는 것 외에 이지메(왕따)를 확산시켰다. 소개지에서 식량배급이 늦어질 경우, 우선 교사, 다음으로 반장이 몫의 일부를 가로챈다. 5, 6명의 반에서는 6학년이 리더를 맡게 되는데, 반장에게 밉보인 아이들에게는 식량이 돌아오지 않고 알몸뚱이로 버린 자식 취급을 받았다는 전쟁체험기도 남아 있다. 초등학교 고학년의 여자아이에 대한 교사의 성추행도 발생했다.

주민회는 전쟁 시기에 만들어진 공동체이다. 그런데 식량배급 등은 이들 단위를 통해 이루어졌기 때문에 소개 아동과 마찬가지의 사태가 흔히 벌어졌던 것 같다. 군대 또한 마찬가지이다. 물자가 결핍된 상태에서 아동들의 반이나 주민회에 편성되어 지내는 전쟁 중에는 누구나 이와 유사한 경험을 했다. 군대에 소속된 사람은 전쟁터에서 무사히 돌아왔다 할지라도, 경제는 파탄 나고 회사는 무너져 장래를 어떻게 설계해볼 여지가 없었다. 전후 얼마 지나지 않아 발생한 인플레이션으로 재산을 송두리째 상실한 사람들 또한 적지 않았다.

1960년 안보투쟁에 참가한 어느 대학 자치위원회는 이런 기록을 남겼다(오토시 나리유키, 『안보세대 1,000인의 세월』).

"나는 쇼와 13년(1938년) 생으로 물자가 가장 빈약한 시대에 성장하고, 전후의 기아를 실컷 체험한 셈이다. (안보개정이 통과되면) 그런 시대로 다시 돌아가는 것은 아닐까 하는 공포감에서 안보투쟁에 나섰다. 전쟁과 기아만큼은 이제 안 된다는 마음이 강렬해서."

모든 사람들이 안보조약의 조문을 제대로 읽었던 것은 아니라고 생각하지만, 이런 감각은 필시 많은 사람들에게 공유되어 있었을 것이다.

| '민주주의를 지키자' |

1960년 안보투쟁 시 또 하나의 주제는 '민주주의를 지키자'라는 것이었다. 1960년 당시는 민주주의란 대단히 무거운 상징이었다.

왜냐하면 당시 민주주의란 단순한 제도의 문제가 아니었다. 이는 곧 남녀 평등의 문제였으며, 교육의 문제였으며, 궁극적으로는 전전으로 되돌아가느냐 아니냐의 문제로 받아들여졌기 때문이다. 또한 '민주주의'는, 전쟁으로 약 300만 명의 일본인을 죽음으로 몰아넣은 뒤 겨우 그 보상으로 손에 넣은 것이라는 감각도 일반적으로 퍼져 있었다. 여기에서 안보개정이 통과되면 이미 죽은 전우들이나 가족들에게 면목이 없고, 나아가서는 그들의 죽음을 헛되게 만든다고 여기는 사람도 적지 않았다.

아울러 1960년 당시의 수상인 기시 노부스케岸信助, 1896~1987년는 앞서 말한 개헌안을 검토하던 자유당의 헌법조사회 회장을 역임하던 인물이기도 했다. 게다가 기시는 미일 개전 당시의 상공대신으로, 과거 A급 전범이기도 했다.

거기에다 안보조약의 비준절차가 반감을 불러일으켰다. 미일 교섭 끝에 안보조약의 개정이 결정되고 나서 국회의 비준절차에 돌입했다. 그런데 야당의 반대가 강력하자 한밤중에 국회에 경찰을 대거 투입해 사회당 의원들을 강제로 쫓아낸 뒤, 자민당 의원들만으로 강행처리 했던 것이다. 당시의 보도에 따르면 기시의 측근 이외에는 자민당 의원들조차 대부분 비준안 채택을 사전에 알지 못한 채, 갑자기 거수기처럼 손을 들게 만들었다고 한다.

당시는 텔레비전이 막 보급되기 시작한 때로 경찰에게 사회당 의원이 쫓겨나는 모습이 생생하게 보도되었다. 당연히 이것은 민주주의를 유린한 것이라는 비판이 들끓었다. 게다가 기시는 안보개정은 단지 첫걸음에 불과하고, 최종적으로는 개헌까지 염두에 두고 있었던 것 같다. 이로 말미암아 많은 사람들이 민주주의의 위기라고 인식하게 되었다.

또한 헌법의 규정으로는 중의원에서 의결되고 나서 1개월이 지나면 참의원의 의결을 거치지 않아도 조약비준은 자동적으로 인정되었다. 강행처리 된 1개월 뒤에는 미국 대통령의 최초 방일이 예정되어 있었다. 즉, 미국 대통령이 손에 들고 갈 선물을 안겨주고자 일본의 민주주의를 파괴한 것이라고 간주되어 더더욱 강력한 비판이 쏟아졌다. 전쟁으로 자신의 가족이나 전우를 죽음에 몰아넣은 미국에게 꼬리를 흔들어대는 행태를 용서할 수 없다고 느낀 사람들이 많았던 것 같다.

당시는 드디어 일본의 경제부흥이 궤도에 오르기 시작한 무렵이었다. 그 전년인 1959년에는 황태자(지금의 아키히토 천황)가 결혼했고, 텔레비전·냉장고·세탁기가 '3종 신기三種神器'(일본 천황을 상징하는 거울·검·옥의 세 가지 • 옮긴이)라고 불리며 널리 보급되기 시작한 시기이기도 하다. '3종 신기'라는 용어에도 잘 드러나는 것처럼, 당시의 어른들이라면 누구나 전전의 체험을 알고 있고, 전쟁으로 인한 참담한 체험을 겪은 세대였다. 간신히 생활이 안정되어가는 판에, 시대를 다시 전쟁으로 끌고 가다니 될 말인가 하며 안보개정에 반대하는 투쟁심이 비등했던 것이다.

이런 이유로 "나는 데모나 집회 따위에는 등을 돌리는 사람이지만, 이번만큼은 딱 넘을까 말까 하는 경계선에 서 있다고 느꼈다."라고 할 만한 사람들이 행동에 나섰다. 당시에 이렇게 발언한 것은 젊은 작가와 예술가 그룹인 '젊은 일본 모임'의 구성원이었던 작가 이시하라 신타로石原慎太郎였다(《아사히신문》 1960년 5월 31일).

| 소득배증계획으로 진정 국면 |

그런 상황을 배경으로, 데모대가 국회로 몰려들어 정점을 이룬 6월 4일,

전국 각지의 데모에는 주최자 집계로 560만 명이 참가했다.

그러나 그리 오래 지속되지는 않았다. 안보 반대운동은 전년부터 이루어졌지만, 그다지 확산되지 않고, 날치기 채택 뒤 단숨에 끓어올랐다. 그러나 1개월 뒤 자동승인이 성립되고 기시가 수상 자리를 내놓자 데모의 파도가 잦아들었다.

전국 규모 데모가 1개월밖에 지속되지 않았던 이유로는 크게 세 가지가 있다. 첫 번째는 운동이 비등했던 것은 안보조약 그 자체에 대한 반대라기보다 기시의 정치자세에 대한 반발이 강했기 때문이다. 그러므로 기시가 퇴진한 시점에서 분위기가 다소 진정되었다.

두 번째는 매일같이 대규모 축제처럼 벌어지는 데모의 성행은 애초에 그리 오래 지속되지 않는다. 당시의 참가자들은 이제 × 일이면 안보조약이 자동 승인 되어버린다고 생각하며, 매일처럼 국회 앞으로 찾아갔지만 한 달 동안이나 계속 그러다 보면 지치게 마련이다. 바로 1개월 한정으로 치러졌기 때문에, 그렇게 성황을 이루었다고도 볼 수 있다.

1개월부터 반년 동안의 기간이라 하면 비일상적인 시공간 속에서 집회가 성행하는 경우처럼 하나의 단락으로서 생각해볼 수도 있다. 예를 들어 1968년 프랑스에서 벌어진 '5월혁명'은 2개월, 1987년의 한국의 민주화운동은 약 1개월, 1989년의 '동유럽혁명'은 약 6개월이다. 2011년에 발생한 '아랍의 봄'의 경우, 이집트에서는 최초의 대규모 데모에서 무바라크 대통령의 퇴진까지 약 20일, 리비아에서는 최초의 대규모 데모에서 카다피 정권 붕괴까지 약 6개월이었다.

세 번째는, 이것이 최대요인이라 해도 좋은데, 기시 노부스케 뒤에 수상이 되는 이케다 하야토池田隼人(1960~1964년 재임 • 옮긴이)가 '소득배증계획'을 내놓은 것이다. 이와 아울러 이케다는 개헌의지가 없음을 표명하고, 이후 자민당은 개헌에 신중한 자세를 취했다. 그 뒤에 고도성장이 궤도에 오르게 되었다.

이로써 '정치에서 경제로' 사람들의 관심이 급격하게 옮겨갔다. 또한 자민당에 대해 마음을 놓는 분위기도 확산되었다. 즉, 항의운동을 바탕으로 정책전환이 이루어진 점과 경제가 성장하며 사람들이 정치에 대한 관심을 줄여도 문제가 줄어든 점이 커다란 요인이었다 할 수 있겠다. 이는 어떤 의미에서 극히 당연한 현상이다. 당시 자민당과 정부는 아무런 대책을 취하지 않고 내버려두면 수습될 사태가 아니라고 판단하고, 나름대로 상황을 심각하게 받아들이고 있었던 것이다.

2011년부터 벌어진 탈원전 데모는 1년이 지나도록 계속되었기 때문에, 이제는 일시적인 붐을 지났다고 할 수 있다. 소득배증계획은 이미 내놓을 수가 없는 시대이다. 이제 남은 것은 정책전환을 행할 것인가 말 것인가를 결정해야 하는 것이다.

| 공동체의 약화 |

다음으로 일본의 '68년'에 대해 살펴보자. 이 무렵부터 일본은 공업화 사회의 성숙단계를 맞이한다. 그리하여 '68년'은 운동의 기반, 운동의 형태, 주제 가운데 어느 것이나 1960년과 상당히 달라진다.

우선 고도성장의 영향으로 공동체가 약화되어갔다. 지방에서는 농업의 기계화가 이루어져 시골사람들이 협력하여 농사를 지을 필요가 없어졌다. 그렇게 되자 잉여 노동력이 발생해 시골집을 떠나는 사람들이 많아져 지역사회가 갈수록 약화되었다.

노동조합도 변화를 맞았다. 탄광노조도 석탄에서 석유로 변해가는 에너지원 전환 때문에 대량해고의 파도가 몰려와 투쟁 속에서 점차 기반이 무너졌다. 일본의 노동조합은 기업 내 조직이었기 때문에 제조부문에서 판매부문으로의 배치전환과 같은 인사제도를 수용하게 되었다. 그렇게 되자 직장의 공동체 또한 무너져 단순히 같은 회사에 소속되어 있다는 정도의 유대감밖에 남아 있지 않게 되었다.

노동현장의 연대감은 '이곳을 움직이고 있는 것은 우리들'이라는 감각 위에 성립되어 있다. 1970년대까지 영국의 노동조합은 "이 선반은 내가 아니면 가동할 수 없다. 정부나 관리직이 뭐라 하든 우리가 파업에 나서면 이 공장은 가동되지 않는다."라는 식의 의식기반 위에 서 있었다.

일본에서도 숙련공이 공장 노동자의 지도자가 되어, 현장을 움직이는 곳이 있었다. 그러나 1960년대부터 1970년대의 기술혁신으로 숙련공이 의미를 잃고, 매뉴얼을 읽고 실행할 수 있도록 가르친 학교 지식이 더 중시되게끔 상황이 바뀌었다.

노동조합의 역할 또한 정치적인 주장보다는 오로지 임금인상을 목적으로 내걸게 되었다. 1955년에 시작된 '춘투春鬪(매년 봄이 되면 각 노동조합이 보조를 맞춰 임금인상 등을 요구하는 공동투쟁 • 옮긴이)는 1960년대의 고도성장 시대에 정착해 대폭적인 임금인상의 성과를 얻어냈다. 노조에도, 기업 측의 기술혁신과 이익창출에 협력하며, 그러는 가운데 더 많은 임금을 받도록 하자는 노선이 자리잡아 나간다. 그러자 조합원도 임금인상 목적의 춘투에는 그런대로 참가하지만, 정치적인 주제에 대해서는 관심이 줄어들었다. 그러다가 마침내 정치적 주제의 데모는 조합이 일당을 주어가며 참가를 독려해야 하게 되었다.

돈이란 인간관계가 느슨해지면 쉽게 끼어들게 된다. 관계가 없는 상대, 관계를 맺고 싶지 않은 상대를 움직이고자 하면 돈이 필요해진다. 일당을 지불하지 않으면 데모에 참가하지 않는다는 것은, 조합이 공동체로서 약화되었고 사람들이 '자유'가 되었음을 나타낸다.

| 학생의 변화 |

대학의 데모에서도 자치회를 통해 학생들이 모이지 않게 되었다. 노동자와 마찬가지로 자유로운 학생들이 늘었기 때문이지만, 그 배경에는 진학률 상승이 자리 잡고 있다.

1960년부터 1974년까지 대학·단과대학 진학률은 10%에서 37%로 급상승했다. 그뿐 아니라 인원수가 많은 '단카이 세대'가 진학했기 때문에, 진학률 상승 이상으로 대학생이 늘어났다.

결과적으로 '맘모스 대학'이라 불리는 현상이 나타났다. 증설된 콘크리트 빌딩 교사校舍. 학생 1인당 사방 30평방센티미터밖에 밖에 되지 않는 교정. 수백 명이 들어앉는 커다란 강의실에서 마이크를 통해 이루어지는 따분한 강의. 지방에서 상경하여 하숙과 대학을 왕복할 뿐인 학생. 예전처럼 학생이 소수였던 시대와는 엄청난 괴리가 발생했다.

이렇게 되자 자치회가 정치문제로 학급토론회를 개최해봤자 당연히 사람들이 모이지 않는다. 원래 신설 대학 등에서는 이사장이 독단적으로 자치회를 인정하지 않거나, 기숙사가 학생운동의 온상이라며 아예 만들지 않는 경우도 많았다.

반면에 이것은 학생들이 '자유'를 얻게 되는 계기이기도 했다. 알기 쉬운 것은 복장이다. 사진을 보면 1960년 중반까지의 대학생은 체육회가 열리는 것도 아닌데 쓰메에리(후크 따위로 목닫이를 단단히 한 교복 차림새 • 옮긴이) 차림이 많다. 겨울이 지나면 오버코트를 전당포에 맡기고 생활비에 보태던 시대였기 때문에, 학생들은 별달리 가진 옷이 없었다. 물론 머리는 거의 비슷하게 깍두기 모양이었다. 1968년 들어 학생복은 줄어들지만 면바지와 와이셔츠, 거기에 아노락anorak(후드가 달린 짧은 외투 • 옮긴이) 차림이 많고 머리 또한 짧은 모양 그대로였다. 그러던 것이 1970년에 접어들면서 크게 바뀌기 시작했다. 물론 오늘날과 비교하면 복장의 다양성이 풍부하다고 할 수 없겠지만, 청바지를 입은 장발의 학생들이 늘어난다.

학생들의 의식 또한 바뀌었다. 제2장에서 서술한 것처럼 대학 진학률이 낮을 때에는 대학생은 엘리트 의식과 사명감을 가지고 있었다. 학생은 정치에도 관심을 갖지 않으면 안 되고, 사회의 부정을 바로잡기 위해 일어서야만 한다는 의식이 매우 강했다.

1960년 안보투쟁 무렵까지의 일본에서는 일반인들도 그들을 존중하여 '각세이 상学生さん'(우리말로 '학생님' 정도의 의미 • 옮긴이)이라고 경칭을 쓰기도 했다. 1960년 안보투쟁에서는 학생 데모대에게 길가의 주민들이 성원의 박수를 보내주거나 주먹밥을 건네주는 일이 드물지 않았다.

교육학 분야의 설명으로는 진학률이 15%를 넘으면 학생은 엘리트층이 아니게 된다. 그때부터는 대중화되고 만다는 설명이다. 일본에서 15%를 넘은 것은 1963년이다.

다만 15%를 넘긴 지 얼마 지나지 않은 1968년은 그야말로 과도기였다. 한편으로는 대중화도 진행되었지만, 한편으로는 사명감과 윤리주의 또한 강력하게 남아 있었다. 그 과도기적인 성격이 일본 전공투 운동의 특징으로 드러나게 된다.

| 대학 자치회와 신좌익 |

이리하여 동원력이 떨어지게 되자 정치단체 사이에 세력경쟁이 벌어지기 시작한다. 전체의 동원이 늘어나지 않으므로 상대의 파이를 빼앗아오려는 경향이 등장하는 것이다.

직장에서나 가정에서나 내리막길에 접어들면 다툼이 벌어지기 십상이다. 정당 사이에서도 사회당과 공산당이 어떤 노동조합을 장악할 것인가를 두고 다툼이 벌어졌는데, 대학의 자치회 또한 마찬가지였다.

1950년대 말부터 일본공산당으로부터 떨어져 나온 신좌익당파가 출현하였다. 1960년대 들어 이들의 분열이 거듭되어 중핵파中核派·혁명마르크스파(일본의 혁명적 공산주의자 동맹이 1963년에 중핵파와 혁명마르크스파 등으로 분열했다 • 옮긴이)·분트파Bund派(일본공산주의자 동맹으로, 무장투쟁을 포기한 일본공산당에 불만을 품고 떠난 사람들이 1958년에 결성했다 • 옮긴이) 등 10여 개의 파벌로까지 늘어났다. 이들은 '섹트sect'라고도 불리며, 공산당 계열의 학생조직인 민청과도 경쟁하며 학생 자치회에 대한 쟁탈전을 벌였다. 자치회 선거에서 자파自派의 구성원을 톱리더로 앉혀 그 자치회를 장악하면, 학생들에게서 회비를 걷는 한편 학생회관 또한 자유로이 이용할 수 있다.

패전 얼마 뒤에 전학련(전일본학생자치회총연합)이라는 자치회의 연합체가 결성된다. 그러나 각파의 자치회 쟁탈전 속에 전학련은 속속 분열되었다. 우선 공산당계와 신좌익계로 나뉘고, 신좌익 중에서도 여러 개의 섹트로 분열되고, 중핵파 전학련과 혁명마르크스파 전학련 등이 만들어진다. 이리하여 '전학련'이라는 이름을 붙이기는 했지만 참가하는 대학이나 학부가 10여 개 정도인 단체들의 난립상태에 빠지고 만다.

또한 자치회를 장악하는 데 몰입하게 되므로 투표함을 훔쳐 표를 바꿔치

기하는 부정선거, 반대파를 두들겨 패며 의결을 추진하는 등의 '우치게바ソ

Gewalt(일본 학생운동에서 의견이 다른 각파 간의 폭력항쟁 • 옮긴이)라 불리는 폭력사
태도 벌어졌다. 그런 지경에 빠지자 일반 학생들이 아예 질려버려 떨어져나
가기 시작했고, 이에 따라 더더욱 동원력이 약해졌다. 그러자 분쟁은 더욱 격
화되고, 학생들은 더 많이 떨어져나가는 악순환이 잇따랐다.

　부정과 폭력은 질서 변동기의, 새로운 룰이 정착되지 않은 시기에 벌어지게
마련인 현상이다. 특히 사람들이 공동체로 통합되어 있던 상태에서 '자유'로
워져가는 상태로 이동하고 있음에도 불구하고, 과거의 공동체에 집착하면 부
정과 폭력이 벌어진다.

　종래대로라면 학생이 자치회로 통합되어 있었기 때문에 자치회를 운영하는
데 부정과 폭력은 필요 없었다. 통합이 약화되어가는데도, 꼭대기의 자리만 차
지한 채 명령을 내리려 하기 때문에 부정과 폭력이 필요하게 되는 것이다.

　가족이나 정치나 노조 등에서 돈과 폭력에 의존하게 되는 까닭은 무엇인
가? 그것은 사람들이 '자유'로워져감에도 불구하고, 새로운 관계로 옮겨가기
를 거부하고 종래의 관계를 억지로 지키려 들기 때문이다. 돈과 폭력은 관계
가 옅어질 때 관계의 대리자로 틈새를 치고 들어오는 법이다.

| 일본의 '섹트' |

　예외는 있겠지만 서방 선진국들의 '68년'을 이끌고 간 그룹은 마르크
스주의를 내걸고 있었다. 그러나 전위당 형태를 취한 경우는 많지 않았다. 사
상적으로도 아나키즘에 가까워 보이는 자유로운 사상 및 운동 형태를 띤 경우
가 많았던 것으로 파악된다.

그러나 일본의 섹트는 달랐다. 소수 청년층이기 때문에 그 나름 자유로움은 있었던 것 같으나, 그럼에도 소수정예의 '철의 단결' 아래 무력투쟁을 펼치는 전위당 노선을 따르겠다는 의식이 뿌리 깊었다.

다른 선진국과 일본 사이에 왜 이런 차이가 생겨난 것일까? 실증적인 비교 연구는 그다지 없지만, 역시 당시의 일본이 성숙한 공업화 사회, 즉 선진국형 사회로 진입한 역사가 일천했기 때문인 것으로 보인다.

일본에서 공산당이 성립된 것은 1922년이다. 혁명에 막 성공한 러시아를 본받아 전위당 형태를 취했다. 당시 일본은 혁명 전의 러시아와 비슷하여, 교육 정도가 낮고 정치와 언론의 자유 또한 없었기 때문에 전위당 형태가 잘 들어맞았다고 하겠다.

그러나 1955년에 일본공산당은 전위당의 규정 자체는 남겨두었지만, 무력 혁명 노선은 포기했다. 국제정세 등 여러 가지 이유가 있었지만, 전후의 개혁으로 정치와 언론이 모두 자유화되었고 고도성장에 막 시동이 걸린 무렵으로, 개도국형 혁명이론은 맞지 않는 상황으로 변화했기 때문이다. 일본공산당은 2000년에 규약개정을 통해 공식적으로 전위당을 포기했다.

그 과정에서 무력혁명 포기를 비판하는 학생당원들이 분열하여, 1958년에 신좌익의 원류를 형성한다. 무력혁명 포기를 비판한 것은 청년다운 이상주의라고도 할 수 있겠으나, 어떤 의미에서는 공산당보다도 낡은 노선을 취한 셈이 된다. 그리하여 그들은 물론, 그들에게서 가지를 쳐나간 다양한 섹트 또한 공산당의 조직형태를 계승하는 가운데 전위당의 입장을 취해나간다.

이때 전위당은, 이제 시대에 맞지 않으므로 새로운 형태로 이끌어가자는 주장은 그다지 없었던 것 같다. 그렇지만 1960년대 중반까지의 일본은 농림수산업 인구도 많고 아직 선진국은 아니라고 여겨지는 단계였으므로, 사회상황과의 괴리가 그다지 두드러지지 않았다고도 볼 수 있다.

그러나 원래부터 사회주의운동이 왕성하지 않았던 미국이나, 노동당이나 사회민주당이 대중정당이었던 영국·독일이나, 공산당이 연합정권에 참가한 경험이 있던 프랑스 등의 나라들은 일본과는 사정이 달랐다. 일본과 같이 공산당이 고립된 소수 집단임에도 불구하고 커다란 영향력을 지니는 양상이 이들 나라에서는 나타나지 않았다. 전위당이 근본적으로 개도국에 적합한 조직 형태이고, 이들 나라의 사회나 학생의 의식 자체가 전위당에 그다지 친밀감을 느끼지 못했던 데 그 이유가 있지 않을까.

섹트는 원래 가톨릭에 대항하며 분열한 프로테스탄트의 여러 교단을 가리키던 용어이다. 공산당에 대항하며 분열되어 나온 새로운 신좌익당파를 거기에 빗대 섹트라 지칭한 것이다. 그래서 무력투쟁 노선으로 전위당의 형태를 취하면서 우치게바와 부정행위 또한 망설이지 않았기 때문에, 과격하고 폭력적이며 종교풍의 이미지가 덧칠됨으로써 그다지 폭넓은 지지를 얻지 못하였다. 오늘날 일본에 잔존한 사회운동의 나쁜 이미지는 여기에서 파생되었다고 할 수 있다.

| 대학의 대중화에 대한 불만 |

이런 상황이었기 때문에 1960년대에 줄곧 학생운동이 활발했던 것은 아니다. 1960년대 중반에 밑바닥을 기록했고, 고도성장이 이루어지면서 마르크스주의는 낡은 것으로 취급당했다. 이리하여 학생운동은 이제 끝났다는 말까지 들을 정도였다.

그러다가 갑작스럽게 1968년부터 끓어오르기 시작했다. 그 이유에 대해서는 당시부터 수수께끼로 치부되어왔다. 나에게 그렇게 된 가장 큰 이유를 꼽으라 한다면, 대학의 대중화 그 자체에 원인이 있었다고 꼽겠다.

당시의 대학은 학생 수가 급증하여 그야말로 볼품없는 대강당이나 교실, 좁아터진 캠퍼스, 30분씩이나 기다려야 겨우 밥을 먹는 만원 학생식당 등으로 위상이 실추되었다. 더욱이 학생 수의 증가와 맞물려 새로운 교사를 증축하느라 엄청난 비용이 들어갔다. 게다가 인플레이션이 영향을 끼쳐 학비는 잇따라 인상되기만 했다.

또 당시는 진학률 상승이 가팔랐지만 대학 신설이 이를 따라가지 못해, 입시전쟁 혹은 사당오락(수면시간이 4시간이면 합격하고 5시간이면 떨어진다) 따위의 말이 성행할 정도여서 대학에 들어가기가 힘들었다. 그렇게 고생을 해서 대학 입학에 성공하고 보니, 강의는 시시한 데다가 볼품없는 강의실에서 이루어지고 밥은 콩나물시루 같은 식당에서 간신히 때워야 했다. 이러다 보니 학생들의 불만은 쌓여가기만 했다.

나아가 학생이 늘었기 때문에 장래에 엘리트로 올라설 가능성은 줄어들었다. 과거에는 대졸자가 도저히 갈 만한 자리가 아닌, 가령 세일즈맨이 되는 사람들이 허다하게 늘었다.

그런 상황 속에서 공허감을 느끼는 학생들이 늘어났다. 공부를 아무리 열심히 해도 현대의 대학은 결국 취직 예비학교에 불과하다는 허무감에 사로잡혔다. 4년 뒤에 취직을 하면 이제 자유는 끝이다. 남은 것은 정년퇴직할 때까지 정해진 레일 위를 달리는 허무한 인생이 남아 있을 뿐이다. 지금 당장 공허한 학창생활을 깨부수어 무언가 혁명적인 청춘을 불사르고 싶다는 기분이 탄생한다.

대학의 대중화에 동반한 이런 요인은 프랑스 파리의 5월혁명에 참가한 학생들에게도 공통적으로 나타난 것 같다. 이런 점에서 볼 때 일본의 전공투 운동도, 성숙한 공업화 사회에 직면한 서방 선진국 학생들과 공통된 기분이 그 배경에 도사리고 있었다고 할 수 있다.

전공투 운동에 참가한 학생들의 수기를 읽어보면 이런 분위기를 잘 느낄 수 있다. 그들이 대학을 점거하고 바리케이드를 치고 그 안에서 농성을 벌인다. 그들은 그 안에서 많은 친구를 사귀는 가운데 분위기가 한껏 달아오른다. 그들은 그런 모든 것이 재미있었다는 감상을 적어놓았다. 그들은 전공투 운동에 참가한 동기로 "입시공부 때 받은 고통을 씻어버리고 싶었다.", "샐러리맨이 되고 싶지 않았다." 같은 것들을 꼽기도 했다. 1960년 안보투쟁을 벌이던 학생들이 "전쟁과 기아만은 두 번 다시 싫다."라고 대답한 것과는 상당히 달라져 있음을 알 수 있다.

| 지금까지 지녀온 의식과의 괴리 |

이상은 대중화가 초래한 현상으로, 다른 선진국들에서도 어느 정도 공통적으로 나타나는 것임은 앞에서도 언급한 바 있다. 그러나 이제서부터 일본만의 특징을 언급하고자 한다.

우선 미국 등과 달리 대학 진학률이 급격하게 상승하기 시작한 지 아직 얼마 되지 않았고, 학생들의 의식에는 종래의 사명감과 엘리트 의식이 그대로 남아 있는 과도기였다. 그렇기 때문에 학생이야말로 혁명의 선두에 서야 한다는 의식이 아직도 굳건히 자리 잡고 있었다.

그리고 그 이상으로 전공투 운동을 폭발시킨 이유가 있다. 그것은 그들에게 아직 오래된 대학의 이미지가 남아 있었기 때문에 당시의 대중화된 대학을 당연한 것으로 받아들이지 못했다는 점이다.

이 시기는 아직 구제 제국대학에서 회자된 '최종적으로 박사냐, 대신大臣(일본의 내각을 구성하는 장관・옮긴이)이냐?' 같은 과도한 희망을 품고 입학한 사람이 결코 드물지 않았다. 학생들끼리 철학 논쟁을 벌이고, 교수와의 학문적인 대화 자리가 이어지고, 진리를 탐구하는 학문의 전당이야말로 대학의 본래 모습이라는 이미지를 강력하게 지니고 있었다.

그러나 막상 입학하고 나서 보니, 교수는커녕 옆자리의 학생과도 그럴듯한 대화를 나누지 못하고, 졸업하고 나면 '결국은 볼품없는 샐러리맨'이라는 현실이 눈앞으로 닥쳐온다. 의식이 예전 시대에 머물러 있기 때문에 심각한 괴리감과 실망감이 짓눌러온다. 그리하여 불만이 운동이라는 형태로 표출되기에 이르렀던 것이다.

일본의 전공투 운동에 참가한 학생들은 당시의 수기에 이렇게 써놓았다(니혼대학 문리학부 투쟁위원회 서기국 엮음, 『증보 반역의 바리케이드』).

"학생이 학생으로서 근면하게 연구에 힘쓰는 것. 그리고 이런 산업사회에 독화毒禍를 입어서는 안 되는 것은 당연하지 않은가? 현재 이 당연한 것이 당연하지 않다."

그러므로 자본주의에 침투당해 '취업 예비학교'가 되어버린 대학을 바로잡을 운동을 한다는 뜻이 담겨 있다.

| 고도성장이 안겨주는 당혹감 |

나아가 1960년대의 일본은 아직 가난이 남아 있던 시대이다. 한편으로는 고도성장을 통해 급격하게 풍요로워지고 있었기 때문에, 사회에는 그에 따른 '당혹감'이 존재했다.

가령 당시의 어떤 주부는 세탁기가 너무나 편리했다. 그랬기 때문에 세탁기를 쓰게 되면서 '벼락 맞은 기분이 든다'라고 술회했다. 지난날 빨래판을 붙들고 세 시간이 넘도록 씨름을 해야 했는데, 세탁기에 빨래를 쑥 집어넣기만 하면 끝이다. 그것이 매우 기쁜 한편, 뭔가 당혹스럽기 짝이 없다.

1968년 무렵에 대학에 들어간 세대라면, 1950년대에 초등학생이다. 그러므로 대략 그러한 가치관 아래에서 자랐다. 아울러 대부분 농촌 출신이기 때문에 도시의 대학으로 올라와 콘크리트 빌딩 교사에서 지내다 보면 '인간적인 공백'을 느낀다는 학생도 있었다. 이런 느낌을 갖게 만드는 배경은 이미 1950년대부터 풍요로움을 달성한 미국의 학생운동과는 약간 결이 달랐던 것 같다.

또 이 시기까지는 '물건을 낭비하면 안 된다'라는 가치관이 강했다. 그런 까닭에 자연히 대량소비로 마구 물건을 써대는 것은 죄책감을 불러일으켜, 경제의 발전을 위해 오히려 '소비는 미덕'이라고 일부러 주입하지 않으면 안 되던 시대였다. 그런 속에서 '이런 세상은 뭔가 잘못된 거야.'라는 감각이 생겨났다.

또 고도성장이라고는 해도 빈부의 차가 있었다. 전공투 운동에 참가한 학생들의 수기를 읽어보면, 자신의 학급에 급식비를 낼 수 없는 아이들이 있어서 마음 아파하던 사람이 많았다. 또는 고등학교의 한 반에 자기보다 우수한 친구가 경제적인 사정 혹은 가업의 계승 따위의 이유로 상급학교에 진학하지 못했는데, 그것이 영 께름칙했다는 학생도 있었다. 그런 자신이 도시의 대학으로 진학해 빌딩 교사에서 무의미한 학창시절을 보내며, 물건을 소비한다면 더더욱 께름칙해진다.

당시는 아직 대학 진학률이 상승한 지 얼마 안 되어서, 학생은 혜택받은 특권층이므로 사회에 공헌해야 한다는 의식이 당사자인 학생이나 이를 바라보는 사회에 두루 존재하고 있었다. 그런 생각에서 부정과 폭력이 횡행하는 학생운동은 싫지만, 세틀먼트settlement(빈민 지구에 정주하여 주민들과 개인적으로 접촉하면서 생활 향상을 꾀하는 사회운동 혹은 그것을 위한 각종 시설 • 옮긴이)라고 불리는 일종의 볼런티어volunteer 활동을 전개하는 학생도 있었다. 그런 성실한 학생은 당시나 지금이나 소수에 불과하지만, 그래도 10%나 20%를 차지한다. 그런 학생들 가운데 "이런 세상은 이상해.", "풍요로움에 취하다니 말이 되나?", "누군가 희생당하는 사람이 필시 존재한다."라는 감각이 널리 퍼졌다.

| 공해와 주민운동 |

그런 감각에 불을 붙인 것이 공해와 베트남 전쟁이었다.

우선 공해는 고도성장의 그늘에서 희생을 당하는 사람이 있을 것이라는 감각에 불을 붙였다. 공해는 1950년대부터 일본 각지에서 벌어졌는데, 풍요가 우선시되어 그다지 주목을 끌지 못했다. 어느 정도의 풍요로움을 수중에 넣고 겨우 관심을 가지게 되기는 했지만, 시대가 바뀌면서 공해 문제는 단숨에 사람들의 주목을 끌었다. 그리하여 역시 이런 세계는 잘못되어 있다는 의식이 확산되고, 공해 반대운동을 지원하는 학생들의 움직임이 일어났다.

또 1960년대 후반은 공해 반대운동이 각지에서 일어났을 뿐만 아니라, 도시 환경 정비와 거대개발 반대 등을 주제로 각지에서 주민운동이 일어난 시대이기도 하다.

당시의 도쿄는 오늘날 인도의 델리나 인도네시아의 자카르타가 그런 것처럼, 인구가 급격히 팽창했지만 환경정비가 뒤를 좇아가지 못했다. 쓰레기 매립지에서 파리 떼가 대량으로 발생하고, 물 공급부족으로 종종 단수조치가 취해지고, 교통체증이나 교통사고 문제가 심각해졌다. 그리하여 주민운동이 벌어져 도쿄를 비롯한 대도시에서는 '혁신자치체革新自治体(일본공산당과 사회당 등 혁신세력이 대표자로 올라선 지방자치단체를 가리킨다 • 옮긴이)'라 불린 사회당·공산당 계열의 대표자들이 당선되었다. 한때는 일본 인구의 과반수가 혁신자치체 아래로 들어갔다.

한편 도시로 젊은이들을 빼앗긴 지방에서는 공공사업에 의한 대규모 개발과 공장유치가 성행했는데, 이에 저항하는 농어민과 주민들의 운동도 일어났다. 고도성장의 일그러진 그림자가 여러 형태로 나타나고, 그에 대한 반대운동이 각지에서 벌어진 것이다. 원전 반대운동과 앞서 서술한 대학의 과밀화도 그런 상황의 일환이었다고 할 수 있다.

| 베트남 전쟁 |

이런 상황 속에서 더욱 큰 영향을 끼친 사건이 베트남 전쟁이다.

당시 일본 무역액 가운데 10%에서 20%는 미군이 발주하는 전투복이나 트럭 등 이른바 '베트남 특수特需'였다. 또 베트남에서 부상당한 미군 병사 가운데 80%는 일본으로 송환되어 치료를 받았다. 그런 까닭에 하네다 공항에 드나드는 외국 항공편 가운데 약 40%가 미군의 전세 비행기charter였다. 오키나와의 미군기지에서는 대형 전략폭격기인 B52가 베트남으로 출격했다. 일본과 오키나와는 베트남 전쟁에 크게 기여하고 있었던 셈이다.

일본의 여론은 베트남 전쟁 반대가 압도적이었다. 태평양전쟁이 끝나고 20년 정도가 지나 아직 과거의 상처가 아물지 않은 상태였다. 그러므로 어찌 됐든 전쟁은 안 된다는 분위기가 강했지만, 단지 그 이유만은 아니었다.

당시는 아직 일본이 아시아의 소국으로서 물질문명이 극히 발달한 미국과 전쟁을 벌였다가 참패를 당하고 말았다는 감정도 존재했다. 그런 미국이 역시 아시아의 소국인 베트남을 폭격하고 고엽제를 뿌리고 아이들을 죽이고 삼림을 고사시키고 있다. 베트남은 가난한 나라임에도 불구하고 그런 미국과 목숨을 걸고 전쟁을 벌이고 있다. 많은 일본인들이 베트남 전쟁을 이런 감각으로 받아들이고 있었던 것이다. 그런데 일본은 안보조약으로 미국에게 기지를 제공하고, 전쟁을 통해 막대한 경제적 이익을 거둬들이고, 레저다 마이카다 하며 흥청망청 지내고 있었다. 과연 그래서야 되겠는가? 베트남을 희생양으로 삼아 경제성장을 하는 일본은 잘못된 것이 아닌가? 이런 생각이 드는 것이 무리는 아니었다.

1950년의 한국전쟁 때는 미군이 발주한 '한국 특수'가 수출의 약 60%를 차지하여 베트남 특수보다 더 큰 비율이었다. 그러나 한국전쟁 당시에는 일본이 전쟁에 말려드는 것은 아닌가, 전쟁은 당치도 않다는 정도의 운동이 일어났을 뿐이다. 즉, 한국전쟁으로 일본의 경제가 성장하는 것을 께름칙하게 여기는 분위기가 그다지 강하지 않았다. 공해에 대한 주목과 마찬가지로 일정한 경제적 풍요를 달성한 뒤에야 그런 감정이 우러난다고 말할 수 있겠다.

당시의 학생운동은 미군 항공모함의 기항寄港에 반대하거나, 나리타 공항 건설에 반대하는 등의 형태로 이루어졌다. 나리타 공항은 하네다가 포화상태였으므로 새로운 국제공항이 필요하다는 관점에서 시작된 대개발 사업이었다. 하지만 신공항이 베트남 전쟁에 사용될지도 모른다는 의구심을 자아냈다. 당시 하네다의 상황을 고려할 때 그렇게 부당한 의심은 아니었다.

또 나리타 공항 건설은 농촌지대를 불도저로 밀어붙이는 방식으로 진행되므로, 베트남과 마찬가지로 농민이 압도적인 물질문명과 싸움을 벌이는 것이라는 인상도 안겨주었다. 농민이 소나무 위에 오두막을 짓고 농성을 벌이고 있는데, 강제수용에 나선 기동대와 공항공단이 그 나무를 베어 넘어뜨렸다. 그러자 무너진 오두막에서 메가폰을 잡고 "토끼를 잡았네/저 산에서 붕어를 낚았네/저 강에서 꿈만 꾸면 지금도 찾아가는 곳/잊을 수 없어라 고향마을이여…"로 이어지는 창가 〈고향故鄕〉(1914년에 문부성에서 초등 6학년용으로 발표한 창가로, 고향에 대한 향수를 일깨우는 내용이 담겨 있다 • 옮긴이)을 불러 수많은 사람들을 눈물짓게 만들었다.

당시의 학생 운동가들은 1960년 안보투쟁이 들끓었던 기억을 생생하게 떠올렸다. 1970년은 10년에 한 차례씩 안보조약을 개정하는 해이기 때문에, 베트남 전쟁 반대로 비등하는 여론을 보면서 운동을 끌어올리려고 했다.

또 미국의 일극지배一極支配 체제를 마뜩잖아 하는 분위기가 유럽뿐 아니라 아시아·아프리카·중남미 등에도 두루 존재했기 때문에, 베트남을 응원하는 반전운동이 세계적으로 번져갔다. 물론 징병당하는 미국의 학생들에게서 반전운동이 태동한 것은 말할 나위도 없다. 일본에서도 그런 상황에다 학생들의 불만과 고도성장에 대한 위화감이 결합되고, 각지의 공해 반대운동과 주민운동과도 연동되어, 세계적인 '68년' 속에서 운동이 확산되어나갔다.

| '전후 민주주의의 기만' |

일본의 전공투 운동에서는 '기만欺瞞', 즉 '거짓말'이라는 용어가 자주 등장했다. 1969년 무렵부터는 '전후 민주주의의 기만'이라는 표현도 많이 쓰였다.

　우선 전공투 운동을 담당한 '단카이 세대'는 전쟁을 체험한 세대인 부모와 교사들로부터 평화와 민주주의의 소중함에 관해, 체험에 기반을 둔 절실성이 깃든 교육을 받은 세대였다. 그런데 중학생이나 고등학생이 되고 보니 그런 이념은 어디로 갔는지 알 수조차 없고, 오로지 입시경쟁에만 매달려야 하는 상황이었다. 1960년대 중반에 행한 조사에서는 연간 320번이나 시험을 치러야 했던 중학교도 있었다 하며, 그에 따라 학원산업은 대단히 번창했다.

　그리 되자 "우리가 배운 것은 몽땅 거짓말 아닌가?"라는 의식이 싹텄다. 초등학교 시절에는 평화가 소중하고, 모두가 자유롭고 평등한 것이 민주주의라고 배웠다. 그러나 입시전쟁은 타인을 짓눌러야 하는 것이 아닌가? 교사와 어른들은 평화와 민주주의가 소중하다고 강조하면서, 왜 타인을 짓누르는 '입시전쟁'을 자신들에게 강요하는가? 이렇게 볼 때 어른들이 가르친 모든 내용들은 거짓말뿐이라고 여기게 된다.

　그러나 그럼에도 불구하고 대학에 들어갈 때까지만 참으면 된다고 여기며 입시경쟁을 뚫고 올라왔다. 그런데 대학에 들어오고 나니 진리탐구의 전당은 커녕, 학생들만 엄청 뽑아놓고 볼품없는 강의를 억지로 듣게 하고 수업료 올리기에 바쁘다. 그리고 졸업하고 나면 샐러리맨이라는 기업의 톱니바퀴로 만들어 사회로 내보낼 뿐이다. 이래서야 자본주의의 취직 예비학교에 불과한 것 아닌가? 온통 거짓말뿐이라는 감정이 마구 솟구치게 만든다.

　또 일본은 헌법 제9조를 지닌 평화의 나라라고 배워왔다. 그럼에도 불구하고 미국과 협력하여 베트남 전쟁에서 돈을 벌어들이고 있다. 데모를 하는 노동조합도 일당을 받으려 참가할 뿐이다. 공산당도 사회당도 사실은 진실을 위해 싸울 생각 따위는 없다. 잡지에서 민주주의가 소중하다고 써대는 교수도 두루뭉술한 강의밖에 하지 않는다. 주위 어디를 둘러봐도 거짓말이다. 본질적으로 전후 민주주의는 거짓말이었던 것은 아닐까?

그렇게 되면 연장자를 비판하고 반항하는 기운이 터져 나오게 마련이다. 전쟁체험을 무기 삼아 요새 젊은 것들은 고생을 모르고 게으르기 짝이 없다며 설교하려 드는 연장자에게, "당신들은 거짓말쟁이다."라며 직격탄을 날렸다.

또 당시는 '반항'이 일반적이기도 했다. 예를 들어 젊은 여성이 세탁기를 사고자 한다. 그런데 시어머니는 "그런 건 낭비야. 우리 시대엔 다 손으로 빨았어. 요새 젊은 것들은 참을 줄을 몰라."라고 설교한다. 그런 설교를 거스르며 세탁기를 구입하는 것 또한 '반항'이다.

또 이런 반항은 대체로 젊은 사람들의 승리로 끝난다. 그것이 시대의 흐름이기도 하고, 대체로 그렇게 하는 편이 생활의 편의를 가져다주기 때문이다. 사회가 상향이동 할 때는 젊은이의 반항에 더 말발이 먹힌다. 오늘날의 일본처럼 하향이동 할 때는 "잔소리 말고 취직이나 해."라고 설교하는 부모에게 "나는 프리터(free와 arbeiter의 합성어. 구속을 싫어하며 정규직이 아닌 아르바이트로만 생활하는 사람 • 옮긴이)가 되겠다."라고 말하며 반항하는 것은 다소 곤란해 보인다. 그러나 당시는 젊은이의 반항은 정당하며, 반드시 이긴다는 생각이 퍼져 있었던 것 같다.

그러나 이러한 '거짓말'을 비판하는 감정의 밑바닥에는, 스스로가 점점 풍요로워져가는 대량소비사회에 어울리지 않으며 이렇게 사는 것이 혹시 거짓 생활은 아닌가 하는 감각도 작용했다고 여겨진다. 본질적으로 그런 현실에 항의하며 대학에 바리케이드를 치고 베트남 전쟁 반대를 부르짖었던 자신이, 입시경쟁을 뚫고 대학에 들어와 졸업 후 샐러리맨이 되는 수밖에 없다고 사실상 받아들인 것이야말로 가장 견디기 힘든 '거짓말'이었는지도 모른다. '자기부정'이라는 용어가 널리 퍼진 이유 가운데 하나가 여기에 있다고도 생각이 든다.

| '전학련'과 '전공투' |

이미 아는 바와 같이 '68년'의 운동은 1960년 안보투쟁과 그 동기 면에서 상당히 달라져 있었다.

운동의 주제란 것이 '이것은 이래서 안 되니까 반대'라고만 해서는 확산되지 않는다. 구마모토 현 미나마타의 어민이 곤란을 겪고 있어, 나리타의 농민도 괴로움을 겪고 있어, 그런데 그것이 어떻다는 거야, 나는 괴롭지도 않고 관계도 없어, 이렇게 생각이 이어지면 운동으로의 확산은 어렵다. 많은 사람들이 평상시부터 '이래서는 안 되는 것 아냐?'라고 생각하고 있었을 것 같은 일상적인 감각과 연결될 때 운동으로 비등하는 법이다.

그것은 1960년의 안보투쟁 때나 '68년' 때나 마찬가지이다. 단순히 안보조약 반대, 베트남 전쟁 반대라고만 해서는 사람들이 움직이지 않는다. 그것이 자신의 일상감각이나 인식과 연결될 때에야 비로소 움직인다. 2011년의 탈원전 운동도 평상시 '이것은 좋지 않아.'라고 생각하던 다양한 사회문제의 축도縮圖를, 많은 사람들이 원전 문제에서 끄집어낸 데 힘입은 바가 컸다.

그러면 '68년'의 사회기반과 주제설정에 관해서는 이쯤으로 설명을 마치고, 다음에는 운동방식과 조직형태에 대해 살펴보자.

앞서도 언급한 것처럼 학생 자치회는 이제 힘을 잃었다. 무관심층도 많아져서 자치회는 섹트가 세력다툼이나 벌이고 있으므로 믿을 수 없다. 또 당시의 대학에서는 문학부의 자치회는 혁명마르크스파가 장악한 반면, 경제학부는 민청이 장악하고 있었고, 그렇게 되면 연대는 이루어질 수 없었다. 그래서 만들어진 것이 '전공투'였다. '전학련'과 '전공투'는 어디가 다른가? 한마디로 말한다면 전자는 공동체 집단이고, 후자는 '자유로운 개인'의 집단이다. 전학련은 자치회 조직이 연합한 것이고, 그에 비해 전공투는 개인의 자유로운 참가를 전제한 것이다.

전공투는 1968년 5월부터 6월에 니혼대와 도쿄대에서 학내문제로부터 자연적으로 태동되었다. 니혼대의 경우에는 대학의 회계부정 문제를 추궁하는 과정에서 시작되었다. 도쿄대의 경우는 수련의intern의 노동조건 문제를 제기하는 과정에서 태동되었다. 두 대학 모두 마르크스주의에도 혁명에도 직접적으로 관계없는 학내문제에서 비롯된 것인데, 학생들이 지닌 대학과 사회에 대한 불만과 연결되어 운동이 널리 확산되었다.

그런데 자치회가 제대로 돌아가지 않았다. 그래서 뜻있는 참가자들이 모여 '전공투'를 만든 것이다. 각 학부와 학과별로 투쟁위원회를 만들고, 거기에 뜻을 같이하는 사람들이 참가한다. 그 투쟁위원회를 전학련으로 결속시킨 것을 전학공투회의全學共鬪會議라 이름 붙인 것이다.

전학련은 자치회라는 학생 공동체로부터 위원장 선거로 뽑힌 구성원이 전일본학생자치회총연합全日本學生自治會總連合의 총회에 모이고, 거기에서 전학련의 위원장을 선거로 뽑는 형태를 취했다.

한편 전공투는, 말하자면 자유참가로 모인 사람들이 마음대로 활동하도록 되어 있다. 도쿄대 전공투에 '의장'은 있었지만 권한이 주어진 자리가 아니며, 조정 역할 내지 상징 같은 존재였다고 한다. 조직이 운동을 한다기보다 운동이 있기 때문에 조직을 만든다는 식으로 태어난 것이다.

이것은 어떤 의미에서 기존의 조직으로부터 흘러나와 자유로운 사람들이 모여든 운동이었던 것이다. 당파와 자치회에 불만을 품은 사람들, 무언가 해보고 싶은데 그럴 만한 장이 없는 사람들이 모여들었다. 전공투 운동 초기에는, 자신은 안보조약에는 찬성하지만 현재의 대학은 용서할 수 없다는 입장을 가진 사람도 있고, 우익이지만 베트남 전쟁에는 반대한다는 사람도 있었다. 한마디로 다양한 사고방식을 지닌 사람들이 혼재했다. 참가나 탈퇴 모두 자유여서, 언제 참가하거나 언제 탈퇴해도 좋은 집단이었다.

이런 운동을 촉진시킨 배경에는 미디어의 발달이 자리 잡고 있었다. 이른바 등사판 인쇄기가 보급되어 몇 사람으로 이루어진 학생 그룹이 곧바로 삐라를 인쇄할 수가 있게 되었다. 이전에는 인쇄기를 지닌 곳은 공산당이나 노조지부, 또는 자치회뿐이었다. 이는 그야말로 커다란 변화였다. 또 전화가 보급되었기 때문에 연락 또한 수월해졌다. 이러한 변화는 1960년 안보투쟁 무렵부터 비롯되었지만, 그 경향이 한층 더 뚜렷해졌던 것이다.

일본의 '68년'을 후끈 달궈놓은 시민운동의 베평련ベ平連(ベトナムに平和を! 市民連合, 베트남에 평화를! 시민연합) 또한 유사한 형식을 취했다. 1965년에 작가와 영화감독 등이 발언하면서 만들어진 단체인데, 정당이나 조직에 의한 동원이 아니라 주최자의 취지에 찬동하는 사람들이 자유로이 참가하여 데모를 벌이는 것이었기 때문에, 베평련의 '대표' 또한 무슨 자리가 아니라 대변인 성격의 존재였다.

이러한 전공투와 베평련 등의 운동을 가리켜 종래의 피라미드형 당 조직과는 다른 네트워크형 운동으로 변화했다고 평가하는 분석도 나왔다. 중앙본부로부터 내려오는 명령으로 하부조직이 움직여가는 멤버십운동으로부터, 자유로이 참가하여 마음대로 운동을 벌이는 형태로 바뀌어나간 것이다.

운동의 전략이나 방침 또한 중앙본부의 지도하에 강령을 만들거나 전국적인 통일운동을 조직하는 방식이 아니었다. 베평련은 베트남 전쟁 반대, 전공투 또한 당초에는 학내문제의 해결을 위한 운동으로, 이벤트나 축제 성격의 분위기가 물씬 풍겼다.

| '자유로운 운동'의 협소성 |

그러면 당시의 운동에는 과연 어떤 사람들이 참가했던 것일까?

전공투 운동은 대학생만의 것이었다. 베평련은 작가가 대표, 공산당을 그만두고 학원강사를 하던 사람이 사무국장을 맡았는데, 활동가로는 학생이나 문화계 인사가 많았다고 한다. 요컨대 자유도가 높은 사람들이 중심을 이루었다.

베평련의 데모에는 어떤 사람들이 참가했던 것일까? 공식적인 조사는 없지만, 당시의 기록자료를 통해 추측하면 대학생이 가장 많다. 그리고 전문학교 학생과 고교생. 학생 이외의 시민도 참가했는데 역시 젊은 사람들, 예컨대 20세 전후의 청년 노동자가 많고, 연장자들은 공무원이나 교사나 주부 등이 주말의 데모에 참가했던 사례가 많았던 것 같다. 이 또한 비교적 자유도가 높은 사람들이 중심임을 알게 해준다.

그러나 이런 사람들이 1960년부터 숫자가 늘어나기는 했지만, 아직 그다지 많은 편은 아니었다. 결과적으로 '68년'은 1960년 안보투쟁처럼 '국민운동'으로까지 발전하지 못하고 학생 중심의 운동으로 머무르고 만다.

게다가 학생 또한 22세가 되어 졸업하면 운동을 그만두고 취업을 하든가, 여성의 경우 시집을 가고 만다. 자유로운 삶은 18세부터 22세까지만 허용되는 셈이다. 중졸이나 고졸로 취업을 하게 되면 그조차 누릴 수 없다. 그런 학생층만으로 운동을 전개해봤자 전망이 없음은 누구라도 알고 있었다.

당시 운동권의 고민은 나이가 든 사람들의 참여가 없다는 데 있었다. 특히 사회의 핵심을 이루는 30대부터 40대의 왕성한 활동계층이 참여하지 않았다. 그런 계층의 사람들은 노조가 일당을 지불하는 데모에는 약간이나마 참가하지만, 그 이상의 행동은 하지 않는다. 대다수의 시중市中 사람들은 베트남 전쟁에는 께름칙한 기분이 들지만, 고도성장 시대를 맞아 생활은 그런대로 안정되어 있고, 너무나 바빠 자유시간도 없다. 그러므로 데모는 학생들이나 하게 되기 십상이었다.

　흔히 단카이 세대는 곧 학생운동 세대라고들 한다. 그러나 이는 맞는 말이 아니다. 당시의 대학 진학률은 약 20%이고, 회상기나 수기 등을 통해 추측하면 운동이 상당히 성행한 대학에서도 전공투 운동에 참가한 인원은 모든 학생의 20% 정도였다. 게다가 그 숫자에는 딱 한 번만 데모에 참가한 사람까지도 포함된 것이다. 20%×20%이므로, 단카이 세대 가운데 전공투 운동에 참가한 사람은 많아야 4%인 셈이 된다.

　물론 직접적으로 운동에 참가하지 않아도, 동시대의 분위기에서 여러 영향을 받은 사람은 많을 것이다. 그렇다고는 해도 이 세대가 모두 운동에 참가한 것은 분명 아니다. 나아가 사회는 청년만으로 구성된 것 또한 아니다.

　그런 까닭에 이른바 '68년'이라는 이미지가 따르는 학생과 시민 그룹의 데모·집회에는 그다지 많은 사람들이 모이지 않았다. 이 시대에 베트남 전쟁 반대 등을 내건 데모에 나선 사람들의 누계는 상당하지만, 그 가운데 노조에서 동원된 춘투 등으로 명목적으로만 전쟁반대를 내건 경우도 상당히 많았다. 그렇다면 학생운동 쪽은 어땠을까? 1968년 11월에 주축을 이룬 모든 섹트와 니혼대·도쿄대의 전공투가 연합하여 집회를 개최했을 때도 참가인원은 2만 명 정도였다. 베평련 또한 2만 명에서 5만 명 규모의 집회와 데모를 간헐적으로 개최하였고, 그 나머지는 규모가 작은 데모·집회였다.

2011년 3월부터의 탈원전 데모는 조직적인 동원이 없었음에도 만 명 단위의 규모로 거의 매월 개최되었다. 단순한 비교는 불가하겠지만, 조직 동원이 없는 자유참가의 숫자를 통해 살펴보자면, '68년'을 뛰어넘는 것이 아닌가 싶다.

| 전공투 운동의 특징 |

이상의 설명을 바탕으로 전공투 운동을 국제적으로 비교할 때 떠오르는 특징들을 검토해보자. 그렇게 하면 전공투 운동이 남긴 문제점도 알 수 있을 것이다.

전공투 운동에는 다른 선진국들과 공통된 점이 드러난다. 학생 수의 급증, 공업화 사회의 라이프스타일에 대한 거부감 등이 원인으로 작용해 운동을 일으켰다는 점, 자유참가 형식의 네트워크형 운동이 싹텄다는 점 등을 공통된 요소로 꼽을 수 있겠다.

그러나 한편으로 급격하게 이룩된 경제적 풍요에 대한 위화감과 당혹감이 닥쳤다는 점, 전위당 형태의 섹트가 존재했다는 점 등은 급격하게 경제성장을 이룬 개도국형에 가까운 특징이라고 하겠다. 그런 요소가 다른 선진국과 다른 특징을 불러왔다.

예컨대 전공투 운동에서는, 소속된 전공투와 섹트별로 색깔을 달리 칠하고, 섹트와 대학의 이름을 써넣은 통일된 헬멧을 썼다. 선진국의 '68년'에서 자발적으로 유니폼을 채용한 사례는 거의 없다. 서유럽 국가들에서 보자면 중국의 문화대혁명 당시의 '홍위병' 같은 '아시아스러운 운동'으로 보았다 해도 이상할 것이 없다.

전공투 운동에서 흔히 쓰인 용어는 '군단', '결전', '척후', '무장', '투쟁' 같은 것이었는데, "산리즈카三里塚(1966년 나리타 공항 부지로 선정된 뒤 반대투쟁이 격렬하게 전개되었다 • 옮긴이) 결전을 위해 집결하라!" 같은 격문이 자주 나붙었다. 그리고 모두 같은 헬멧 차림이었으므로, 오늘날의 눈으로 보자면 마치 군대나 체육회 같다.

현재의 단카이 세대를 봐도 알 수 있는 것처럼 뜻밖에도 감성이 상당히 보수적이며 집단주의적이다. 함께 모여 술 마시기를 좋아하며, '근성'이나 엔카演歌(메이지 시대 이후 유행한 일본의 대중가요 • 옮긴이)를 좋아하는 사람들이 적지 않다. 신좌익과 전공투 운동 속에는 남녀차별도 엄존하여 여성은 차 시중, 구호반, 서기 등의 일을 맡는 것으로 으레 결정되어 있고는 했다.

원래 당시의 일본은 그다지 풍요로운 사회가 아니었다. 1968년에 행해진 조사에는 '과거 3개월 동안에 경험한 레저·취미'를 꼽아보라는 질문이 들어 있다(우에무라 다다시, 『변모하는 사회』). 그 질문에 대해 1위는 독서, 2위가 1박 이상의 여행, 3위가 수예·재봉(여성만 높은 비율), 4위가 집에서의 음주, 5위가 영화·연극 감상이었다.

전체적으로 성실하면서도 조신함을 잘 알 수 있다. 당시의 삐라나 입간판을 보면, 2011년의 탈원전 데모와 비교할 때 일러스트나 색상이 한참 뒤지고 한자투성이였다. 전공투 학생이 철학책을 읽으며 자주 토론한 내용도 금욕적인 윤리주의로, 축제의 요소가 적었던 것 또한 당시의 시대상을 반영했다.

독일 적군赤軍을 그린 영화 〈바더 마인호프The Baader Meinhof Complex, 2008〉를 보면, 도시의 코뮌commune에서 록 음악을 있는 대로 크게 틀어놓고 자동차를 짓달리며 마구 총질을 해대는 장면이 나온다. 이 장면이 사실에 바탕을 둔 것인지 아닌지는 잘 모르겠으나, 적어도 일본의 연합적군에서는 이런 류의 행동은 존재하지 않았다. 원래 자동차 보급률 자체가 그다지 높지 않아, 1972년에 '아사마 산장'에서 농성(통칭 '아사마 산장 농성사건'. 1972년 2월 19일부터 2월 28일까지 일본의 신좌익조직 연합적군 구성원 5명이 인질을 붙잡고 농성을 벌이며 사상자가 여럿 나온 사건 • 옮긴이)하며 경찰과 총격전을 벌일 당시 연합적군의 구성원 가운데 아무도 자동차 면허가 없었다. LP 한 장이 지금의 물가로 계산해보면 1만 3,000엔이므로, 레코드나 스테레오 또한 그다지 보급되지 않은 시대였다.

총괄해보자면, 급격하게 고도성장하며 선진국화해가는 과정에서 발생한 '보수성'이 일본의 전공투 운동의 특징을 형성했다고 할 수 있겠다.

| 섹트와 전공투 |

이러한 보수성이 전공투 운동에 그림자를 드리워갔다. 보수성 그 자체가 나쁘다기보다 이미 사회에 들어맞지 않게 된 관계와 의식을 억지로 꿰맞추는 데서 문제가 일어난 것이다. 새로운 술을 낡은 부대에 담으려고 한 데서 폐해가 생겨났다고 말해도 좋을 것이다.

우선 자유참가라는 새로운 운동인 전공투에 낡은 전위당 방식의 섹트가 영향력을 발휘하게 되면서 문제가 시작되었다.

당초 섹트는 왜 1968년에 성급한 대학점거가 발생했는지 잘 이해하지 못했던 것 같다. 그때까지 정치에 무관심한 것 같던 학생들이 갑자기 집회를 열고 바리케이드를 만들기 시작했다. 들어보니 수업이 볼품없다든가 하는 내용이었고, 마르크스주의나 혁명과 어떤 관계도 없었다. 섹트의 입장에서 보자면 정말 하찮은 것들만 주장하고 있었다.

그러나 이것은 일단 호기이고, 이런 자연발생적인 움직임이 태동한 이때야말로 전위당으로서 대중을 지도하고 동맹원을 늘릴 기회라고 판단했다. 그 수단으로서 전공투 투쟁위원회로 자파 학생을 심어 넣고 핵심을 장악한다. 또는 전공투에서 열심히 활동하는 인물을 섹트로 편입시킨다. 요컨대 자치회를 장악할 때와 같은 방식을 취했던 것이다.

그러는 한편, 학생들이 섹트에 들어오는 현상도 벌어졌다. 기동대와 맞붙는 섹트가 근사해 보인다든가, 섹트의 선배가 멋있다든가 하는 여러 동기가 있었지만, 전체적으로는 이런 배경이 있었던 것 같다.

대학을 점거하고 거기에 진을 치고 있자면 즐거울 수 있다. 그러나 그런 축제 기분에 고조되는 것은 1개월 정도이다. 점점 신선미가 떨어지고 싸움이 벌어진다. 간혹 취사당번 따위로 옥신각신하기도 한다. 이렇게 되면 사람들이 오지 않게 된다. 전공투는 자유참가·자유탈퇴가 기본이므로, 운동이 고조되어 만조満潮를 이룰 때까지는 문제가 없지만, 질질 끌다 내리막길에 접어들면 급속하게 시들어간다.

그렇게 될 때 확실한 태도를 지키며 남게 되는 세력은 많은 경우 섹트의 멤버들이었다. 거기에다 섹트의 멤버들에게 힘을 의지하게 되면 유사시에 섹트의 동료들을 다른 대학에서 동원하는 것도 가능하다. 역시 이 사람들은 의지할 만해, 그럼 나도 섹트에 들어갈까, 확실하게 마르크스주의와 운동양식을 익히지 않으면 안 돼, 하는 사고를 하게 된다.

그렇게 됨에 따라 여러 가지 폐해가 나타난다. 그중 가장 심각한 것이 바로 우치게바이다.

우선 섹트는 자치회를 장악하던 것과 마찬가지로, 전공투의 투쟁위원회와 대표자회의에 조직원을 파견하여 전공투의 주도권을 장악하고자 한다. 또 종래부터 대립하던 섹트끼리 전공투 내부에서 우치게바를 벌이는 경우도 생긴다.

나아가 전공투 운동 말기에는 과거 전학련에서 하던 발상을 통해 섹트가 주도하여 전국적인 전공투를 묶은 '전국 전공투'를 만들려고까지 했다. 그 또한 섹트끼리의 주도권 다툼과 우치게바로 분열되고 만다. 그런 경향이 짙어질수록 전공투에서 사람들이 멀어져갔다.

아울러 전공투가 침투하면 원래 특정한 사상과는 그다지 관계가 없던 전공투 운동이 마르크스주의적인 혁명운동으로 쏠려갔다. 안보와 오키나와 문제처럼 학내문제와는 직접적인 관계가 없는 주제를 내걸게 되었다.

그것이 잘못된 것이라고 일률적으로 말할 수는 없다. 그러나 구체적인 투쟁 경과를 살펴보면, 학내요구만이라면 실현할 수 있는 여지가 있었지만, 보다 혁명적인 방향을 지향했기 때문에 그것이 불가능했다. 또 섹트가 각지의 전공투에서 권유한 멤버를 다른 운동현장으로 빼내가 결과적으로 그 대학의 운동이 쇠퇴하는 상황도 발생했다.

원래 섹트는 마르크스주의를 추종하는 당파이기 때문에 개별 대학에서 제도개혁 등을 달성해도 의미가 없고, 혁명을 일으키지 않으면 사회는 바뀌지 않으며, 그것을 위해서는 자신들의 섹트를 신장시켜야 한다고 생각한다. 그러므로 대학의 제도개혁을 실행하기보다 시계탑이 있는 교사校舍로 들어가 농성을 벌이며 전투적 행동을 보여주고, 그럼으로써 학생들에게 'ㄨㄨ파는 대단해'라고 어필하고, 이를 통해 세력을 확대하고자 했다. 전공투 운동에서 시계탑 건물로 들어가 농성을 벌이며 기동대와 싸우는 양상이 빈발했던 것은 청년다운 순수성의 발로이기도 했지만, 이런 섹트의 전략에도 영향을 받은 것이었다.

헬멧과 게바봉 스타일 또한 섹트가 만든 것이다. 게바봉이란 원래 섹트끼리 우치게바에서 다툼질할 때 쓰던 도구였는데, 경찰을 상대로 그것을 휘둘러보니 효과가 있다는 경험칙을 얻고 순식간에 퍼져나갔다. 그렇지만 이를 받아들인 일반 학생들로서는 '체제'와 싸움을 벌이는 의지의 표현 수단으로 사용한 경우가 많아 보인다.

시계탑에서의 농성 전술이건 게바봉과 헬멧 동원이건 섹트에 근원을 두고 있다는 점에서는 낡은 요소에 기댄 현상이다. 그러나 결과적으로 이 시대 선진국들의 사회운동과 마찬가지로 청년들의 직접행동에 의한 호소 수단이었다는 점에서는 새로운 현상이었다.

즉, 농성 전술이나 게바봉 모두 이 시기 운동의 특징이었다. 낡은 요소와 새로운 요소가 혼재되어 드러난 것이다. 그러나 원래는 섹트의 사상과 우치게 바로부터 발생한 것이기 때문에, 그것 자체로서는 전망이 없는 운동양식이 되었고 우치게바는 더더욱 격렬해져갔다.

| 윤리주의의 폐해 |

1969년 말에 접어들어 운동은 대체로 침체 국면에 빠졌다.

그렇게 된 원인은 여러 가지가 있었다. 우선은 앞서 언급한 것처럼 섹트가 주도권을 장악하게 된 운동으로 사람들이 다가오지 않았다는 점이다. 또 점차로 경찰의 탄압이 엄해져 데모에 가벼이 참가할 수 없게 되었고, 참가할 경우 체포를 각오해야 하는 상황이 되었다.

그 뒤 1970년 6월, 안보조약은 자동으로 연장되었고, 베트남으로부터 미군 철수도 진행되는 바람에 전체적인 운동의 쟁점이 사라지고 말았다. 일본의 경제성장 또한 완전히 궤도에 진입하여, 과거에 비해 국내의 빈곤이 눈에 띄게 줄어들었고, 1969년 12월에 치러진 총선거에서 자민당이 대승을 거두었다.

이런 가운데 종래부터 똬리를 틀고 있던 윤리주의가 이제 다시 운동에 그림자를 드리우게 된다.

전공투 운동이 한창이던 시기는 축제와도 같은 느낌으로 즐길 수 있었다. 윤리주의의 경향이나 자기부정이라는 말도 등장했지만, 초기에는 그다지 문제가 되지 않았던 것으로 보인다.

폐해가 두드러지게 된 것은 운동이 후퇴하던 시기였다. 어느 대학의 전공투 운동이나 6개월만 지나면 한계에 봉착했다. 그리하여 학내 개혁문제와 관련해 대학당국과 구체적으로 대화를 나누기도 했지만, 경우에 따라서는 타협을 배제하고 투쟁 의지를 표시하며 바리케이드를 치고 농성을 벌이는 사례가 많았다. 섹트도 그런 '혁명적인' 방침으로 유도했다.

그렇게 되면 전망이 서지 않으므로 인원 동원이 더 나빠져갔다. 1969년 후반이 되자 경찰의 탄압이 더 거세져 데모에 참가하면 체포당할지도 모르는 상황에 빠졌다. 그리하여 사람들의 참여가 더 나빠지자 노선투쟁과 우치게바 또한 날이 갈수록 거세졌다.

이런 상황에 몰리자 진정으로 운동에 참가하는 것인가 하며, 참가자의 각오에 대해 문제제기가 빈발했다. 그래서 "너는 데모하러 오지 않았잖아?", "바리케이드에서 빠져나가는 거야?"라는 힐문이 횡행하게 되었다. 체포당할 각오를 하고 참가하지 않는 자는 배신자이다, 자기비판을 하라, 등으로 나아가지는 않았지만 그에 근접한 분위기는 분명 있었던 것 같다. 그런 데에 정나미가 떨어져 사람들이 떨어져나가고, 남은 자들 사이에서는 더더욱 윤리주의가 기승을 부리는 악순환이 발생한다.

또한 이 시기의 운동은 오로지 학생들만의 것으로 졸업을 하거나 취업활동을 시작하면 끈이 떨어진다. 은퇴하는 쪽도 께름칙하고, 하급생들은 그런 상급생을 '취직전향就職轉向'이라고 부르며 비난한다. 그렇지만 그런 하급생들 또한 대학을 나온 뒤에까지 활동을 계속하는 사람은 거의 없다.

그것을 스스로도 잘 알고 있기 때문에 학창시절만큼은 이상을 지켜야 한다는 생각에 사로잡히므로, 사실은 취직하고 싶어 하는 스스로를 '자기부정' 하지 않으면 안 되었다. 그러나 그 자체가 무리한 것이었기 때문에 윤리적인 태세를 갖추고 견뎌나간다. 스스로도 괴롭고 확신을 지닐 수 없으므로, 타협을 물리치고 날카롭게 투쟁해야 하며, 그렇게 생각하지 않는 자는 배신자이고, 그런 자들이야말로 부르주아적이라며 타인을 세차게 몰아붙이기 쉽다.

또한 20세 전후의 남학생들만(개중에 여학생이나 대학원생도 약간 포함)의 집단이므로, 사회경험 없이 혈기는 왕성하고, 지나치게 순수성을 추구하기 쉽고, 책을 읽고 추상적인 논의를 벌이기 십상이다. 그런 의미에서도 내부대립과 배신자 취급이 마구 벌어지기 쉽다.

그 때문에 최초로 운동이 불타오른 1968년은 그렇다 쳐도, 2, 3년 지나자 최초의 즐거움은 시들하고 분열과 우치게바가 횡행하고, 윤리를 내세워 견뎌내야 하는 일종의 인내심 경연대회 비슷하게 되어버렸다. 그러자 인내심을 발휘하며 학창시절 동안만 활동하고, 취직이 결정되면 운동일랑 완전히 잊어버리자고 생각하는 사람들이 지나치게 많아졌다.

그것이 또한 남은 사람들의 윤리주의를 강화시켜 더더욱 분위기가 무거워지게 했다. 시간이 갈수록 소수파로 몰리자, 경제성장에 취해 고주망태가 된 다수파를 각성시키기 위해서는 무력투쟁밖에 없다는 주장을 하는 그룹도 등장한다. 그러면 도저히 이런 노선을 따르지 못하는 사람들이 많아져감에도 불구하고, 그룹에 따라서는 이제 그런 움직임에 브레이크를 걸 시스템이 사라져 소수파의 과격한 운동이라는 성격이 강화되어갔다.

나아가 안보조약이 자동연장 되어 이제 무얼 어떻게 해야 할지 알 수 없게 되었다는 탄식이 터져 나왔다. 그리하여 운동이 더더욱 침잠하는 시기에 윤리주의는 더더욱 강화되는 양상을 보였다.

이 시기는 일본 사회운동의 전환기이기도 했다. 일본 최초의 우먼리브 Women's Lib(여성 자신에 의한 여성해방운동 • 옮긴이) 데모가 벌어진 것은 1970년 10월, 일본의 전쟁책임 문제가 신좌익운동 속에서 주목받은 것은 1970년 7월이다. 이 무렵부터 피차별 부락과 자이니치 코리안, 오키나와 등 국내의 마이너리티 문제가 새로운 주제로 떠올랐다.

거기에는 다음과 같은 인식이 깔려 있던 것 같다. 일본 노동자로, 전반적으로 풍요로워진 중산층에 속하지 않는 사람은 피차별 부락과 오키나와 출신, 자이니치 코리안 등을 제외하면 극히 소수밖에 존재하지 않는다. 그러므로 그들에게 초점을 맞춰 운동을 벌여야 한다는 것이었다.

1974년에는 무장 그룹 '동아시아 반일무장전선'이 미쓰비시 중공업 본사빌딩을 폭파한다. 이 그룹이 발간한 팸플릿은, 일본은 아시아를 식민지화하고 전쟁을 벌이고 나아가 그 후 경제적 진출을 수단으로 삼아 착취를 꾀해왔으므로, "일제 본국의 노동자와 시민은 식민지 인민과 일상적으로 부단하게 적대하는 제국주의자, 침략자이다."라고 부르짖었다.

부락해방운동과 자이니치운동은 그 이전부터 존재했고, 일본 노동자 계급과의 공동투쟁도 주창되어왔다. 지식인과 학생은 일본 노동자를 위해 헌신해야 한다는 윤리주의를 오래전부터 지녀왔다. 그러나 일본 노동자와 시민은 이제 풍요로운 침략자이다. 그러므로 운동은 아시아와 마이너리티에 헌신해야 한다, 하는 발상은 1970년대에 확산된 것이다. 그 배경은 1970년의 총리부 조사에서 자신은 중산층에 속한다는 회답이 약 90%에 달하여 '1억 총 중류'

의식이 정착해 있었다는 사실에서 찾을 수 있다.

이런 양상이 확산된 원인은 어디에 있을까? 아마도 운동의 담당자가 학생이었으므로 실생활의 경험이 일천하고 문제를 추상적으로 생각하는 경향이 강했던 점이 하나의 원인이었을 것으로 보인다. 학비가 오른다든가 취직이 어렵다든가 하는 주제보다, 혁명이라거나 아시아 인민을 위해서라는 등의 추상적인 주제 쪽으로 비약해가기 쉬운 것은 실생활의 경험이 모자란 오늘날의 학생들도 쉽사리 빠져드는 경향이다.

1970년대 초에 미나마타병 환자 지원을 위해 규슈까지 가려고 드는 학생들에게 왜 그곳에 가려 하는지 물었다. 그 대답 중에는 "나에게 문제가 없기 때문에."라는 것이 있었다고 한다. 이런 경향의 사람은 지금도 존재하지 않을까 싶다.

전공투 운동에서는 '혁명'이나 '투쟁' 같은 마르크스주의의 용어가 유행했다. 그렇지만 이미 학생이 대중화된 고도성장 시대가 되었기 때문에, 그런 말은 이제 '혁명놀이'로 치부되고 말았다. 그런 운동이 한계에 봉착했을 때, 진짜 차별로 고통받으며 진실로 분노하는 외국인이나 미나마타병 환자들과 접하며, 자신들이 지금까지 추구해온 것은 역시 '혁명놀이'에 지나지 않았다고 생각하는 사람들도 생겨났다. 이들은 자연스럽게 새로운 대상자들의 지원운동으로 나아가기도 했다.

그러나 이런 지경이 되니 이제 운동은 대단히 괴로운 일이 되었다. 자신에게 문제가 없음에도 불구하고 어딘가에서 고통을 겪는 사람들에게 헌신한다는 것은 아무리 해도 끝이 없다. 그 길을 끝까지 수행해내지 못한다면, 자기비판에 내몰릴지도 모른다. 그래서 참가하는 사람이 줄어들면, 역시 남아 있는 사람들에게는 더더욱 윤리주의가 짙어진다.

| 연합적군 사건 |

이윽고 1972년에는 연합적군 사건이 벌어진다. 이 사건은 군마 현 산중의 비밀 아지트에서 무장집단이 12명의 동지를 린치 끝에 살해하고, 마지막에는 '아사마 산장'에서 농성하며 경찰대와 총격전을 벌인 것이다. 우선 사실을 적시하자면 영하 20도를 오르내리는 극한極寒의 산중에서 막다른 곳에 내몰린 소수 그룹이 열악한 음식과 주거 상황 속에서 정상적인 판단력을 상실한 결과 벌어진 우발적인 사건, 혹은 그런 경향이 강한 사건이었다.

그러나 당시에는 그 실태가 잘 알려지지 않은 채로, 사람들이 보고 싶은 대로 사건을 바라보았다. 당시의 매스컴과 기성세대들이 많이 보인 논조는 전후의 풍요로움 속에서 과보호 받으며 자란 철없는 젊은 세대가 이상한 사상에 물들어 이상범죄異常犯罪를 자행했다는 것이었다. '1억 총 중류' 의식이 지속되던 시대에는 '이상범죄'의 논조를 펼치기에 딱 들어맞았다.

한편 전공투 운동에 참가한 청년들이 많이 보인 논조는 윤리주의가 마지막에 도달한 귀결점이라는 것이었다. 실제로 린치 경과를 조사해본즉, 도망쳐서 경찰에게 비밀 아지트 장소를 누설할지 모른다고 간주된 사람들이 차례로 죽임을 당했다. 그러나 린치로 죽은 12명 가운데 립크림을 바른 것을 비난받으며 죽임을 당한 여성의 사례가 특별하게 부각되었다. 나도 운동에 참가하면서 비슷한 경험을 한 적이 있다, 생활태도가 부르주아적이다, 자기비판이 철저하지 못하다고 린치를 받았다는 등을 회상하는 사람들이 줄지어 언론에 등장했다.

이 사건에 의해 일본의 학생운동은 끝났다고 논하는 사람도 있었다. 그렇지만 운동의 정체停滯는 이미 훨씬 전에 벌어지고 있었다. 이것을 계기 삼아 끝을 맺자, 고도성장에 저항해봤자 소용없다, 풍요로운 소비생활을 비판하는 것은 위험한 행위이다, 하고 생각하는 사람들이 늘어났다는 것이 오히려 더 맞지 않을까. 이 사건이 벌어지지 않았다 해도, 무언가 다른 사건이 시대의 구획을 했을 가능성이 높다고 여겨진다.

그러나 이 사건은 후유증을 심각하게 남겼다. '혁명'과 '정의'를 내건 운동은 위험하다는 논조가 널리 퍼진 것이다. 그런 한편 윤리주의는 여전히 뿌리 깊게 남았다.

그 두 가지의 영향은 실제의 운동현장에서는 사라져가고 있지만, 거기에서 멀리 떨어진 사람들에게는 지금도 남아 있다. 예컨대 젊은 사람들 가운데 자신의 취직이 어렵거나 노동조건이 나쁜 상황에 처한 사람이 있다고 치자. 그렇지만 그 상황을 바꾸는 운동을 하는 것은 위험하기도 하고 두렵기도 하다. 그럼에도 그는 무언가 사회를 바꾸는 일을 하고 싶다. 그래서 머나먼 나라의 가난한 사람들을 위해 봉사활동을 한다. 왜냐하면 일본에 사는 자신은 혜택을 받고 있기 때문이라고 생각하기 때문이다. 이런 그가 전제로 삼고 있는 것이 있다. 그것은 운동을 하는 사람은 독선적인 정의를 부르짖을 위험성을 지닌 사람이든가, 어떤 정치단체 같은 곳의 속임수에 당한 것이라는 식의 인식을 깔고 있다는 것이다. 이렇게 보면 역사의 속박이라는 것이 얼마나 뿌리 깊은 것인지를 생각하지 않을 수 없다.

이리하여 일본의 '68년'은 종막을 고하는데, 당시는 1960년의 안보투쟁 때만큼 정부나 자민당이 그 운동을 그다지 심각하게 받아들인 것 같지 않다. 소란을 피우고 있는 것은 일부 학생들뿐이며, 그들도 취직을 하게 되면 얌전해지고, 경제가 호조세를 유지하면 그냥 내버려둬도 문제가 없다는 식으로 인식했을 것이다.

다만 정부나 자민당이나, 베트남 전쟁과 공해, 도시환경 악화에 대한 비판적 여론은 주의 깊게 들여다보고 있었다. 혁신자치체가 속속 들어서서, 1972년의 총선거에서 공산당이 급신장을 한 것 또한 위기감을 안겨주었다.

그 때문에 오키나와의 시정권施政權 반환을 서둘러, 안보조약의 자동연장과 오키나와 문제가 연동되지 않도록 조치했다. 공해규제 법률을 정비하거나 환경청을 신설하거나, 복지정책과 도시환경 정비를 행하는 등의 정책전환 등을 그 나름대로 착착 진행했다. 이에 덧붙여 공공사업과 보조금, 규제와 보호를 체계화시켜 간접적인 약자보호 정책을 추진함으로써 자민당 지지를 이끌어 낼 제도를 만들어나갔다.

즉, 이러한 정책의 전환, 호조를 보이는 경제성장, 그저 소수 학생들만의 운동 경향 등이 사태를 수습하게 해준 요인이었다고 할 수 있겠다. '그저 내버려 두면 사태가 수습될 것이다'라며 단순하게 접근하고 있지는 않았음을 잘 알 수 있다.

| 1970년대에서 1980년대로 |

'68년'에 관해 길게 언급했는데, 그렇다면 1970년대부터 1980년대는 어땠을까? 한마디로 정리하자면 '자유도가 높은 사람들'이 일단 줄어들고, 사람들이 폭넓게 받아들일 만한 운동의 주제가 없었던 시대이다.

1973년에 오일쇼크가 일어나고 '일본형 공업화 사회'가 완성된다. 노동조합은 1960년대부터 정치보다 임금인상과 기업복지 욕구 쪽에 중점을 두었는데, 오일쇼크 뒤에는 고용을 지키는 것을 우선시하면서 정치적 요구는 더더욱 뒤로 물렸다. 정치적인 요구를 내건 대규모 파업은 1975년에 벌어진 공무원노조의 쟁의권 탈환 파업ス ト權ス ト(쟁의권을 금지당한 관공서 노동자들의 쟁의권 회복을

요구하는 파업 • 옮긴이)이 마지막이었다.

사회가 전반적으로 안정화되고, 여유가 없어지고, 자유도가 낮아졌다. 노동자는 생산합리화로 잔업이 늘어나 운동을 벌일 여유가 사라졌다. 그렇다면 학생들은 어땠는가? 1960년대의 경우 인력이 부족했으므로 데모에 참가해 한두 번 체포된 전력이 있다 해도 취직하는 데에는 문제가 없었다. 그런 만큼 어느 정도 마음을 놓고 데모에 참가할 수 있었던 것이다. 그러나 1970년대 접어들면서 그렇지 않게 되었다.

또 앞서 언급한 대로 사회 전체적으로 여유가 없어졌다. 현재도 개도국의 도시에 가면, 길거리에 멍하니 앉아 있는 사람들을 흔히 볼 수 있다. 이런 사람들은 구경꾼이면서도 데모에 참가한다. 오늘날에도 개도국 도시에서는 활동가가 10명 정도 나타나 길거리에서 떠들어대기 시작하면, 사람들이 우르르 모여들어 뭔지도 모르는 채 1,000여 명 규모로 금세 불어나고는 한다.

1960년대 말만 해도 일본에서 학생과 기동대가 충돌하는 자리에는 수백에서 수천 명의 인파가 둘레를 에워싸는데, 그중에는 구경꾼이 더 많을 정도였다. 그들은 야유를 퍼부으면서 때때로 경찰을 향해 돌을 던지는 사람이 나오기도 했다. 1968년 10월의 신주쿠 소요사건(일본의 좌익이 기획한 국제반전데모가 신주쿠 역 방화 등 대규모 소요사태로 비화되었다 • 옮긴이)처럼 폭동으로 전개되는 경우도 있었다.

1968년 당시의 도쿄는 진학과 취업을 위해 상경한 젊은이들이 대단히 많아서, 인구의 50% 가까이가 15세에서 34세 사이였다. 도쿄 노동자 가운데 36%가 1인당 다다미(길이 181.8센티미터 너비 90.9센티미터 • 옮긴이) 석 장 미만의 주거지에서 살고 있었으며, 17~34세 노동자의 50%는 공동주택에조차 들어가지 못해 가게 주인이나 공장주의 집에서 '더부살이'를 했다.

당시는 휴대전화나 인터넷은 물론 편의점이나 오락실도 없었다. 독서와 재봉이 레저의 1위와 3위를 차지했던 시대이다. 파친코나 술집은 돈이 들어가므로 감히 생각도 못했다. 학교나 공장에서 나오면, 그저 싸구려 목욕탕이나 식당과 좁아터진 다다미방을 순회할 따름이었다. 그러나 데모를 구경하는 데에는 돈이 들지 않으므로, 야유객이 많아지는 까닭을 미루어 짐작할 수 있다.

1969년에는 신주쿠 서쪽 입구 지하광장에서 반전포크反戰folk 운동이 벌어져, 많을 때는 5,000명 이상이 모여들었는데, 지방에서 상경하여 딱히 오락거리가 없던 젊은 노동자들이 많이 참가했던 것 같다.

그런 현상이 사라진 것은 1970년대 중반부터이다. 1950년대부터 1970년대 초까지는 지방에서 도쿄 지역으로 방대한 인구이동이 이루어졌지만, 1973년에 그 흐름이 꺾였다. 이는 경제성장이 둔화되며 도시의 흡인력이 줄어들었다는 점, 인구가 많은 '단카이 세대'의 상경이 거의 마무리되었다는 점 등과 관련지을 수 있겠다. 1954년부터 시작된 일본 북부의 도호쿠東北 지역에서 도쿄로 올라오던 집단취직 열차는 1975년이 마지막이다. 그렇게 인구배치가 안정화되는 가운데 사회질서 또한 유동기에서 안정기로 접어들었다.

또한 전공투 운동의 배경 노릇을 한, 풍요로움이 낯설고 급격한 경제성장에 위화감을 느끼던 감정도 어느덧 사라졌다. 즉, 일본의 '68년'이란 일본이 개도국에서 선진국으로 진입하던 과정의 유동기이자 불안정기에 일어난 동란이었던 것이다.

구경꾼이 줄어들자 이제 데모는 거리 전체를 상대로 벌이기보다 자기들끼리 하는 것 같은 분위기로 바뀌었다. 경찰이 야유객이 모여들지 못하도록 삼엄하게 지키는 것에도 이유가 있겠지만, 길에 모두 아스팔트 포장이 이루어져 거리 전체가 깨끗해진 것도 영향을 끼쳤다. 즉, 교통체증이나 소란스러움이 잦아들어 웅성거리는 데모가 어울리지 않게 되어버린 것이다. 1970년에는 '스카이락'(1970년 7월 7일에 오픈한 일본 최초의 교외형 패밀리 레스토랑 체인명 • 옮긴이)이, 1972년에는 맥도날드가 개점하면서 새로운 집합소 및 오락 시설 등이 정비되어갔다.

한마디로 말하자면 개도국형 혼돈이 걷혀가면서 급격한 경제성장에 따르기 마련인 혼란도 사라져갔던 것이다. 그러는 한편, 선진국의 시민 참가형 운동이 육성될 정도로 자유도는 높지 않았고 사람들은 바빠서 일터에 구속당하며 지냈다.

| '쇼와 시대 일본'의 확립 |

이 시기는 오늘날 떠올리는 '쇼와 시대 일본'이 확립된 시기이며, 사회운동이 매우 침체된 시기이다.

경제는 그런 대로 잘 굴러갔고, 그다지 자유도가 높지 않았다. 불만이 많든가, 자유도가 높아야 사회운동이 일어나기 쉬운 법인데, 불만은 적고 자유도는 높지 않았기 때문에 사회운동이 일어나기 어려웠다.

또한 학생들이 사회운동을 하지 않게 되었다. 연합적군 사건의 여파도 있지만, 가장 큰 이유는 진학률이 낮은 시대에 지녔던 사명감이 사라졌다는 점이다.

사회를 짊어지고 갈 사람은 학생들이라는 의식이 전공투 운동 시기에는 아직 그대로 남아 있었다. 그러나 1970년대 이후에는 젊을수록 정치적 관심이 낮아지는 경향이 정착되었다. 학생들이 정치에 관심을 보이지 않게 되면서, 이제 젊을수록 경험도 없고 지식도 없으며, 그러니까 정치 따위는 알지도 못하는 상태로 접어들었다. 물론 예외적인 학생들도 존재했지만, 그 숫자가 결코 많지 않았다.

한편 이즈음에 완성을 향해 나아가던 일본형 공업화 사회는 여러 공동체를 재편성했다. 고도성장으로 허약해진 농촌과 상점회에는 보조금과 공공사업과 무이자 융자가 지원되고, 경쟁을 규제하며 보호하는 조치를 취했다. 그렇게 되자 돈을 좇고 일을 추종하는 까닭에 농촌과 상점회의 유력인사가 말하는 대로 따르게 되었다. 노조에서 벌이는 데모가 일당을 주며 사람을 모아야 하게 된 것처럼, 공동체로서는 느슨해졌지만 돈의 힘으로 붙잡아 맬 수 있었다.

그런 돈의 흐름을 장악한 세력이 자민당이었다. 지방의원은 상점회와 마을을 챙기고, 국회의원은 지방의원을 챙기고, 자민당의 장로長老가 국회의원을 챙기고, 장로들이 당의 총재를 결정하고, 총재가 자동적으로 수상이 된다. 장로들이 담합하면 국회의원도 그에 따르고, 지방의원도 추종하고, 각지로 돈이 배분되고, 사회 전체적으로 그에 추종하는 시스템이 갖춰진 것이다.

또한 도시 지역에서도 기업과 가족과 학교가 새로운 공동체로 등장했다. 가족이기는 해도 모두가 나서서 일해야 하는 농촌형 가족이 아니라, 회사에서 일하는 아버지, 전업주부인 어머니, 학교에 다니는 아이가 둘인 근대의 공업화 사회형 가족이다. 기업과 근대가족과 학교는 공업화 사회가 되어 유력해진 공동체였다.

사람들은 이러한 공동체의 어딘가에 소속되어 고용과 보조금과 보호의 촘촘한 그물 속으로 들어갔다. 그러면 돈과 소비물자가 들어왔으며, 이에 따라 디더욱 풍요로움을 누리기 위한 경쟁에 바빠졌다. 사회운동을 맡은 사람은 거기에서 비어져 나온 소수의 자유로운 사람들뿐이게 되었다.

이 시대에 젊은 고학력 전업주부들은 지식과 돈과 시간이 있어 1980년대 사회운동의 담당자로서 주목을 받았다. 유기농산물의 직접판매를 도모하는 생협 활동, 자연식과 환경운동, 1986년의 체르노빌 원전 사고 후의 반원전 운동 등에서도 주부의 활약이 두드러졌다. 1960년대부터 1970년대에 도시환경과 거대개발 등을 주제로 등장한 주민운동에서도 주부들이 수행한 역할은 중요했다. 물론 페미니즘 운동도 대두했다. 그중에는 1960년대의 학생운동을 경험한 사람도 있었다.

이들의 운동에서는 노동조합과 정당 같은 피라미드형 조직이 아니라 네트워크형 자유참가 방식이 선호되었다. 노조와 자치회는 더더욱 기능이 축소되었고, 자유참가를 통한 사람들밖에 운동을 해나가는 사람이 없어졌다. 결국 그것밖에는 없었다고 말해도 무방할 것이다.

거기에서 주목받은 집단이 마이너리티, 즉 소수자였다. 예컨대 자이니치 코리안의 권리획득과 지문날인 반대행동 등이다. 이러한 운동은 노동자를 중심으로 삼은 운동에서 여성과 마이너리티 쪽으로 중점이 옮겨갔다는 점, 마르크스주의와 같은 종합사회변혁이론을 갖추지 않았다는 점, 그리고 네트워크형 자유참가형 운영을 한다는 점 등에서 유럽의 '새로운 사회운동'과 흡사하다고 규정하는 설명도 나타났다.

사실 일본에서 '사회운동'이라는 용어가 정착한 것은 이 시기이다. 용어 자체는 메이지 시대부터 존재했지만, '학생운동', '노동운동', '정치운동' 등의 용어가 더 일반적이어서 그다지 쓰이지 않고 있었다.

그 이유로는 두 가지를 들 수 있다. 하나는 1960년대 이전의 운동은 공산당과 사회당의 영향력이 강해 사회운동보다 정치운동이라 하는 편이 더 들어맞았다는 점이다. 또 하나는 이전의 운동은 그것을 담당하는 사회계층이 결정되어 있었기 때문에, 사회계층의 이름을 붙여 '학생운동', '노동운동', '농민운동' 등이라고 명명했기 때문이다.

그 밖에 당파와 사회계층을 넘어서지만, 지역이 한정되어 있으면 '주민운동'이었다. 어쨌든 사회계층과 지역 커뮤니티처럼 운동의 기반 노릇을 하는 공동체의 이름이 따라붙었던 것이다. 당파, 사회계층, 지역 모두를 넘어선 이슈인 원수폭 금지와 1960년대 안보투쟁 같은 운동도 있었지만, 그런 경우에는 '평화운동', '국민운동' 등이라 불렸다.

그런데 1960년대 중반경부터 어떤 사회계층으로 특정할 수 없는 자유로운 사람들이 늘어나, 정당의 지도력이 떨어진 가운데 특정 지역에 한정되지 않는 광범위한 이슈를 아우르는 운동이 여러 형태로 등장했다. 그렇다고 '국민운동'이라고 이름 짓기에는 그다지 다수파도 아니고, '평화운동'이라고 하기에는 이슈가 너무 다양했다. 그런 운동이 도시 지역에 한정된 경우에는 '시민운동'이라고 불렸다. 이보다는 보다 포괄적이라고 여겨지는 '사회운동'이라는 용어가 이를 총칭하는 데에 편리했기 때문에, 점차 정착되어나간 것이다.

| '경제대국 일본'에 대한 비판 |

이 시대의 이슈 설정에도 당대의 사회구조가 반영되어 있었다. 우선 그런 모든 이슈의 전제로서 '경제대국 일본'이 존재해, 그것을 비판하는 이슈가 설정된다. 구체적으로는 '기업사회'를 비판하고, 기업이 야기하는 환경파괴를 비판하고, 대기업에 들어가기 위한 취업경쟁과 관리교육을 비판하고, 대기업 이외의 경로를 통해 유기농산물 유통을 추구하며, 대기업에 의존하지 않는 생활방식을 모색하면서 생협을 도모하는 등으로 연결되었다. 과로사에 대한 비판, '유토리(ゆとり)'(본래 '여유'를 뜻하는 용어인데, 일본에서 주입식 교육의 폐해를 없애기 위해 새로 제정한 교육방식에서 유래 • 옮긴이) 지향 등이 나타난 것도 이즈음이다.

또 일본 대기업들의 아시아 국가 진출에 대한 비판도 쏟아졌다. 이들의 주장에 따르면 일본은 아시아에 경제적 침략을 하고 있다는 것인데, 이는 역사적으로 논란이 이는 전쟁책임 문제와 연계되어 논란되기도 하고, 아시아 삼림의 벌채와 관련된 생태환경 문제로 다뤄지기도 했다. 1990년대에는 페미니즘과 전쟁책임 문제가 연동되어, 종군위안부 문제 또한 주목받았다.

제2장에서 설명한 것처럼 1970년대에서 1980년대는 일본 사회에서 전업주부가 가장 많았던 시대이다. 이 시기에 운동을 담당했던 전업주부들은 실로 '저팬 애즈 넘버원' 시대인 일본형 공업화 사회의 구조 안에서 등장한, 이른바 활동의 자유를 누린 사회계층이었다. 어쩌면 그런 사회 자체가 의문의 대상이었다고도 말할 수 있겠다.

그러나 오늘날 '1억 총 중류'와 '경제대국 일본'은 허상이었다는 말도 나온다. 이 또한 제2장에서 언급한 것처럼 1980년대에도 대부분의 노동자는 중소기업과 비정규 노동자였다. 무엇보다 주부들 자신이 가장 많은 파트타임 노동에 임했다.

그것을 문제로 삼는 운동이 그다지 강력하지 않았던 것은 지금 생각해도 이상하다. '경제대국 일본'의 안정은 그것을 비판하는 사람들조차 의심하지 않았던 것인지도 모른다. 또 그것과 표리일체로 운동이란 먼 나라의 학대당하는 사람들을 위해 벌이는 것이라는 윤리주의 또한 어느 정도 그늘을 드리우고 있었던 것인지도 모른다.

| 원전 반대운동의 역사 |

이쯤에서 원전 반대운동의 역사도 살펴보도록 하자.

일본의 원전 반대운동은 크게는 1960년대 후반부터 시작되었다. 이때 운동의 주역은 지금까지 설명해온 사회구조의 변화에 따라 나뉘게 된다.

처음 등장한 것은 공업화 시대 초기의 사회운동의 주역 노릇을 한 사람들이다. 원전 입지 지역의 농업인과 어업인이 토지와 어업권 매수의 반대에 나섰다. 그것을 노동조합원과 사회당원, 거기에 변호사·교사·학생·과학자 등의 지식인들이 지원하는 구도를 취했다.

이들은 사람들이 자유로워지기 이전의 연계를 기반으로 삼고 있었다. 농민과 노동자는 공동체의 연계를, 학자와 변호사는 지적 권위를, 학생은 자치회의 연계와 사회적 사명감을 기반으로 삼았다.

1960년대 말부터 1970년대에는 원전 반대운동이 차츰 미나마타병 소송과 나리타 공항 반대운동 등과 병행하여 이루어졌다. 이 시기에 나타난 공해와 거대개발에 반대하는 주민운동의 일환으로 진행되었기 때문이다. 보다 폭넓게 관심을 끌고자 할 경우에는 당시의 일반적인 이슈인 평화와 반핵무기, 반자본주의, 반자연파괴 등과 함께 문제제기를 하기도 했다.

1970년대까지의 자연지향自然志向은 지금 와서 볼 때 현대와는 다소 다르다. 일본은 1965년까지 농림수산업의 취업자 수가 제조업보다 많았던 나라이므로, 도시주민 대다수가 본래 농민이었다. 그들에게 있어 원전과 공항 건설은 불도저가 고향을 짓뭉개는 풍경으로 비쳤던 것 같다. 그것은 열대우림 파괴와 지구온난화와 같이, 자신과 멀리 떨어져서 벌어지는 문제가 아니었다.

지금 원전이 들어서는 지역은 대부분 1960년대부터 1970년대에 계획을 수용한 곳이고, 그 이후의 신규 입지는 그다지 많지 않다. 그것은 이때 벌인 운동의 커다란 성과이다. 특히 농민과 어민이 토지와 어업권을 팔지 않는 한 원전을 지을 수 없으므로, 그들의 반대는 커다란 효과를 거두었다.

그러나 이들 사회계층은 1980년대 이후로는 차츰 힘을 잃어간다. 사회구조가 바뀌었기 때문이다.

농업과 어업은 쇠퇴하고, 노조의 단결과 조직율도 떨어지고, 지식인의 권위 또한 줄어들고, 학생들은 정치에 관심을 잃었다. 거기에다 일본형 공업화 사회의 이익유도 시스템이 작동했다. 농민과 어민에게는 보조금과 기부금 지급에 따른 분열상이 나타나고, 노조는 오일쇼크 뒤의 합리화정책 속에서 경제계와 타협해 고용을 지키는 대신 정치활동을 제쳐두게 되었다.

| 1980년대의 '탈원전 뉴웨이브' |

이를 대체하며 1986년의 체르노빌 원전 사고 뒤 원전 반대운동의 주역으로 올라선 것이 도시지역 주부들이었다. 이들이 바로 공업화 사회 후기의 운동세력이었다.

특히 비교적 고학력의 30대 후반부터 40대 전반의 도시지역 전업주부가 두드러졌다고 한다. 고학력임에도 성차별 탓에 좋은 일자리를 얻지 못하거나 출산·육아 때문에 퇴직을 당할 수밖에 없던 단카이 세대의 여성들이다. 그들 가운데에는 식품의 방사능 오염 등에 관심이 많고, 고학력·고수입을 올리는 남편과 결혼하여 경제적으로도 안정되어 있고, 아이들 교육을 마쳐 시간과 체력에 여유가 있는 사람들이 적지 않았다.

그녀들의 가치관과 운동 스타일 또한 그때까지와는 달랐다. 농민들처럼 공동체에 소속되어 있지 않으며, 노조나 정당처럼 조직과 행동 통일을 중시하지 않으며, 지식인의 권위를 인정하지 않는 수평적 개인이 네트워크를 만들어나가는 방식을 취했다. 이 시기 운동에 공통되는 특징이기도 했다.

운동에서 내세우는 이슈로서는 식품의 안전성과 자연지향이 두드러졌다. 여기서 말하는 자연지향은 이전의 주장과 달리, 보다 이념적인 환경보호 운동에 가까운 것이었다. 공동출자에 의한 생협과 마찬가지로 공동출자에 의한 풍력발전 사업을 창업하는 등 원전으로 상징되는 '산업문명', '경제대국'에 대한 비판도 이루어졌다.

| '3세대'에 들어선 전후 일본 |

그러나 이 '탈원전 뉴웨이브'는 그다지 오래 지속되지 못했다. 체르노빌 원전 사고의 충격이 점차 흐릿해져간 것도 한 원인이다.

그러나 최대의 원인은 이 시대가 일본 사회의 안정기였다는 점이다. 이 시기의 탈원전 운동을 비롯해 경제대국 일본을 비판하는 일련의 운동은 변함없이 그 문제와 씨름해온 소수자들의 운동이었다. 경제가 호조를 보였으므로, 대부분의 사람들은 일본형 공업화 사회의 안정 속에서 정치에 무관심해도 아무런 문제가 없이 살아갈 수 있었다. 그런 가운데 문제를 제기하는 소수자들의 운동은 확산되기 어려운 구조 아래 놓였다.

그저 놔두면 저절로 다 수습되리라는 감각이 정부여당에 정착하게 된 것도 이즈음부터이다. 1960년대 이전의 정치가와 관료는 사상적으로는 보수였지만, 공산주의와 사회운동이 안기는 위협을 깔보아서는 안 되며, 현실체제를 지키기 위해서는 정책전환도 불사해야 한다는 의식을 지니고 있었다. 1980년대 중반까지 자민당의 수상 및 파벌을 이끄는 원로는 자민당이 형성되기 전부터 정치를 해온 인물들로서, 전쟁 당시 및 전후의 혼란기를 직접 겪은, 말하자면 '1세대'였다.

그러나 1980년대 이후는 2세·3세 정치가가 자리 잡았다. 물론 2세이니까 무능하다고는 할 수 없겠지만, 경험은 아무래도 한정되어 있다. 창업자인 1세대와 달리 이미 판이 짜인 상황에서 정계에 들어와, 정치체제의 위협을 느낄 일도 없고, 당선 몇 번째에 연공서열 방식으로 출세했다든가, 파벌 간의 협상으로 유력인물로 대우받는 등의 이너 서클 정치밖에 경험해보지 않은 사람들이 많다. 2세 의원이 아니어도 그런 정치밖에 모르는 사람들이 많아졌다.

그런 것이 정치로 인정받았다는 것은 그만큼 사회가 안정기였기 때문이다. 자민당 파벌의 원로가 협상하여 결정을 내리면 당과 의회 안에서도, 그 아래인 지방의원들 사이에서도, 또 그 아래인 주민회와 농협과 노조도 모두 따르고, 만일 쉽사리 따르지 않을라치면 돈을 뿌리는 그런 사회였다. 그런 곳도 남성밖에는 소속되어 있지 않았지만, 대부분의 여성들은 남편이나 아버지의 의견대로 투표하는 분위기가 자리 잡혀 있었다.

정치를 보도하는 매스컴 분야도 그런 정치밖에 본 적이 없는 기자들이 늘어나, 자민당 파벌의 원로들을 밀착취재하며 뒷담화만 잘 챙기면 정치보도가 된다고 생각했다. 그 밖의 것에 대해서는 무시하든가 대충 형태만 끄적거려 놓으면 문제가 없다는 식의 감각을 지니고 있었다. 경제가 호조를 보이고, 일본형 공업화 사회의 틀이 잘 돌아가고, 정치나 사회나 안정된 시대에는 그렇게 해도 별 탈이 없었는지 모른다.

그러나 1990년대 후반 무렵부터 일본형 공업화 사회는 차츰 기능부전에 빠져들었다. 그 징표 가운데 하나가 '지지정당 없음'이라고 답하는 무당파층, 즉 종래의 사회구조에서 비어져 나와 자신이 들어설 자리가 없고 누구도 자신을 대표해주지 않는다고 느끼는 사람들이 늘어났다는 사실이다. 직접선거인 지방의 자치단체장 선거에서는 무명의 신인이 기성정당의 유력한 정치가를 누르고 당선되는 사태가 속속 벌어졌다. 공공사업의 예산이 깎여 1억 총 중류의식이 붕괴되어가는 가운데, 사람들은 사태의 변화에 촉각을 곤두세우지만 그런 심정을 어떻게 표현해야 할지 몰랐다.

2009년에는 자민당 그 자체가 정권을 상실하고 말았다. 원래 일본에서는 정치에 대한 신뢰가 높지는 않았으나 보조금과 경제성장으로 돈을 뿌림으로써 지지세를 형성했는데, 이제 그만 그 시스템이 한계에 처한 것이다. 그러나 새로이 정권을 잡은 민주당도 정치구조를 바꾸지 못한 채 종래와 같은 정치행위만을 답습했다.

그런 상황 속에 벌어진 사태가 2011년의 동일본 대지진과 후쿠시마 제1원전 사고였다.

| '후쿠시마 사태' 이후 |

후쿠시마 제1원전 사고 뒤 탈원전 데모가 빈발했다. 그리하여 새로이 등장한 것이 2000년대 이후에 급증한, 30대를 중심으로 하는 '자유' 노동자들이다. '1억 총 중류'의 일본형 공업화 사회가 기능부전에 빠지면서 나날이 증가한 사회계층이라 할 수 있다. 이들은 2000년대 중반 무렵부터 새로운 운동의 주역으로서 조금씩 주목받아왔다.

후쿠시마 원전 사고 직후인 2011년 4월, 도쿄의 고엔지高円寺에서 데모를 주도한 것은 비정규직 노동자들의 처우개선 운동에 관여하는, 30대를 중심으로 한 사람들이었다. 이 세대에는 비교적 고학력임에도 불구하고, 경제상황의 혼미로 정규직 일자리를 얻지 못한 사람들이 적지 않다. 사회경험과 지식을 갖추고 있으며, 학생들보다도 정치적 관심이 구체적이다.

데모를 진행하면서 조직적인 동원은 이루어지지 않고, 인터넷이나 트위터를 통해 사람들을 모았다. 카메라와 편집기기의 값이 싸져 유튜브에 데모 현장의 동영상을 찍어 곧바로 올리고 있다. 그럼으로써 예컨대 경찰의 과잉진압 장면 등이 여과 없이 사람들에게 전달되고는 한다. 이러한 새로운 미디어는 어느 시대에나 등장했지만, 역시 운동에 큰 영향을 끼침을 알 수 있다.

이 데모에 참가한 1만 5,000명 가운데 상당수가 데모에 최초로 참가한 20대부터 40대의 남녀였다. 그들이 속한 사회계층에 대한 공식적인 조사는 없지만, 거기에 모인 사람들의 복장이나 머리 모양을 보면 매우 자유로운 경향을 보였다. 비정규직 노동자와 자영업자는 복장이나 노동시간이라는 면에서 정사원보다 자유롭게 마련이라서 이런 데모에 상대적으로 참가하기가 수월하다. 내가 그곳에서 만난 지인들 중에도 그런 계층이 많다고 느꼈다.

다만 정규직 노동자도 2000년대 들어 유연근무제柔軟勤務制와 복장자유화가 도입되었다. 또한 30대 중에서도 결혼하지 않은, 혹은 아이를 낳지 않은 여성이 늘었다. 나아가 아이를 낳았어도 보육 서비스의 보급 확대로 퇴직 후 전업주부의 길을 선택하지 않아도 되는 여성이 많아졌다. 즉, 전체적으로 회사에서 데모에 참가하는 정도의 '자유'를 누리는 사람들이 많아졌다고 말할 수 있다.

원전 문제에 대한 관심을 갖게 된 이유도 종래와는 조금 달라졌다. 1980년대까지의 원전은 산업문명과 경제대국 일본의 상징이었다. 그러나 후쿠시마 제1원전 사고 이후에 사람들의 분노를 산 것은 정부의 정보제공과 대응의 방식이었다. 근본적으로 20여 년에 걸친 경제침체 속에서 정부정책에 대한 불만이 고조되어 개혁의 필요성을 절감하던 터에 이번 사건이 터진 것이다. 그야말로 불난 데에다 기름을 끼얹은 격이었다.

이는 소련에서 체르노빌 원전 사고가 벌어졌을 때와 유사한 현상이다. 대규모 원전 사고에서 그 대응을 잘못하면 국가를 망가뜨려버릴 정도의 엄청난 충격을 안긴다.

일본에서도 소련과 마찬가지로 사고 직후의 정보공개와 정책대응이 부실했다. 그뿐 아니라 그 뒤 재가동 등의 과정에서 정부는 의사결정 방식을 바꾸는 태도를 보여주지 못했다. 방사능 공포는 당연하거니와, 이 정부는 국민의 안전을 지켜줄 마음도 국민의 뜻을 반영할 생각도 없고, 정계와 관계의 이너서클에서 전부 결정할 태세라고 불만의 수위가 올라간 것은 당연했다.

게다가 정부가 태도를 바꾸지 않는 것은 일부 정계·관계·재계가 뒤얽혀 만들어진 복합체가 기득권을 지키기 위한 것 아니냐는 판단이 사람들 사이에 널리 퍼졌다. 그렇게 되자 이들에 대한 불만과 불신은 더더욱 깊어졌다. 그 이전부터 정계와 관계에 대한 불신이 일본형 공업화 사회 속에서 기득권을 누리고 있다고 간주된 공무원 등에 대한 비판으로 이어져, 규제 완화와 자유화 등의 개혁이 지지받는 토대를 이루고 있었다. 그런 일상적인 감각과 연결되자, 데모가 널리 확산된 것이다.

1990년대부터 2000년대에 걸쳐 더 이상의 경제성장은 한계에 도달했음을 드러냈다. 그러자 정부가 자금을 배정하는 분야와 그렇지 않은 분야 사이의 격차가 심해졌다. 재원이 없다고 하여 일률적으로 삭감되는 것은 아니었으므로 사람들의 불만이 더욱 커졌다. 그러는 중에서도 재정 자금을 계속하여 더욱 많이 배정한 분야 가운데 하나가 원자력 업계였다. 그런데 그런 원전에서 대사고가 벌어진 데다, 썩을 대로 썩은 부정행위가 만발했음이 알려졌으니, 일반 국민들의 분노를 사지 않을 수 없었던 것이다.

지금까지 살펴본 것처럼 사회운동이 어떤 이슈로든 대대적으로 공론화되는 계기가 있다. 아마도 그 이슈가 사회 속에서 구조적으로 쌓여 있던 불만이나 감정을 표현하는 수단이 될 경우에 그렇게 되는 것 같다. 1960년 안보투쟁 당시 '안보조약 반대'는 단순히 조약에 대한 반대가 아니라, '전쟁과 기아만큼 은 두 번 다시 안 된다'라는 강렬한 감정의 분출이기도 했다. '68년'의 '베트남 전쟁 반대'는 고도성장으로 변모해가는 일본 사회의 양상에 대한 항의였다. 2011년의 '원전 반대'는 일본형 공업화 사회의 특권층이 자신들을 희생양으로 삼아 기득권을 지키려 드는 것을 용서할 수 없다는 감정의 표현이었다고 생각 한다.

그리고 후쿠시마 제1원전 사고 후 전력회사와 원전은 정부에게서 보호받으 며 독점적인 이익을 얻고 있고, 이는 일본 기득권층의 오랜 상징이라고 간주 하는 여론이 확산되었다. 전력시장 자유화와 재생 가능한 에너지가 지지받는 것은, 방사능에 대한 공포와 생태주의ecology뿐만 아니라, 일본형 공업화 사회 의 구조를 바꾸지 않으면 안 된다는 의식의 표명이었다고 할 수 있다.

또 과거의 반원전 운동 시에는 원전이 산업문명의 상징이라며, 전기를 쓰 지 말고 경제성장을 멈춰야 한다는 주장이 등장하기도 했다. 그러나 이런 주 장은 결과적으로 '정의의 침묵'을 불러오거나 '원전이 없으면 원시시대로 돌아 간다'라는 과잉된 인식을 퍼뜨리거나 하여, 사회운동의 확산에 걸림돌 노릇을 했다.

어떤 의미에서는 추진하는 측이나 반대하는 측 모두 '원전은 경제성장의 상 징'이라는 이미지를 공유했다고도 할 수 있다. 1980년대의 '경제대국 일본' 비 판 또한 마찬가지였다. 이 두 가지 이슈는 똑같은 구조로 짜여 있었던 셈이다.

그러나 2011년부터의 탈원전 운동에 등장한 논리는 이전과 달라졌다. 원전 은 비용이 비싸게 먹히며, 자유화로 인해 시대에 뒤떨어진 산업이 되고 말았 으며, 재생 가능한 에너지 분야가 더 경제성장에 기여할 수 있으며, 새로운 기술을 사용하면 현명하게 절전이 가능하다는 주장이었다. 이것은 과거의 논리보다 훨씬 대중적으로 쉽게 확산되고 있다.

그리고 전력 자유화와 재생 가능 에너지에 의한 사회개혁의 지식을 제공하는 주요 발신자가 1998년의 NPO법과 1999년의 정보공개법 등의 흐름 속에서 일본에서도 점차 자리 잡아 가고 있는 NPO의 대항적 전문가들이었다. 여기에서도 인터넷과 유튜브가 활용되었다.

대지진 후에 피해지역 지원을 위해 활약한 NGO에는 '난민을 돕는 모임'과 '피스보트' 등 종래에 제3세계의 지원과 아시아의 전쟁책임 문제 등과 씨름해온 그룹이 포함되어 있었다. 그러한 그룹들이 국내문제로 눈길을 돌린 것이다.

원래 이들은 지원활동과 자원봉사자의 조직화와 관련해서는 많은 노하우를 쌓아놓고 있었다. 미야기 현의 이시가키 시 행정부와 협력하여 자원봉사자 지원활동을 벌인 피스보트가 2012년에는 '탈원전을 지향하는 대표자회의'의 사무국장을 맡고, 보수계 대표 및 은행과 제휴하여 활동을 벌이는 모습은 과거 같으면 상상할 수도 없는 것이었다.

한쪽은 비정규직 노동자와 영세 자영업자, 또 한쪽은 NPO인가 하면, 비엘리트와 엘리트의 기묘한 동거인 것처럼도 보인다. 그러나 현대일본의 문맥으로는 어느 쪽이나 대략 고학력이고, 일본형 공업화 사회에서 비어져 나온 사람들이다. NPO의 스태프라 해도 그 활동만으로 고수입을 얻는 사람은 드물어 생활상의 어려움은 비정규직과 별반 차이가 없다.

일본형 공업화 사회가 기능부전으로 빠져드는 동안 그런 구조에서 비어져나오고 정치적으로 불만을 지난 사람들이 과거 20여 년 동안 무수히 늘어났다. 그리고 그런 사람들이 어떤 형태로든 활동을 전개하는 사례가 1990년대 이후에 확연히 늘어났다.

1960년 안보투쟁 때도 갑자기 데모가 출현한 것이 아니라, 1950년대의 흐름 속에서 등장한 것임을 앞서도 설명했다. 2011년부터 등장한 다양한 움직임에도 이전부터 활동하던 사람들과 그룹이 관여되어 있었다. 또한 그런 가운데 운동에 참여한 적이 없던 사람들이 새로이 주최자로 떠오르기도 했다.

한편 종래부터 원전 반대운동을 지속해오던 주부와 고령자들도 다시 돌아왔다. 2011년 전반에 도쿄에서 벌어진 데모는 사회계층에 따라 데모의 양상이 달랐다.

예를 들어 원수협原水協(원수폭 금지 일본협의회) 등이 추진한 데모에서는 중장년층과 조직 노동자들이 모여 슬로건과 노조 이름을 적은 깃발과 플래카드를 내걸고 행진했다. 환경문제를 천착하던 그룹이 주최한 집회에서는 중년층 같은 가족 단위 참가자가 두드러져, 전문가의 강연 후 데모가 진행되었다. 전술한 고엔지 데모에서는 랩rap과 드럼을 동원하여 행진이 이루어졌는데, 데모 출발 전 발언 가운데에는 농담 비슷하게 "우리 가난한 사람들은 항상 전기가 끊겨 있으니까 원전 따위는 없어도 전혀 상관이 없다."라는 말도 나왔다.

그 뒤 이들 사회계층 사이에 공존하며 뒤섞이는 분위기가 고조되어갔다. 리스크 사회에서는 계급의 의미가 사라져버린다는 말이 사실인지도 모르겠다.

| 50년 만의 사태 |

2012년 여름(6월)의 금요일 밤에 수상관저를 중심으로 한 지역에서 이루어진 데모에서는 10만 혹은 20만이라고도 추정되는 사람들이 몰려들어 평화적으로 원전의 '재가동 반대'를 소리 높여 외쳤다.

1960년 안보투쟁 이래의 대사건이었지만, 당시에는 조직 노동자와 학생들이 다수를 차지했다. 또 '68년'은 학생뿐이라 해도 과언이 아니었다..

그러나 2012년에는 거의 전부가 조직 동원과 관계없는 자유참가자였다. 남녀노소가 다 참가했다. 아이를 데리고 온 부모와 손을 맞잡고 나온 젊은 커플도 있고 외국인이나 장애인도 참가하여, 그야말로 일본 사회의 모든 계층에서 참가한 셈이었다. 퇴근길의 양복 차림 회사원도 적지 않았지만, 절전운동이 한창이던 탓도 있어 대개 자유로운 옷차림을 한 사람들이 많았는데, 대략 30~40대가 많았다.

조직 동원이 없는 데모였음에도 이렇게 많은 사람들이 참여한 것은 전례가 없다. 데모에 직접 참가하는 사람은 정치적 의견을 같이하는 사람들 중에서도 소수이게 마련이므로, 참가자들의 수십 배 정도로 정치적 의견이 같은 사람들이 존재한다고 추정할 수 있다.

또한 평일 오후 6시부터 8시라는 시간대에 자유로운 옷차림으로 아이들을 데리고 오지 않은 30~40대의 남녀가 그렇게 많았다는 것은, 30년 전이라면 상상할 수도 없었다. 말할 나위도 없이 이는 단신세대의 증가와 고용의 자유화, 소자화少子化와 만혼화 같은 일본 사회의 구조적 변화를 반영한 것이다. 이는 '원전 문제가 현재 주목받고 있다' 정도의 차원을 초월하여, 데모 참가자 계층이 형성되어 있음을 뜻한다.

한편 이 데모에 참가한 양복 차림 회사원에 대해서도 생각해볼 여지가 있다. 이들은 종신고용과 보조금으로 지원받으며, 정치에 무관심해도 아무런 문제가 없던, '저팬 애즈 넘버원' 시대의 전형적인 일본인 상이었다. 그러나 2010년대 일본에서는 그런 상징으로 대표되던 일본형 공업화 사회의 힘 자체가 상실되었다. 어쩌면 이런 구조에서 탈락당한 자유로운 사람들 쪽이 다수파가 되었다고도 생각해볼 수 있다.

6월 29일 당시 일본 수상(노다 요시히코 • 옮긴이)은 이 데모에 대해 "무슨 큰 소리(소음의 의미 • 옮긴이)가 나누면." 이라고 코멘트하여 구설수에 올랐다. 정관계의 내부에는 전형 영향을 끼치지 못하는 하찮은 데모라는 뜻을 표한 것인지 모르겠으나 이 말을 듣고 내가 생각한 것은 프랑스 혁명 당시에 쓴 루이 16세의 일기이다. 바스티유 감옥을 민중들이 습격한 날 "아무 일도 없음." 이라고 써놓았던 것이다. 그는 매일처럼 사냥을 다녔는데, 이날에는 아무것도 잡지 못했다는 의미였다. 사회 전체의 변화를 읽어내지 못하고, 이너 서클의 세계에서 살아가는 정치가들이란 원래 그런 것인지도 모른다.

하긴 1960년 안보투쟁 당시의 기시 노부스케 수상 또한 야구장에 가면 훨씬 많은 사람들이 있다고 코멘트한 사실이 있다. 그러나 이것은 일종의 폼을 잡는 허세일 뿐이고, 기시나 당시의 자민당은 모두 '공산주의의 위협'에는 민감했다. 그래서 그 뒤에 소득배증계획 카드를 꺼내들고, 개헌을 철회하는 정책전환을 단행했다. 그러나 오늘날에는 소득배증계획처럼 카드로 내밀 만한 것이 없다. 데모를 이끌어가는 사람들은 '68년' 때처럼 취직을 하고 나면 떠나버리는 학생들이 아니다. 후끈 달아올랐다가 금방 사그라지는 일과성 데모가 아니었다. 이미 6개월이나 지속되었다는 점에서 볼 때, 이미 그 단계는 지났다.

수상관저 주변 데모에는 당시 외국인도 상당히 많이 참가했다. 대지진 후 일본 정부의 대응에 불만을 지니고, 그들의 통치능력에 의문을 품은 외국인들이 적지 않았던 것 같다. 또한 대사관 직원으로 보이는 외국인이나 해외언론 또한 눈에 띄었다. 해외언론 입장에서 볼 때, 국회의원들이 보이는 파벌투쟁보다는 훨씬 재미있다. 또한 대사관의 경우에는 현지 정권의 대응을 포함한 진행양상의 정보를 수집해야 한다. 근본적으로 20년 동안이나 경제가 침체해온 데다 정치권에 대한 불신이 높은 나라에서 어떤 계기로 수도의 중심지에서 만 단위가 넘는 데모가 매주 벌어진다면, 정권이 위기에 처할 가능성을 짚어보는 것이 별스럽지 않다. 일본 정계와 매스컴에는 그런 감각은 희박했다고 볼 수 있다.

일본의 규모 큰 매스컴은 기자 클럽을 최대의 취재원으로 삼는데, 이들은 중앙부처·국회·정당·경찰·경단련·상공회·증권거래소·자치단체 등에 배치되어 있다. 편파적으로 취재해서는 안 된다는 원칙 아래 야당과 노조에도 이야기는 들으러 가는데, 그것을 포함해 일본형 공업화 사회의 요소로 간주되는 부분들이 주된 취재원이라 하겠다.

그렇기 때문에 그런 쪽에서 흘러들어오는 정보는 크게 보도된다. 그러나 그 이외의 분야에서 일어나는 사태는 대응체제가 갖추어져 있지 않다. 안정된 고용과 높은 급여를 보증받는 상황에서 일본 사회의 오래도록 안정되어 있는 분야와만 접촉하고 있으므로, 사회의 변화와 새로운 사태에 대해 촉이 발달하지 못한 기자들이 적지 않다. 열성을 보이는 기자가 독자적으로 취재를 해도, 데스크에서 좀처럼 지면을 내주지 않는다. 오늘날의 환경을 살펴볼 때 시대에 뒤떨어진 체제를 갖추고 있으므로, 노조와 주민자치회와 상점회가 쇠퇴하고 있는 것과 마찬가지로, 신문 또한 전체적으로 부수가 떨어지고 있다. 매체를 인터넷으로 바꾸면 해결되는 정도의 문제가 이미 아닌 것이다.

| '자유'층의 확대 |

운동의 자유참가 양식은 날이 갈수록 진전되었다. 오늘날에는 어느 그룹이나 '고정적으로 동원할 수 있는 힘'이란 별것이 아니게 되었으므로, 데모를 주최한다기보다는 '호소'한다고 하게 되었다. 데모에 참가하는 사람들은 자신이 참여하는 단체와 다른 곳으로도 모였다. 예를 들어 어떤 그룹에 속해 있던 사람이 전혀 다른 그룹으로 참가하기도 하고, 새로운 신입회원이 곧바로 다른 그룹으로 옮겨가는 등의 일이 빈번하다. 그렇게 되니 자연적으로 데모를 최초에 호소한 그룹도 이들을 '조직 구성원'으로 여기지 않는 분위기이다.

이런 현상은 오랜 세월 활동해온 조직에서도 나타난다. 우익과 공산당 활동가가 손을 잡기도 하고, 대립 양상을 보여왔던 단체가 몇 사람씩 짝을 이루어 행진을 벌이기도 한다. 이런 모습들 또한 과거라면 상상하기 어렵다. 과거 섹트에 속한 그룹이 이제는 전위당과 마르크스주의는 내던졌다고까지 했다. 집회에 따라서는 노조의 깃발도 흔히 보였지만, 일본형 공업화 사회의 주요산업의 대형 노조가 대규모 동원력을 발휘하는 것이 아니라, 뜻있는 지방 소형 노조 등이 적지 않았던 것 같다.

나는 다양한 데모에 참가하고 있었으므로, 많은 기자들에게서 "학생들이 참가하고 있는가?", "새로운 대항문화가 생겨나는가?" 등의 질문을 받았다. 이러한 질문은 젊은이가 대항문화로 운동을 벌인다는 '68년'이 남긴 스테레오타입stereotype(고정관념)이 잔존하고 있음을 드러낸다. 전술한 것처럼 1970년대 이후 학생들은 사회경험도 적고, 평균적으로 볼 때 정치문제에 관심이 가장 낮은 계층이다.

젊은 층에서도 민감한 사람들은 학생보다 오히려 현대 일본 사회의 모순을 피부로 느끼는 청년 노동자들이었던 것 같다. 2011년 도쿄에서 열린 '트위터 데모'를 선창한 것은 26세의 돌봄 노동자였다. '드럼 데모'를 기획한 인물은 밴드를 하는 31세의 인테리어 노동자였다. 그러니 공업화 시대처럼 '청년'이라든가 '세대'라는 용어를 동원해 논하는 것은 그다지 의미가 없어졌다고 할 수 있다.

"연합적군 사건처럼 될 우려는 없는가?" 하고 질문을 던져 오는 사람도 있었다. 그러나 리스크 사회에서는 '노동자'와 '청년'과 '여성' 등 특정 계층에 의존하는 운동은 성립하지 않는다. 거꾸로 말하면 '가여운 노동자들을 위해'라는 윤리주의도 사라졌다. 더 이상 '1억 총 중류' 사회가 아니며, 운동 자체를 비정규직이 진행하기도 하는 시대이다. 또한 탈원전은 다수의 여론이 지지하기 때문인지, 2011~2012년의 운동 참가자에게는 어딘가에 갇혀버린 소수자의 느낌이 희박했다. 오히려 데모를 유쾌하게 즐기던 것처럼 보인다.

2011년 여름 무렵만 해도 경찰도 대규모 데모 경험이 없었던 탓인지, 다소 과잉진압을 하는 경향을 보이기도 했다. 그러나 그 시기에 유포된 참가자들의 메일에는 이런 내용도 들어 있었다. '현장의 경찰은 적이 아니다', '이야기를 나눠보면 원전에 반대하는 사람도 있다', '후쿠시마 제1원전의 20킬로미터 내의 사체수색을 위해 파견되어, 방치되어 썩어 있는 사체를 수습했다', '그런 현장을 정치가들은 전혀 모른다' 등의 말을 하는 경찰도 있었다고, 그 메일도 당시 사정을 전해주고 있다.

과잉진압으로 괴로움을 겪는 상황에서 이런 체험담의 유포는, 자신들에게 명분이 있고 경찰 또한 공감하고 있다는 자신감이 없으면 불가능하다. 외골수에 빠졌다는 느낌이 희박하고, 오히려 유쾌했던 데에는 나름 연유가 있었다 하겠다.

또 남녀노소가 두루 참가하고 있었기 때문에 전공투 운동처럼 젊은 남학생들만의 운동이 아니었다. 아마도 이 또한 외골수의 느낌이 희박했던 또 하나의 이유일 것이다. 아직까지도 '68년'의 이미지에서 벗어나지 못하는 매스컴 관계자들은 "뜻밖에 중장년이 많네요."라고 말하기도 했는데, 이는 21세기 일본 사회의 평균적인 연령 구성대와 일치한다고 하겠다.

내가 아는 신규 그룹의 많은 참가자가 30~40대의 일하는 사람이었다. 이들 중에는 상당히 고학력이면서 우수한 인재가 많았다. 개중에는 회사원과 주부도 있었지만, IT 자영업이나 비상근 강사, 일러스트레이터 등 자유로운 직업을 가진 사람이 많아 보였다. 모두 성인이기 때문에 사회에 대한 생각도 구체적이어서, 추상적인 사상을 내세우는 일은 거의 없었다. 학생만이 뭉쳐 자신들의 이상을 내걸고 경찰과 용감하게 맞부딪쳤다가 취직과 함께 운동을 은퇴하는 행동양식과는 거리가 먼 사람들이었다.

물론 이들의 행동 표현이 데모만으로 이루어지지는 않았다. 정부여당에 속한 정치가와 데모 주최자들이 대화를 벌이기도 하고, 기업가들과 협동하기도 하는 등 다양한 활동을 펼쳤다. 또한 정치권도, 사회가 격변하고 있어 옛날처럼 노조나 상점회나 관청의 말만 들어서는 안 됨을 깨닫고, 대화 요구에 긍정적으로 응하는 분위기도 작용했다.

사람에 따라 입장에 따라 여러 경향이 존재하지만, 사회운동에 대한 거부감이 줄어들었다는 점 또한 확연하다. 2011년에는 데모대가 도쿄 시내를 지나갈 때, 깜짝 놀라고 낯설어하며 사진을 찍는 사람이 많았다. 그러나 2012년 들어서는, 데모가 많이 벌어지는 나라들에서 그러는 것처럼 손을 흔들거나 지지의 뜻을 담은 경적 울리기를 하는 사람도 나왔다.

데모 참가자들 또한 2011년 후반부터는 병원 앞에서는 소리를 줄이고, 쓰레기를 갖고 귀가하는 등 상당히 성숙된 모습을 보였다. 이는 다른 선진국에서 많이 볼 수 있는 양상이기도 하다. 경찰 또한 이런 데모 문화에 익숙해졌는지, 과잉진압을 자제하게 되었다. 도쿄에서는 데모와 사회운동이 일상적인 행위로 정착한 것으로 보인다.

| 앞으로의 운동 |

일본에서도 독일의 녹색당 같은 세력이 대두하게 될까? 일본의 선거는 비례대표 제도가 아니기 때문에, 아무래도 소수정당의 의회진출이 독일에 비해 어려운 편이다.

1980년대의 '탈원전 뉴웨이브' 운동은 그다지 큰 성과를 올리지 못하고 소멸했다. 그러나 당시는 일본의 원전 산업이 한창 오르막이었다. 쑥쑥 자라나고 있는 큰 나무를 쓰러뜨리기란 어려운 법이지만, 이미 허약해진 썩은 나무는 쉽사리 쓰러뜨릴 수 있다.

또한 2010년대의 일본은 1980년대의 서독과 여러 면에서 비슷한 양상을 보이고 있다. 제2장에서 설명한 것처럼 1980년대의 서독에서는 제2차 오일쇼크 뒤의 경제침체로 고용 및 가족이 극도로 불안정해져 있었다. 녹색당이 지지를 얻은 데에는 이런 사회적 배경이 있었다.

이에 비해 1980년대에 일본의 원전 반대운동이 타올랐다가 꺼진 시기는 일본의 원전 산업이 한창 오르막이었을 뿐만 아니라, 일본형 공업화 사회의 전성기로 경제와 고용 모두 안정되어 사람들이 정치에 무관심해도 아무런 문제가 없었다. 울리히 벡의 『리스크 사회』는 체르노빌 원전 사고 뒤 서독에서 고조되던 환경보호 운동에 대해 쓴 책으로 1988년에 일본어로도 번역되어 출간되었다. 당시 일본어판에서는, 책의 내용 중에서 고용·가족·교육의 불안정화를 다룬 부분은 삭제되어 있었다. 아울러 '리스크'라는 용어가 일본인들에게는 익숙지 않다는 생각으로 『위험 사회』라는 표제를 달고 나왔다.

이를 통해 살펴보면 일본형 공업화 사회의 전성기를 맞이한 당시의 일본이, 고용과 가족의 불안정화 및 '리스크'라는 관념을 이해할 만한 분위기가 아니었음을 짐작하게 해준다. 그러나 2010년대를 맞이한 일본은 상황이 완전히 바뀌었다.

리스크 사회의 특징은 사람들을 행동에 나서게 한다는 점이다. 울리히 벡에 따르면 '위험'은 운명과도 같은 것으로서 사람들이 그저 체념해야 할 뿐 행동에 나서지 못한다. 그러나 '리스크'는 인위적인 것으로서 이쪽에서 무언가를 하면 막을 수 있다고 느끼게 해준다. 즉, 위험은 천재天災이고, 리스크는 인재人災라고 하면 이해가 쉬울까?

인재라고 여기게 되면 책임을 추궁하고, 향후의 재발을 막기 위한 행동이 시작된다. 리스크 사회에서는 사람이 불안에 빠지며, 행동에 나서지 않고는 견디지 못한다. 또한 리스크 사회에서는 안전과 위험 사이에 명확하게 선을 긋기가 불가능하다. 따라서 정치가와 전문가가 권위를 잃게 되고, 누구나 쉽사리 발언을 할 수 있게 된다. 지진과 원전 사고 뒤 스스로 정보를 모아 다양한 행동에 나선 사람들이 이렇게나 늘어난 까닭은 단순히 사고로 인해 빚어진 충격이라기보다는 사회의 양상이 바뀐 데 원인이 있다.

그리고 제1장에서 설명한 것처럼 원전은 오늘날 폐해가 극심한 것으로 밝혀져, 일본형 공업화 사회가 품은 문제의 상징이 되어 있다. 누구나 한 번쯤은 원전에 문제가 있다고 생각해봤음직한 온갖 문제의 상징임이 분명하다. 그런 인식이 형성된 이상 '1억 총 중류'의 안정사회가 부활이라도 하지 않는 한 원전은 신뢰를 되찾지 못할 것이다. 그리고 원전 문제를 계기로 스스로 사고하고 스스로 행동하는 것을 경험한 사람들이 늘어나면, 다른 문제로까지 파급되어나갈지도 모른다.

제8장

사회를 바꾸려면

지금까지 서술해온 것을 토대로, 다시금 현대일본으로 돌아가보자.

사회를 바꾸려면 법안을 통하는 길밖에 없다. 그러므로 선거다, 투표다, 데모 따위는 무의미하다, 이런 발상이 얼마나 협소한가는 충분히 인식하였으리라 믿는다.

그렇다면 '사회를 바꾸려면'이라는 주제를 다시 한 번 생각해보자.

| 일본의 '국체' 논란 |

먼저 역사 이야기부터 해보자.

1945년 8월, 이미 300만 명이나 되는 일본인이 죽고, 도쿄 또한 공습을 받아 초토화되었고, 히로시마에 원자폭탄이 투하된 뒤, 일본 정부는 항복할 것인가 말 것인가를 검토했다. 그때 가장 큰 관심사는 '국체호지国体護持'였다.

그들은 '일본을 지키자'라고 했지만, 그것은 실상 '천황을 지킨다'라는 뜻이었다. 그러기 위해 본토에서 결전을 벌여 앞으로 수백만 명이 죽어도 좋다고 떠들어대는 사람도 있었다.

이것은 지금 와서 생각하면 한마디로 인권무시이다. 그러나 '왕의 신체가

제8장 • 사회를 바꾸려면

367

왕국을 체현한다', '일본이라는 나라는 천황이 대표한다'라는 생각에 입각하면, 국민이 아무리 많이 죽어나가도 '일본'은 사라지지 않지만, 천황의 몸이나 지위에 상처를 입으면 '일본'이 상처를 입는다. 필시 그런 발상이 아니었던가 하는 생각이 든다.

다만 그것만은 아니었다고도 할 수 있다. 천황이 전범재판으로 처형되거나 책임을 지고 퇴위당하는 일이 생기면, 자신도 무사히 넘어갈 수 없다고 생각한 정부요인도 많았을 것이라고 지적하는 사람도 있다. 그렇게까지 논리적으로 생각했는지 아닌지는 차치하고, 천황을 지키는 것은 일본의 체제를 지키는 것이며, 그것이 자기 자신의 지위를 지키는 것과 막연하게나마 일체가 되어 있었던 사람은 필시 적지 않았다고 여겨진다.

나아가 좀 더 낮은 차원의 문제도 있다. 1945년 3월 이미 조선인과 대만인이 징집되어 일본군에 참가하고 있었기 때문에, 처우를 개선해야 한다는 문제가 논의에 오른 적이 있었다. 그럴 경우 가장 큰 문제는 사법성과 내무성과 조선총독부의 권한이 어떻게 규정되는가 하는 부처 간의 다툼이었다.

도쿄 대공습 뒤에 도쿄는 폐허가 되었지만, 인간이란 종종 전 세계적인 문제보다 윗사람의 안색이 더 신경 쓰이는 법이다. '일본을 떠받치고 있는 것은 내무성이다' 혹은 '내무성의 권한이 축소되면 일본이 축소된다'라는 대표의식 또한 존재했다고 여겨진다. '우리'에게 중요한 것을 지키면 내 자리 또한 지킬 수 있다, 그러므로 내 자리를 지키면 일본을 지킬 수 있다는 식의 사고방식이었을 것이다.

이런 사고방식에 입각해 있다면, 수백만 명의 사람이 죽든 수십만 명이 데모를 하든, 내 알 바가 아니다. '그런 것은 국민의 일부에 지나지 않는다', '그것보다 국체가 중요하다'라고 생각하기 때문이다.

그 경우의 '국체'는 소속되어 있는 '우리'에 따라 다르다. 560만 명이 데모와 집회에 참가한 1960년 안보투쟁 때에도 '주가는 내려가지 않았다'라는 것만 말한 시장 관계자가 있었다. 2012년의 일본에서도 약 137만 명의 파견노동자가 어찌 되든, 여론의 다수가 원전 재가동에 반대하든, 대형 제조업의 단기이익이 '모노즈쿠리 대국 일본'에게 무엇보다 중요하다고 말하는 사람이 있었다.

가스미가세키나 나가타초의 반경 수 킬로미터 안쪽에서 활동하는 정치가와 관료, 신문기자 등에게는 그 활동권 안에서 벌어지는 인간관계가 가장 중요하며, 그것 이외에는 무시해도 좋다는 사고방식을 가진 사람도 있다. 과거의 사회주의 국가에서는 공산당 내의 파벌투쟁과 당대회의 자리 순서가 무엇보다 중요한 '정치'였고, 일본의 신문기자 또한 그것을 중시했다. 사실상 일당지배체제였던 시대에 형성된 일본의 정치와 정치보도의 오랜 감각 또한 그와 비슷했는데, 오늘날 사회적 기반을 상실하고 국내외에서 상대해주는 곳이 없어졌다.

내가 아는 사람 가운데 온라인 게임에 빠져 인생이 파탄난 이가 있다. 게임에 빠져 지낸 몇 년 동안은 가족과 친구와의 관계가 어찌 되든, 자신의 몸이 어찌 되든, 하루 18시간 동안 오로지 컴퓨터를 붙들고 살았다. 그러는 동안에는 온라인 게임 커뮤니티의 멤버들 사이에서의 포인트 및 랭킹이 무엇보다 중요했다고 한다. 게임이라 하니까 이상하게 여길지 모르겠으나, 주가를 위해 모든 것을 희생하며 하루 18시간을 쏟아붓는 것을 정상이라 하기에는 아무래도 이상하다.

| 현대에 있어서 '사회를 바꾼다'라는 의미는 |

이렇게 생각하다 보면 자연히 '사회를 바꾼다'라는 것이 과연 어떤 의미인가 하는 문제에 부딪치게 된다.

의회에서 다수를 차지하는 것이 '사회를 바꾸는' 길이라고 말하는 사람이 있다. 닛케이 평균주가와 회사의 실적을 올리는 것이 '사회를 바꾸는' 방안이라고 보는 사람도 있다. 나가타초나 가스미가세키의 인맥이 바뀌는 것이 '사회를 바꾸는' 첩경이라고 보는 사람들은 주로 정계와 신문사의 정치부에 많이 있는 것 같다. 직상에서 승진을 하거나 인터넷에서 좋은 평판을 얻거나 하는 것이 '사회를 바꾸는' 것이라고 말하는 사람도 있을 것이다.

이렇게 보면 '사회를 바꾼다'라는 것이 자신이 소속되어 있는 '우리'에 따라 달라진다는 사실을 확인할 수 있다. 거꾸로 말하면 현대에는 '우리'가 조각조각 흩어진 채 소우주처럼 난립되어 있기 때문에, 이것을 바꾸면 사회가 바뀐다고 공통적으로 여길 만한 것을 찾기가 대단히 어렵다.

왕이 사회를 대표한다고 믿던 시대에는 왕을 처단하든가 바꿔버리면 '사회를 바꾸는' 것이 되었다. 의회의 정당지배가 사회를 대표한다는 생각을 공유하던 시대에는 의회에서 다수파를 차지하는 것이 사회를 바꾸는 길이었다. 어쩌면 현대에는 바로 그런 공통의 인식이 존재하지 않는다고 말해도 좋을지 모른다.

그러나 현대에 사는 누구나가 공유하는 문제의식이 있다. 그것은 '누구나 자유로워져왔다', '아무도 내가 말하는 것을 들어주지 않게 되었다', '나는 무시당하고 있다'라는 등의 감각이다. 이것은 수상이든, 고급관료든, 비정규 고용노동자든, 필시 공유하고 있다. 그것을 바꾸면 누구에게나 '사회를 바꾸는' 것이 된다고 말할 수는 없을까?

| 현대일본의 '격차' 의식 |

이것은 제5장에서 서술한 재귀성의 증대 문제이다. 이것은 전 세계 어디에서나, 특히 탈공업화 사회에서는 공통된 문제이다. 다만 각각의 사회의 특징적인 구조에 따라 드러나는 방식이 다를 뿐이다.

예를 들어 오늘날의 일본에서는 '격차'라는 용어가 널리 쓰이고 있다. 그러나 이상하게도 연 수입 10억 엔의 큰 부자에게는 그다지 반감을 품지 않고, 연 수입 700만 엔 정도의 공무원이나 정사원만이 원망의 대상으로 떠오른다. 이것은 2011년의 월스트리트 점거가 폭넓은 지지를 모은 미국의 상황과는 다르다.

이러한 차이는 어디에서 오는 것일까? 우선 커다란 전제로서 '격차'란 '나는 무시당하고 있다'라는 의식의 표현이기도 하다는 점을 먼저 파악해둘 필요가 있다고 본다.

제3장에서 서술한 것처럼 화폐로 계산할 수 있는 수입이 적어도, 유사 시 등을 기댈 곳이 있는 환경에서 살면 인간은 절대로 불행하지 않다. 화폐가 없으면 관계를 맺을 수 없는 사회에서 어디에도 자기 자리가 없다는 감각에 내몰릴 때 빈곤이 탄생한다. 그것과 마찬가지로 현대일본에 있어서의 격차는 현금수입의 불공평 문제만은 아닌 것 같다.

화폐경제가 침투하여 탈공업화 사회로 이행하고, 재귀성이 증대된 사회에서는 '무시당하고 있다', '등 기댈 데가 없다', '나를 대표해주는 사람이 없다'라는 감각이 모든 사람들에게 전파된다. 2011년 미국의 월스트리트 점거에서는 '우리는 99%'라는 슬로건이 공감을 불러일으켰다. 그것은 특권계급이 민중을 착취하고 있다는 의미로 쓰였는지도 모르겠지만, 폭넓은 공감을 불러온 것은 '나 또한 무시당하고 있다', '그 기분을 이해한다'라는 감각을 많은 사람들이 공유했기 때문이 아닐까?

2011년의 이집트 정변에서도 최초로 운동을 시작한 사람들은 젊고 고학력이고 인터넷을 구사하는 능력이 있음에도 불구하고, 무바라크 체제 속에서는 그에 어울리는 일자리가 없는, 즉 '무시당하고 있는' 사람들이었다고 보도되고 있다. 즉, '무시당하고 있다'라는 감각을 발판으로 운동이 시작되고, 그것이 확산되어 정변이 일어나게 된 것이다.

그러나 '우리는 99%'라는 목소리가 반드시 이런 형태로만 터져 나온다고 한정할 수는 없다. 이민배척운동은 어느 선진국에서나 벌어지고 있고, 일본에서도 가령 '자이니치在日 특권을 용인하지 않는 시민의 모임' 같은 것이 있다. 거기에 속한 사람들도 '우리는 다수파이다', '우리는 무시당하고 있다'라고 외쳐댄다.

이것이 과거의 '인종차별'과 다른 점은 '우리는 다수파임에도 혜택을 받지 못하고 있다', '무시당하고 있다'라는 호소방식을 취하고 있다는 점이다. 옛날에는 '조선인은 더럽고 가난하다'와 같은 차별은 존재했지만, '자이니치 특권'을 비난한다, 저들이 오히려 우리보다 혜택을 받고 있다, 하는 식의 운동이 펼쳐진 적은 없었다.

어째서 그렇게 된 것일까? 세계 어디에서나 이민배척 따위의 구호를 내거는 포퓰리즘이 대두하고 있다. 인도와 같은, '선진국'으로 분류되지 않는 나라에서도 1990년대 이후의 경제자유화와 함께 급격하게 이슬람교도 배격을 외치는 힌두 우파가 대두했다. 그러나 선진국이라면 이민배척, 인도라면 이슬람교도 배격이 되는 것처럼, 일본에서는 일본의 사회구조에 입각한 표현방식을 드러낸다고 생각할 수 있다.

제1장에서 서술한 것처럼 지금의 일본 사회는 1960년대부터 1980년대에 구축된 일본형 공업화 사회가 기능부전에 빠져 많은 폐해가 드러나고 있지만 아직 그 구조가 남아 있다. 그렇기 때문에 어디가 되었든 '기존의 테두리 안'으로

들어가면 안정을 얻고, 정치적으로도 의견을 대표 받을 수 있다는 통념이 있는 것 같다. 이를테면 대기업 정사원이 되고자 하는 대학생의 취업활동은 오히려 강화되는 추세이다.

그런 통념이 지배적이라면 거기에서 밀려난 사람으로서는 테두리 안에 들어가 있는 사람은 원망의 대상이 된다. 그렇다면 정사원, 공무원, 생활보호 수급자 등 어떤 형태로든 '테두리 안'에서 보호받고 있는 사람이 원망받기 쉬워진다. 실제로 '격차'에 대한 비판은 이러한 층에 집중되기 쉬운 것 같다.

그런 반면 테두리 안에 들어가 있지 않음에도 오로지 실력으로 높은 수입을 얻고 있는 사람은 그다지 그런 원망의 대상이 되지 않는다. 그 '실력'이라는 것이 부모의 재산으로 높은 교육과 인맥을 제공받은 결과일지라도 개의치 않는다. 그러므로 연 수입 10억 엔의 부자보다 생활보호 수급자가 밉다는 도식이 생겨나는 것으로 보인다.

그렇다면 현대 일본어의 '격차'라는 것은 단순히 수입과 재산의 차이만을 지칭하지 않으며, '나는 무시당하고 있다'라는 감각의, 일본 사회의 구조에 입각한 표현이기도 하다는 말을 할 수 있다.

제3장에서 본 것처럼 플라톤의 『국가』에 따르면 국가 안에서 역할과 자리를 잃어버린 사람이 기득권 비판을 내거는 참주를 지지한다. 1920년대에 나치스에 입당한 사람들 가운데에는 사회변동 속에서 불안에 빠지거나 자기 자리를 잃어버린 실업자와 귀환병들이 적지 않았다.

| 현대일본에서 '사회를 바꾼다'라는 의미는 |

문제가 이런 방식이라면 '사회를 바꾼다'라는 것의 진정한 의미를 파악

하는 것이 중요하다.

우선 현대사회에서는 중앙제어실에 해당하는 것이 존재하지 않는다. 그러므로 수상만 바꾼다고 세상이 바뀌지 않는다.

그런 감각을 연장시켜 '수상이라도 바꿔보자'라고 내걸어 선거판을 흔들어도, 도리어 불만만 드세질 따름이다. 기득권자를 끌어내 뺏어낸 만큼 당신들에게 나눠주겠다고 선언하는 참주에게 기대감을 품을지도 모르지만, 그 기대감은 오래가지 않아 배반을 당하고 말 것이다. '누군가가 바꿔준다'라는 의식이 변함없이 자리 잡고 있는 것이다. 쇼핑해온 물건에 싫증이 나 새로운 것을 계속 사들이는 것처럼, 새로운 참주에게 기대하는 것밖에는 남은 길이 없다.

공무원 수를 줄여라, 생활보호 수급자를 감싸고 들지 말라, 경쟁원리를 도입하라, 등등의 '신자유주의'는 어떤가? 사실 그것은 자유주의 경제학의 사상가라 불리는 애덤 스미스나 하이에크의 사상과는 그다지 가깝지 않다. 그것은 오히려 '나는 무시당하고 있다', '내가 아닌 타인들이 혜택을 받고 있다', '내 몫을 돌려달라'라는 외침인 것 같다.

제1장에서 서술한 것처럼 일본 정부의 강점은 중앙정부의 강력한 지도력이다. 국민 1인당 공무원 수는 선진국들 가운데에서는 적은 편이다. 위와 같은 구호를 외쳐도 바라는 대로 실현되지 않으며, 오히려 자신의 목을 매다는 결과가 되고 마는 경우도 적지 않다.

정사원을 늘리라는 요구는 정당하다. 그러나 그렇게 해서는 '정사원'과 '비정규 사원'의 '격차'는 아무리 시간이 지나도 그대로 남는다. 당연히 정사원이 되지 못하고 불만을 지닌 사람은 계속 나오게 되어 있다.

혜택을 받지 못하는 사람, 불만을 품은 사람은 '실업자', '비정규', '모자가정' 등의 카테고리로 묶어서 커버하자는 발상도 대두한다. 그러나 제5장에서 설명한 것처럼 거기에는 한계가 있다. 그리고 현대일본에서 말하는 '격차' 의식의 성격을 생각하면 아무리 카테고리를 늘려도, 카테고리가 존재하는 한 '격차'는 사라지지 않는다. 늘리면 늘릴수록 '격차' 의식이 강화될지도 모른다.

그렇다면 내 생각에 답은 하나밖에 없는 것 같다. 모두가 공통적으로 품고 있는 '나는 무시당하고 있다'라는 감각을 디딤돌 삼아 행동에 나선다. 거기에서 대화와 참가를 독려하며 사회구조를 바꿔 '우리'를 만드는 운동으로 연결시켜 나가는 것이다.

그런 의미에서는 현대일본에서 원전은 안성맞춤의 테마이다.

비정규 고용노동자와 독신자가 증가하고, 고학력임에도 좋은 직업을 얻지 못하는 사람이 많아지고, '나는 무시당하고 있다'라고 느끼는 사람들이 늘어나, 좋은 의미에서나 나쁜 의미에서나 글로벌화와 정보기술의 발달에 직면한 상황은 일본이나 미국이나 유럽이나, 나아가서는 이집트 등에서도 공통적이다. 그러나 거기에서 대두하는 사회운동이 비판하는 대상은 각각의 사회구조를 반영하며 달라진다.

미국의 경우에는 금융부문에 종사하는 엘리트가 비판대상으로 떠오르지만, 이집트의 경우에는 무바라크 체제가 대상이 되었다. 일본의 경우에는 원전 사고를 통해 드러나게 된 존재들, 즉 일본형 공업화 사회를 지배해온 독점기업·행정·정치의 복합체가 비판대상이다.

한편 일본에서도 미국의 운동에 자극받아 부유층 비판을 내건 '오큐파이 Occupy 도쿄' 데모가 2011년 10월에 펼쳐졌는데, 탈원전에 비해 확산이 이루어지지 않았다. 사람들이 무엇을 '나를 무시하는 존재'의 상징으로 보는가는 각 사회의 구조에 따라 달라지게 마련이다. 제7장에서 본 것처럼 일본 안에서도 시대에 따라 사회구조가 바뀌고, 문제라고 간주하는 대상이 바뀌었다.

어떤 시대나 사람들은 막연한 불안 혹은 불만을 품게 마련인데, 대체로 그것이 명확하게 떠오르지 않는다. 그런 막연한 것, 어릿어릿한 것, 눈에 보이지 않는 것이 명확히 눈에 보이는 형태로 세상에 드러날 때 사람들은 '이것이 문제였던 것이다', '이것을 바꾸면 사회가 바뀌는 것이다'라고 간주하며 행동에 돌입한다.

어릿어릿하여 눈에 보이지 않던 것이 환히 눈에 보일 때 인간은 감동=행동moved한다. '민의'가 이 세상에 드러나는 순간, 자신의 고뇌에 대한 답을 얻는 순간, 삶을 바꾸는 구체적인 방법을 파악한 순간, 사람은 정치의 영역에 들어서며 감동=행동한다. 그것은 모든 정치, 경제, 예술, 학문 등의 원점이다.

1960년에는 안보조약이, 1968년에는 베트남 전쟁이, 그런 대표적 역할을 수행했다. 2011년에는 원전이 그러한 역할을 수행했던 것 같다.

2011년부터 벌어진 탈원전 데모에서 수많은 사람들이 바랐던 것은 아마도 다음과 같은 것이었다고 생각한다.

첫 번째는 자신들의 안전을 지켜줄 생각이 전혀 없는 정부가 자신들을 무시하고, 기득권을 장악한 이너 서클끼리만 모든 것을 결정하는 상황을 용서할 수 없다.

두 번째는 스스로 생각하고 스스로 목소리를 낼 수 있는 사회를 만들고 싶다. 자신의 목소리를 제대로 알아듣고, 거기에 따라 바뀌어간다. 그런 사회를 만들고 싶다.

세 번째는 무력감과 따분함을 쇼핑을 하거나 전기를 마구 써대 상쇄하려 드는 식의, 그런 침체된 생활은 이제 그만두고 싶다. 그 전기라는 것이 극히 일부의 인간을 배불리고 대다수 사람들의 인생을 망쳐버리고 마는, 그런 방식으로 돌아가는 사회는 이제 정말 싫다.

이런 바람은 인간이 어느 시대에나 품고 있는 보편적인 생각이다. 그 시대와 지역에 따라 '문제'가 세상에 드러나는 형태는 다르지만, 이러한 보편적인 생각과 연결될 때 일어나는 운동은 커다란 힘을 지닌다. 그것이 2011년의 일본에서는 탈원전이라는 형태를 취했다고 생각한다.

일본에서는 탈원전이 안성맞춤이었다는 분석은 그런 의미이다. 거기에서 각종 행동과 논의가 이루어지고, 정부도 대화를 중시하지 않을 수 없어, 사람들의 다양한 행동과 논의와 참가의 기운이 높아지면, 그것은 단순히 원전을 중지하는 것으로 끝나지 않고 사회를 바꾸는 국면으로 전환될 것이다.

그 경우 단순히 원전을 중지하는 것이라면, 강력하고 훌륭한 정치가에게 맡겨두면 좋을는지도 모른다. 그러나 그렇게 해서는 사람들이 쟁취한 결과가 아니라, 주어진 결과가 되어버린다. 많은 사람들이 참가하고, 자기 자신의 사고방식이나 행동양식이 바뀌고, 힘을 얻어간다는 의미에서의, '사회를 바꾼다'라는 보다 고양된 상태로 이어지지 않을지도 모른다.

참가의 형태는 로비활동도 가능한데, 사실 이는 누구나 할 수 있는 일이 아니다. 데모는 누구나 참가할 수 있는 광장이다. 무언가 문제가 터졌을 때 시의 청사가 자리 잡고 있는 광장에 모여 주의주장을 내거는 행위는 고대 그리스 이래 민주주의가 본래 갖추고 있는 모습이다. 그러한 공론의 장에서는 속세에서 그 사람이 누구인가 묻지 않는다. 누가 와도 좋으며, 누구라도 평등하게 대우받는다. 거기에는 음악이 있으며, 큰 소리로 자신의 의견을 말해도 좋으며, 누구와도 교류할 수 있다.

예전의 데모는 노동조합이나 학생자치회와 같은 조직이 중심을 이뤘기 때문에, 데모에 참가하는 사람은 조직노동자나 학생으로 한정되어 있었다. 행동방침은 노조와 자치회의 위원장이 결정했다. 그러나 오늘날 데모의 주최자는 장소를 제공할 뿐이다. 그 장소에 남녀노소를 불문한 다양한 사람들이 모여든다. 어떻게 자신의 의사를 표현하는가는 데모의 장 자체를 파괴하지 않는다면 참가한 사람들 각자가 결정하면 된다. 스스로 생각하고 결정을 내려야 한다는 의미이다.

이러한 행동이 사회에 뿌리내린 계기가, 원전에 대한 항의에 있었다고 볼 수 있지 않을까? 앞에서 서술한 것처럼 일본은 방사능과 원자력에 대해서는 세계에서 가장 높은 평균지식을 지닌 나라이기 때문에, 이 문제를 실마리로 삼아 다른 테마로까지 확산시켜나가는 것이 적어도 당분간은 좋지 않으리라고 생각된다.

물론 일본 사회는 한 덩어리가 아니기 때문에 각 사회별로, 각 사람별로 '무엇이 문제인가?'가 달라진다. 예컨대 오키나와에서도 경제의 쇠퇴가 두드러지고 있지만, 역시 그곳에서는 미군기지 문제가 '대표적인 문제'가 되어 있다. 도쿄의 사람들이 원전만으로 운동을 벌이면 되는가, 오키나와나 후쿠시마나 다른 피해지역이 잊히고 있다, 비정규 고용이나 격차문제는 어찌 되고 있나, 등등의 문제제기도 나름대로 의미가 있다.

그러나 도쿄 사람들이 침묵하면 오키나와와 후쿠시마의 상황이 좋아질 리가 없다. 후쿠시마는 방사능의 공포조차 주위의 시선을 의식하여 자유롭게 말할 수 없는 상황이기도 하다. 도쿄에서, 오사카에서, 센다이에서 목소리를 높여주는 편이 후쿠시마에서도 오키나와에서도 아오모리에서도 목소리를 쉽사리 높일 수 있게 해준다. 그 결과 정부와 매스컴의 자세가 바뀌면, 더욱 목소리를 높일 수 있게 될 것이다. 각각의 장소에서 목소리를 높이는 것이 윤리주의적으로 고민하는 것보다 결과적으로 멀리 떨어진 지역의 지원으로도 이어진다.

그리하여 사회 전체가 목소리를 높일 수 있게 되었을 때, '비정규'와 '여성'을 상징적으로 들고 나오는 것을 생각해도 좋을 것이다. '노동자'나 '여성'은 더 이상 사회계층으로는 성립되지 않는다. 통계상 '비정규 고용노동자'에 포함되는 사람들 중에도 부수입을 얻기 위한 아르바이트와 파트타임 업무를 하는 사람이 다수 존재하며, 결코 한 덩어리가 아니다.

그러나 그런 사람은 대체로 자신을 '비정규'라고 말하지 않는다. 일본어의 '비정규'는 구체적인 사회계층을 가리키는 용어라기보다, '무시당하고 있다'라는 감각을 표현한 용어로서, 1990년대 이후에 일반화된 것이다. 그전에는 일용직, 임시직, 파트타임, 파견, 아르바이트 등을 총칭하는 용어는 일반적으로는 존재하지 않았다. '비정규'는 그런 의미에서 보면 현대 일본 사회에 있어서의 집단적인 아이덴티티를 표현한 용어이다. 그것을 기반으로 운동을 새로이 이끌어가는 것이 가능할지도 모르며, '여성'이나 '청년'이나 '지방' 또한 그런 용어로서 현대의 운동을 새로이 만들어나갈 상징으로 활성화할 수 있을지도 모른다.

| '좋은 간사'보다 '냄비요리'가 낫다 |

그렇게 말은 해도 운동도 대화도 참가도 다 귀찮다, 역시 뛰어난 리더에게 기대를 걸고 싶다고 주장하는 사람들이 있다. 인간은 편안한 쪽을 선호하는 존재이기 때문에 참가하는 것이 내키지 않는다는 생각 또한 나름대로 이해할 수 있다.

그러나 그렇다고 쉽게 단념할 수는 없다. 직접 정치를 거론하여 이야기하면 자연히 딱딱해지기 마련이므로, 연회를 예로 들어 지금까지 설명해온 것을 도식화해보자.

과거의 연회는 그다지 문제가 없었다. 유력자가 "이 요리로 하자."라고 결정하면 모두 그 의견에 따랐다. 선택지 또한 한정되어 있었고, 모두 으레 그런 것이려니 생각했기 때문에 상당히 즐겁기도 했다.

점점 선택 가능성이 넓어지자, 해당 연회의 간사幹事는 그만큼 더 고심하게 되었다. 사전에 참가자의 희망사항을 듣고, 양식은 몇 명, 일식은 몇 명, 중식은 몇 명 식으로 카테고리별로 파악하여 주문해두어야 한다. 그렇게 해서도 희망사항이 다 충족되지 않으면, 이번에는 양식 중에서도 고기는 몇 명, 어패류는 몇 명 식으로 카테고리를 더 늘린다.

그러나 이렇게 해서는 아무리 노력해도 불만이 터져 나오게 마련이다. 그렇게 되면 '저 간사는 무능하다'라는 지적질과 함께 지지율이 떨어지고, '좋은 간사가 나타났다'라며 새로운 사람을 데리고 온다. 그러나 틀림없이 모든 사람을 만족시킬 것으로 기대를 모았던 간사일지라도 얼마간 시간이 지나면 사정이 바뀌지 않음을 알아차리게 된다.

그러는 중에 나이든 사람은 "사람들을 제멋대로 굴게 두지 마. 그냥 강력한 간사를 데리고 와서 다들 그의 말에 따르게 해!"라고 말을 꺼낸다. 그 말에 좋다며 찬성하는 사람도 있지만, 그런 식으로 하다 보면 젊은 사람들이 참가하지 않게 되고, 그에 따라 연회 자체가 시들해지고 말다가, 행여 참가를 강제하려고 들면 잡음이 끊이지 않는다.

그러자 '묘안이 있다'라며 나서는 사람이 있다. "간사가 결정을 하니까 안 되는 것이다. 뷔페로 해서 자유로이 선택하도록 하자."라는 것이다. 이것은 획기적이라고 모두 생각해 일시적으로는 만족한다.

그런데 "이건 없나? 저건 없나?"라고 말하는 사람들이 잇따라 나와 뷔페의 품목을 점점 늘려야 하게 된다. 그 결과 먹고 남은 음식이 산더미 같아져 효율이 나빠진다. 전문요리사를 여러 명 고용하여 식자재를 잔뜩 사들여야 하기 때문에, 친숙한 지역 요리점으로는 커버할 수가 없어 중심지의 커다란 호텔에서 연회를 개최하게 된다. 그러나 그 결과 연회 참가비가 비싸져 경제적으로 어려운 탓에 참가하지 못하는 사람들이 속출한다.

그렇다면 참가비를 낮추기 위해서는 많은 사람들을 불러 대량으로 티켓을 판매하는 길밖에 없다. 그렇게 되면 왠지 연회의 분위기가 서먹서먹하게 된다. 그저 몇 명씩 어울려 대화를 하는 사람들, 구석에서 혼자 밥을 먹는 사람들이 나오게 마련이어서, 연회를 개최하는 의미가 사라지고 만다.

이것은 아닌데, 하고 생각하며 인터넷으로 찾아보면, 적은 인원으로도 값싸고 맛있는 세트를 만들어준다는 업자가 있다. 품목도 나름대로 여러 가지 갖추고 있지만, 잘 살펴보면 같은 식재료를 요리법만 바꾸어놓았을 따름이다. 값싸게 제공하기 위해 본사에서 식재료를 일괄적으로 구입하기 때문인 것 같다.

각 메뉴의 세트에는 이러저러하게 구색을 갖췄다는 선전문구가 요란하다. 그것을 처음에는 재미있다고 생각하지만, 그 또한 차츰 시들해진다. 게다가 '당신은 이런 사람!'이라고 분류되어 마치 실무자들이 자신을 마구 대하는 듯한 기분마저도 든다. 그런 차에 비정규 고용된 젊은 남녀가 본사에서 만든 레시피에 따라 성의 없이 조리하고 있는 것 같고, 마침 집안 친척으로 거기서 일하는 청년은 음식을 맡은 그 회사가 질이 나쁜 곳이라고 말한다.

이것을 과연 어찌해야 하나? 많은 사람이 곤란한 문제라고 인식해온 것인데, 최근에는 이에 대한 해결책이 있다. 바로 냄비요리이다.

냄비의 특징은 모두가 참가하여 만드는 것이다. 그리하여 공동작업을 하며 대화를 나누는 가운데, '우리' 의식이 생성된다. 모두 함께 만들기 때문에, 요리에 실패한다 해도 아무도 불평하지 않는다. 도리어 재미있어하며 요리에

임한다. 재료를 사면서부터 함께 이야기를 나누면, 불만은 더더욱 줄어든다. 클레임이 줄어들 뿐만 아니라 작업에 참가하여 충분히 대화를 나눌 수 있기 때문에 만족도가 높아진다.

냄비요리의 또 하나 좋은 점은 불만이 적을 뿐만 아니라, 비용 또한 싸게 먹힌다는 점이다. 재료에는 그다지 돈이 많이 들지 않기 때문에, 회비가 적어진다. 조리하는 사람이 필요 없기 때문에, 가게 입장에서도 비용이 적게 든다. 사실 돈이라는 것은 관계가 물화된 것이라고도 할 수 있다. 즉, 관계의 대역代役으로 끼어드는 것이기 때문에, 만일 관계가 충실하면 할수록 돈은 적게 들어가기 마련이다.

그래서 간사가 해야 할 일은 모두 발 벗고 나서서 냄비요리를 함께 만드는 장소를 정하는 것이다. 권력도 어떤 의미에서는 관계의 대역으로 나서는 것이기 때문에, 관계가 충실하면 권력은 줄어들어도 문제가 없다. 지나치게 권력이 간섭하며 성가시게 굴면 관계가 실종되고 만다.

다만 냄비는 너무 많은 인원수로는 만들 수 없다. 직접 참가가 가능한 적정한 규모로 나눌 필요가 있다. 아울러 일률적으로 냄비요리의 메뉴를 결정하면 불만이 터져 나올 수 있으므로, 결정은 각 팀에게 맡기는 분권이 필요하다. 각 냄비요리 팀을 결정하여 팀별로 함께 만들게 하면 불만이 없어진다. 개중에는 제대로 요리를 만들지 못하는 팀도 나오지만, 전문가가 주위를 돌며 조언을 해줘 제대로 만들 수 있도록 임파워먼트하면 해결된다.

반복하는 말이지만, 간사가 해야 할 일은 결정을 밀어붙이는 것이 아니라, 모임의 장을 설정하는 것이다. 그렇게 해서 각 요리 팀의 역량이 올라가면, 이것저것 살펴봐야 할 일이 줄어든다. 오늘날의 일본 정부처럼, 걷은 회비만으로는 충당이 안 돼 간사가 돈을 빌려와 연회를 유지하는 상태라면, 더더욱 이런 방안을 고려해보는 것이 나을 것이다.

디플레이션 불황을 겪는 현대일본에서도 냄비는 지속적으로 인기를 끌고 있다. 돈이 많이 들지 않고 참가 자체가 즐겁기 때문이다. 아무리 값싸고 다양한 물품에 둘러싸여 사는 시대라 해도, 인간은 다 함께 나서서 무언가를 만드는 즐거움을 무시할 수 없다.

"참가니 대화니 하는 번거로운 일에는 사람들이 나서지 않아."라고 말하는 사람은 "강력한 리더에게 맡겨야 한다."라고 주장하거나 "시장에서 개인이 자유롭게 선택해야 한다."라고 주장한다. 그런 말의 전제로 깔려 있는 것은, 인간은 지배하거나, 지배자에게 맡기거나, 자유로워지기를 좋아하는 동물이라는 것이다. 플라톤 식으로 말하자면 전제로 삼고 있는 쾌락의 차원이 낮은 것은 아닐까? 인간은 즐거움을 좋아하는 동물이다.

| 사회운동에 관한 다양한 이론 |

이쯤에서 이야기를 구체적으로 해보자. 콘셉트는 이해한 것으로 치고, 지금부터는 어떻게 하면 좋을 것인지에 관한 노하우를 원하는 사람들을 위한 이야기이다.

정치학, 교육학, 사회보장, 노동정책, 지역경제 등등의 분야에서는 나름대로 구체적인 축적이 이루어져왔다. 상세한 내용을 알려면 아무래도 전문분야의 책을 읽는 것이 가장 낫다. 다만 여기에서는 사회학의 사회운동 연구에 나온 이론을 내 나름대로 소개하고자 한다.

사회운동에 대해서는 특히 1960년대부터 1970년대 이후 다양한 연구가 이루어졌다. 일본에서도 그런 편인데, 최근 노동운동이나 정치운동과는 약간 성격이 다른 '사회운동'이 등장했기 때문이다.

대표적인 것 가운데 하나로 '자원동원론'이 있다. 운동은, 불만이 있기 때문에 폭동을 일으킨다는 따위의 비합리적인 행동이 아니라, 합리적인 행동이라고 주창하는 이론이다. 운동을 벌이는 주체는 목표로 삼는 변혁을 위해 어떤 자원을 동원하고, 어떤 조직으로, 어떤 전략을 써서 상대방과 싸워야 하는가에 초점을 맞춘다.

구체적으로 말해 자원은, 사용 가능한 자금, 참가하는 인적 자원, 활용 가능한 지적 자원, 외부의 자원에 접근 가능한 네트워크, 의사결정자에 도달하는 커넥션 등이다. 이런 테두리 안에서 상대방이 어떤 자원을 가지고 있는가를 고려해 우리 편의 자원을 효율적으로 동원하여 성공의 길로 나아가는 전략을 세워야 한다.

그러나 자원을 동원해도 목적 달성에 실패하는 경우도 있고, 성공하는 경우도 있다. '정치적 기회구조론'은 그런 결과가 정치의 기회구조에 관계된다고 주장한다.

예를 들어 정치 시스템이 개방적인가 아닌가, 정보공개가 이루어지고 있는가, 정치과정에 대한 접근이 가능한가 등에 따라 운동의 결과가 달라진다. 또한 유력한 동맹자가 존재하는가, 권력 엘리트의 내부가 안정되어 있는가, 분열의 기미가 있는가 등을 고려하지 않으면 안 된다. 그러한 정치적 기회구조로부터 운동의 성패가 결정된다는 것이다.

| 쟁점관심 사이클 |

어떤 운동이 성하게 일어나도 그 주제가 시들해지기도 한다는 것을 이론화한 것이 '쟁점관심 사이클'이다. 단순히 '시간이 지나면 시들해진다'가 아니라, 그것이 어떤 메커니즘인가를 가령 다음과 같이 설명한다.

우선 문제가 일부에서 경고음을 울려도 그것이 널리 알려지지 않는 시기가 있다. 그런 다음 돌발적인 사고나 무언가 우연치 않은 사태로 인해 널리 인지되고, 관심도 끌고 운동도 성행하는 시기가 온다.

하지만 그 시기가 오래 지속되지는 않는다. 이윽고 그 문제가 해결되기 위해서는 경제적 비용, 정치적 비용, 또는 오랜 수고와 노력의 비용 등이 많이 필요하다는 것을 다수의 사람들이 인식하게 된다. 그리하여 비용이 지나치게 많이 들어간다고 널리 인지된 시점에서 관심이 줄어든다는 것이다.

이 이론을 이용하여 가령 원전 문제를 살펴보자. 원전을 없애려면 산업문명을 포기하지 않으면 안 된다든가, 자본주의 그 자체가 바뀌지 않으면 안 된다는 등의 주장은 역효과를 내게 된다. 만일 그런 내용이 널리 퍼지면 운동에 참가하는 사람들이 '비용이 지나치게 많이 들어가므로 잊어버리자.'라고 생각하게 될 위험이 있다. '원전 문제는 사람들을 모으기 위해 내건 데 불과하고, 사실은 자본주의를 바꾸는 운동을 일으키고 싶다'라는 것이라면 별문제이지만, 그렇지 않다면 그렇게 하지 않는 편이 낫다는 결론을 얻을 수 있다. 거꾸로 이 이론으로 말하자면 '원전이 없어도 생각보다 괴롭지 않다'라는 인식이 두루 퍼지고, 실현 가능한 대안을 제시하고, 착실히 운동성과를 올려나가면, 시간이 흘러도 관심이 줄어들지 않게 된다. 운동을 통해서 그런 상황을 만들어나가는 것이야말로 관심이 줄어들지 않도록 하기 위해 중요하다는 이론이다.

| 정보의 2단 흐름과 '이노베이터' |

문제에 대한 지식과 인지가 어떻게 확산되는가에 대해서는 '정보의 2단 흐름'이라는 이론이 있다. 이 이론에 따르면 일반인은 지식도 없고 관심도 없기 때문에, 직접적으로 어려운 정보를 받아들이려 하지 않는다. 정보는 일단 지식과 관심이 많은 일종의 유력자들에게 전달되고, 그들을 통해 일반인에게 흘러간다.

예를 들어 선거에서 누가 어떤 정책을 내세우고 있는지에 관한 정보는 우선 지식인, 신문기자, 활동가 등에게 전달되고 그들로부터 일반인에게 전달된다. 지방의 유력자와 학교 교사 또한 옛날에는 중요했다.

이런 생각에서 보자면 500만의 일반인이 멍하니 보고 있는 텔레비전 프로그램보다 관료와 지식인이 진지하게 읽는 3,000부의 책이 영향력이 강한 경우도 있다. 어디에 어떻게 손을 써야 하는지에 관한 타깃 설정 혹은 그 방법 등을 고려하는 것은 곧 이 운동론을 응용하는 셈이다. 이 이론으로 보면 마구잡이식 전단지 살포나 가두연설보다 훨씬 효과적인 방법을 찾아내게 될지도 모른다.

이 이론과 관련하여, 마케팅 이론의 하나인 '이노베이터 이론'도 참고가 된다. 이 이론에 따르면 소비자 가운데 이노베이터innovator(혁신자)는 2.5% 정도라고 한다. 그다음의 얼리 어댑터early adapter(초기 채용자)는 13.5%, 사회 전체의 트렌드로 형성되고 나서 재빨리 움직이는 얼리 마조리티early majority(전기 추종자)가 34%, 뒤늦게 움직이는 레이트 마조리티late majority(후기 추종자)가 34%, 마지막으로 내켜해 하지 않는 래거드laggard(지체자)가 16%로 구성된다.

이 이론에서는 일부 사람들의 움직임만으로 끝날 것인가 사회 전체로 확산될 것인가는, 이노베이터가 나서고 과연 얼리 어댑터에게까지 확산되느냐 여부에 달려 있다고 본다. 그렇기 때문에 보급률이 이노베이터와 얼리 어댑터의 합계인 16%를 돌파하면 폭발적으로 보급이 이루어진다는 것이다.

그것을 응용하면 이노베이터만이 확실한 인상을 받을 선구적인 구호나, 래거드를 겨냥한 '알기 쉽고 반감을 사지 않는' 구호는 그다지 효과가 없다고 볼 수 있다. 관심은 가지만 지식이 없고, 지식은 있지만 행동은 망설이는 층을 타깃으로 삼은 호소방식이 서둘러 전부를 잡으려 하는 것보다 효과적이고, 그것이 결과적으로 전체를 바꾸어나가는 길이기도 하다.

| 프레이밍 |

사회운동에 있어서 문제를 인식하는 방식frame(틀)을 바꾸는 것이 중요하다는 이론이 프레이밍framing이다. 현상학적인 사고를 통해 말하자면 단지 사회문제에 한정되지 않고, 인간은 복잡하게 얽혀 있는 '현실 그 자체'를 인식할 수 없다. 인간은 현실세계의 복잡성을 감축시켜 도식화하여 이해한다. 그러므로 그 인식의 틀을 바꾸는 것이 운동에서 중요한 경우가 많다고 파악한다.

예를 들어 오키나와의 후텐마 기지 이전문제와 관련하여 '전쟁으로 몰고 가는 미군기지 반대'라는 구호 외에 '듀공의 생태계가 위태로워진다'라는 구호가 강하게 어필했다. 문제의 인식을 바꿔, 마땅히 보호해야 할 바다의 동물 듀공이라는 상징을 내걸자, 사람들이 인식을 바꿔 운동을 한 단계 발전시키는 계기로 작용했다.

프레이밍 이론이 중시하는 것은 대항하는 상대가 제시하는 인식의 틀을 뛰어넘는 것이다. 예를 들어 댐 건설과 관련하여 건설 추진파가 '댐을 건설함으로써 경제가 풍요로워진다'라는 프레이밍을 제시했다고 치자. 거기에 대항하는 측이 '풍요로움보다 자연을 지켜야 한다'라는 프레이밍만으로는 좀처럼 사람들을 사회운동의 장으로 이끌어낼 수 없다. 그러나 '만들고 안 만들고는 주민투표로 결정해야 한다'라는 프레이밍을 제시하면, 사람들이 문제를 인식하는 방향을 바꿀 수 있게 된다. 그렇게 되면 댐 건설 반대파의 지지율이 올라가게 된다.

여기서 중요한 것은 뭔가 다른 틀을 제시하여 세계관을 바꾼다, 그것을 통해 형세를 역전시킨다는 점이다. 요컨대 프레이밍 이론이란 뭔가로 깜짝 놀라게 하여 그 이전과는 다른 인식을 갖게 만드는 것이라고 할 수 있다.

서독에서 '녹색당'이 등장하여 벌인 문답은 이제 전설이 되어 있다. 원래 유럽에서 환경보호운동은 보수층이 도맡아왔다. '녹색당'에는 보수적인 사람도 좌익적인 사상을 지닌 사람도 참여하고 있었다. 그리하여 "당신들은 우인가, 좌인가?"라는 질문이 터져 나왔다. 그때 "우리는 우도 좌도 아니다. 앞이다!"라고 대답했다고 한다. 이러한 문답이야말로 프레이밍의 일종이라고 말할 수 있지 않을까 한다.

같은 무대에서 승부를 다투는 것이 아니라, 그 무대를 만드는 인식의 틀과 논의 전제를 바꾸어버리는 것이다. 그렇게 되면 상대방에게 '한방 먹었다'라는 느낌을 안겨줄 수 있다. 경우에 따라서는 열세에 몰려 있던 상황에서 형세의 역전이 이루어지기도 한다.

| 구축주의와 주체형성 |

프레이밍과 닮아 있지만 약간 다른 이론으로서 제5장에서도 언급한 '구축주의'가 있다. '문제'는 원래부터 있던 것이 아니라, 누군가가 목소리를 내서 커뮤니케이션이 이루어지기 시작함으로써 그것이 인지된 것이고, 그럼으로써 '문제'로서 구축되어가는 것이라는 이론이다.

예를 들어 여성의 성역할 문제는 운동이 진행됨에 따라 '문제화'되어간 것이다. 목소리를 높임으로써 아무도 문제라고 생각하지 않았던 것을 '문제'로 만들어간 셈이다.

이것을 응용해서 말한다면 '문제'를 만들면 운동하는 세력도 만들어지게 된다.

예를 들어 1980년대부터 주목받은 '과로사'가 있다. 과중한 노동을 계속하다 죽음을 맞이하고 만 예는 과거부터 수없이 많았지만, 그것은 가령 노동운동과는 별개의 문제라고 간주되었다. 그로 말미암아 각지에서 유족들이 개별적으로 소송 따위를 벌이게 될 따름이었다. 그런데 '과로사'라는 용어가 만들어지고, '이것은 과로사라는 문제'라는 문제인식의 틀이 형성되고, 그러자 개별적으로 소송을 진행하던 사람들이 그 인식을 토대로 한데 뭉쳐 운동을 형성하고, 매스컴도 여기에 가세했다. 원래는 '존재하지 않던 문제'가 운동 속에서 현재화顯在化하고, 그럼으로써 문제를 공유하는 '우리'를 만들어나간 셈이다

'우리'를 만든다는 생각은 마르크스주의의 운동론에 진작부터 나와 있는 것이다. 당신의 노동이 괴롭다, 그가 가난하다, 그녀가 과로하고 있다 등의 문제는 개별적인 문제가 아니다. 그것은 자본주의라는 생산관계가 개별적인 문제로서 드러난 것이다. 그러므로 그것은 공통의 문제라는 것을 인식하고 함께 단결하여 주체를 형성하지 않으면 안 된다. 대략 이런 골자이다.

이처럼 사고를 전개하게 되면 노동자 계급 또한 원래부터 노동자 계급으로 존재한 것이 아니다. 운동을 벌여나가는 과정에서 스스로 주체를 만들어나가는 것이다. 지식인과 대중, 활동가와 일반인이라는 대립도 운동 속에서 상호 간의 관계가 변화하고, 발전적으로 해소되어간다고 보게 된다. 노동자 계급만

이 아니라 페미니즘에 있어서의 '여성' 등에 대해서도 비슷하게 말할 수 있다.

| 모럴 이코노미 |

역사학에서 파생되어 나온 이론으로서, 인간은 어떤 순간에 운동에 나서게 되는가 하는 학설 중의 하나가 모럴 이코노미moral economy이다.

역사적인 농민봉기나 식량폭동 등을 연구하면, 기아와 빈곤이 있다고 해서 필연적으로 농민의 저항운동이 일어나지는 않았음을 알 수 있다. 먹고사는 데 곤란이 생겼다고 해서 그것만으로 운동이 일어나는 것은 아니다. 그런데 일부 상인들에 의한 부당한 매점매석 때문에 가격이 올라가고, 아이들이 죽음을 맞이하거나 하면 봉기가 일어나고는 한다.

즉, 인간은 곤란을 겪는다고 반드시 들고 일어나지 않는다. 인간은 자신의 세계관과 윤리의 질서, 즉 모럴 이코노미를 침해당했다고 느낄 때 들고 일어난다. 이 경우의 이코노미는 '경제'가 아니라, '질서'라는 의미를 띤다.

이런 모럴의 질서는 시대와 사회에 따라서 달라진다. 예를 들어 2011년 미국의 월스트리트 점거 사례를 통해 말하자면, 격차가 있다는 것만으로는 미국 사회가 흔들리지 않는다. 미국에서 기회는 평등하게 주어져 있고 그 결과 격차가 생기는 것은 어쩔 수 없다는 모럴의 질서가 잡혀 있기 때문이다.

그러나 리먼 브라더스 사태 이후 금융권이 패닉 상황에 빠지는 것을 막기 위해 은행에 대규모의 공적자금을 투입했다. 그래서 자신들은 제대로 일자리도 구하지 못하고 있는데, 투자로 막대한 돈을 날린 금융 엘리트가 자신들이 낸 세금으로 구제를 받는 주제에 막대한 급여를 챙기는 것은 부당하다는 인식이 널리 퍼졌다. 그런 인식을 공유하게 된 끝에 금융가로 몰려가 그곳을 점거하는 사람들이 나왔을 뿐만 아니라, 부자들 가운데에서도 그런 분노는 정당하다는 지지 의견이 나오는 상황으로까지 번졌다.

이번 장의 앞에서 말한 것처럼 무엇이 사람들을 사회운동으로 나서게 만드는 대상인가는 사회마다 다르다. 또한 제7장에서 살펴본 것처럼 일본에서도 1960년과 1968년에는 '이것이 문제'라고 인식하는 틀이 전혀 달랐다. 그 이전에는 문제가 되지 않았던 테마가 사회의 윤리질서의 변화에 따라 문제화한 것도 있다. 어떤 문제를 들고 나올 때에는 사회구조와 윤리질서를 깊이 헤아려 '이것이 문제'라고 인지하도록 하는 편이 보다 바람직하다. 그렇지 않으면 '당신은 심각할지 모르겠으나 나하고는 관계가 없다'라는 반응에 부딪치고 만다.

| 어프로프리에이션 |

어떤 모럴 이코노미가 존재하는 사회에서 사람을 움직이는 방법 가운데 하나가 '어프로프리에이션appropriation'이다. 이 용어는 '유용流用', '전용転用' 등으로 번역된다.

역사적으로 운동의 성공 사례를 살펴보면, 운동하는 쪽이 내거는 슬로건이 그 사회에서 전혀 새로운 것이 아니고, 그 사회에서는 잘 알려져 있던 것을 전용한 경우가 많이 발견된다.

유럽이나 미국에서라면 노동운동의 지도자가 성서에 쓰여 있는 말을 인용하여 노동자에게 호소하는 사례가 흔했다. 계급투쟁이네 마르크스네 하며 잘 알지도 못하는 신기한 주장을 내세우지만, 그것이 노동자에게는 감이 잘 안 잡히는 소리이다. 그러나 성서는 누구든지 읽기 때문에 호소력이 크다. 성서는 노동운동을 권하고 있지는 않기 때문에 이것은 유용인 셈인데, 그런 방식이 종종 성공을 거두고는 한다.

일본에서도 성서를 유용한 사례가 있다. 오키나와의 이에지마라는 곳에서 벌어진 미군기지 반대운동에서였다. 미군에게 토지를 접수당하게 되어 있는 농민 가운데 기독교를 믿는 사람이 있어서 "검으로 일어선 자, 검으로 망할지니"라는 마태복음의 말을 인용하여 항의운동을 벌였다. 총을 거머쥐고 토지를 접수하러 온 미군 병사들도 이 문구를 내세우며 앉아 있는 농민들을 보고 자기도 모르게 힘이 빠지고 말았다.

또한 1965년에 게이오대학에서 학비인상 반대운동이 벌어졌을 때, 학생들이 내건 슬로건 가운데 하나는 "잊었는가 후쿠자와 정신"이었다. 후쿠자와 유키치는 "하늘은 사람 위에 사람을 만들지 않고, 사람 아래 사람을 만들지 않는다."라고 말하지 않았는가, 학비를 인상하여 가난한 사람들이 들어오지 못하는 대학으로 만드는 것은 후쿠자와 정신에 반하는 것이 아닌가 하는 학생들의 이런 주장은, 게이오대학이라는 사회공간에서는 학생들에게나 경영자들에게나 효과를 지니게 마련이다.

또는 제7장에서 소개한 나리타 공항 반대운동에서 합창한 〈고향〉 같은 것도 그런 사례라 할 만하다. "토끼를 잡았네/저 산에서 붕어를 낚았네"로 시작되는 노래를 부르며, 농민들이 농성하는 작은 집이 부서진 에피소드는 많은 사람들의 마음을 시큰하게 만들었다. 일본에서는 누구나 알고 있는, 어떤 사상이나 감정을 건드린 노래이기 때문이다.

그렇지만 그들이 합창한 〈고향〉은 일본의 문부성이 학교교육을 통해 널리 퍼뜨린 노래이다. 그러므로 정부에 대한 항의로서 쓰인 것은 원래의 정책적 의도와는 관계가 없는 유용이다. 권력자가 퍼뜨린 문화가 주도적인 입장을 구축하고 있는 것을 '헤게모니'라고 하는데, 그것을 이용해가며 역전시키는

것이 어프로프리에이션이라고 할 수 있다. '유용'이라고 주로 번역되지만, 일본어에서는 '혼카도리本歌取り'(일본 노래에서 의식적으로 선인의 작품 따위를 본떠서 짓는 일 • 옮긴이)나 '커버 버전cover version'(히트한 곡을 오리지널 가수나 연주자가 아닌 다른 사람에 의한 노래 또는 연주로 취입한 것 • 옮긴이) 따위로 의역해도 좋을 것 같다.

| 각각의 운동이론을 평가한다면 |

지금까지 설명한 이론은 어느 것이나 정당하지만, 동시에 한정적이다.

자원동원론이나 정치적 기회구조론은 분명히 유효한 부분이 많다고 할 수 있다. 운동의 전개를 합리적으로 이론화·전략화할 수 있음을 보여준 이론이라고 할 수 있다.

그러나 반면에 약간 기계적 혹은 개체론적일 수 있음을 부인하지 못한다. 이 이론들에서는 전제로 상정된 것이 있다. 즉, 상황과 환경을 파악하여 자원을 유효하게 동원하면 목적 달성을 이룰 수 있다는 모델이다. 경제학의 호모 에코노미쿠스나 정치학의 행동주의이론에 가깝다고 평해도 좋을 것이다.

당연한 말이겠지만, 이 이론에 가까운 형태로 현실이 움직이는 것은 게임 참가자인 운동주체, 외부 지원자, 상대방 등이 '합리적'으로 설명 가능한 행동을 취해주는 경우뿐이다. 누구나 알겠지만 현실은 이론대로 움직이지 않는다. 자원동원론을 이용한 사회운동 분석을 읽어보면, 이런 경우에는 이것이 자원 역할을 했다는 식의 사후설명밖에는 아니라는 생각이 드는 때도 있다.

쟁점관심 사이클 이론은 적합하다고 여겨지는 부분도 많지만 자원동원론과 마찬가지 전제에 서 있다. 경제학의 호모 에코노미쿠스가 돈벌이에 지치지 않는 것과 마찬가지로, 정치학의 행위자actor는 정치목적의 추구를 결코 잊지 않는 존재로 설정되어 있다. 그렇게 되면 사람들이 "사회문제에는 신물이 난다."라고 말하는 현상을 설명할 수 없다. 그런 까닭에 사회문제를 두루 인식함에 따라 '목적추구에 과다한 비용발생을 예상한 투자행동 보류'라는 식으로 설명을 하려고 한다. 분명 "행동에 나서도 성과가 오르지 않아 지쳤다."라고 말하는 상황이 벌어지기 일쑤이지만, 정말 인간이 그것만으로 행동하는 것인지는 알 수 없다.

'정보의 2단 흐름'은 1940년의 미국 대통령 선거전의 조사분석 과정에서 탄생한 이론이다. 정치가나 지식인이나 지역 유력인사의 지위가 높고 일반인의 교육 정도가 낮아, 유력자가 말하는 대로 일반인이 움직이는 사회라면 이 이론대로 될지도 모른다. 현대에도 적용할 만한 부분도 있지만, 그 범위가 한정되어 있다고 생각한다.

이노베이터 이론은 일종의 경험칙으로, 왜 그렇게 되는가 하는 근거는 명확하지 않다. 또한 상황이 점점 바뀌게 되면, 어제는 래거드로 보였던 사람이 열심히 행동에 나서는 경우도 있기 때문에, 너무 고정적으로 '상대해봤자 소용없다'라고 간주하는 것은 재고해봐야 한다.

한편 프레이밍이나 구축이론은 전혀 다른 전제 위에 서서, 어떻게 하면 지지와 공감을 넓힐 수 있는가 하는 데 초점을 맞춘다. 운동을 하는 경우에 중요한 토픽을 이론화했다는 점에서 큰 공헌을 했다. 그러나 그렇다면 어떤 프레이밍을 하면 유효한가에 대한 정설은 없다. 그저 성공한 사례를 들어 "이것은 좋은 프레이밍이었다."라고 서술하는 데 그친다고 보인다.

계급투쟁과 주체형성을 주창한 마르크스주의 운동론은 '어떤 프레이밍이 좋은가?'에 대한 명확한 해답을 내놓았다. 가장 본질적인 문제는 생산관계를 바꾸는 것이다. 그러므로 유사한 문제에 현혹당하는 사람들을 생산관계라는 본질적인 문제에 눈뜨게 하면 된다. 그렇게 하는 운동 과정 속에서 대중은 각성하며 변화해간다. 활동가 또한 운동하는 가운데 대중에게서 배운다. 그리고 활동가나 대중이나 모두 함께 변증법적으로 발전하며 진리에 접근해간다는 이론이다.

이 이론은 한때 많은 사람들을 매료시켰다. 그러나 그 근저에는 부동의 본질이나 진리가 있고, 변증법으로 거기에 다가선다는 발상이 존재했다. 그렇다면 아무래도 활동가와 당 중앙에 속한 사람들이 진리에 가깝고, 대중에게 배운다고는 하지만 역시 그들을 이끌어가야 한다는 권위주의로 귀결되기 쉬웠다고 할 수 있다. 또한 무엇보다 그런 본질이나 진리가 정말 존재하는가, 해봤더니 아니다, 하는 비판에 부딪쳤다.

사실은 궁극적인 진리를 어느 한쪽만이 알고 있다는 것은 변증법적으로 보아 있을 수 없다. 마르크스 스스로 "나는 마르크스주의자가 아니다."라고 한 말은 유명하다.

근대의 경제학이나 행동주의 정치이론은 '인간은 본질적으로 이익을 추구하는 존재'라는 보편원리를 전제로 내세웠다. 마르크스주의는 '그것은 생산관계의 반영에 지나지 않으며 생산관계야말로 본질'이라는 보편원리를 내세웠다. 현상학은 '인간의 인지는 관계 속에서 변화한다'라는 보편원리를 제시했다. 어느 쪽이나 타당한 부분이 있지만, 전부를 해결해주지는 못하는 것 같다.

그것에 대해 모럴 이코노미나 어프로프리에이션은 별도의 지점에서 근거를 찾는다. 인류보편의 원리가 과연 있는지 없는지는 알 수 없다. 그러나 언어와 문화로 나뉘는 사회집단마다 특정한 가치체계는 존재한다. 그러므로 거기에 맞춰 호소함으로써 성공한 사례가 많다는 취지만큼은 공감할 수 있다. 그럴지라도, 그렇다면 그 가치체계는 변화하지 않는가, 그저 상부구조가 아닌가, 만들 수는 없는가, 하는 질문이 잇따라 나오게 된다.

| 이론의 사용법 |

결국 인간이 하는 일이기 때문에 만능의 이론이란 나올 수 없다. 어느 것이나 현실의 일부분밖에 커버할 수 없는 것 같다.

다만 이런 것은 말할 수 있다. 어느 이론이 어떤 전제 위에 서 있는가를 알면, 그것을 적용할 수 있는 영역과 적용할 수 없을 것으로 보이는 영역에 대한 안목이 생긴다. 쇠망치, 끌, 정 등이 지닌 각각의 특성을 이해하면 조합하여 사용하는 것이 가능하다. 실제로 활동을 벌이는 사람에게는, 어떤 이론이 가장 훌륭한가보다 현실적으로 참고가 되고 소용이 닿으면 좋지 않을까.

예를 들어 자원동원론이나 정치적 기회구조론은 조직이나 제도가 제대로 잡혀 있고 사람들이 그 제도에 따라 형식합리적으로 행동하는 영역에는 잘 들어맞는다. 어느 정도 근대화한 나라의 관계나 정계, 자치단체 등에 영향을 미쳐 제도적인 목적을 달성하고자 할 때는 그 나름대로 유효할 것이다.

구성원이 반드시 합리적으로 행동하지 않아도, 권위관계와 공동체가 확실하게 자리 잡혀 있는 영역, 예컨대 지방 소도시나 촌락에서 운동을 확산시키고자 할 때는 '정보의 2단 흐름'이 유효할지 모른다. 문제를 제기할 때에는 구축주의, 형세역전이 필요할 때에는 프레이밍이 적합하다.

모럴 이코노미나 어프로프리에이션 이론은 형식합리적인 이해나 정세판단으로 움직여주지 않는 상대에 대해, 권위관계와는 다른 회로를 동원해 손을 쓸 때 효과가 있다. 원래 민중봉기의 연구에서 발생한 학설이기 때문에, 제도적인 목적 달성보다 이벤트나 데모 등에서 널리 주목을 끌었다. 그래서 사람들의 공명이나 참가의식을 끌어모으고자 할 때 등에 적합할지도 모르겠다.

| 이론 사용법의 콘셉트 |

　그러면 이런 이론이랄까 도구를 어떻게 사용하면 좋을까?

　우선 목적 설정이 중요하다. 국회에서 법안을 통과시키고 자치단체의 의회에서 의결을 촉구하는 등 제도적인 변경을 요구하며 그 실현을 도모하는가, 그렇지 않으면 문제를 널리 알리고 계몽시켜 사람들의 의식이나 인식을 바꾸고 싶은가 등을 분명히 해야 한다는 것이다.

　그 목적에 따라 부딪쳐야 할 대상을 선정하고, 그 대상을 움직이기 위한 방법을 선택한다. 법안을 통과시키고 싶다면, 정책적인 대안을 내고 정치가에게 로비를 벌이는 편이 효과적인 경우도 있다. 계몽활동을 펼치고자 하면 유명인사를 대동하여 매스컴에 홍보되도록 유도하는 방법도 좋을지 모른다. 바로 그처럼 대상이 정치가인가, 일본인인가, 아니면 전 세계 사람들인가, 어떤 자치단체에서 다수를 차지하면 좋은가 등등의 대상설정을 해야 한다.

　그렇게 하고 나서 선정된 대상과 맞부딪치기 위해서는 어떤 방법이 유효할지를 두루 살핀다. 목적과 대상, 방법의 미스매칭은 흔히 벌어지는 일이다. 시골 의회에서 결의가 통과되어야 하는데, 도쿄의 매스컴에 대고 계몽활동을 벌이는 것은 매칭이라는 측면에서 볼 때 어딘가 아귀가 맞지 않는다. 도리어 역효과가 날지도 모른다. '뭐든 좋으니까 열심히 운동을 벌인다'라는 자세는 바이러스성 간염에 걸렸는데 한방약을 먹는 것이나 마찬가지이다. 물론 한방약은 전신에 잘 듣고 시간이 지나면 간에도 좋은 작용을 한다. 물론 그 정도는 효과가 있을지도 모른다. 그러나 간이나 바이러스에 직접적으로 효과가 있는

약이어야만 즉효성을 기대할 수 있다.

다만 한방약 처방은 그 나름 중요성을 지닌다. 대의제 민주주의가 기능부전에 빠져 있는 현대사회에서는 정치가에게 로비를 벌인다 쳐도, 그것만으로는 원하는 대로 사회를 바꾸지 못한다. 말하자면 몸 전체가 허약해져 있는 것과 마찬가지 상황이기 때문에, 간에 대해서만 듣는 약으로는 효과가 약하다. 그런 경우에는 한방약으로 몸 전체의 체질을 개선하는 편이 장기적인 효과를 낸다. 데모와 계몽활동은 참가자와 사회 전체를 활성화시키고, 문제를 인지하는 힘을 키워주는 효과가 적지 않다.

데모도 벌이지 않는 침체된 사회에서 로비나 NPO 활동 따위가 제대로 이루어질 리가 없다. '데모는 낡았고 NPO 활동이 신선하다'라는 식의 제로섬 사고는 건설적이지 않다. 특효약과 한방약의 각각의 특성을 이해하고, 병행해 사용하는 것이 요즘 의학계의 조류이다.

어떤 사람은 데모 따위는 자기만족에 불과하다며, 지역 정치가의 사무소로 요망사항을 전하러 가거나, 의원회관에서 로비를 벌이는 편이 효과가 있다고 주장한다. 그것은 나가타초나 가스미가세키 주변에서 많이 접할 수 있는 의견이다. 그들이 실감하는 바로는 그 길이 틀림없이 맞다. 많은 의원들 또한 보통 사람과 하등 다를 바가 없다. 일반인들이 정계의 동향보다는 회사나 학교, 혹은 이웃과의 인간관계 쪽에 더 마음을 주듯이, 이들은 자신의 사무소에 찾아오는 후원회나 전력회사, 관료나 동료 의원들의 동향 쪽이 더 먼저 눈에 들어온다.

그렇게 보면 정계의 동향 쪽을 중시하는 그들의 견해라는 것이 어떤 면에서 보면 '나가타 촌구석의 자기만족'이 아닌가 하는 생각도 든다. 어쨌든지 간에 우선은 제도를 결정하고 있는 의원들의 행태가 그렇기 때문에, 운동주체가 만일 눈앞의 제도 변경을 중시하는 상황이라면 그것을 전제로 삼고 활동을 벌여나가야 할 것이다.

일본은 의원 사무소에 몰려간다고 해서 체포당하는 나라는 아니다. 그러므로 마음껏 알고 있는 정치가에게 목소리를 내는 것이 좋다고 생각한다. 최근의 정치가들은 낡은 기반에만 매달려 있어서는 미래가 없음을 잘 알고 있다. 아울러 일방적으로 '내가 옳다'라는 식의 설교를 하려드는 것만 아니라면, 자신이 평소 만나지 못하는 사람들로부터 다양한 이야기를 듣는 것을 즐겁게 여기기도 한다.

그런 과정 속에 참가와 대화가 발전적으로 이루어지는 것이 바람직하다. 그것이 운동을 활성화시키는 점에서나, 넓은 의미에서 '사회를 바꾼다'라는 점에서도 소중하다. 지나치게 로비에만 매달리거나 유명인사를 동원하는 데 열중하다 보면 정통성을 손상당할 위험성이 있다. 아울러 운동 참가자의 의욕이 떨어져 '당신에게 다 맡기겠다', '하고 싶은 대로 하라'라는 자세를 보이게 되기 십상이다.

행동양식에 따라서는 로비활동도 정통성과 양립한다. '이런 정책적인 대안이 있다', '이번에는 정치가인 누구가 그 문제에 대해 힘을 보탰다'라는 이야기는 운동 참가자의 힘을 북돋워준다. 그런 효과를 기대한다면, 어떤 정치가에게 로비할 것인가, 어떤 유명인사를 교섭할 것인가 등에 대해 그 과정을 공개하고 다들 그 결정에 참가하도록 한다. 정보와 결정을 위에서 독점하거나 하면, 결코 좋지 않다.

| 운동의 실례를 통해 살펴보다 |

나아가 전후 일본에서 실제로 이루어졌던 몇몇 운동을 통해 살펴보도록 하자. 이것은 이론을 어떻게 응용하면 좋을지를 검토해보는 실례이다.

예를 들어 일본에서 보인 성공적인 사회운동 사례 가운데 하나가 원전 건설을 막은 1996년의 니가타 현 미나토마치(현재의 니가타 시)의 주민투표이다. 이 사례는, 지방의 넓은 의미에서의 '보수층'이 운동에 참가한 것이 성공을 거둔 중요한 이유였다고 분석된다.

미나토마치 밖에서 온 노조원이나 지식인, 일부의 반대주민만으로는 의회를 움직여 주민투표 조례를 제정할 수 없다. 지역에 뿌리내리고, 자원을 동원할 수 있는 사람이 지도자가 된 것이 중요했다는 분석이다. 그리고 대다수 주민들의 찬동을 얻을 수 있었던 것은 원전에 대한 찬반이 아니라, 주민투표를 하는가 아닌가에 프레이밍을 맞춘 것 또한 중요한 요인이었다고 본다.

그렇지만 이것은 1990년대의 미나토마치와 같은 지방에서 주민투표라는 제도를 획득한 사례일 뿐이다. 운동을 추진하는 측에서 모의 주민투표를 실시해본즉, 예상외로 많은 투표자가 참여하여 운동에 가속도가 붙었다고 한다. 이런 점에서 알 수 있는 것처럼 협소한 사회에서 모든 사람의 이해관계가 걸린 지역에서는 근본적으로 드러난 문제에 대한 관심이 높다. 그러므로 문제 그 자체가 인지되지 않은 상태라든지, 참가의욕이 낮다든지 하는 등의 과제는 존재하지 않았던 사례이다. 오히려 오랫동안 지역사회의 굳건한 연고로 말미암아 사람들의 자유로운 의사표현이 억눌려온 것이 과제였다. 그러므로 익명으로 의사표시를 할 수 있는 주민투표라는 방식이 유효했다고 평가받았던 것이다.

그런 지역사회 속에서 다수의 지위를 차지하려면 지역에 뿌리내린 '보수층'이 움직여주는 것이 중요하다. 그러므로 원전 건설 찬성 여부가 아닌, 주민투표라는 프레이밍이 효과적이다. 또한 '보수층'이라 해도 당시에 40대 후반인

단카이 세대 전후의 자영업자와 생산자 등이 운동의 중심을 이루고 있었다. 그런 까닭에 낡은 체질을 지닌 지역 유력자가 정치가와 교섭을 벌여 모든 것을 결정하고 마는 행태가 보이지 않았다.

다만 지역에 뿌리내리고 사는 사람들이 '이것은 외부에서 온 사람들의 운동이 아니다'라는 식으로 어필했던 것이 성공요인 가운데 하나였던 것은 분명하다. 또한 1993년 자민당의 분열로 '정치적 기회구조'가 변화하고 있었던 것이 좋은 작용을 했다는 점도 있다.

이와 비슷하게 지방자치단체에 한정된 운동에서 시장선거와 주민투표가 과제로 등장했다 해도, 지역의 사회구조가 다르면 결과 또한 달라진다. 예를 들어 1970년대부터 1980년대에 걸친 가나가와 현 즈시 시의 미군주택건설 반대운동을 살펴보자. 즈시 시는 도쿄로 출퇴근하는 샐러리맨 가정이 많은 베드타운 지역으로, 운동을 들고 일어난 사람들은 보수층이 아니라 낮 시간에 거리로 나와 활동을 벌일 수 있는 전업주부들이었다. 운동의 프레이밍 또한 건설을 위해 숲을 베어내는 것을 반대한다는 점을 내세웠고, 그리하여 '이케고 미군주택 건설에 반대하며 자연과 아이들을 지키는 모임'이 결성되었다.

| 국제 NGO |

이러한 지역사회형 운동과 상당히 다른 원리로 움직이는 것이 다양한 국제 NGO이다.

개중에는 WWF(세계자연보호기금)나 암네스티 인터내셔널, 국경없는 의사회 등 세계적으로 많은 수의 회원을 거느린 조직도 있어 적극적으로 계몽활동을 벌이고 있다. 그 밖에도 팔레스타인에서 농아학교를 운영하기도 하고, 방글

라데시에서 가난한 여성들이 만든 제품을 일본에서 판매하는 등의 활동을 벌이며, 회비를 거둬 계몽활동을 벌이는 NPO도 있다. 나도 회비를 내고 있는 곳이 몇 군데 된다.

계몽활동의 경우에는 반드시 제도적인 목적을 달성하고자 하는 것은 아니다. 사람들의 의식을 바꾸고 영향력을 확대하여 최종적으로 정치에 영향을 미치고자 하는 것이다. 이러한 운동의 경우 닫힌 지역사회에서 다수를 확보할 필요는 그다지 없다. 매스컴에서 다뤄지기도 하고, 유명한 연예인이 협력을 아끼지 않아 자원동원을 행하고, 인권이나 자연보호를 호소하는 프레이밍을 동원하여 상당히 폭넓은 지지자를 확보해나간다.

이러한 그룹은 회원이 세계적으로 많은 경우에도, 데모를 조직하는 등의 행동은 그다지 이루어지지 않는다. 데모에 참석하기 위해 나가는 것은 회비 자동이체, 물품기부, 편지보내기 등에 비해 훨씬 더 노력이 필요하다.

또한 회원을 되도록 폭넓게 받아들여 복잡한 정치관계에 휘말리는 상황을 피하기 위해 불편부당不偏不黨 혹은 중립을 내세우는 경향을 보인다. 그런 의미에서도 항의 행동에 나서는 것에 익숙하지 않다. 그렇기 때문에 대다수 회원들은 일정한 계몽을 수용하는 데 머물고, 활동가로 성장하는 경우는 그다지 많지 않다. 그리하여 중심적인 활동가와의 사이가 메워지지 않는 경향을 보이는 것 같다.

이러한 전문적 활동가가 더욱 특화되면, 제도적인 목적을 달성하기 위해 로비 활동을 전개하는 경우도 있다. 회비와 기부에 의지하면서, 우수한 고학력 스태프를 대항적 전문가로 고용하여 환경문제와 인권문제 등의 국제회의에서 로비 활동을 전개하거나 하는 NGO가 그것이다. 전문가 집단이기 때문에 일반회원에게는 회비와 기부 이외의 공헌은 요구되지 않는다. 인터넷을 활용한 정보수집 등도 장기이다. 사회적 기업 형태로 문제를 발견해 니즈를 생성하고, 경영에 나서는 그룹도 있다.

이러한 활동은 자원동원론이나 정치적 기회구조론을 적용하기 쉽다고 할 수 있다. 그러나 이렇게 되면 좋을지 나쁠지는 제쳐두고, 사회운동이론보다 정치학이나 경영학 쪽이 도움이 될지도 모른다. 원래 자원동원론은 경영학의 조직론, 정치적 기회구조론은 정치학의 연구자가 각각 제창자의 일부가 되어 만들어나간 이론이다.

계몽활동이란 어떻게든 '지식이 있는 사람'과 '지식이 없는 사람'의 관계로 나뉘기 십상이다. 참가를 의식적으로 결집시켜나가지 않으면, 전문가와 회비만 내는 일반인, 즉 '주체와 객체'로 분화되기 쉽다. '참가를 늘리기 위해 참가방식을 편안하게 만든다'라는 전략은 한편으로는 바른 말이지만, 한편으로는 주체의 힘이 떨어지게 해 참가의식이 옅어지게 만드는 폐단이 있다.

| 생활 클럽 |

일종의 벤처 비즈니스이면서 사회운동의 성격이 강한 '사회적 기업'은 일본의 경우 최근에 등장한 것은 아니다. 1965년에 도쿄도 세타가야 구의 한 사회적 기업은 단 세 사람으로 이루어진 공동구매로 시작되어, 지금은 35만 명의 조합원을 거느린 생협으로 성장했다.

생활 클럽은 식품의 유해첨가물이 문제로 떠오르던 즈음, 무농약의 유기농산물을 제휴 농가나 축산가로부터 사들이고, 그것을 도시의 조합원이 매입하는 시스템으로 운용된다. 그것이 하나의 운동으로서 널리 퍼졌다. 그러다가 이윽고 지방의회에 자신들의 '대리인'을 내세우고, 정당과는 별도의 독자적 정파

제8장 • 사회를 바꾸려면

를 형성해나갔다. 원전 반대 서명운동을 벌일 때 이들이 많은 활동을 벌였다.

　생활 클럽의 특징은 일반 참가자의 부담을 줄임으로써, 회원을 늘린다는 발상을 동원하지 않았다는 점이다. 최근의 대형 유통업자는 소비자에게 좋은 물품을 값싸고 다양하게 제공하고, 불량품이 있으면 즉시 클레임을 접수하며, 값싸고 좋은 물품을 제공하는 글로벌 시장의 생산자에게서 매입해온다는 발상을 취한다. 자연히 생산자는 야단이 나고, 소비자는 수동적으로 선택하기만 하면 그만인 시스템이다. 한마디로 주체와 객체가 확실하게 나뉘고 마는 발상이다.

　그런데 생활 클럽에서는 조합원은 지역에서 반班을 만들고, 반별로 대화를 통해 주문내용을 결정하고, 반에게로 배송된 물품을 나눠 가지고 가는 시스템을 만들었다. 반을 통해 연락도 이루어지고, 생산자에게로 견학을 갈 수도 있다. 대화를 통해 결정하며 생산자의 사정도 알고 있기 때문에, 모양이 나쁜 야채 등이 배송되어도 불평이 없다. 돼지 한 마리를 통째로 구입해 집집마다 나누기도 하는데, 뜻밖에 그 행위 자체가 사람들에게 매우 큰 즐거움을 안겨준다.

　또한 생활 클럽에서는 조합원이 원하는 물품을 주문하면, 선금으로 지불한다. 일반적인 유통업자는 생산자에게서 어음, 즉 외상으로 물품을 매입하고, 소비자에게 판매한다. 만일 물품이 판매되지 않으면, 유통업자는 도산한다. 그러나 생활 클럽은 선금을 거두기 때문에 도산의 공포가 없다.

　또 생산자 입장에서 보자면, 틀림없이 매입해줄 뿐만 아니라, 물품을 건네면 곧바로 현금으로 결제해주는 좋은 조건이다. 중매인을 끼지 않고 행하는 유기농산물의 직거래는 당시까지만 해도 그다지 널리 퍼져 있지 않았던 방식이다. 그러나 그 방식이 생산자에게도 이익을 안겨주었으므로 그 뒤 널리 퍼지게 되었다.

또 생산자를 글로벌하게 물색한다는 발상이 아니라, 생활하는 가까운 지역을 존중하며 직접적인 제휴를 맺는 방식을 취했다. 야마가타 현의 어떤 지역의 쌀 생산량의 절반 이상이 생활 클럽과 제휴를 맺어, 지역사회의 존재형태 자체를 바꾸고 있다.

만일 뜻대로 이루어진다면 생산, 유통, 소비의 3자가 제휴를 맺어 저마다 이익을 볼 수 있고, 경영이 원활해지며, 궁극적으로는 3자 모두 긍정적인 변화를 이루어가는 시스템이다. 여기에서 한 발 더 나아가 자신들이 살고 있는 지역을 변화시키고자 하는 욕구가 생겨 의회에 '대리인'을 내보내는 실험까지도 하게 된 것이다.

그렇지만 반에서 주문을 결정하는 것이 매우 번거롭고, 개별배송을 통해 집에서 받는 것이 편리하다는 생각으로 생활 클럽에서 탈퇴하는 사람들 또한 적지 않다고 한다. 창립자는 이런 운동에 참가하는 사람은 경험적으로 볼 때 사회의 3% 정도라고 말한다.

이노베이터가 약 3%라는 것은 앞서 설명한 이노베이터 이론의 주장이기도 하다. 그렇지만 일본 인구의 3%라면 약 400만 명이나 된다. 이 숫자는 《주간 소년점프》의 발행부수보다 많다. 그쯤 되면 나름대로 의미 있는 운동을 벌여 볼 만한 시장을 창출할 수 있다고 본다. 또한 3%의 사람들이 어떻게 움직이느냐에 따라 전체를 바꾸어나갈 수도 있는 것이므로, 우선 3%에서부터 제대로 시작하는 것이 중요하다고 할 수 있겠다.

| 미나마타병 소송 |

지방사회에서는 대략 다수파가 보수적이다. 이에 비해 소수파가 사회

운동에 나서는 경우가 적지 않다. 미나마타병의 환자운동이 그러했다. 미나마타 시는 병의 원인을 일으킨 칫소チッソ(신일본질소비료 • 옮긴이) 미나마타 공장과 인접해 있어서, 피해는 소수파인 어민들에게 집중되었다. 환자들은 차별을 받았다. 길을 걸어갈라치면, '병을 옮긴다'라고 쑤군대며 사람들이 피해 가고는 했다.

지역사회에서 다수파를 차지할 가망은 전혀 없었기 때문에, 주민투표 따위는 불가능했다. 이런 상황에서 이들은 외부를 향해 널리 호소하는 길밖에 없었다. 그 지역에 사는 이시무레 미치코石牟礼道子, 1927~(일본의 시인 • 옮긴이)가 아름다운 문장으로 미나마타병을 고발하는 책을 썼다. 그리하여 사람들에게 인지도가 높아졌고, 환자들이 집단적으로 칫소 본사의 주주총회장으로 향했다.

그때 환자들은 전원 소복을 차려입고, 검은 바탕에 흰 글씨로 '원恕'이라는 글씨를 써넣은 깃발을 들고 행진을 벌였다. 그 모습이 텔레비전과 신문에 보도되어 사회에 큰 충격을 안겨주었다. 아마도 일본 사회운동 사상 가장 임팩트가 컸던 슬로건이자 디자인이었다고 생각된다.

미나마타 환자운동은 제도적으로는 칫소의 주식을 사서 주주총회에 참가하는 1주 주주운동을 벌이며 손해배상소송이라는 형태를 취했다. 그러나 당시에 배포된 전단지를 살펴보면 환자들이 원했던 것은 "돈벌이를 위해 사람을 죽인 사람들은 마땅히 그에 상응한 속죄를 해야 한다.", "어린 아들딸이 태아성 미나마타병이라는 난치병에 걸린 사람들이, 그 속죄를 원수나 다름없는 칫소 자본으로부터 확실하게 받아내지 못한다면, 이 세상은 어둠이다."라는 일념이었다. 주주운동을 벌인 것도 그렇게 하면 칫소의 사장을 직접 만나 이야기를 나눌 수 있다는 이유에서였고, 칫소의 중역을 상대로 "돈은 필요없다. 당신도 공장의 폐수를 마셔라!"라고 몰아붙였다.

이러한 운동은 자원동원론 같은 이론으로는 분석하기가 어렵다. 그런 과격한 호소방식을 취하면 경제계와 정부의 합의를 얻을 수 없다. 그러므로 목적달성을 위해 조금 더 현명한 운동방법을 제시했을지도 모를 일이다. 정책적인 대안을 내놓는 것도 아니다. 자원동원론에서는 운동주체의 정당성 또한 자원 가운데 하나로 집어넣지만, 약간은 사후의 설명처럼 여겨지기도 한다.

그러나 이러한 비합리적인 행동은 형식합리성을 뛰어넘는 '이理'의 감각에 호소하는 것이다. '저 사람들이 분노를 대표하고 있다'라고 받아들인 사람이 적지 않았다. 어떤 분노냐는 질문을 받으면 '존엄성을 빼앗긴 분노', '자본주의에 대한 분노', '문명에 대한 분노', '신의 분노' 등등 대답하는 사람에 따라 다양하게 나올 것이다. 결과적으로 지지가 확산되고 세계적으로 알려지게까지 된 것은 독자들도 잘 아는 바와 같다.

이러한 환자들의 존재가 던져준 임팩트는 문화의 장벽을 뛰어넘어 각 사회마다 다른 모럴 이코노미에 입각한 재료를 어프로프리에이션하는 방법으로 표현되었다. 이시무레 미치코의 책은 『고해정토苦海浄土』라는 불교적인 제목으로 간행되었다. 작품 가운데 등장하여 유명해진 에피소드는, 신경이 손상된 나이든 환자가 병원에서 경련을 일으키면서 "천황폐하 만세!"라고 외치는 장면이었다. 미국의 사진가 유진 스미스는, 태아성 미나마타병이 걸린 딸을 껴안고 목욕탕에 들어가는 어머니를 십자가에 못 박혀 죽은 그리스도를 안고 있는 마리아를 그린 성모자상 〈피에타〉와 똑같은 구도로 촬영했다.

이것은 제도적인 목적을 달성하려 한 것도, 계몽활동에 의한 의식변화를 노린 것도 아니다. 일종의 '정의'의 실현을 지향한 운동으로서 시작된 것이다. 그렇지만 어느 사회운동이나 적어도 애초의 동기로서는 이러한 부분을 포함한다고 말할 수 있겠다. 적지 않은 운동가들은 운동의 노하우와는 별개로, 최초로 자신을 운동에 나서게 만든 '원체험'을 지니고 있다.

사실은 그런 점이 인간이 만드는 이론으로는 분석하기가 어렵다고 할 수 있다. 데카르트나 뉴턴 모두 세상에서 일어나는 운동은 수식으로 파악할 수 있고, 조작할 수도 있다고 했다. 그러나 운동을 처음 일어나게 한 '힘'은 무엇인가에 대해서는 그것은 신의 은총이라고밖에 말할 수 없었다.

| 베평련 |

제7장에서 쓴 바와 같이, 1965년에 깃발을 올린 베평련(베트남에 평화를! 시민연합)은 일본 시민운동 역사에서 성공한 사례로 꼽힌다.

이들이 기본 신조로 내세운 것은 '조직이 아니라 운동'이었다. 고정된 멤버십이나 피라미드형 조직이 없고, 들어오고 나가는 것이 자유롭다. 피곤이 느껴져 오지 않아도 배반자라는 말을 듣지 않고, 잠시 쉬다 다시 나오면 환영을 받는다. 바로 그런 이상을 내건 것이다.

'조직이 아니라 운동'이라 함은 운동은 곧 상태이며 개체가 아니라는 발상이다. 활동가는 활동을 하는 사람이지, 활동가라는 개체가 아니다. 그러므로 '보통사람'도 활동을 하면 '활동가'가 되고, '활동가'도 활동을 하지 않으면 '보통사람'이다.

그런데 세상에는 개체론적인 발상에 사로잡힌 사람들이 많다. 그런 사람은 회사를 퇴직하여 재취직하려고 할 때 "당신은 무엇을 할 수 있습니까?"라는 질문을 받으면 "부장을 할 수 있습니다."라는 등의 대답을 하여 실소를 자아내게 한다. '활동가'는 활동하는 사람 이상의 존재가 아니다.

'베평련' 또한 그 이름 아래 모여 운동을 벌이고 있는 상태이지, 결코 조직이 아니다. 운동을 벌이는 방법으로는 데모, 이벤트, 배지달기, 음악, 잡지 등등 뭐든지 좋다. 이런 운동을 하자고 기획을 내놓으며 말을 먼저 꺼내는 사람은 있지만, 위원장이라든가 리더는 없다. 대변인 역할을 하는 대표격을 두는 정도이다.

1969년에는 전국적으로 약 360만 명의 '베평련'이 있었다고 하는데, 최초 결성된 도쿄 베평련 또한 정확하게 집계되지는 않았다. 중앙본부나 지부라는 관계가 아니기 때문에 각지에서 '베평련'의 이름으로 운동을 벌이고자 할 때 '베평련'의 이름을 업고 자유롭게 활동해도 좋다는 취지였다.

이러한 발상은 물화와 변증법의 사고방식을 이해하는 사람은 쉽사리 알아차릴 것이라고 생각한다. '노동자'나 '자본가'는 고정적인 개체가 아니라, 이 세상에 '노동자'와 '자본가'라는 형태로 나타난 상태에 지나지 않는다. 원래 '조직이 아니라 운동'이라 한 것은 프랑스 공산당원이자 물리학자로 평화문제를 깊이 천착한 장 졸리오퀴리1900~1958년의 말로, 마르크스의 사상으로부터 나온 것이라고 생각된다.

베평련이 이러한 말을 내건 까닭은 당시는 세력이 강했던 공산당, 사회당, 노동조합 등에 대한 안티테제Antithese라는 의미도 강했던 것 같다. 물론 그것을 뛰어넘는 사상적인 의미도 있었다고 할 수 있다.

이런 운동이기 때문에 베평련은 강령이라든가 통일적 방침 같은 것도 만들지 않았다. '베트남에 평화를!'이라는 목적 아래 운동을 벌이는 것이라면, 누가 해도 자유이다. 누군가 그 취지의 운동을 제안하고 뜻을 함께하는 사람이 모여 실제로 운동을 하면 그만이다. 그 기획에서 사람들이 얼마나 모여들 것인가는 오직 그 기획의 좋고 나쁨에 달려 있을 뿐이다. 도쿄 베평련이 주최하는 데모도 많을 때에는 5만 명, 적을 때에는 50명 정도였다.

물론 운동 과정에 논란이 벌어져, 전쟁의 원인인 자본주의에는 반대하지 않는가 하고 나서는 사람들도 있었다. 그에 대해서는 자본주의에 반대하는 운동을 벌이고 싶은 사람은 얼마든지 그렇게 해도 좋고, 베평련의 집회에서 그런 운동을 벌이고 싶으니까 참가하라고 선전해도 관계없다고 했다. 원래 위원장이나 본부나 강령 같은 것이 존재하지 않기 때문에, 자리를 차지하고 방침을 결정하며 조직을 움직이는 것이 가능한 운동도 아니다.

기본이 되는 생각을 간략히 표현한 것은 '베평련 3원칙'이라고 불렸다. '하고 싶은 것을 하라', '말하고 싶으면 스스로 말하라', '타인에 대한 비판은 하지 말라(그렇다면 스스로 행하라)'라는 취지의 것이었다고 한다.

이러한 발상을 접하며 매스컴이나 정당은 대단히 당황했던 모양이다. 당시 여러 신문기자들이 "베평련의 본부는 어디입니까?", "위원장은 누구입니까?", "강령은 없습니까?", "지부는 얼마나 됩니까?", "회원은 얼마나 됩니까?" 같은 질문을 쏟아냈던 모양이다. "그런 것들이 확실치 않다면 제대로 된 운동이 아니지 않나?"라는 반응도 있었다고 한다.

조직이 아니기 때문에 운동이 끝나면 사라지고 마는 것이 아니냐 하는 의견도 있었다. 미군의 베트남 철수가 결정된 후, 도쿄 베평련은 해산했다. 이를 아쉬워하는 의견도 있었지만, 조직을 유지하기 위해 또 다른 테마를 찾아 운동을 전개하는 것은 본말전도라고 보았던 것이다. 각지에 근거를 둔 그룹은 자유롭게 결정해도 좋다고 했다. 그리하여 훗날 지역 시민운동의 원류가 된 경우도 있다. 해산식에서는 "각자가 하고 싶은 것을 하는 장소가 베평련이므로 해산되면 어떻게 하느냐고 말할 사람은 없을 것"이라는 공식적인 멘트가 나왔다.

이상적인 운동인 것처럼 보이지만, 이렇게 해서 어떻게 운영이 이루어질까

하는 문제가 있다. 실제의 운동 과정을 살펴보면 도쿄 베평련 중심에는 지식인과 예술가, 공산당에서 탈퇴하고 경험이 풍부하며 유능한 활동가 등이 존재했다. 그들의 이론, 아이디어 및 경험이 실제의 운동현장에서 빛을 발휘한 장면은 허다하다. 베평련은 미군 탈영병을 국외로 망명시키는 아슬아슬한 비합법 활동도 벌였고, 미군 내에 반전활동을 조직했던 정황까지도 알려져 있다. 아무튼 그러한 활동을 개방의 원리와 공존시켜 운영하는 경우에도 지식과 경험이 필요했던 것 같다.

지방 베평련의 경우에는 청년층이 자유로이 만든 것도 많았지만, 지역의 지식인이나 노조 활동가 등이 중심을 이루어 형성된 것도 있었던 모양이다. 역시 1960년대의 운동이기 때문에 콘셉트는 새로웠지만, 지식인이나 활동가가 힘을 지니고 있던 시대의 사회구조 내에서 이루어진 운동이었다는 측면만큼은 분명하다.

하여간에 그런 사람들이 중핵을 이루면서 젊은 참가자가 모여들었고, 이윽고 그 젊은이들이 운동을 통해 풍부한 경험을 쌓았다. 그들이 그 후 시민운동의 중심으로 올라서거나 저널리즘에서 활동한 예는 얼마든지 있다. 운동의 콘셉트가 '활동가'와 '일반인'의 경계를 허물어 많은 사람들의 참가를 촉구하는 효과는 발휘했다고 할 수 있다.

또 이러한 운동은 지역사회에서 다수를 차지한다든가, 단독의 힘으로 제도적인 목표를 달성하려는 것에는 적합하지 않다. 지방의 지역사회를 파고드는 정도는 낮았고, 응집성과 지속성에도 분명 한계가 있었다. 그러나 사람들이 '자유'로워진 도시형 운동에는 적합했다.

| 이렇게 하면 실패한다 |

앞에서 든 사례는 저마다 장점과 단점을 지니고 있다. 어떤 목적을 달성하고자 하는가, 어떤 사회조건 아래에서 운동을 벌이는가에 따라 참고하는 수밖에 없을 것이다.

이쯤에서 이렇게 하면 반드시 성공한다는 말은 하기 어렵지만, 이렇게 하면 반드시 실패한다는 말은 할 수 있을 것 같다. 실패에는 일정한 경향이 존재한다.

그것은 과거의 성공경험을 시대와 사회조건이 전혀 다른 곳에 들이대면 대체로 실패로 끝나고 만다는 것이다. 사회의 전체적 경향은, 사람들이 자유로워졌고, 재귀성이 증대되어 있다. 그러므로 개체론적인 발상으로는 사회운동이 제대로 작동하지 않는 경향이 공통적으로 엿보인다. 선거활동에서도 과거전형적인 지방사회로 간주되던 지역에서조차 최근에는 부동표가 늘어나고 있다. 그리하여 종래와 같이 저곳 상가번영회에서는 몇 표, 이곳 주민자치단체에서는 몇 표라는 식으로 접근해서는 보수층의 후보가 당선할 수 없게 되었다.

개체론적인 발상이 운동에서 폐해를 끼치지 않도록 주의해야 할 점으로서는 다음과 같은 몇 가지를 말할 수 있겠다.

우선 운동을 조직이라고 생각하지 말아야 한다. 조직을 장악해야 한다는 발상을 갖게 되면, 운동의 방향을 두고 다툼을 벌이거나 보스를 통해 이야기를 매듭짓고자 하는 등의 행태를 보이게 되기 쉽다. 조직을 지켜야 한다는 발상을 갖게 되면, 조직을 위해 저런 사람은 내보내자거나 겉보기만 유력한 유명인사에게 소속되자고 생각하게 되기 쉽다. 그 결과 정통성이 약화되고, 사람들이 결집되지 않는 사례가 과거에 많았다.

'통일'이라는 발상 또한 조직을 개체로 본 발상이다. ○○노조는 조합원이 1만명, ××당은 2만명, △△동맹은 3만명, 그러므로 각 조직의 지도자들이 모여 통일전선을 결성하면 6만 명의 집회를 개최할 수 있다. 의견이 다른 조직의 지도자를 포용하기 위해 운동방침을 무난한 것으로 정한다. 그리고 말단 구성원 가운데 이를 따르지 않는 사람은 추방한다. 그렇게 되면 형태만 갖춘 느슨한 집회일 뿐, 조금도 즐겁지 않다. 그러므로 참가자가 더더욱 줄어든다. 사회의 시선 또한 싸늘해져 집회 참가자들을 별난 사람이라고 간주한다. 그런 악순환이 과거에는 빈번하게 일어났다.

인간에 대해서도 '개체'로 간주해서는 안 된다. 저 사람은 활동가이다, 저 사람은 의식이 낮다, 저 사람은 ××파이다, 저 사람은 한 번 배신했다, 저 사람은 그때 오지 않았다 등등…. 인간은 평생토록 의식이 낮지도 않지만, 평생토록 의견이 다르다고도 단정할 수 없다. 이쪽에서 잘 대응하기만 하면, 바뀌게 될지도 모른다.

재미있게도, 탄압하는 세력은 흔히 사회운동을 벌이는 세력의 개체론적인 사고방식을 이용하려 든다. 어느 정도 궤도에 오르는 사회운동이 등장하면, '온건파'와 '과격파'로 분열되도록 만든다.

예를 들어 두드러진 사회운동이 벌어졌을 때, 중심적으로 활동하는 사람을 교통위반이나 공무집행 방해 등의 죄목을 붙여 본보기로 체포한다. 그것을 본 사람들이 두려움에 떨어져 나가거나 활동에 주춤하게 된다. 그러면 남은 사람들을 '과격파'라고 몰아붙일 수 있다. 물론 직접적으로 체포하지 않고 심하게 규제하는 방법을 동원해, 운동이 뜻대로 발전하지 못한다는 분위기를 조성하는 것만으로도 이러한 분열을 일으킬 수 있다.

그렇게 되면 운동을 벌이는 과정에서 '온건파'와 '과격파'의 대립이 조성된다. '온건파'는 조직을 지키기 위해 과격파들이 떠나야 한다고 생각하고, '과격파'는 저자들은 기개가 없는 배신자라고 몰아붙이며 서로 싸운다. 그것이 소문을 타고 번지면 사람들이 모이지 않는다. 그럼으로써 대립이 더욱 격화된다. 이윽고 '온건파'는 점점 활동을 하지 않다가 사라지고 말고, '과격파'는 더더욱 과격해져 영향력을 상실하는 흐름을 보인다.

이런 양상은 어느 나라에서나 보이지만, 일본의 경우 메이지 시대의 자유민권운동의 탄압 시기부터 100년 이상이나 계속되었다. 매스컴 또한 이런 맥락이 알기 쉽기 때문에, 온건파와 과격파의 대립이 일어났다는 식으로 보도해댄다. 이러한 악순환에 빠져들었다면 에포케epoche(판단정지)를 하여 머리를 식혀야 한다.

| 개체론적이지 않은 운동 |

반대로 생각해보자. 운동을 조직이라고 생각하지 않는다. 그저 움직이는 상태이다. 어떤 목표를 위해 기획을 세우고, 그것을 중심으로 사람들이 모여 움직이는 상태이다.

모여드는 숫자가 많은 것이 좋을지 여부는 목적에 따라 평가하면 된다. 지역이든 선거구든 어떤 단위의 사람들이 모일 필요가 있는가. 단순히 숫자가 많기보다 요소요소에 공명하는 사람이 존재하는 편이 좋은가, 느슨하지만 널리 확산되어 숫자가 많은 편이 좋은가, 소수일지라도 열심히 활동하는 사람이 좋은가, 비적극적일지라도 많은 사람들이 있는 편이 좋은가, 한 사람 혹은 소수일지라도 '그들이 우리를 대표한다'라고 느낄 수 있는 편이 좋은가.

뭐가 됐든 숫자로 환원할 수 있고, 그러므로 숫자가 많으면 많을수록 좋다는 생각은 근대사회의 특징적인 사고방식이다. 그러나 숫자가 모이지 않으면 정당성이 확보되지 않는다, 보도가 이루어지지 않으면 자신감을 가질 수 없다는 등의 생각은 불행한 의식이다. 그런 것으로 증명되는 정당성은 눈 깜짝할 사이에 흔들려버리고 만다. 다수의 지지를 얻지 못하면 당선되지 못하는 이른바 제도적인 것은 물론 별도의 문제이다.

"도쿄였다면 몇만 명의 데모대가 형성될 수 있을 테지만, 지방에서는 그게 안 된다."라고 말하는 사람도 있다. 주위의 눈을 의식해서 사람들이 모이지 않기 때문이라고 말하는 것 같다.

그러나 그것은 수를 오해하는 것이다. 1,000만 인구의 도시에서 2만 명이 나서는 것과, 1만 명의 도시에서 20명이 나서는 것은 인구비례라는 면에서는 동일한 것이다. 예컨대 서로 모르는 사람이 없는 지방에서는 "저 사람이 운동을 벌이고 있다.", "참 저렇게 하기 어려운데.", "대단한 사람이다." 하고 모두가 바라본다. 반발 또한 클지 모르지만, 그것은 관심을 가졌기 때문이라는 측면이 있다.

운동은 정치목적을 달성하기 위한 수단이기도 하다. 그러나 어떤 연결고리를 통해 나와 타인의 활성화 상태를 만들고, 그에 따라 인간관계와 지역사회를 바꾸어나가는 것이기도 하다. 사람과의 인연은 소중히 여겨야 한다.

예를 들어 데모를 벌이며 걸어가는데, 옆 사람과 대화를 나누지 않는 것은 손실이 아닐 수 없다. 어디에서 왔고, 무슨 생각을 하고 있는지 등등 공통된 대화는 얼마든지 있다. 지인을 만나면 환호성도 질러보자. 유명인사와 마주치면 말을 걸어봐도 좋지 않을까. 데모에는 누가 와도 좋고, 누구나 평등한 공공의 장이다. 연대감과 활기를 얻어 돌아가도록 하자. 거기에서 다음번의 행보가 비롯되는지도 모른다.

규모가 큰 데모나 집회에 가서 그다지 재미가 없었다면, 재미있을 법한 장소를 스스로 찾아보자. 최근의 규모가 큰 데모는 음악을 연주하는 무리, 오로지 슬로건만을 외치는 무리, 느릿느릿 지나가는 무리, 타악기를 신나게 두드리는 무리, 반주에 맞춰 노래를 부르는 무리 등 다양한 취향을 드러낸다. 나에게 맞는 취향이 없으면 몸소 나서서 만들어봐도 좋을 것이다.

지역의 연고도 중요하다. 2011년 4월의 고엔지 데모는 인터넷으로도 많은 사람들이 모였지만, 지역의 연고를 통해 참가한 사람들 또한 상당했다. 가령 그 데모에 참가한 30대의 어떤 사람은 재활용품 사업을 하고 있었다. 사실 30대는 고엔지 데모의 주력이기도 한데, 그는 고령화가 한창 진행되고 있는 상점가를 활성화시키기 위해 다양한 노력을 기울이며 상가번영회의 부회장직도 맡고 있었다. 그는 재활용품을 수거하러 나간 곳이나 자신의 가게 등에서 오랜 시간을 들여 노인들과 대화를 한다고 한다. 고엔지 데모에서는 상점가와 제휴하여 데모가 끝난 뒤풀이 때에 데모 참가자에게 음식값을 할인해주는 가게를 선전하는 활동도 이루어졌다.

사회운동을 벌여나가려면 구체적으로 사람들이 모일 장소가 중요하다. 내가 찾아간 고엔지 데모 회의 때는 밤 8시부터 멤버의 가게 한 곳을 회의장소로 개방해 근처를 중심으로 한 수십 명의 사람들이 의장 없이 떠들썩하게 이야기를 나누었다. 회의가 끝나고는 역 앞의 광장으로 자리를 옮겨 길거리 맥주파티를 열었다. 미나토마치의 주민투표 운동 또한 돈을 추렴해 그들의 거점 노릇을 한 조립식 건물prefab을 마련한 것이, 운동을 비약적으로 발전시킨 계기였다고 평가받는다. 자유로이 민회를 열 장소가 있으면, 직접민주주의의 활기를 띠게 된다. 인터넷은 아직 그것을 대신할 정도까지는 되지 않은 것 같다.

운동을 벌이는 데 결코 확정적인 방식은 없다. '이것이 사회를 바꾼다'라는 대상에만 부합되면 되는 것이다. 투표나 로비활동, 데모나 NPO, 인터넷이나 신문 등 방식은 얼마든지 다양할 수 있다.

정치가나 관료들도 대화를 나누는 것이 바람직하다고 생각한다. 그처럼 평범치 않은 일을 하는 이들은 원래 남을 위해 무언가를 하고 싶다고 생각했던 사람들이다. 그러나 그처럼 하고 싶은 바를 달성하기 위해서는 당선되어야만 한다. 그런 생각에 집착해 있는 동안에, 자기도 모르게 목적과 수단을 혼동하는 경우가 생긴다. 그런 경우에는 솔직하게 "당신은 정말 그런 일을 하고 싶어서 정치가가 된 것입니까?" 하고 물어보면 좋을 것 같다. 대부분의 사람들은 나쁘다고 인식을 하면서도 그것을 그대로 행할 정도로 완강하지 않다.

정치가와 관료는 악마가 아니다. 그렇다고 신도 아니다. 그들에게 의존한다고 모든 것을 해결해주지 못한다. 운동에는 저마다의 사정과 한계가 있는 것처럼, 정치가에게는 정치가로서의 사정과 한계가 있다. 상호 간에 상대방을 이해하며 대화의 능력을 키워 공동으로 만들어나간다는 자세가 중요하다. 무원칙한 타협은 필요치 않지만, 불가능한 것은 요구하지 않는다. 그리하여 이쪽에서 할 수 있는 무언가를 제시하여 상대방의 협력을 끌어내보자.

거듭 말하는 것이지만, 인간은 개체가 아니라, 행위와 관계와 역할의 연결체이다. 정치가는 '정치를 하는 사람', 활동가는 '활동을 하는 사람', 리더는 '지금 리더 역할을 맡고 있는 사람'을 말할 뿐이다. "나는 부장이다."가 아니라, "당신 앞에서는 부장을 맡고 있다."라는 것을 가리킬 뿐이다.

당신은 이렇게 생각할지도 모른다. 그렇게 생각한다면 자신이 안정되지 못하는 것이 아닌가? 내가 보기에는 결코 그렇지 않다. 과거라면 어땠을지 모르겠으나, 한번 생각해보라. 24시간 내내 그리고 평생 자신이 어머니라고만 생각하는 사람과, 애들 앞에서는 어머니라고 생각하는 사람이 있다고 해보자. 과연 어느 쪽이 더 수월할 것이며, 어느 쪽이 더 즐거울 것이며, 어느 쪽이 더 안정된 자신이겠는가? 아니, 어느 쪽이 더 '좋은 어머니'가 될 수 있겠는가?

운동을 벌여나가는 중에 각자가 지닌 특성에 따라 역할분담이 이루어지는 것이 나쁜 것이라고는 생각하지 않는다. 아이디어를 내는 사람, 그것을 구체화시키는 사람, 정리를 하는 사람, 고지식한 사람, 흥분을 잘하는 사람, 별로 도움 되는 것이 없는 것 같지만 함께 있으면 좋은 사람 등등 운동을 벌이는 현장에는 가지각색의 사람들이 존재한다. 남 앞에서 말하기를 좋아하는 사람, 그림을 잘 그리는 사람, 몸소 움직이기를 좋아하는 사람, IT에 유난히 강한 사람도 있을 수 있다.

분담은 그 사람이 지닌 고유의 속성이 아니라 역할이다. 사람들을 임파워먼트하기 위해 역할을 뒤바꿔 행하는 것도 좋다. 말을 잘하는 사람이 매스컴을 상대하는 역할을 해왔지만, 다음번에는 그 역할을 다른 사람에 맡겨보는 것이다. 사회운동의 노하우를 잘 아는 사람이 처음에는 리더십을 발휘하게 마련이지만, 노하우가 두루 퍼지면 그 역할은 끝난다. 활동하다 심한 피곤을 느끼면 다른 사람과 교체하고, 그러다 다시 돌아오면 환영받는다. 그렇게 하는 것이 좋지 않겠는가?

난 아무런 특기도 없다, 비판하기는 좋아하지만 활동은 젬병이다, 하는 사람도 있다. 그런 사람은 사회운동에 적합하지 않다고 말하기 이전에 어쩌면 사회생활 자체에 적합하지 않을지도 모른다. 그러나 그런 사람도 나름대로 운동에 참여시키는 방법이 있다. "○○은행은 ××전력에 2조 엔이나 융자를 해주고도 문제가 없겠는가?"라든가 "폐기물 저장시설도 없는데 원전을 재가동해서 어쩌자는 것이냐?"라는 등의 주장내용을 인터넷이나 전철 안에서 외치게 하는 것이다. 그렇게 해서 '나도 할 수 있다'라는 감각을 가지게 되면, 그 다음에 또 다른 역할을 하게 될지도 모른다.

재미있게도 위에 말한 바와 같은 역할을 하는 사람이 어느 사회에 가나 어김

없이 존재한다. 리더, 정리 역할, 지혜로운 사람, 노동자, 예능 재주꾼, 시인, 소극적인 사람, 쓸모없는 사람 등이다. 모든 사람이 다 지도자감인 조직도 없거니와, 온통 쓸모없는 사람뿐인 조직도 없다. 연예인만 모아놓은 예능 프로덕션이나 학자들만 모인 대학에서도, 정말 자연스럽게 다양한 자질을 지닌 사람들이 두루 존재하는 것을 보면 신기하다. 원래 인간은 그런 역할이 두루 갖춰진 사회밖에 만들 수 없는 존재인지도 모른다.

그렇다면 어제의 리더도 오늘은 활동을 벌이지 않을 수 있고, 오늘의 소극적인 사람이 내일은 적극적인 활동가로 나서게 될지도 모른다. 위기가 닥쳐왔을 때, 평소 쓸모없는 사람이라고 여겨졌던 인물이 뜻밖의 힘을 발휘해 전체를 구하는 경우도 있는 것이다. 어느 한쪽만을 향해 일방적으로 효율화를 기해 낭비와 이견異見을 모두 잘라내 버리는 조직은 환경의 변화와 예상 밖의 사태에 극히 취약해지고 만다. 이는 조직론에서 상식에 속한다.

궁극적으로 말하자면 이 세상에 쓸모없는 인간은 존재하지 않는다. 플라톤은 통치계급·전사계급·생산자계급은 각각의 혼이 형태로 드러난 존재라고 보았다. 그들 모두가 국가에 필요하고, 그들의 조화야말로 정의의 실현이라고 보았다. 애덤 스미스는 인간의 능력에는 그다지 차이가 없고, 분업의 결과 역할과 직업이 형성되는 데 지나지 않는다고 했다. 나는 그 말이 맞을지도 모른다고 생각한다.

| 개체론적인 전략 |

다만 개체론적인 발상은 전략을 세우는 데 매우 유용하다. 적확하게 대항상대의 배치와 약점을 파악하고, 자신들이 동원할 수 있는 자원을 유용

하게 활용한다. 그렇게 운동을 벌여나가는 것이 알기 쉽기 때문에, 결과적으로 운동 참가자들의 열기를 북돋워주는 길이기도 하다.

예컨대 매스컴의 보도를 바라는 경우, 개체론적인 발상이 유효하다. 매스컴은 '개체론적인 구성이 잡히지 않으면 인지할 수 없다', '일반 독자(시청자)가 중요하다고 인지할 수 없는 것은 보도할 수 없다'라는 생각을 굳게 지니고 있다. 일반 독자가 영원히 변하지 않는다는 믿음을 머릿속에 단단히 박아놓은 셈이다.

보도되는 것이 운동을 전개시키는 데 매우 중요하다고 판단한다면, 매스컴에서 받아들이기 쉽도록 구조를 만들어 보여주자. 즉, '주체'와 '객체'를 만들어 보여주는 것이 긴요하다. 예를 들어 데모를 벌일 경우, 주최자, 데모의 슬로건, 동원하는 숫자, 목적, 일시와 장소 등을 보도자료로 만들어 신문사나 방송사로 보낸다. 평소 신문사나 방송사의 담당기자를 체크해두었다가, 취재해줄 만한 기자를 지명해 보내면 더욱 효과적이다.

기자회견을 열거나, 대표역을 내세워 운동의 진행상황을 설명할 수도 있다. 알기 쉽게 짧은 슬로건을 만드는 것도 좋은 방법이다. 유명인사를 대동하거나, 정치가 혹은 국제단체에게서 지지를 받고 있다고 내세울 수도 있다. 아니면 전혀 새로운 스타일로 이벤트를 개최하는 방법도 있다. 사진촬영을 하기에 적합한 장면을 제공하거나, 아예 그런 사진을 만들어두면 '뉴스로서의 가치'를 더욱 높일 수 있다.

이런 것들은 일종의 방편이다. 그렇게 해서 매스컴에 등장한 대표역이 우쭐해하거나, 보도된 것처럼 운동의 방향을 바꾸거나 한다면, 그것은 그야말로 본말이 전도된 것이다. 의도한 대로 보도가 이루어지지 않거나, 보도내용이 운동의 이미지와 다소 동떨어지게 나온다 해도, 손해가 없다면 웃어넘기도록 한다. 손해가 났다면, 그것은 그 나름대로 대응하면 그만이다.

이렇게 말하면 매스컴 종사자들은 불쾌하게 여길지도 모른다. 인간은 대체로 자신이 개체론적인 전략론의 대상이 되면 기분이 나빠진다. 자신이 이미 결정되어 있는 상투적인 행동밖에 하지 못하는, 한마디로 조작 가능한 객체로서 취급당한다고 느끼기 때문이다. 거꾸로 말해 이런 전략론을 우리 편으로 삼고 싶은 사람에게 적용할 경우 매우 주의해야 한다. 상대를 조작 가능한 객체로 취급하면, 상대 또한 이쪽을 조작 가능한 객체로 취급해도 좋다는 의미가 되어버리기 때문이다.

또한 개체론적인 전략론은 상황이 유동적이면 적용할 수 없게 된다. 모든 과학실험이 그런 것처럼, 운동하고 있는 개체가 이론과 다른 움직임을 취하지 않을 것과 외부환경을 무시할 수 있는 경우에만 유효하다. 정책 A를 통과시키기 위해서는 정치가 B를 움직여야 한다. 그러기 위해서는 압력단체 C와 협상을 벌이는 것이 좋다는 식의 '정치의 프로' 혹은 '운동의 프로'들이 내세우는 발상이 있다. 그러나 이런 발상은 A와 B와 C는 예측된 대로 이익추구 행위를 지속해야 하고, 외부환경인 여론이나 소규모 운동 등은 무시할 수 있다는 전제 위에 서 있다. 상황이 크게 변화하고 그때까지 무관심하다고 생각했던 사람들이 점점 많이 운동에 참여하는 등의 사태가 벌어지면 이런 발상은 전혀 도움이 되지 않는다. 아니, 오히려 역효과가 날지도 모른다. 그런 경우에는 이쪽에서 적극적으로 다가감으로써 사람들을 바꾸어나간다는 관계론적인 자세를 취하는 편이 더 효과적이다.

철학이나 사회학에서는 '목적합리성'과 '형식합리성'으로 구별한다. 진리에 도달한다는 '이理'에 들어맞는 것이 '목적합리성', 이것을 위한 수단과 도구로서의 논리성이 '형식논리성(도구적 이성)'이라고 생각하면 좋을지도 모르겠다.

운동에 한정된 것은 아니지만, 인간은 수단에 집착하다 목적을 잊고는 한다. 행복해지는 것이 목적이고 임금노동은 그 수단에 불과한 것임을 모르는 사람은 없다. 그러나 지나치게 일을 하다 몸을 망치거나, 가족이나 친구들과의 관계를 파괴하는 경우가 적지 않다.

그 밖에 정치목적을 실현하기 위해 정권을 잡는 것인데, 정권을 유지하기 위해 목적을 포기하는 일도 있다. 공공사업을 위한 공공사업, 원전을 위한 원전, 제도를 위한 제도, 선거를 위한 선거와 같은 일도 다반사로 일어난다. 운동 또한 마찬가지이다. 조직을 지키기 위해 운동을 포기한다. 정치가에게 의지를 하는 중에 그저 표를 끌어모으는 하부조직으로 전락하고 만다. 공공의 목적을 지닌 사회적 기업이 그저 단순한 영리기업이 되어버리고 만다. 그렇게 되면 무엇을 위해 운동을 벌이는 것인지 알 수 없게 된다. 전략을 갖추지 않은 운동은 안 된다는 말 자체는 정론이라 하겠지만, 전략만 공부하거나 외부에서 그것을 가져와서는 아무것도 이룰 수 없다.

처음부터 강조했던 것처럼 무엇이 목적인가를 분명히 하는 것이 가장 중요하다. 철인왕의 교육에서도 그랬지만, 그것을 구체화하는 형식론적인 부분은 나중에 공부해도 되고 다른 사람에게 그것을 맡겨도 된다. 목적 달성을 위해 대상과 방법을 선택하는 것은 중요하다. 그러나 방법에 구애되어 목적을 잊으면, 타인과 자기 자신을 방법을 위한 수단으로 만들어버리고 만다. 그렇게 되면 모두가 불행해진다. 실패를 겪고 불리함이 있을지라도 목적과 관계가 없다면 웃어넘기든가 사무적으로 처리하는 것이 좋다.

| 즐거운 것과 즐거워 보이는 것 |

운동의 재미는 스스로 만들어나간다는 점에 있다. 즐거운 것, 열기가 달아오르는 것도 매우 중요하다.

'즐겁다'라는 말에 위화감이 느껴진다면 '생생하다'라는 표현으로 바꿔도 된다. 밝고 즐겁기보다는 전투적인 마음가짐이 먼저라고 생각한 시대도 있었다. 그것은 그 시대를 표현하는 나름의 의미를 지니고 있다.

'데모의 의미'에 대해서 나는 이렇게 생각한다. 우선 참가자가 즐겁다. 이렇게 생각하는 사람이 나 하나가 아님을 알 수 있게 해준다. 오랜만에 아는 사람을 만날 수도 있고, 낯선 사람에게 말을 건네도 공통의 대화가 존재한다. 이것은 일종의 사교의 장이다. 그래서 저마다 마음이 든든해져 집으로 돌아갈 수 있다.

2011년 3월 이후, 수많은 사람들이 그런 경험을 할 수 있었다. 단순히 많은 사람이 모이는 것이라면 투표나 여론조사나 인터넷 서명으로도 가능하다. 그러나 인간이 직접적으로 사교를 하는 의미는 결코 작지 않다. 시각, 청각, 후각, 미각, 촉각 등의 총합이고, 나아가 오감을 넘어선 무언가가 전해진다.

데모나 집회는 과거에는 수를 과시하는 수단이기도 했다. 각종 미디어가 발달한 현대에는 만일 그것뿐이라면 다른 방법도 있다. 그러나 구체적으로 사람들이 모이면 그 자체로 조성되는 분위기가 있다. 오감이 모두 복합된, 또는 오감을 뛰어넘는 현장의 열기는 미디어로는 결코 대체될 수 없다.

활기가 뿜어져 나오면 '나'를 넘어선 '우리'가 만들어진다. 그것이 이루어질 때 느끼는 감각은 즐겁기 짝이 없다. 이는 콘서트에 갔을 때 느끼는 일체감과 가깝다고도 할 수 있지만, 모두가 평등한 입장에서 참가하여 만들어나간다는 점이 다르다. 그런 활기가 있으면 사회를 대표하는 효과가 생겨, 사람 수가 많다는 것과는 차원이 다른 설득력을 얻는다. 그것이 생기면 호소력이 강해지고, 참가하고자 하는 사람들이 늘어난다.

모든 참가자가 활기에 가득 차 자신도 모르게 동참하고 싶어지는 축제가 바로 민주주의의 원점이다. 스스로가 자신을 뛰어넘는 무언가를 대표하고 있다고 생각될 때, 그런 전체와 연결되어 있다고 느껴질 때 사람은 활기가 넘치게 된다.

이것은 데모에만 한정되지 않고 무언가 활동을 하는 사람이나 집단이라면, 공통적으로 나타나는 현상이라고 할 수 있다. 정부가 주최하는 공청회나 심의회 등에서 정말 의미 있게 지역문제나 정책을 결정하는 논의가 이루어지면, 자연 활기가 넘치고 사람들도 많이 참여한다. 그러나 결론은 이미 내려져 있고 그저 형식만 갖추는 것이라면, 따분하기 짝이 없으므로 일부러 참여할 이유를 찾지 못한다. 일러스트를 동원하여 알기 쉽게 설명을 해도 그것이 그저 홍보에 불과하다면, 사람들은 도무지 흥취를 느끼지 못하는 법이다.

숫자보다 바로 그런 점이 중요하다. '많은 사람들이 모이지 않는다', '왜 참석하지 않는가?', '오지 않았으니까 넌 배신자'라는 등의 감정이 생길 때가 바로 즐겁지 않은 때이다. 정말 즐겁다면 '오지 않은 사람이 손해인 셈'이다.

그런 것들이 그저 자기만족에 불과하고, 거기에서 더 나아가 본질적으로 이 세상 모든 것이 자기만족일 뿐이라고 주장하는 사람도 있다. 진실로 만족하는 사람은 그런 말을 하지 않는다. 영국의 철도 마니아들의 집회를 참관한 적이 있는데, 그들은 모두 철도 미니어처를 달리게 하며 마음으로부터 즐거워하며 열기를 뿜어내고 있었다. 이런 것은 자기만족에 불과하다는 비하나 겸연쩍음이 없었다. 나아가 '너희들보다 내가 가진 지식이 더 많아' 하는 류의 경쟁이나 비판도 전혀 느껴지지 않았다.

그 자체가 즐겁고 그 자체가 목적일 때, 인간은 타인에게 자만하려 들거나 타인을 깎아내리는 등의 '결과'를 요구하지 않는다. 입시공부가 그런 전형일

텐데, 그것은 그야말로 전혀 즐겁지 않은 허무한 행위이다. 한나 아렌트 식의 말투를 빌리면 '노동'을 하면서 살아갈 때, 타자와 비교하며 자신의 위치를 측정하든가, 타자를 깎아내려 우위에 서는 것과 같은 '결과'에 매달리게 되는 것이다.

그런 종류의 비난을 받으면 동요하지 않도록 한다. 한없이 복잡해지는 현대에는 절대 안전은 존재하지 않는 것과 마찬가지로, 전혀 비판이 없는 상황도 있을 수 없다. 학교나 직장에서의 왕따도 그렇지만, 동요하거나 움츠리며 울거나 정색을 띠며 반론을 펴면 상대방은 더더욱 재미있어하며 더 심하게 왕따를 걸어온다.

물론 얌전히 굴면 어떻게든 문제가 풀린다는 생각은 금물이다. 정부, 기업, 매스컴을 막론하고 목소리가 큰 곳에 대해서만 우선적으로 상대를 해준다. 목소리를 내지 않으면 상대조차 해주지 않는다. 가만히 있어도 뭔가 해주는 경우는 부모와 자식의 관계이든가, 두목과 부하의 관계에서뿐이다.

내가 아는 사람이 이런 말을 했다. 만일 프랑스에서 저런 원전 사고가 벌어졌다면, 도쿄전력 본사 앞에는 농가가 출하하지 못해 썩어 문드러진 야채가 산더미처럼 쌓여 있을 것이라고. 아랍 국가들이었다면 정부나 텔레비전은 거짓말을 밥 먹듯이 하는 존재임을 처음부터 알고 있기 때문에, 정부의 지시가 내려올 때까지 가만히 기다리지 않았을 것이라고 말하는 사람도 있었다.

근대일본에서도 쌀 파동이 일어난 다이쇼 시대1912~1926년나 쇼와 초기(1920년대 후반, 1930년대 초 • 옮긴이), 또는 패전 직후였다면 아마도 달랐을 것이다. 얌전히 굴면 정부와 기업이 어떻게든 알아서 해준다는 감각은 고도성장 시대에 들어선 뒤 선뜻 보조금이 지급되고 종신고용이 한창이던 시대에 만들어진 감각이다. 정치가마저 '자조노력'이라는 말을 부르짖는 시대이니만큼, 스스로 나서지 않으면 아무런 변화가 없다. 행동의 노하우는 남에게 물어도 되고, 인터넷을 통해 배울 수도 있다.

차가운 벽에 둘러싸여 목소리를 낼 수 없다고 말하는 사람이 있다. 그것은 거꾸로라고 생각한다. 소리를 내지 않는 당신이 타인의 눈으로 보자면 벽의 일부이다. 당신이 소리를 내지 않는 상태가 주위 사람들을 벽으로 가로막고 있다. 관계는 만드는 것이기도 하고 만들어지는 것이기도 하다. 관계는 기다려서는 바뀌지 않는다. 나서지 않으면 바뀌지 않는다. 소리를 내면 일시적으로 적대관계에 빠지는 사람이 나올지도 모른다. 그러나 필시 내 편이 되어주는 사람도 나올 것이다.

2011년의 도쿄의 어느 원전 반대 데모에서 이런 장면이 있었다고 한다. 데모 행렬을 육교 위에서 바라보던 명문고 남학생이 "일본인들, 참 한가한 존재야."라고 욕지거리를 하고 있었다. 자기는 공부하느라 정신이 없는 판인데, 데모를 한다는 것이 마음에 들지 않았을 것이다. 그러나 내 생각에 뜻밖에도 그런 사람이 참여의 계기를 얻게 된다면 사회운동에 푹 빠지지 않을까 하는 생각도 든다. 냉소하는 사람, 비난하는 사람은 관심을 가지고 있는 셈이다. 이미 어떤 식으로든 연계가 생겨 운동이 벌어지기 전과는 바뀌어 있는 것이다.

"사랑의 반대는 증오가 아니라 무관심"이라는 말이 있다. 그처럼 '그런 것은 자기만족이다'라거나 '결과를 낼 수 있는가?'라며 문제제기를 하는 사람들은 사실 이미 관심이 생겼으나 선뜻 한 발을 더 내밀지 못하는 경우도 많은 것 같다. 아마도 잠재적인 동조자라고 생각해도 좋지 않을까. 이쪽에서 증오심을 내비치면 적대감을 갖게 될지도 모르나, 미소를 지으며 다가서면 그들 또한 바뀔지도 모른다.

현대일본을 살펴보면 무언가를 하고 싶다는 마음만큼은 많은 사람들이 지니고 있는 것 같다. 자원봉사에 참가하는 사람들만을 가리키는 말이 아니다. 영어회화를 배우러 가는 사람, 음악이나 춤을 추는 사람, 매일처럼 블로그를 갱신하는 사람 등이 대단히 많다. 그런 에너지는 일본에서도 넘치고 있다. 더욱 즐거운 일을 하고 싶다, 사회를 바꾸는 일을 하고 싶다고 생각하는 것인지도 모른다.

인간이 즐거울 때는 어떤 때일까? 저것을 샀다가 즐거웠는데, 그것이 지겨워지면 다른 것을 또 산다. 저 정치가가 아니라는 생각이 들어, 이번에는 이 사람에게 기대를 건다. 이 운동에 참가해봤지만 뭔가가 부족하다는 생각에 또 다른 곳으로 가본다. 자신이 가지고 있는 것을 자랑하고, 타인을 비판한다. 이런 것들은 사실 그다지 즐겁지 않다.

왜냐하면 자신이 안전지대에 있다고 여기면서, 상대방을 하나의 부품으로 간주하여 그것을 바꾸는 것에 불과하기 때문이다. 그렇게 하는 것이 수고롭지 않고 스스로 상처를 입을 두려움이 없기 때문인지도 모른다. 그러나 인간은 욕망이 강한 존재로서 수동적으로 소비를 하는 것만으로는 만족하지 못한다. 스스로 무언가를 만들거나 행동에 옮기거나 관계를 맺지 않으면 좀처럼 만족할 수 없는 존재이다.

몸소 나서는 것, 활동을 벌이는 것, 타인과 함께 사회를 만드는 것은 즐거운 일이다. 훌륭한 사회, 훌륭한 가족, 훌륭한 정치는 기다린다고, 그저 바꾼다고 나타나지 않는다. 스스로 만들어나가는 수밖에 없다.

귀찮다, 이상론에 불과하다, 믿을 수 없다, 두렵다는 사람도 있을 것이다. 그렇게 생각하는 사람은 지금처럼 살아갈 수 있고, 이대로 견뎌낼 수 있다고 생각하는 사람들일 것이다. 그렇다면 앞으로도 줄곧 그렇게 지내기 바란다. 그것이 언제까지 지속될 수 있는지는 알 수 없다. 당신의 미래는 당신이 결정하는 것이다.

사회를 바꾸기 위해서는 당신이 바뀌어야 한다는 것. 당신이 바뀌기 위해서
는 당신이 나설 것. 낡아빠진 말 같지만, 지금으로서는 이 말의 의미가 새롭게
재활용되어야 할 시대로 접어들고 있다.

2009년 여름 상당히 많은 분량의 저작물을 완성하고, 그해 9월 의식불명에 빠져 입원했다. 그 이후 1년 정도 요양생활을 하며 지냈다. 의사에게서 완쾌되었다는 말을 들은 것은 2011년 4월이었다.

사실 2000년대 후반에는 책을 낼 글을 쓰느라 너무 힘겨워 세상이 어떻게 돌아가는지를 살펴볼 여유가 없었다. 요양하는 동안 마치 외국에서 갓 돌아오기라도 한 것마냥 오랜만에 일본 사회의 움직임을 다양하게 느끼게 되면서, 5, 6년 전과는 대단히 달라져 있음을 실감할 수 있었다. 우여곡절 끝에 다시 살아났으니 복귀하게 되면 이런 변화에 대해 연구하고 싶다는 생각을 가지게 되었다.

그러던 차에 동일본 대지진과 원전 사고가 터졌다. 많은 사람들이 그랬던 것처럼 한동안 심각한 공포와 긴장에 사로잡혔다. 거기에 2011년 4월 도쿄의 고엔지에서 데모가 벌어졌는데, 거기에 참가해본즉 커다란 해방감과 활력이 넘쳤다.

데모에 참가하기를 옛날부터 싫어하지 않아서 1980년대의 반핵과 반원전, 2003년의 이라크전쟁 반대, 2007년의 프레카리아트precariat(불안정하다는 뜻의 precarious와 프롤레타리아트를 합성한 용어로서, 불안정한 고용 상태에 놓인 비정규직 등을 충칭 • 옮긴이) 운동 등의 데모에도 참가한 바 있다. 그러나 2011년의 데모는 상황이 상황이었던 만큼 내게도 깊은 인상을 남겼다. 그 이후 데모나 이벤트나 회의가 다양하게 개최되었다. 나는 부탁을 받으면 연설이나 기자회견을 하기도 했고, 준비회의에 동석하기도 했으며, 수상과 데모 주최자 사이의 회담을 주선하기도 하는 등 다양한 운동현장에 몸소 나섰다.

이와 병행하여 내가 사는 곳인 도쿄 도 세타가야 구 시모기타자와의 대형도로 개발 문제에도 관여하게 되어, 상점가나 주민자치회의 사람들, 지방의원이나 구장区長, 지방이나 국가의 행정 공무원들과 다양하게 대화를 나누었다. 지역사회와 지방정치가 어떻게 작동하고 있는지, 비합리적인 부분이 많은 공공사업(원전도 그런 가운데 하나인지도 모르지만)이 어떤 식으로 추진되어나가는지를 나름대로 이해할 수 있었음과 동시에, 그런 정치가 현대사회의 실상과 많이 동떨어져 있음도 느낄 수 있었다.

나로서는 다양한 운동현장에 참여하면 오랜만에 친구나 지인들을 만나고, 새로이 사귀게 되는 사람들도 있고, 무엇보다 사회변화의 현장에 서 있다는 것이 즐겁게 느껴졌다. 인도에 가서 일기를 쓸 때도 그랬지만, 다양한 곳에 가서 이야기를 나누고 사회를 관찰하는 것 또한 좋아한다. 현장에 가서 실제로 살펴보아 얻는 견문과, 서적이나 자료를 통한 연구를 견줘보았기 때문에 본업으로서의 연구도 진전되었다.

'지식인의 정치 참여'라는 생각은 그다지 해본 적이 없다. 본론에서도 쓴 것처럼 현대에는 '지식인과 대중'이라는 도식은 성립되지 않으며, '지식인'이 권위를 지니거나 지도를 해나가거나 하는 국면 또한 이제 성립되지 않는 것 아닌가.

그런 활동이나 만남 속에서 생각한 것, 그와 병행하여 연구하던 것, 과거에 연구한 것이나 공부한 것을 두루 모아 이 책을 썼다.

여러 나라의 사상을 살피다 보면, 나라마다 특유의 느낌이 다가온다.

예를 들어 프랑스의 사상은 '데카르트의 합리성'과 '뒤르켐의 전체성'의 대립이라는 도식이 반복적으로 느껴진다. 독일의 사상에서는 '목적합리성'과 '형식합리성'으로 나뉘고, 관계와 변증법에 의해 대립을 뛰어넘는다는 발상을 하는 것처럼 여겨진다. 미국의 사상에서는 게임이론으로 대표되는 개체론적인 합리주의와, 에콜로지나 네트워크를 주장하는 전체론적인 사상이 대립하면서도, 쌍방이 공히 자발성이나 창업가 정신이나 실용과학을 공통기반으로 삼고 있는 것 같다. 인도에서나 한국에서도 역시 그 나라 특유의 사상의 느낌을 얻는다.

이런 느낌이 왜 생기는지는 모르겠다. 각 나라가 처한 지역 및 언어 문화권의 사회구조와 역사적인 경위로부터, 그 자체는 인간세계에 보편적일 터인 '공'과 '사', '성'과 '속'을 저마다 다르게 위치 지어 표현하기 때문이라고 생각된다. 그러나 확정적으로는 말할 수 없다.

내가 보기에 일본사상의 특징은 다음과 같은 대립축을 세우고 있는 것은 아닐까 싶다. '다테마에와 혼네(겉마음과 속마음 • 옮긴이)', '정치와 문학', '관과 민', '계몽과 토착', '서양과 동양', '가라고코로漢意(중국풍의 삶을 동경하고 중국사상을 숭배하는 마음 • 옮긴이)와 야마토고코로大和心(일본인의 근저에 있다고 믿는 정신형태 • 옮긴이)' 같은 낯익은 대립축이다. 근대과학·서양사상·경제학·유교 같은 '수입사상'에 밝은 쪽이 전자이고, 그것으로는 제대로 파악할 수 없는 일본 고유의 것이 더 소중하다고 생각하는 사람들의 표현이 후자라고나 할까.

어느 쪽이 '성'이고 어느 쪽이 '속'인지, 어느 쪽이 '체제 세력'이고 어느 쪽이

'저항 세력'인지에 대한 규정은 시대와 상황에 따라 다르게 마련이다. 정부가 근대과학이나 산업문명의 대표 노릇을 하고, 비판 세력이 불교사상이나 토착 사상에 근거를 두는 경우도 있었다. 정부가 전근대적인 동양적 비합리주의이 고, 비판 세력이 서양사상에 바탕을 둔 근대적 시민이라는 대립축이 형성되 는 경우도 있었다. 정부가 전근대적이라고 간주되고 거기에 항의하는 정당이 나 마르크스주의자가 근대적인 주장을 펼치는 가운데, 그 정당을 비판하는 평론가나 학생들이 토착사상을 내걸면서 오히려 정부를 근대산업문명의 상 징이라고 간주하는 식의 중층적인 양상을 보이는 경우도 있었다.

이러한 대립은 "이 길을 따르면 선에 도달한다."라고 주장하는 세력과, "그 렇게 말해봤자 나는 전혀 감이 안 잡힌다."라고 하는 세력으로 갈리는 지점에 서부터 비롯되는 것 같다. 그 경우 "이 길을 따르면 선에 도달한다."라고 주장 하는 측이 플라톤 식으로 말해 정말로 '빛' 또는 '이理'를 포착하고 있다면 그나 마 낫지만, "위대한 인물과 서양 사상가가 그렇게 말했기 때문에 틀림없다." 라고 주장할 뿐 사실 말하는 본인도 뭐가 뭔지 잘 모르는 경우에는 심각한 대 립양상이 벌어진다. 그러면 "나는 전혀 감이 안 잡힌다."라고 말하는 사람이 더 늘어나는 것이 당연한 현상이고, "당신은 이러쿵저러쿵 설교해대지만, 그 저 남의 권위에 얹혀 가려는 거 아닌가?" 하는 반발이 생겨난다.

내가 연구한 근대일본의 사상가로 말하자면, 후쿠자와 유키치나 마루야마 마사오丸山真男, 1914~1996년(일본의 정치사상가 • 옮긴이), 야나기다 구니오 등이 저마다 '이理'를 제대로 파악한 시기가 있었다고 생각한다. 그러나 그것을 형 식만 받아들인 사람은, '마루야마는 근대 합리주의자', '야나기다는 토착 전통 주의자' 등으로 규정짓고는 한다.

내가 이해하는 한 서양사상(이라고 여겨지는 것)에서나 일본사상(이라고 여겨지는 것)에서나 언표 방식은 달라도, 그들의 표현 내용이 크게 다르지 않다고 생각한다. '이'를 표현하는 데 '서양사상'을 채용할지 '토착사상'을 채용할지는 대략 절차의 문제일 따름이라고, 나는 생각한다. 그렇기 때문에 마루야마나 야나기다에 대해서도 그처럼 단순하게 도식화시켜버리는 서술방식은 취하지 않는다.

그러나 교과서로 공부하던 습관에서 ○나 ×를 표하고 싶은 사람, 분류와 매핑을 하지 않으면 견디지 못하는 사람은 도식화에 사로잡혀 표현 내용을 제대로 독해하지 못하거나 절차 그 자체밖에 살피려 하지 않는다. 그렇기 때문에 절차나 형식에 이상하리만치 고집을 부리거나 쉽사리 새로운 쪽으로 갈아타며 전향해버린다.

일본의 경우, 정부나 제국대학 졸업자가 서양의 문물을 잘 알지도 못한 채 수입하여 근대화를 추진한 정도가 심했던 탓인지, 고집 혹은 전향이 많은 시대가 있었다. 그 때문에 "그렇게 말해봤자 나는 전혀 감이 안 잡힌다."라고 주장하는 쪽이 '몸에 맞는 사상'처럼 여겨지는 경향이 있었다.

근대 일본문학, 특히 '사소설'이 다루는 '나私'에는 그러한 '나'가 많았던 것처럼 생각된다. 정부에 대해서나 사회운동에 대해서나 시장 합리주의에 대해서나, '나'는 전혀 감이 안 잡히는데 그렇다고 데카르트가 말하는 '우리'처럼 보편적인 '이'로 뒷받침되는 것도 아닌, 그런 '나'이다. 고용과 가족과 지역사회가 안정되어 있어, 거기로 돌아가 '사생활'을 영위하면 되던 시대에는 그래도 좋았을지 모른다.

그런 국가적 특징을 보이는 근대일본에서는 어떤 '최신 수입사상'을 들여오든 재료가 바뀐 것일 뿐 똑같은 논의가 반복되었다. 예를 들어 '설교'라고 간주되는 측의 설명에 마르크스주의나 '근대시민사회론'이 동원되고, '감이 안 잡힌다'라고 주장하는 측의 재료에 헤겔 사상이나 포스트모던 사상 등이 쓰이고는 했다. 이러한 독일이나 프랑스의 합리주의 비판 사상은 '서양합리주의'로는 파악할 수 없는 '일본토착'을 정당화하는 재료로서 메이지 시대의 국체론, 쇼와 시대 초기의 교토학파, 경제성장기의 일본문화론에까지 줄곧 동원되어 왔다. 물론 포스트모던 사상을 써서 설교하는 사람이 나오는 경우도 있기 때문에, 그쯤 되면 또 다른 사상의 재료가 '감이 안 잡힌다'라는 주장을 내세우는 데 동원된다.

그것이 나쁘다고 간단히 치부해버릴 수는 없다. 일본의 장점이라고 여겨지기도 했던, 가령 과거 일본기업의 높은 생산성이나 일본인의 자연보호운동 등도 '서양사상은 감이 안 잡힌다'라는 주장하에 이루어진 측면이 있었다. 그리고 '나쁘다'라고 비판해봤자, 머릿속에서 그처럼 '설교'당했다고 받아들이는 것 자체가 '나는 감이 안 잡힌다'라고 하는 사람을 늘리고 똑같은 구도를 재생산하는 역할을 해왔다.

그래서 독자들께 부탁드리고 싶은 것이, 이 책을 '교과서'로 받아들이지 말아달라는 것이다. 나는 권위자가 되어 설교를 할 생각이 없다. 내가 쓴 것이 옳고 그 밖의 것은 틀리다든가, 서양의 사상은 훌륭하고 일본은 틀렸다는 따위의 주장을 펼칠 생각도 없다. '설교'의 재료를 최신의 것으로 바꾸는 것만으로는 '설교와 실감'의 대립이라는 구조를 바꿀 수 없다.

나아가 당신의 설교는 훌륭하다, 아무쪼록 올바른 답을 가르쳐달라, 우리는 아무것도 생각하지 않고 당신을 따르겠다는 자세를 취한다면 이 책에서 쓴 내용이 조금도 전해지지 않은 것이나 진배없다. '이 책은 사회운동과 대화 민주제를 권하고 있다'라는 등으로 요약·분류되어 '최신편'으로 취급되는 것도 사양하고 싶다.

정부든 시장이든 NPO든 '정답'의 재료를 잇달아 바꾸거나, "하지만 나는 전혀 감이 안 잡힌다."라고 반복하며 누군가가 '새로운 정답'을 가져다주기를 기다린다 해도, 조금도 실마리가 잡히지 않는다. 종래의 발상이 막다른 상황에 처했을 때에는 재료나 부품을 바꾸는 정도가 아닌, 진정한 의미에서의 발상의 전환이 필요하다.

그러기 위해 자국의 역사와 타국의 사상으로부터 상이한 발상의 형태를 파악하고, 그에 따라 종래 자신들이 지녀온 발상의 협소함을 깨닫는다. 그렇게 한 뒤 종래의 발상을 어떻게 바꿀까, 어떻게 유지할까에 대해서 곰곰이 다시 생각해본다. 그러기 위해 역사와 타국의 사정, 사회과학의 관점 등이 필요하게 된다.

이 책에서 나는 그런 관점을 제공하는 것을 생각했다. 그것은 어디까지나 보조적인 것으로서, 독자가 이 책을 읽기 전에는 내가 지식을 지닌 편이었지만, 읽은 후에는 그다지 차이가 없다.

그러므로 그 뒤에는 자력으로, 또는 독자 여러분들이 걸어나가야 한다. 예컨대 이 책의 내용이 좋다고 여긴다면, 나를 강연에 부르기보다 독서회를 개최하여 토론을 벌이는 편이 이 책에서 내가 전하고자 했던 취지에 부합한다.

그 경우에 '올바른 답'이 쓰여 있는 '교과서'로서가 아니라, 사고와 토론의 마중물 역할을 할 '텍스트북'으로 이 책이 쓰인다면 더할 나위 없이 바람직하다고 생각한다. 비판을 위한 비판, 자신이 대단하다는 것을 보여주고 싶을 뿐인 비판이 아니라면 텍스트북의 존재 의의는 그것을 비판하며 생각을 발전시킨다는 점에 있다.

텍스트북에 쓰여 있는 것은 사고방식이나 역사적 사실의 사례이며, 필시 올바른 답이 아니다. 본질적으로 "이 책을 읽으면 세계의 모든 것을 알 수 있다."

라고 떠들 만한 글을 인간은 쓸 수 없다.

이 책에서 소개한 관점, 예컨대 '포스트모던 공업화'나 '재귀성의 증대'만 하더라도 사회를 바라보기 위한 관점 가운데 하나이다. 그때까지 자신이 지닌 관점을 상대화하여 다시금 생각해보기 위한, 이른바 관점의 복수화 수단이다. 그렇게 함으로써 새로운 관점이 생기는 일은 있어도, 그로써 모든 것을 설명할 수는 없다. 예컨대 탈공업화한 모든 사회가 디플레이션에 빠지는 것은 아니다. 통화 공급량과 인구동태와 선거제도 개혁을 통해 바라보는 것이 더 설명하기 쉬운 현대일본의 현상들이 많다. 어느 관점이나 옳으며, 어느 관점이나 불완전하다.

그럼에도 불구하고 자신의 견해가 옳고, 이런 학문의 접근approach만이 옳다고 주장하면 학문끼리의 투쟁이 발생한다. 그것을 넘어서기 위해 문답법이 중시된 것은 고대 그리스 이래의 전통이다. 이 책에 쓰여 있는 것을 납득할 수 없거나 들어맞지 않는 사례가 있다면, 상호 간에 대화를 나눠 바꿔나가면 된다.

내가 지금까지 연구해온 분야는 근대일본의 역사이다. 제7장의 내용은 그런 연구과정의 축적으로 쓴 부분이다. 제1장과 제6장은 최신에 공부한 것이 중심을 이루고 있다. 그러나 제3장부터 제5장에 걸친 사상 부분, 제8장의 사회운동이론 등은 본래 내 전문 밖의 영역으로 나보다 더 깊이 알고 있는 분들이 많다. 그러나 지금 '사회를 바꾸기 위해' 도움이 닿고, 현대일본의 기초교양이 될 만한 책을 찾을 수가 없어서, 거기에 필요하다고 생각한 것들을 썼다.

잘못 기술해서는 안 된다는 생각에 사실관계의 확인에 최대한 공을 들였고, 나아가 사상사에 밝은 스기타 아츠시杉田敦, 과학사에 밝은 히라가와 히데유키平川秀幸, 사회운동이론에 밝은 하세가와 고이치長谷川公一, 사회보장에 밝은 니헤이 노리히로二平典宏에게 해당부분에 대한 확인을 해달라고 부탁했다. 물론 최종적인 글의 책임은 내게 있다.

또한 일본경제, 사상, 사회운동에 대해 더욱 심도 깊은 지식을 원하는 독자는 이 책에서 얻는 내용에 만족하지 마시고 부디 스스로 전문적으로 연구하며 원저를 읽어볼 것을 권한다. 물론 이 책에서 소개하지 않은 중요한 사상과 학문의 계보 또한 허다하게 존재한다. 이 책을 그런 심화된 독서로 나아가는 발판으로 삼아주면 좋겠다. 나 자신은 이 책 제1장과 제6장에서 쓴, 1990년대 이후의 일본 사회의 변화, 나아가 미일안보와 미군기지 문제 등에 대해서는 2012년 10월에 공저로 발행한 『헤이세이사平成史』(가와데쇼보신샤)라는 책에 보다 상세하게 썼다.

나는 이 책에서 특별히 새로운 것을 써야겠다는 생각은 없었다. 소개한 사고방식, 탈공업사회론은 이전부터 존재한 것이다. 가령 기든스와 울리히 벡의 사상은 20년이나 전에 제창된 것이기 때문에 이른바 '최신사상'이라고도 하지 못한다.

그러나 유럽의 사상가를 살펴보면, 기든스나 울리히 벡이나, 그들과 상호 간에 비판하는 하버마스나 브르디외나, 또는 사르트르나 푸코나, 모두 변증법과 물화와 현상학을 구사하여 전개한다. 그 변증법과 현상학이란 고대 그리스로부터 원형이 전해진 것이다.

그러므로 당사자들은 필시 자신의 생각이 완전히 새롭고 기묘하다거나, 인류사상 자신이 최초로 그런 사상을 꺼내들었다는 따위의 생각은 하지 않을 것이다. 내가 보기에 참 잘 응용하는구나, 잘도 생각했구나, 하고는 여기지만 새롭고 기묘하다고는 느끼지 않는다.

그러나 새롭고 기묘한 것이 아니라 옛날부터 전해져 내려오는 것을 잘 활용해 썼기 때문에, 상호 간에 기반이 되어 있는 것을 공유하며 의논할 수 있고, 그것이 축적되어가는 것이 유럽 사상의 강점이다. 근대일본(뿐만 아니지만)의 의논은 "이것이 최신의 획기적인 사상이다."라고 주장하는 사람이 나왔다가는 이내 잊히고 만다. 그런 똑같은 의논을 반복하는 것과 비교해볼 때, 유럽 쪽은 아무래도 토대를 공유하고 있다는 느낌이 든다.

그러나 이제 일본 또한 서양문명의 추격과 추월에만 목을 매며 '최신 서양사상'의 수입 전쟁을 벌여대는 시대는 끝나가고 있다. 그렇게 설교해대며 권위자로 행세할 수 있는 시대도 아니다. 이제는 모름지기 '최신'을 추종하는 태도를 중지하고, 앞으로 어떤 사회를 만들어나갈 것인가에 집중하며, 토대를 공유한 대화를 해도 된다고 생각한다.

이 책이 그렇게 하기 위한 기초를 닦는 데 일조하면 좋겠다. '기초'란 '초급'이라는 의미가 아니라, 모든 것에 공통의 토대라는 뜻이다. 그리고 확실한 공통의 토대로 연결될 수 있다면, 인간은 거기에서 지혜와 활력과 확신을 얻어 보다 바람직한 사회를 만들어나갈 수 있을 것이다.

운동이란 넓은 의미에서의 인간의 표현행위이다. 일도, 정치도, 예술도, 언론도, 연구도, 가사도, 연애도 모두 인간의 표현행위이며 사회를 만드는 행위이다. 그것이 생각한 것처럼 이루어지지 않으면 인간은 고갈된다.

"데모를 해서 무엇이 바뀌는가?"라는 질문에 "데모할 수 있는 사회를 만들 수 있다."라고 대답한 사람이 있었는데, 그것은 어떤 의미에서 지극한 말이 아닐 수 없다. "대화를 해서 무엇이 달라지는가?"라고 하면, 대화를 할 수 있는 사회, 대화가 가능한 관계를 만들 수 있다. "참가한다고 무엇이 달라지는가?"라고 한다면, 참가할 수 있는 사회, 참가할 수 있는 자신이 탄생한다.

이 책이 이루어져 독자들의 손에 도달하기까지는 나뿐만 아니라 수많은 사람들이 관여되어 있다. 출판사의 기획편집 및 마케팅 부서, 교정과 디자인, 인쇄 및 제본, 도매서점과 소매서점, 배송처와 창고, 도서관 등에서 일하는 수많은 사람들이다. 나는 내용의 책임자로서 이름이 나와 있지만, 나 혼자 힘으로 독자 손에 전달되는 것이 아니다. 편집하는 사람 이외에는 이름을 올리지 않았지만, 그분들 모두에게 깊이 감사의 말씀을 전한다. 그리고 마지막으로 이 책을 읽어준 여러분들에게도 감사드린다.

내가 '만능의 정답'을 알고 있을 리가 없다. 그렇지만 이 책을 읽는 사람이 뭔가 힘을 보태, 이다음 한 걸음을 더 나아가도록 해줄 수 있다면 얼마나 좋을까 하고 기대하며 글을 썼다.